파생상품투자권유
자문인력

4

금융투자협회
Korea Financial Investment Association

자격시험 안내

1. 파생상품투자권유자문인력의 정의

투자자를 상대로 파생상품, 파생결합증권, 고난도금융투자상품 등에 대하여 투자권유 또는 투자자문 업무를 수행하거나 파생상품 등에 투자하는 특정금전신탁 계약 등의 체결을 권유하는 업무를 수행하는 인력

2. 응시자격

금융회사 종사자 등(파생상품투자권유자문인력 투자자보호교육 이수)

3. 시험과목 및 문항수

시험과목		세부 교과목	문항수
제1과목	파생상품 I	선물	13
		옵션	12
소 계			25
제2과목	파생상품 II	스왑	8
		기타 파생상품 · 파생결합증권	17
소 계			25
제3과목	리스크관리 및 직무윤리	리스크관리	8
		영업실무	5
		직무윤리 · 투자자분쟁예방	12
소 계			25
제4과목	파생상품법규	자본시장 관련 법규 (금융소비자보호법 포함)	17
		한국금융투자협회규정	4
		한국거래소규정	4
소 계			25
시험시간		120분	100 문항

4. 시험 합격기준

70% 이상(과목별 50점 미만 과락)

- 한국금융투자협회는 금융투자전문인력의 자격시험을 관리 · 운영하고 있습니다.
  금융투자전문인력 자격은 「자본시장과 금융투자업에 관한 법률」 등에 근거하고 있으며,
  「자격기본법」에 따른 민간자격입니다.

- 자격시험 안내, 자격시험접수, 응시료 및 환불 규정 등에 관한 자세한 사항은
  한국금융투자협회 자격시험접수센터 홈페이지(https://license.kofia.or.kr)를 참조해
  주시기 바랍니다.
  (자격시험 관련 고객만족센터: 02-1644-9427, 한국금융투자협회: 02-2003-9000)

contents

part 01

자본시장과 금융투자업에 관한 법률/ 금융위원회 규정

chapter 01 총설   2

section 01   자본시장법 개관   2
section 02   감독기관 및 관계기관   6
section 03   금융법규 체계의 이해   13

chapter 02 금융투자상품 및 금융투자업   18

section 01   금융투자상품   18
section 02   금융투자업   25
section 03   투자자   32

chapter 03 금융투자업자에 대한 규제 · 감독   35

section 01   금융투자업 인가 · 등록 개요   35
section 02   금융투자업 인가 심사   37
section 03   금융투자업 등록 심사   46
section 04   건전성 규제   48
section 05   영업행위규칙   63

chapter 04 투자매매업자 및 투자중개업자에 대한 영업행위규제   76

section 01   개요   76
section 02   매매 또는 중개업무 관련 규제   77
section 03   불건전 영업행위의 금지   80
section 04   신용공여에 관한 규제   86
section 05   투자자 재산보호를 위한 규제   89

certified derivatives investment advisor

chapter 05 **장외거래 및 주식 소유제한**   93

section 01 장외거래   93
section 02 공공적 법인의 주식 소유제한   101
section 03 외국인의 증권 소유제한   102

chapter 06 **불공정거래행위에 대한 규제**   105

section 01 총칙   105
section 02 미공개정보 이용(내부자거래) 규제   106
section 03 시세조종행위 규제   120
section 04 부정거래행위 규제   124
section 05 시장질서 교란행위 규제   126

chapter 07 **금융기관 검사 및 제재에 관한 규정**   128

chapter 08 **자본시장 조사업무규정**   134

실전예상문제   138

part 02

한국금융투자
협회 규정

chapter 01 **금융투자회사의 영업 및 업무에 관한 규정**　144

section 01　투자권유 등　144

section 02　조사분석자료 작성 및 공표　157

section 03　투자광고　164

section 04　영업보고서 및 경영공시 등　173

section 05　재산상 이익의 제공 및 수령　176

section 06　직원 채용 및 복무 기준　180

section 07　신상품 보호　183

section 08　계좌관리 및 예탁금 이용료의 지급 등　184

section 09　신용공여　186

section 10　유사해외통화선물거래　189

section 11　파생결합증권 및 파생결합사채　191

section 12　집합투자업　193

section 13　투자자문업 및 투자일임업　198

section 14　신탁업　200

chapter 02 **금융투자전문인력과 자격시험에 관한 규정**　203

section 01　주요 직무 종사자의 종류　203

section 02　주요 직무 종사자의 등록 요건　206

section 03　주요 직무 종사자의 등록　210

section 04　금융투자전문인력 및 금융투자회사 등에 대한 제재　213

chapter 03 **금융투자회사의 약관운용에 관한 규정**　215

실전예상문제　218

certified derivatives investment advisor

part 03

**한국거래소
규정**

chapter 01 **거래소 파생상품시장 개요** 222

section 01 거래소 및 장내파생상품 연혁 222

section 02 파생상품시장 구성 223

section 03 거래소 규정 및 시스템 224

chapter 02 **회원구조** 225

section 01 회원 종류 225

section 02 회원 가입 227

section 03 파생상품시장의 결제 228

chapter 03 **상장상품** 232

section 01 상품시장, 결제월, 종목 등의 구분 232

section 02 주식상품거래 235

section 03 금리상품거래 248

section 04 통화상품거래 252

section 05 일반상품거래 257

section 06 선물 스프레드 거래 260

chapter 04 **매매거래제도** 263

section 01 거래시간 263

section 02 호가의 종류, 방법 등 265

section 03 호가의 가격 제한 및 수량 제한 272

section 04 거래계약의 체결 276

section 05 거래의 중단 280

section 06 거래 확인, 착오거래 정정 · 취소, 거래 취소, 시세 공표 282

chapter 05	**시장조성자**	286
section 01	시장조성자란?	286
section 02	시장조성자 요건	287
section 03	시장조성자 의무	287
section 04	시장조성자 혜택	288
section 05	시장기여자	288

chapter 06	**거래증거금**	289
section 01	거래증거금 개요	289
section 02	거래증거금 예탁수단	290
section 03	거래증거금 산출	291

chapter 07	**거래소와 회원 간 결제방법**	298
section 01	개요	298
section 02	선물거래의 결제방법	300
section 03	옵션거래의 결제방법	304
section 04	차감결제 및 결제시한	306
section 05	회원의 결제불이행 시 조치	307

chapter 08	**거래의 수탁**	309
section 01	파생상품 계좌 설정	309
section 02	기본예탁금	312
section 03	주문의 수탁	313
section 04	위탁증거금	316

section 05	회원과 위탁자 간 결제	319
section 06	미결제약정수량의 제한 등	320
	실전예상문제	323

part 04

**금융소비자
보호법**

chapter 01	**금융소비자보호법 제정 배경**	334
section 01	제정 배경	334
section 02	제정 연혁	335

chapter 02	**금융소비자보호법 개관**	336
section 01	금융소비자보호법 시행 후 주요 제도 변화	336
section 02	금융소비자보호법 구성	337
section 03	금융소비자보호법의 내용상 주요 체계	338
section 04	금융소비자보호법의 위치	339
section 05	금융소비자보호법의 적용예외	340
section 06	전문금융소비자 분류	340
section 07	금융소비자 등의 권리와 책무 등	342
section 08	6대 판매원칙	343

chapter 03	**금융소비자보호법 주요내용**	346
section 01	투자성 상품 및 대출성 상품	346
section 02	6대 판매원칙	348
section 03	금융상품판매대리 · 중개업자에 대한 영업행위규제	363

section 04	방문(전화권유)판매 규제	364
section 05	금융소비자 권익강화 제도	367
section 06	판매원칙 위반시 제재 강화	375
	실전예상문제	383

part 05

파생상품
세제

chapter 01	세제 일반	386
section 01	국세기본법	386
section 02	소득세법	392
section 03	상속세 및 증여세	395
	실전예상문제	405

chapter 02	파생상품 세제	407
section 01	세무관리 업무	407
section 02	양도소득	411
	실전예상문제	418

part 01

자본시장과 금융투자업에 관한 법률/금융위원회규정

chapter 01 총설

chapter 02 금융투자상품 및 금융투자업

chapter 03 금융투자업자에 대한 규제·감독

chapter 04 투자매매업자 및 투자중개업자에 대한
영업행위규제

chapter 05 장외거래 및 주식 소유제한

chapter 06 불공정거래행위에 대한 규제

chapter 07 금융기관 검사 및 제재에 관한 규정

chapter 08 자본시장 조사업무 규정

certified derivatives investment advisor

chapter 01

총설

1 법제정 기본철학

(1) 열거주의에서 포괄주의로 전환

❶ 「자본시장과 금융투자업에 관한 법률」(이하 '자본시장법'이라 한다)은 금융투자상품의 종류를 구체적으로 나열하는 열거주의에서 금융투자상품의 개념을 추상적으로 정의하는 포괄주의로 규제체계를 전환함

❷ 자본시장법은 원금손실 가능성(투자성)이 있는 금융상품을 금융투자상품으로 정의하고, 이에 해당되면 자본시장법의 규제대상에 포함시키는 포괄주의를 채택함

(2) 기관별 규제에서 기능별 규제로 전환

❶ 구 증권거래법, 구 간접투자자산운용업법, 구 선물거래법은 각각 기관별 규제체계를 채택했기 때문에, 각 기관들이 동일한 금융서비스를 제공하더라도 다른 규제를 적용받는 경우가 발생함

❷ 이러한 규제차익을 방지하기 위해 자본시장법은 경제적 실질이 동일한 금융서비스를 동일하게 규제하는 기능별 규제체계를 채택함

❸ 금융서비스는 투자자, 금융투자상품 및 금융투자업의 유형에 따라 구분됨

ㄱ. 투자자 : 일반투자자, 전문투자자

ㄴ. 금융투자상품 : 증권(지분증권, 채무증권, 수익증권, 파생결합증권, 투자계약증권, 증권예탁증권)과 파생상품(장내 및 장외 파생상품)

ㄷ. 금융투자업 : 투자매매업, 투자중개업, 집합투자업, 투자자문업, 투자일임업, 신탁업

❹ 각 유형의 조합이 달라지면 금융서비스의 경제적 실질도 달라질 수 있기 때문에 이를 구분하여 차등 규제함

(3) 업무범위의 확장

❶ 엄격히 제한되어 있던 금융투자업 간 겸업을 허용하고, 열거주의로 제한하던 부수업무의 범위를 포괄주의로 전환함

→ 증권회사의 경우 선물업 및 집합투자업을 추가적으로 겸영 가능하게 됨

→ 투자권유대행인 제도를 도입하여 판매망을 확충함

❷ 금융투자업자는 고객의 이익을 저해시키는 이해상충이 발생하지 않도록 필요한 준법감시 및 내부통제 체계를 갖추도록 함

❸ 감독당국은 투자자의 피해를 최소화하기 위해 투자권유대행인의 자격 제한, 금융투자업자의 배상책임 부여 등 안전장치를 마련함

(4) 원칙중심 투자자 보호 제도 도입

자본시장법은 투자자 보호를 위해 모든 금융투자업자에게 적용되는 공통 영업행위 규칙과 금융투자업자별 특성을 고려하여 세분화된 업자별 영업행위 규칙으로 구분하여 규정하고 있다.

❶ 공통 영업행위 규칙

표 1-1 공통 영업행위 규칙

기본사항	투자권유	기타
• 신의성실의무(§37) • 상호제한(§38) • 명의대여 금지(§39) • 다른 금융업무 영위(§40) • 부수업무 영위(§41) • 업무위탁 범위(§42-43) • 이해상충 관리(§44-45)	• 투자권유 준칙(§50) • 투자권유대행인 등록(§51-52)	• 직무 관련 정보이용 금지(§54) • 손실보전 금지(§55) • 약관 보고 및 신고(§56) • 수수료 부과기준 공시(§58) • 자료의 기록 · 유지(§60) • 소유증권 예탁(§61) • 금융투자업 폐지 공고(§62) • 임직원 투자제한(§63)

❷ 업자별 영업행위 규칙

표 1-2 업자별 영업행위 규칙

투자매매업자 · 투자중개업자	집합투자업자	신탁업자
• 매매형태 명시(§66) • 자기계약 금지(§67) • 최선집행의무(§68) • 자기주식 취득제한(§69) • 임의매매 금지(§70) • 불건전 영업행위 금지(§71) • 신용공여 제한(§72) • 매매명세 통지(§73) • 예탁금 · 예탁증권 보관(§74-75) **투자자문업자 · 투자일임업자** • 선관 충실의무(§96) • 서류교부의무(§97) • 불건전 영업행위 금지(§98) • 투자일임보고서 교부(§99) • 유사투자자문업 신고(§101)	• 선관충실의무(§79) • 자산운용 지시 · 실행(§80) • 자산운용 제한(§81) • 자기집합투자증권 취득제한(§82) • 금전차입 제한(§83) • 이해관계인 거래제한(§84) • 불건전 영업행위 금지(§85) • 성과보수 제한(§86) • 의결권 행사 원칙(§87) • 자산운용보고 공시(§88-91) • 환매연기 · 감사 부적정의견 통지(§92) • 파생상품 부동산 운용 특례(§93-94) • 청산(§95)	• 선관충실의무(§102) • 신탁재산의 제한(§103) • 신탁고유재산 구분(§104) • 신탁재산 운용 제한(§105) • 여유자금 운용(§106) • 불건전 영업행위 금지(§108) • 신탁계약 체결(§109) • 수익증권 발행 · 매수(§110-111) • 의결권 행사 원칙(§112) • 장부 · 서류 열람 · 공시(§113) • 신탁재산 회계처리(§114) • 회계감사인 손해배상책임(§115) • 합병 · 청산(§116-117)

(1) 자본시장의 유연성 및 효율성 제고

❶ 자본시장법이 포괄주의 규제체계를 채택함에 따라 이전보다 다양한 유형의 증권이 발행될 수 있게 됨

❷ 이에 따라 자본시장을 통한 기업의 자금조달 수단이 다양해지고 투자자의 투자 선택의 폭도 넓어짐

❸ 또한 이전보다 다양한 파생상품의 출현이 가능해져 기업의 다양한 경영과정에서 발생할 수 있는 위험을 효율적으로 헤지할 수 있게 됨

❹ 종합적으로 살펴보면, 자본시장의 자율성 제고와 이로 인한 자본시장의 자금중개효율화를 가져올 것으로 기대됨

(2) 자본시장의 지속가능성 제고

❶ 원칙중심의 영업행위 규칙은 금융투자업자가 투자자를 공정하게 대우할 의무를 부과함

❷ 금융투자업자가 투자자를 공정하게 대우할수록 자본시장의 신뢰도는 높아지고 투자자의 적극적인 투자를 유도할 수 있음

❸ 이러한 투자자의 적극적인 참여는 자본시장을 통한 기업의 자금조달 참여를 확대시킴

❹ 이렇게 증권의 발행과 유통이 확장될수록 자본시장에 유통되는 자금도 커져 자본시장의 지속가능성이 커짐

(3) 종합적인 금융투자서비스 제공 가능

❶ 금융투자업 겸업이 자유롭게 허용됨에 따라 국내 금융투자회사도 금융선진국처럼 종합적인 금융투자서비스 제공이 가능해짐

❷ 예를 들면, 고객은 한 회사 내에서 투자매매업, 투자중개업, 집합투자업, 투자자문업, 투자일임업, 신탁업에 속하는 금융서비스를 모두 이용할 수 있음

❸ 이에 따라 금융투자회사는 여러 회사를 설립하지 않고도 다양한 금융투자서비스를 한번에 고객에게 제공할 수 있고, 투자자는 다양한 금융투자서비스를 여러 회

사를 거치지 않고도 한 금융투자회사를 통해서 한번에 이용할 수 있게 됨

④ 결과적으로 금융투자회사는 영업비용을 절감할 수 있고, 투자자는 거래비용을 절약할 수 있음

⑤ 이를 경제학적으로 범위의 경제(economies of scale)가 존재한다고 말함

⑥ 또한 금융투자회사가 다양한 금융투자업을 영위할 수 있게 됨에 따라 이전보다 대형화가 용이해짐

(4) 금융투자업자의 규제차익 유인 최소화

❶ 기능별 규제체계는 업자별 규제격차를 이용해 규제를 회피하고자 하는 규제차익 행위를 최소화하는 데 효과적임

❷ 포괄주의 규제체계는 규제회피를 목적으로 새로운 금융투자상품이 출현하지 못하도록 사전적으로 방지하는 데 효과적임

section 02 　감독기관 및 관계기관

1 　감독기관

(1) 금융위원회(Financial Services Commission : FSC)

❶ 개요 : 금융위원회(이하 '금융위'라고 한다)는 「금융위원회의 설치 등에 관한 법률」(이하 '금융위설치법'이라 한다)에 따라 금융산업의 선진화와 금융시장의 안정을 도모하고, 건전한 신용질서와 공정한 금융거래 관행(慣行)을 확립하며, 금융소비자를 보호하기 위해 설치됨

　　ㄱ. 국무총리 소속 중앙행정기관으로 금융정책, 외국환업무 취급기관의 건전성 감독 및 금융감독에 관한 업무를 독립적으로 수행

　　ㄴ. 위원장은 국무총리의 제청으로 국회의 인사청문을 거쳐 대통령이 임명하며,

부위원장은 위원장의 제청으로 대통령이 임명

ㄷ. 위원장은 국무위원은 아니나 국무회의에 출석하여 발언 가능

❷ 조직

ㄱ. 금융위는 합의제 행정기관인 위원회와 위원회의 사무를 처리하기 위한 사무처로 조직

ㄴ. 위원회에는 금융위와 증권선물위원회가 있으며, 금융위는 9명, 증권선물위원회는 5명으로 구성

ㄷ. 금융위는 위원장, 부위원장, 상임위원 2인, 비상임위원 5인으로 구성

ㄹ. 금융위의 상임위원 2인은 위원장이 추천하는 금융전문가, 비상임위원 중 4인은 당연직으로 기획재정부 차관, 금융감독원 원장, 예금보험공사 사장 및 한국은행 부총재, 나머지 1인은 대한상공회의소 회장이 추천하는 경제계 대표

ㅁ. 증권선물위원회는 금융위 부위원장이 위원장을 겸임, 위원 4인 중 1인은 상임, 나머지 3인은 비상임

ㅂ. 증권선물위원회 위원은 금융, 증권, 파생상품 또는 회계 분야에 관한 경험이 있는 고위공무원, 15년 이상의 경력이 있는 법률학·경제학·경영학 또는 회계학 교수, 그 밖에 금융, 증권, 파생상품 또는 회계 분야에 관한 학식과 경험이 풍부한 자여야 함

❸ 운영

ㄱ. 금융위 회의는 3명 이상의 위원의 요구가 있거나 위원장이 소집하면 개최되며, 의안은 3명 이상의 찬성이 있거나 위원장 단독으로 제의될 수 있음

ㄴ. 의결은 재적위원 과반수의 출석과 출석위원 과반수의 찬성이 있어야 하며, 특수관계(자기, 배우자, 4촌 이내의 혈족, 2촌 이내의 인척 또는 자기가 속한 법인과 이해관계 등)가 있는 위원은 심의·의결에서 제척

ㄷ. 위원에게 공정한 심의·의결을 기대하기 어려운 사정이 있다는 기피신청이 제기될 경우 위원장의 직권으로 금융위 의결을 거치지 아니하고 기피여부를 결정할 수 있고, 위원 스스로도 특수관계에 있거나 기피사유에 해당하는 경우 그 사항의 심의·의결 회피 가능

ㄹ. 금융위는 의사록을 작성하고 이를 공개하여야 하며, 의결하는 경우에는 의결서를 작성하고 의결에 참여한 위원은 그 의결서에 이름을 쓰고 도장을 찍거나 서명하여야 함

ㅁ. 금융위는 심의에 필요하다고 인정할 때에는 금융감독원 부원장, 부원장보 및 그 밖의 관계 전문가 등으로부터 의견을 들을 수 있음

ㅂ. 위원장은 내우외환, 천재지변 또는 중대한 금융 경제상의 위기로 긴급조치가 필요한 경우로서 금융위를 소집할 시간적 여유가 없을 때에는 금융위의 권한 내에서 필요한 조치를 할 수 있으며 지체 없이 금융위의 회의를 소집하고 그 내용을 보고하여야 함

❹ 소관사무

ㄱ. 금융에 관한 정책 및 제도에 관한 사항

ㄴ. 금융기관 감독 및 검사·제재에 관한 사항

ㄷ. 금융기관의 설립, 합병, 전환, 영업 양수·도 및 경영등의 인·허가에 관한 사항

ㄹ. 자본시장의 관리·감독 및 감시 등에 관한 사항

ㅁ. 금융 중심지의 조성·발전에 관한 사항

ㅂ. 금융 관련 법령 및 규정의 제·개정 및 폐지에 관한 사항

ㅅ. 금융 및 외국환업무 취급기관의 건전성 감독에 관한 양자·다자 간 협상 및 국제협력에 관한 사항

ㅇ. 외국환업무 취급기관의 건전성 감독에 관한 사항 등

❺ 금융감독원에 대한 지도·감독

ㄱ. 금융위는 금융감독원의 업무·운영·관리에 대한 지도와 감독

ㄴ. 금융위는 금융감독원의 정관 변경, 예산 및 결산, 그 밖에 금융감독원을 지도·감독하기 위하여 필요한 사항을 심의·의결

(2) 증권선물위원회(Securities & Futures Commission : SFC)

❶ 개요 : 증권선물위원회(이하 '증선위'라고 한다)는 금융위설치법에 의해 자본시장 및 기업회계와 관련한 주요 업무를 수행하기 위하여 설치된 의결기구

❷ 소관업무

ㄱ. 자본시장의 불공정거래 조사

ㄴ. 기업회계의 기준 및 회계감리에 관한 업무

ㄷ. 금융위 소관사무 중 자본시장의 관리·감독 및 감시 등과 관련된 주요 사항에 대한 사전심의

ㄹ. 자본시장의 관리·감독 및 감시 등을 위하여 금융위로부터 위임받은 업무 등

❸ 금융감독원에 대한 지도·감독 : 소관의 업무에 관하여 금융감독원을 지도·감독

(3) 금융감독원(Financial Supervisory Service : FSS)

❶ 개요 : 금융감독원(이하 '금감원'이라 한다)은 금융위 및 증선위의 지도·감독을 받아 금융기관에 대한 검사·감독업무를 수행하기 위하여 설치

❷ 조직과 예산

ㄱ. 금감원은 원장 1명, 부원장 4명 이내, 부원장보 9명 이내와 감사 1명을 두며, 임직원은 원장이 임면

ㄴ. 원장은 금융위의 의결을 거쳐 금융위 위원장의 제청으로 대통령이, 부원장은 원장의 제청으로 금융위가, 부원장보는 원장이 각각 임명

ㄷ. 원장·부원장·부원장보 및 감사의 임기는 3년으로 하며, 한 차례만 연임할 수 있으며 그 임기는 임명된 날부터 기산

ㄹ. 금감원은 무자본 특수법인으로, 정부, 한국은행, 예금보험공사 등의 출연금, 금융회사가 지급하는 감독분담금, 기타수입으로 경비를 충당

❸ 소관업무

ㄱ. 금융기관의 업무 및 재산상황에 대한 검사

ㄴ. 검사결과에 관련한 제재

ㄷ. 금융위, 증선위, 사무처에 대한 업무지원

ㄹ. 금융민원 해소 및 금융분쟁 조정

❹ 검사대상

ㄱ. 「은행법」에 따른 인가를 받아 설립된 은행

ㄴ. 자본시장법에 따른 금융투자업자, 증권금융회사, 종합금융회사 및 명의개서 대행회사

ㄷ. 「보험업법」에 따른 보험회사

ㄹ. 「상호저축은행법」에 따른 상호저축은행과 그 중앙회

ㅁ. 「신용협동조합법」에 따른 신용협동조합 및 그 중앙회

ㅂ. 「여신전문금융업법」에 따른 여신전문금융회사 및 겸영여신업자

ㅅ. 「농업협동조합법」에 따른 농협은행

ㅇ. 「수산업협동조합법」에 따른 수산업협동조합중앙회의 신용사업부문

ㅈ. 다른 법령에서 금감원이 검사를 하도록 규정한 기관

ㅊ. 그 밖에 금융업 및 금융 관련 업무를 하는 자로서 대통령령으로 정하는 자

2 금융투자업 관계기관

(1) 한국거래소 시장감시위원회

❶ 개요 : 시장감시위원회는 유가증권·코스닥·파생상품·코넥스 시장에서의 시세
조종 등 불공정거래를 감시하기 위해 자본시장법에 의해 설립된 자율규제기관

❷ 업무

ㄱ. 불공정거래행위를 사전적으로 예방하기 위해 실시간으로 시장을 연계하여
감시하고 있으며, 이상거래종목 적출, 풍문 수집, 지분변동 신고 등 시장에
대한 상시감시체계를 구축

ㄴ. 사후적으로 이상거래가 발생한 경우에는 이를 정밀 심리하는 등 필요한 조치
를 통해 피해확산 방지 및 투자자 보호

ㄷ. 금융투자회사의 회원 의무이행 및 업무 관련 규정의 준수상황을 감리하고,
투자과정에서 발생할 수 있는 회원사와 투자 자간 분쟁을 조정

(2) 한국금융투자협회

❶ 개요 : 한국금융투자협회(이하 '협회'라 한다)는 회원 상호 간의 업무질서 유지 및 공
정한 거래질서 확립, 투자자 보호 및 금융투자업의 건전한 발전을 목적으로 설립

❷ 업무

ㄱ. 회원 간의 건전한 영업질서 유지 및 투자자 보호를 위한 자율규제업무

ㄴ. 회원의 영업행위와 관련된 분쟁의 자율조정업무

ㄷ. 투자권유자문인력, 조사분석인력, 투자운용인력 등 주요 직무 종사자의 등록
및 관리에 관한 업무

ㄹ. 증권시장에 상장되지 아니한 주권의 장외매매거래에 관한 업무

ㅁ. 금융투자업 관련 제도의 조사·연구에 관한 업무

ㅂ. 투자자 교육 및 이를 위한 재단의 설립·운영에 관한 업무

ㅅ. 금융투자업 관련 연수업무

❸ 회원

ㄱ. 금융위의 인가를 받거나 금융위에 등록한 투자매매업자, 투자중개업자, 집합투자업자, 투자자문업자, 투자일임업자, 신탁업자, 종합금융투자사업자, 겸영금융투자업자

ㄴ. 금융투자업과 관련된 업무를 영위하는 자(일반사무관리회사, 집합투자기구평가회사, 채권평가회사 등)

(3) 한국예탁결제원

❶ 개요 : 한국예탁결제원(이하 '예탁결제원'이라 한다)은 증권의 집중예탁과 계좌 간 대체, 매매거래에 따른 결제업무 및 유통의 원활을 위하여 설립

❷ 업무

ㄱ. 증권등의 집중예탁업무

ㄴ. 증권등의 계좌 간 대체업무

ㄷ. 증권시장에서의 증권의 매매거래에 따른 증권인도와 대금지급 및 결제이행·불이행 결과의 거래소에 대한 통지에 관한 업무

ㄹ. 증권시장 밖에서의 증권등의 매매거래에 따른 증권등의 인도와 대금의 지급에 관한 업무

ㅁ. 외국 예탁결제기관과의 계좌 설정을 통한 증권등의 예탁, 계좌 간 대체 및 매매거래에 따른 증권등의 인도와 대금의 지급에 관한 업무

ㅂ. 증권등의 보호예수업무등

❸ 예탁결제원이 증권시장의 매매거래에 따른 증권인도 및 대급지급을 수행

❹ 규정

ㄱ. 증권등 예탁 및 예탁증권등 관리를 위한 예탁업무규정

ㄴ. 증권등의 매매거래에 따른 결제업무 수행을 위한 결제업무규정

(4) 증권금융회사

❶ 개요 : 증권금융회사는 자기자본 500억 원 이상의 주식회사로 금융위 인가를 받아 설립할 수 있으며, 현재 한국증권금융(주)가 유일하게 인가받은 증권금융회사임

❷ 업무

ㄱ. 금융투자상품의 매도·매수, 증권의 발행·인수 또는 그 청약의 권유·청

약·청약의 승낙과 관련하여 투자매매업자 또는 투자중개업자에 대하여 필요한 자금 또는 증권을 대여하는 업무

ㄴ. 증권시장 및 파생상품시장에서의 매매거래에 필요한 자금 또는 증권을 거래소를 통하여 대여하는 업무

ㄷ. 증권을 담보로 하는 대출업무 등

(5) 금융투자상품거래청산회사

금융투자상품거래청산회사는 자본시장법에 따라 금융위로부터 청산업 인가업무 단위의 전부나 일부를 택하여 금융투자상품거래청산업 인가를 받은 회사이다.

금융투자상품거래청산업은 금융투자업자 및 청산대상업자를 상대방으로 하여 청산대상업자가 청산대상거래를 함에 따라 발생하는 채무를 채무인수, 경개(更改), 그 밖의 방법으로 부담하는 것을 영업으로 하는 것을 말한다.

청산대상업자는 금융투자업자, 국가, 한국은행, 겸영금융투자업자, 주요 금융기관 등의 전문투자자, 외국 정부, 조약에 따라 설립된 국제기구, 외국 중앙은행, 외국 금융투자업자, 그 밖에 금융투자상품 거래에 따른 결제위험 및 시장 상황 등을 고려하여 정하는 자이다.

청산대상거래는 장외파생상품의 거래, 증권의 장외거래 중 환매조건부매매·증권의 대차거래·채무증권의 거래(환매조건부매매 및 증권의 대차거래에 따른 거래는 제외), 수탁자인 투자중개업자와 위탁자인 금융투자업자 등 청산대상업자 간의 상장증권(채무증권은 제외)의 위탁매매거래를 말한다.

(6) 신용평가회사

자본시장법에서의 '신용평가업'이란 금융투자상품, 기업·집합투자기구, 그 밖에 대통령령으로 정하는 자에 대한 신용상태를 평가(신용평가)하여 그 결과에 대하여 기호, 숫자 등을 사용하여 표시한 등급(신용등급)을 부여하고 그 신용등급을 발행인, 인수인, 투자자, 그 밖의 이해관계자에게 제공하거나 열람하게 하는 행위를 영업으로 하는 것을 말한다.

금융법규 체계의 이해

1 금융법규 체계

(1) 우리나라 금융법규 체계는 국회에서 제개정되는 법, 대통령인 시행령, 국무총리령인 시행규칙, 금융위가 제개정하는 감독규정, 금감원이 제개정하고 금융위에 보고하는 시행세칙으로 이루어져 있다.

(2) 그 외에도 법원의 판례, 비조치의견서, 법규유권해석, 행정지도, 실무해석·의견, 모범규준, 업무해설서, 검사매뉴얼 등이 금융법규를 보완하고 있다.

(3) 우리나라 금융법규는 은행, 금융투자, 보험, 서민금융 등 금융권역별로 나누어져 있기 때문에, 동일한 금융서비스에 대해서도 금융권역별로 다르게 적용할 때가 있다.

(4) 금융위와 금감원이 소관하는 공통 금융법규 일부와 자본시장법 및 감독규정은 다음과 같다.

❶ 공통 금융법규 일부

ㄱ. 금융위의 설치 등에 관한 법률

ㄴ. 금융산업의 구조개선에 관한 법률

ㄷ. 금융실명거래 및 비밀보장에 관한 법률

ㄹ. 금융지주회사법

ㅁ. 기업구조조정촉진법

ㅂ. 기업구조조정투자회사법

ㅅ. 신용정보의 이용 및 보호에 관한 법률

ㅇ. 예금자보호법

ㅈ. 외국환거래법

ㅊ. 특정금융거래정보의 보고 및 이용 등에 관한 법률

ㅋ. 공공기관의 정보공개에 관한 법률 및 관련규정

ㅌ. 근로자퇴직급여보장법

ㅍ. 전자금융거래법

ㅎ. 금융회사의 지배구조에 관한 법률

ㄲ. 공공기관의 개인정보보호에 관한 법률

ㄴㄴ. 공중 등 협박목적을 위한 자금조달행위의 금지에 관한 법률

ㄸ. 채권의 공정한 추심에 관한 법률

❷ 자본시장 관련 법률

ㄱ. 자본시장법

ㄴ. 증권 관련 집단소송법

ㄷ. 공사채등록법

ㄹ. 전자단기사채 등의 발행 및 유통에 관한 법률

ㅁ. 공인회계사법

ㅂ. 자산유동화에 관한 법률

ㅅ. 주식회사의 외부감사에 관한 법률

❸ 자본시장 및 금융투자업 관련 감독규정

ㄱ. 금융투자업규정

ㄴ. 증권의 발행 및 공시 등에 관한 규정

ㄷ. 자본시장조사 업무규정

ㄹ. 단기매매차익 반환 및 불공정거래 조사·신고 등에 관한 규정

ㅁ. 불공정거래 신고 및 포상 등에 관한 규정

ㅂ. 자산유동화업무감독규정

ㅅ. 외부감사 및 회계 등에 관한 규정

ㅇ. 회계 관련 부정행위 신고 및 포상 등에 관한 규정

2	법규 유권해석과 비조치의견서

(1) 개요

❶ 법규 유권해석 : 금융회사가 금융위가 소관하는 금융법규 등과 관련된 사안에 대해 법규적용 여부를 명확하게 확인하기 위하여 요청하는 경우 관련 금융법규를 유권으로 해석하는 것을 말함

❷ 비조치의견서 : 금융회사 등이 수행하려는 행위에 대해 금융감독원장이 법령 등에 근거하여 향후 제재 등의 조치를 취할지 여부를 회신하는 문서

<비조치의견서 적용 경우>

ㄱ. 당해 행위에 적용할 법령 등의 공백이 있는 경우

ㄴ. 법령 제·개정 당시에는 예상하지 못했던 상황이 발생하여 당해 행위에 적용할 수 있는지 불명확한 경우

ㄷ. 법령 등의 당초 취지에 비추어 당해 행위에 법령 등을 문리적인 해석에 따라 적용하는 것이 불합리한 경우

ㄹ. 금융당국이 공문 등을 통해 한 의사표명에 따른 행위가 법령 등에 따라 제재조치를 받을 우려가 있는 경우

❸ 금융이용자도 법령해석·법제처 의견서를 신청할 수 있도록 자격을 부여받음

(2) 절차

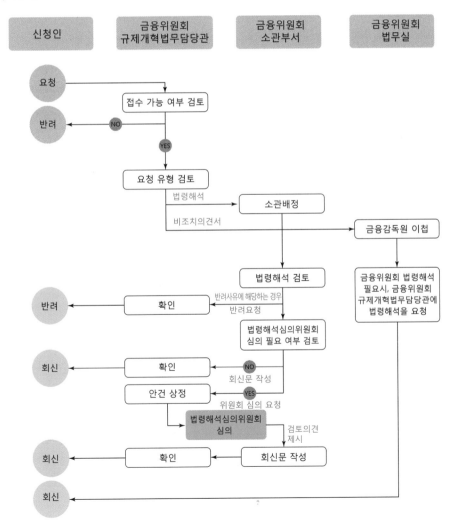

(3) 비조치의견서의 효력

❶ 금융감독원장은 해당 행위가 법령등에 위반되지 않는다는 비조치의견서를 회신하는 경우 해당 행위에 대해서는 사후에 회신내용의 취지에 부합하지 않는 법적 조치를 취하지 아니함

❷ 그러나 다음의 경우에는 이미 회신한 비조치의견서의 내용과 다른 법적 조치를 취할 수 있음

　ㄱ. 신청인이 요청서에 기재한 내용 또는 제출한 자료의 내용이 사실과 다른 경우
　ㄴ. 신청인이 중요한 자료를 제출하지 아니한 사실이 발견된 경우
　ㄷ. 신청인이 요청서에 기재한 내용과 상이한 행위를 한 경우
　ㄹ. 관련 법령등이 변경된 경우
　ㅁ. 판단의 기초가 되는 사실관계의 변동, 그 밖의 사정변경으로 인하여 기존의 의견을 유지할 수 없는 특별한 사유가 있는 경우

❸ 비조치의견서를 회신할 때 사후에 비조치의견서의 회신내용과 다른 법적 조치를 취할 수 있음을 명시하여야 함

3 행정지도

(1) 개요

금융위 및 금감원이 금융 관련 법규 등에 의한 소관업무를 수행하기 위해 금융회사 등의 임의적 협력에 기초하여 지도·권고·지시·협조요청 등을 하는 것을 말한다.

(2) 행정지도의 원칙 및 방식

❶ 행정지도는 금융 관련 법규상 목적에 부합되는 필요한 최소한도에 그쳐야 하며 행정지도를 받은 금융회사 등의 의사에 반하여 부당하게 강요하거나 행정지도 불이행 사유로 해당 금융회사 등에게 불이익한 조치를 하지 아니함

❷ 행정지도시 취지, 내용, 행하는 자의 신분을 명시토록 하고 있으며, 행정지도는 문서가 원칙이나 구두로 하는 경우에도 동 사항을 서면으로 교부하여 줄 것을 요구할 수 있음

❸ 행정지도를 한 경우 그 내용을 원칙적으로 공개함

(3) 의견수렴 및 의견제출

❶ 행정지도 시 금융회사 등의 의견을 수렴하고 이를 최대한 반영하도록 노력하되, 긴급을 요하거나 중대한 영향을 미치지 않는 경우에는 생략할 수 있음

❷ 행정지도를 받은 금융회사등은 행정지도의 방식, 내용 등에 관하여 의견을 제출할 수 있음

4   그 외 기타

(1) 실무해석 · 의견

금융법규의 내용 및 업무 현안에 관한 질의에 대하여 금융위 및 금감원의 실무부서가 제시한 비공식적인 해석 또는 의견

(2) 모범규준

금융위, 금감원, 금융회사가 공동으로 상호 준수할 것으로 약속하는 모범이 되는 규준으로, 이를 준수하지 않을 경우 그 사유에 대하여 설명할 의무를 부담

(3) 해설서 · 매뉴얼

법규 · 제도 · 절차와 관련된 업무해설서와 금융회사의 재무상황에 대한 검사와 관련된 매뉴얼

chapter 02

금융투자상품 및 금융투자업

1 정의

자본시장법에서 '금융투자상품'이란 이익을 얻거나 손실을 회피할 목적으로 현재 또는 장래의 특정 시점에 금전, 그 밖의 재산적 가치가 있는 것(이하 '금전 등'이라 한다)을 지급하기로 약정함으로써 취득하는 권리로서, 그 권리를 취득하기 위하여 지급하였거나 지급하여야 할 금전 등의 총액(판매수수료 등 제외)이 그 권리로부터 회수하였거나 회수할 수 있는 금전 등의 총액(해지수수료 등 포함)을 초과하게 될 위험(이하 '투자성'이라 한다)이 있는 것을 말한다.

(1) 투자성 판단

투자성이란 원금손실 가능성을 의미하는 것으로, 엄밀하게 따지면 금융상품의 권리를 취득하기 위하여 지급하였거나 지급하여야 할 금전 등의 총액(투자금액)이 그 권리로부터 회수하였거나 회수할 수 있는 금전 등의 총액(회수금액)을 초과하게 될 위험을 의미

❶ 투자금액 산정 시 제외항목 : 투자자가 지급하는 판매수수료 및 보수, 보험계약에 따른 사업비, 위험보험료 등은 투자금액에 불포함

❷ 회수금액 산정 시 포함항목 : 투자자가 중도해지 등에 따라 지급하는 환매, 해지수수료, 각종 세금, 발행인, 거래상대방이 채무불이행으로 지급하지 않은 미지급액 등은 회수금액에 포함

(2) 금융투자상품 불인정 대상

원화로 표시된 양도성예금증서(CD), 수탁자에게 신탁재산의 처분권한이 부여되지 아니한 관리형신탁의 수익권은 금융투자상품에서 제외

❶ 원화표시 CD : 유통과정에서 손실이 발생할 위험(투자성)이 존재하지만, 만기가 짧아 금리변동에 따른 가치 변동이 크지 않으며, 사실상 예금에 준하여 취급되기 때문임

❷ 관리형신탁의 수익권 : 자산의 신탁 시점과 해지 시점의 가격 변동에 따른 투자성을 갖게 되나, 실질적으로는 신탁업자가 처분권한을 갖지 않는 점을 고려함

  ㄱ. 위탁자(신탁계약에 따라 처분권한을 가지고 있는 수익자 포함)의 지시에 따라서만 신탁재산의 처분이 이루어지는 신탁

  ㄴ. 신탁계약에 따라 신탁재산에 대하여 보존행위 또는 그 신탁재산의 성질을 변경하지 아니하는 범위에서 이용·개량 행위만을 하는 신탁

❸ 주식매수선택권(스톡옵션) : 주식매수선택권은 임직원의 성과에 대한 보상으로 자기회사 주식을 매수할 수 있는 선택권을 부여하는 것으로 그 취득 시 금전 등의 지급이 없고 유통 가능성도 없다는 점을 고려

(1) 증권과 파생상품의 구분

금융투자상품은 추가 지급의무 부과여부에 따라 증권과 파생상품으로 구분됨

❶ 증권 : 취득과 동시에 어떤 명목으로든 추가적인 지급의무를 부담하지 아니하는 금융투자상품
❷ 파생상품 : 취득 이후에 추가적인 지급의무를 부담할 수 있는 금융투자상품
　－파생상품은 정형화된 시장에서 거래되는지 여부에 따라 장내파생상품과 장외파생상품으로 또다시 구분
❸ 예외 적용 : 워런트와 같이 기초자산에 대한 매매를 성립시킬 수 있는 권리를 포함한 금융투자상품의 경우 추가 지급의무가 있더라도 증권으로 구분

(2) 금융투자상품 구분 방법

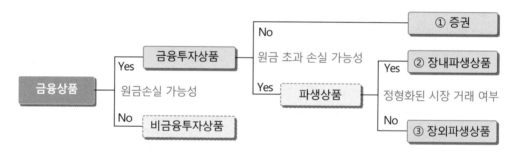

(1) 종류

투자자가 취득과 동시에 지급한 금전 등 외에 어떠한 명목으로든지 추가로 지급의무(투자자가 기존자산에 대한 매매를 성립시킬 수 있는 권리를 행사함으로써 부담하게 되는 지급의무 제외)를 부담하지 아니하는 내국인 또는 외국인이 발행한 금융투자상품으로 그 특성에 따라 채무증권, 지분증권, 수익증권, 투자계약증권, 파생결합증권, 증권예탁증권으로 분류

(2) 채무증권

❶ 정의 : 발행인에 의하여 원금이 보장되나 유통과정에서 원금손실이 발생할 수 있는 증권임

ㄱ. 국채증권, 지방채증권, 특수채증권, 사채권, 기업어음증권, 그 밖에 이와 유사한 것으로 지급청구권이 표시된 것이 채무증권에 포함

ㄴ. 사적인 금전채권도 지급청구권이 표시되어 있으나 유통성이 없으므로 채무증권으로 인정하지 않음

❷ 종류

ㄱ. 국채 : 「공공자금관리기금법」 제2조에 따른 공공자금관리기금의 부담으로 기획재정부장관이 발행하는 채무증권

ㄴ. 지방채 : 「지방재정법」에 따라 지방자치단체의 장이 공유재산의 조성 등 소관 재정투자사업과 그에 직접적으로 수반되는 경비의 충당, 재해예방 및 복구사업, 천재지변으로 발생한 예측할 수 없었던 세입결함의 보전, 지방채의 차환 등을 위한 자금을 조달하기 위해 발행하는 채무증권

ㄷ. 특수채 : 법률에 의해 설립된 법인(산업은행, 기업은행 등)이 직접 발행하는 채권

ㄹ. 사채권 : 「상법」 제469조 제2항 제3호에 따른 사채의 경우에는 자본시장법 제4조 제7항 제1호에 해당하는 '이자연계 파생결합채권'(발행과 동시에 투자자가 지급한 금전 등에 대한 이자, 그 밖의 과실에 대하여만 해당 기초자산의 가격, 이자율, 지표, 단위 또는 이를 기초로 하는 지수 등의 변동과 연계된 증권)만 인정

ㅁ. 기업어음 : 기업이 자금조달을 위해 발행한 약속어음

(3) 지분증권

❶ 정의 : 법률에 의하여 직접 설립된 법인이 발행한 출자증권, 상법상 합자회사·유한책임회사·유한회사·합자조합·익명조합의 출자지분, 그 밖에 이와 유사한 것으로서 출자지분 또는 출자지분을 취득할 권리가 표시된 증권

❷ 특성

ㄱ. 주권 등 지분증권은 발행인이 원본을 보장하지 않고, 출자 회수 시에 투자원본의 손실이 발생할 수 있으므로 증권에 해당

ㄴ. 신주인수권이 표시된 증권 또는 증서의 경우 실질적으로는 출자지분이 표시된 것으로 볼 수 없으나, 주권에 대한 인수권을 표시하는 것이므로 지분증권

으로 분류

ㄷ. 합명회사의 지분, 합자회사의 무한책임사원 지분 등도 손실발생 가능성이 있으므로 금융투자상품에 해당된다고 볼 수 있으나, 무한책임사원 지분의 특성에 비추어 볼 때 이를 금융투자상품에 포함시키는 것은 타당하지 않으므로 지분증권의 범위에서 제외

(4) 수익증권

금전신탁의 수익증권, 투자신탁의 수익증권, 그 밖에 이와 유사한 것으로서 신탁의 수익권이 표시된 것으로, 「주택저당증권유동화회사법」이나 「한국주택금융공사법」에 의한 주택저당증권, 「자산유동화법」상 유동화전문회사가 발행하는 수익증권 등이 해당

(5) 투자계약증권

특정 투자자가 그 투자자와 타인(다른 투자자 포함) 간의 공동사업에 금전 등을 투자하고 주로 타인이 수행한 공동사업의 결과에 따른 손익을 귀속받는 계약상의 권리가 표시된 증권. 증선위는 2022. 4. 20. ㈜뮤직카우가 발행한 음악 저작권료 참여청구권이 자본시장법 상 투자계약증권에 해당한다고 판단하였으며, 이는 투자계약증권을 최초로 인정한 사례.

(6) 파생결합증권

기초자산의 가격·이자율·지표·단위 또는 이를 기초로 하는 지수등의 변동과 연계하여 미리 정하여진 방법에 따라 지급금액 또는 회수금액이 결정되는 권리가 표시된 증권

주가연계증권(ELS), 주가연계워런트(ELW), 파생연계증권(DLS), 신용연계증권(CLN), 재해연계증권(CAT Bond) 등이 파생결합증권에 해당

❶ 파생결합증권의 기초자산 종류

　　ㄱ. 금융투자상품

　　ㄴ. 통화(외국의 통화 포함)

　　ㄷ. 일반상품(농산물·축산물·수산물·임산물·광산물·에너지에 속하는 물품 및 이를 원료로 하여 제조·가공한 물품, 그 밖에 이와 유사한 것)

ㄹ. 신용위험(당사자 또는 제3자의 신용등급의 변동, 파산 또는 채무재조정 등으로 인한 신용의 변동)

ㅁ. 그 밖에 자연적·환경적·경제적 현상 등에 속하는 위험으로서 합리적이고 적정한 방법에 의하여 가격·이자율·지표·단위의 산출이나 평가가 가능한 것

❷ 파생결합증권 제외대상

ㄱ. 발행과 동시에 투자자가 지급한 금전 등에 대한 이자, 그 밖의 과실에 대하여만 해당 기초자산의 가격·이자율·지표 또는 이를 기초로 하는 지수 등의 변동과 연계된 증권(이자연계 파생결합채권)

ㄴ. 옵션 파생상품의 권리(제5조 제1항 각 호 외의 부분 단서에서 정하는 금융투자상품은 제외)

ㄷ. 사채 발행 당시 객관적이고 합리적인 기준에 따라 미리 정하는 사유가 발생하는 경우 주식으로 전환되거나 그 사채의 상환과 이자지급 의무가 감면된다는 조건이 붙은 것으로서 제165조의11 제1항(신종사채의 발행)에 따라 주권상장법인이 발행하는 사채

ㄹ. 「은행법」 제33조 제1항 제2호(상각형 조건부자본증권), 제3호(은행주식 전환형 조건부지불증권), 제4호(은행지주회사주식 전환형 조건부자본증권)

ㅁ. 「금융지주회사법」 제15조의2 제1항 제2호(상각형 조건부자본증권), 제3호(전환형 조건부자본증권)

ㅂ. 「보험업법」 제114조의2 제1항 제1호(상각형 조건부자본증권), 제2호(보험회사주식 전환형 조건부자본증권), 제3호(금융지주회사주식 전환형 조건부자본증권)

ㅅ. 「상법」 제469조 제2항 제2호(교환사채 또는 상환사채), 제513조(전환사채) 및 제516조의2(신주인수권부사채)에 따른 사채

ㅇ. 그 밖에 ㄱ부터 ㅅ까지와 유사한 것으로서 대통령령으로 정하는 금융투자상품

(7) 증권예탁증권

채무증권·지분증권·수익증권·투자계약증권·파생결합증권을 예탁받은 자가 그 증권이 발행된 국가 외의 국가에서 발행한 것으로서 그 예탁받은 증권에 관련된 권리가 표시된 증권으로 국내 증권예탁증권(KDR), 외국 증권예탁증권(GDR, ADR 등)이 해당

4 파생상품

(1) 정의

파생상품은 증권과는 달리 금전 등의 지급 시기가 장래의 일정 시점이고, 투자원금 이상의 손실이 발생할 수 있는 계약상의 권리를 말한다.

(2) 분류

❶ 파생상품시장 거래 여부 : 정형화된 파생상품시장에서의 거래 여부에 따라 장내 파생상품과 장외파생상품으로 구분

   ㄱ. 장내파생상품 : 한국거래소(KRX)의 파생상품시장 또는 해외 정형화된 파생상 품거래소에서 거래되는 파생상품

   ㄴ. 장외파생상품 : 장내파생상품이 아닌 파생상품

❷ 거래구조에 따른 분류

   ㄱ. 선도 : 기초자산이나 기초자산의 가격·이자율·지표·단위 또는 이를 기초 로 하는 지수 등에 의하여 산출된 금전 등을 장래의 특정 시점에 인도할 것 을 약정하는 계약

   ㄴ. 옵션 : 당사자의 어느 한쪽의 의사표시에 의하여 기초자산이나 기초자산의 가격·이자율·지표·단위 또는 이를 기초로 하는 지수 등에 의하여 산출된 금전 등을 수수하는 거래를 성립시킬 수 있는 권리를 부여하는 계약

   ㄷ. 스왑 : 장래의 일정기간 동안 미리 정한 가격으로 기초자산이나 기초자산의 가격·이자율·지표·단위 또는 이를 기초로 하는 지수 등에 의하여 산출된 금전 등을 교환할 것을 약정하는 계약

❸ 파생상품의 범위에서 제외 : 해당 금융투자상품의 유통 가능성, 계약당사자, 발행 사유 등을 고려하여 증권으로 규제하는 것이 타당한 것으로서 아래의 어느 하나 에 해당하는 금융투자상품은 파생상품의 범위에서 제외

   ㄱ. 증권 및 장외파생상품에 대한 투자매매업의 인가를 받은 금융투자업자가 발 행하는 증권 또는 증서로서 기초자산(증권시장이나 해외 증권시장에서 매매되는 증권, 금융투자상품, 통화(외국통화 포함), 일반상품, 신용위험 등)의 가격·이자율·지표·단 위 또는 이를 기초로 하는 지수 등의 변동과 연계하여 미리 정하여진 방법에

따라 그 기초자산의 매매나 금전을 수수하는 거래를 성립시킬 수 있는 권리
가 표시된 증권 또는 증서

ㄴ. 상법 제420조의2에 따른 신주인수권증서 및 같은 법 제516조의5에 따른 신
주인수권증권

금융투자업은 그 경제적 실질에 따라 투자매매업, 투자중개업, 집합투자업, 투자자
문업, 투자일임업 및 신탁업으로 분류

1 투자매매업

❶ 정의 : 누구의 명의로 하든지 자기의 계산으로 금융투자상품의 매매, 증권의 발
행·인수 또는 그 청약의 권유, 청약, 청약의 승낙을 영업으로 하는 것
❷ 적용 배제
ㄱ. 투자신탁 수익증권, 투자성 있는 예금·보험 및 특정 파생결합증권을 발행하
는 경우를 제외하고 자기가 증권을 발행하는 경우
ㄴ. 투자매매업자를 상대방으로 하거나 투자중개업자를 통하여 금융투자상품을
매매하는 경우
ㄷ. 국가·지방자치단체가 공익을 위하여 관련 법령에 따라 금융투자상품을 매
매하는 경우
ㄹ. 한국은행이 공개시장조작을 하는 경우
ㅁ. 특정 전문투자자 간에 환매조건부 매매를 하는 경우
ㅂ. 외국 투자매매업자가 일정 요건을 갖추고 국외에서 파생결합증권을 발행하
는 경우
ㅅ. 외국 투자매매업자가 국외에서 투자매매업자 또는 투자중개업자를 상대로

투자매매업을 하거나 국내 거주자(투자매매업자는 제외)를 상대로 투자권유 또는 투자광고를 하지 아니하고 국내 거주자의 매매주문을 받아 그 자를 상대방으로 투자매매업 또는 투자중개업을 하는 행위

2 투자중개업

❶ 정의 : 누구의 명의로 하든지 타인의 계산으로 금융투자상품의 매매, 그 중개나 청약의 권유, 청약, 청약의 승낙 또는 증권의 발행 · 인수에 대한 청약의 권유, 청약, 청약의 승낙을 영업으로 하는 것
❷ 적용 배제
　ㄱ. 투자권유대행인이 투자권유를 대행하는 경우
　ㄴ. 거래소가 증권시장 및 파생상품시장을 개설 · 운영하는 경우
　ㄷ. 협회가 장외 주식중개시장(K-OTC)을 개설 · 운영하는 경우
　ㄹ. 외국 투자중개업자가 국외에서 투자매매업자 또는 투자중개업자를 상대로 투자중개업을 하거나 국내 거주자(투자매매업자 또는 투자중개업자는 제외)를 상대로 투자권유 또는 투자광고를 하지 아니하고 국내 거주자의 매매주문을 받아 그 자를 상대방으로 투자중개업을 하는 행위

3 집합투자업

❶ 정의 : ① 2인 이상의 투자자(과거에는 '2인 이상에게 투자권유를 하여'라고 정하고 있었으나 '2인 이상의 투자자로부터 모은'으로 개정되어 수익자가 1인인 사모단독펀드 설정을 제한)로부터 모은 금전 등 또는 국가재정법에 따른 기금관리주체 등으로부터 위탁받은 금전 등을, ② 투자자 또는 기금관리주체 등으로부터 일상적인 운용지시를 받지 아니하고, ③ 재산적 가치가 있는 투자대상 자산을 취득 · 처분, 그 밖의 방법으로 운용하고, ④ 그 결과를 투자자 또는 기금관리주체 등에게 배분하여 귀속시키는 것
❷ 적용 배제 : ① 다른 법률에 의한 펀드 중 사모펀드, ② 투자자예탁금을 예치 · 신탁, ③ 종합금융투자사업자의 종합투자계좌업무, ④ 종합재산신탁 등의 효율적 운용을 위하여 예외적으로 신탁재산 중 금전을 공동으로 운용, ⑤ 투자목적회

사, ⑥ 종합금융회사 어음관리계좌(CMA), ⑦ 법인세법에 따른 프로젝트 파이낸 싱 법인, ⑧ 지주회사, ⑨ 가맹사업(franchise), ⑩ 다단계판매사업, ⑪ 사업 영위자 가 통상의 인적·물적 시설을 갖추고 투자자로부터 모은 금전 등으로 사업을 하 여 그 결과를 배분(특정 사업결과를 배분하는 경우 제외), ⑫ 비영리목적의 계, ⑬ 종중 등의 비영리 사업, ⑭ 비영리법인 등의 정관 범위 내에서의 사업, ⑮ 투자자 전 원의 합의에 따라 운용·배분, 기업인수목적회사가 일정한 요건을 갖추어 그 사 업목적에 속하는 행위를 하는 경우, ⑯ 그 밖에 전문적 운용자의 존재 여부, 투자 자의 투자동기, 운용결과의 예정 배분 시기, 투자자 재산의 분리 필요성 등을 고 려하여 금융위가 인정하는 경우

| 4 | 투자자문업 |

❶ 정의 : 금융투자상품, 그 밖에 대통령령으로 정하는 투자대상 자산(이하 '금융투자상 품등'이라 한다)의 가치 또는 금융투자상품에 대한 투자판단(종류, 종목, 취득·처분, 취 득·처분의 방법·수량·가격 및 시기 등에 대한 판단)에 관하여 자문에 응하는 것을 영업 으로 하는 것

❷ 적용 배제

ㄱ. 불특정 다수인을 대상으로 발행·송신되고, 불특정 다수인이 수시로 구입· 수신할 수 있는 간행물·출판물·통신물·방송 등을 통하여 조언을 하는 경 우(유사투자자문업)

ㄴ. 역외영업 특례 적용에 해당하는 역외 투자자문업

ㄷ. 따로 대가 없이 다른 영업에 부수하여 금융투자상품의 가치나 금융투자상품 에 대한 투자판단에 관한 자문에 응하는 경우

ㄹ. 집합투자기구평가회사, 채권평가회사, 공인회계사, 감정인, 신용평가업자, 변호사, 변리사, 세무사, 그 밖에 해당 법령에 따라 자문용역을 제공하고 있 는 자가 해당 업무와 관련된 분석정보 등을 제공하는 경우

ㅁ. 외국 투자자문업자가 국외에서 국가, 한국은행, 한국투자공사, 법률에 따라 설립된 기금 및 그 기금을 관리·운용하는 법인을 상대로 투자권유 또는 투 자광고를 하지 아니하고 그 자를 상대방으로 투자자문업을 하는 경우

5 투자일임업

❶ 정의 : 투자자로부터 금융투자상품등에 대한 투자판단의 전부 또는 일부를 일임받아 투자자별로 구분하여 그 투자자의 재산상태나 투자목적 등을 고려하여 금융투자상품등을 취득 · 처분, 그 밖의 방법으로 운용하는 것을 영업으로 하는 것

❷ 적용 배제

ㄱ. 투자중개업자가 투자자의 매매주문을 받아 이를 처리하는 과정에서 투자판단의 전부 또는 일부를 위임받을 필요가 있는 다음의 경우

　　a. 투자자가 금융투자상품의 매매거래일(하루에 한정)과 그 매매거래분의 총매매 수량이나 총매매 지정금액을 지정한 경우로서 투자자로부터 그 지정범위에서 금융투자상품의 수량 · 가격 및 시기에 대한 투자판단의 일임을 받는 경우

　　b. 투자자가 여행 · 질병등으로 일시적으로 부재하는 중에 금융투자상품의 가격폭락 등 불가피한 사유가 있는 경우로서 투자자로부터 약관 등에 따라 미리 금융투자상품의 매도권한을 일임받은 경우 등(자본시장법 시행령 제7조 제3항 제2호)

　　c. 투자자가 금융투자상품의 매매, 그 밖의 거래에 따른 결제나 증거금의 추가 예탁 또는 법 제72조에 따른 신용공여와 관련한 담보비율 유지의무나 상환의무를 이행하지 아니한 경우로서 투자자로부터 약관 등에 따라 금융투자상품의 매도권한(파생상품인 경우에는 이미 매도한 파생상품의 매수권한을 포함)을 일임받은 경우

　　d. 투자자가 투자중개업자가 개설한 계좌에 금전을 입금하거나 해당 계좌에서 금전을 출금하는 경우에는 따로 의사표시가 없어도 자동으로 법 제229조 제5호에 따른 단기금융집합투자기구의 집합투자증권등을 매수 또는 매도하거나 환매를 조건으로 증권을 매수 또는 매도하기로 하는 약정을 미리 해당 투자중개업자와 체결한 경우로서 투자자로부터 그 약정에 따라 해당 집합투자증권 등을 매수 또는 매도하는 권한을 일임받거나 환매를 조건으로 증권을 매수 또는 매도하는 권한을 일임받은 경우

ㄴ. 외국 투자일임업자가 국외에서 국가, 한국은행, 한국투자공사, 법률에 따라

설립된 기금 및 그 기금을 관리·운용하는 법인을 상대로 투자권유 또는 투자광고를 하지 아니하고 그 자를 상대방으로 투자일임업을 하는 경우

6 신탁업

❶ 정의 : 신탁 설정자(위탁자)와 신탁을 인수하는 자(수탁자)의 특별한 신임관계에 기하여 위탁자가 특정의 재산권을 수탁자에게 이전하거나 기타의 처분을 하고 수탁자로 하여금 일정한 자(수익자)의 이익을 위하여 또는 특정의 목적을 위하여 그 재산권을 관리, 처분하게 하는 신탁을 영업으로 하는 것

❷ 적용 배제 : 「담보부사채신탁법」에 따른 담보부사채에 관한 신탁업, 「저작권법」에 따른 저작권신탁관리업

7 전담중개업무(프라임 브로커)

❶ 정의 : 전담중개업무란 일반 사모집합투자기구 등에 대하여 다음 각 호의 어느 하나에 해당하는 업무를 효율적인 신용공여와 담보관리 등을 위하여 일정 방법에 따라 연계하여 제공하는 업무를 말하며, 종합금융투자사업자가 아니면 전담중개업무를 영위할 수 없음(법 제77조의3 제1항).

ㄱ. 증권의 대여 또는 그 중개·주선이나 대리업무

ㄴ. 금전의 융자, 그 밖의 신용공여

ㄷ. 일반 사모집합투자기구 등의 재산의 보관 및 관리

ㄹ. 그 밖에 일반 사모집합투자기구 등의 효율적인 업무 수행을 지원하기 위하여 필요한 업무로서 대통령령으로 정하는 업무

❷ 종합금융투자사업자는 일반 사모집합투자기구 등에 대하여 전담중개업무를 제공하는 경우에는 미리 해당 일반 사모집합투자기구 등과 다음 각 호의 사항을 포함하는 내용에 관한 계약을 체결하여야 함

ㄱ. 전담중개업무와 관련된 종합금융투자사업자와 일반 사모집합투자기구 등의 역할 및 책임에 관한 사항

ㄴ. 종합금융투자사업자가 일반 사모집합투자기구 등의 재산을 제3자에 대한 담

보, 대여, 그 밖에 대통령령으로 정하는 방법으로 이용하는 경우 그 이용에 관한 사항

ㄷ. 종합금융투자사업자가 ㄴ.에 따라 이용한 일반 사모집합투자기구 등의 재산현황 등에 관한 정보를 일반 사모집합투자기구 등에게 제공하는 절차 및 방법

ㄹ. 그 밖에 대통령령으로 정하는 사항

❸ 종합금융투자사업자는 이 법 또는 다른 금융 관련 법령에도 불구하고 다음 각 호의 업무를 영위할 수 있음

ㄱ. 기업에 대한 신용공여 업무

ㄴ. 그 밖에 해당 종합금융투자사업자의 건전성, 해당 업무의 효율적 수행에 이바지할 가능성 등을 고려하여 종합금융투자사업자에만 허용하는 것이 적합한 업무로서 대통령령으로 정하는 것

8 온라인소액투자중개업

❶ 정의 : 온라인소액투자중개업자란 온라인상에서 누구의 명의로 하든지 타인의 계산으로 채무증권, 지분증권, 투자계약증권의 모집 또는 사모에 관한 중개(이하 '온라인소액투자중개'라 한다)를 영업으로 하는 투자중개업자를 말하며, 증권형 크라우드펀딩업자로 불리기도 함

❷ 인가 : 온라인소액투자중개업자가 금융위에 등록한 경우 자본시장법 제12조(금융투자업의 인가)에 따른 인가를 받은 것으로 보며, 주요 등록요건은 다음과 같음

ㄱ. 「상법」에 따른 주식회사 또는 지점 또는 영업소를 설치한 외국 온라인소액투자중개업자

ㄴ. 5억 원 이상의 자기자본을 갖출 것

ㄷ. 사업계획이 타당하고 건전할 것

ㄹ. 투자자의 보호가 가능하고 그 영위하고자 하는 업을 수행하기에 충분한 인력과 전산설비, 그 밖의 물적 설비를 갖출 것

❸ 영업행위 규제

ㄱ. 온라인소액투자중개업자는 자신이 온라인소액투자중개를 하는 증권을 자기의 계산으로 취득하거나, 증권의 발행 또는 그 청약을 주선 또는 대리하는 행위 금지

ㄴ. 온라인소액투자중개업자는 온라인소액투자중개를 통하여 증권을 발행하는 자의 신용 또는 투자 여부에 대한 투자자의 판단에 영향을 미칠 수 있는 자문이나 온라인소액증권발행인의 경영에 관한 자문에 응할 수 없음

ㄷ. 온라인소액투자중개업자는 투자자가 청약의 내용, 투자에 따르는 위험, 증권의 매도 제한, 증권의 발행조건과 온라인소액증권발행인의 재무상태가 기재된 서류 및 사업계획서의 내용을 충분히 확인하였는지의 여부를 투자자의 서명 등 대통령령으로 정하는 방법으로 확인하기 전에는 그 청약의 의사 표시를 받아서는 안 됨

ㄹ. 온라인소액투자중개업자는 온라인소액증권발행인의 요청에 따라 투자자의 자격 등을 합리적이고 명확한 기준에 따라 제한할 수 있음

ㅁ. 온라인소액투자중개업자는 투자자가 청약의 의사를 표시하지 아니한 상태에서 투자자의 재산으로 증권의 청약을 하여서는 안 됨

ㅂ. 온라인소액투자중개업자는 온라인소액증권발행인에 관한 정보의 제공, 청약주문의 처리 등의 업무를 수행할 때 특정한 온라인소액증권발행인 또는 투자자를 부당하게 우대하거나 차별하여서는 안 됨

ㅅ. 온라인소액투자중개업자는 증권의 청약기간이 만료된 경우에는 증권의 청약 및 발행에 관한 내역을 지체 없이 투자자에게 통지해야 함

ㅇ. 온라인소액투자중개업자는 다음 각 호의 행위를 제외하고는 증권의 청약을 권유하는 일체의 행위 금지

    a. 투자광고를 자신의 인터넷 홈페이지에 게시하거나 투자광고가 게시된 인터넷 홈페이지 주소 등을 제공하는 행위

    b. 온라인소액증권발행인이 게재하는 내용을 자신의 인터넷 홈페이지에 게시하는 행위

    c. 자신의 인터넷 홈페이지를 통하여 자신이 중개하는 증권 또는 그 온라인소액증권발행인에 대한 투자자들의 의견이 교환될 수 있도록 관리하는 행위

    d. 사모의 방식으로 증권의 청약을 권유하는 경우 온라인소액증권발행인이 게재하는 내용을 특정 투자자에게 전송하는 행위

❹ 투자광고의 특례 : 온라인소액투자중개업자 또는 온라인소액증권발행인은 온라인소액투자중개업자가 개설한 인터넷 홈페이지 이외의 수단을 통해서 투자광고를 하는 행위를 금지

⑤ 투자한도

　ㄱ. 소득 등 대통령령으로 정하는 요건을 갖춘 자

　　a. 최근 1년간 동일 온라인소액증권발행인에 대한 누적투자금액 : 1천만 원
이하

　　b. 최근 1년간 누적투자금액 : 2천만 원 이하

　ㄴ. 위 ㄱ호 요건을 갖추지 못한 자

　　a. 최근 1년간 동일 온라인소액증권발행인에 대한 누적투자금액 : 500만 원
이하

　　b. 최근 1년간 누적투자금액 : 1천만 원 이하

---

section 03 투자자

금융상품에 관한 전문성 및 소유자산 규모 등에 비추어 투자에 따른 위험 감수능력
이 있는지 여부를 기준으로 전문투자자와 일반투자자로 구분

1 전문투자자

전문투자자는 금융투자상품에 관한 전문성 및 소유자산 규모 등에 비추어 투자에 따
른 위험감수 능력이 있는 투자자를 말하며 개념상 절대적 전문투자자와 상대적 전문투
자자로 구분

(1) 절대적 전문투자자 : 국가, 한국은행, 금융기관(은행, 보험, 금융투자업자, 증권금융, 종
합금융, 자금중개, 금융지주, 여신전문금융, 상호저축은행 및 동 중앙회, 산림조합중앙회, 새마을금고연합회,
신협중앙회 및 이에 준하는 외국 금융기관), 기타 기관(예금보험공사, 한국자산관리공사, 한국주택금융공
사, 한국투자공사, 협회, 예탁결제원, 한국거래소, 금감원, 집합투자기구, 신용보증기금, 기술신용보증기금
및 이에 준하는 외국인), 외국정부 · 외국중앙은행 · 국제기구 등

(2) 상대적 전문투자자 : 일반투자자 대우를 받겠다는 의사를 금융투자업자에게 서면으로 통지한 경우 일반투자자로 간주

❶ 주권상장법인, 지방자치단체, 기타 기관(기금 관리·운용법인, 공제사업 영위법인, 지방자치단체, 해외주권상장 국내법인 및 이에 준하는 외국인) 및 자발적 전문투자자(이에 준하는 외국인) 등이 상대적 전문투자자에 해당

❷ 주권상장법인 등이 장외파생상품 거래를 하는 경우에는 별도 의사를 표시하지 아니하면 일반투자자 대우로, 전문투자자 대우를 받기 위해서는 그 내용을 서면으로 금융투자업자에게 통지하여야 함

❸ 상대적 전문투자자는 일반투자자로 대우받기를 원할 경우 또는 장외파생상품 거래를 위해 전문투자자로 대우받기를 원할 경우 그 내용을 서면으로 금융투자업자에게 통지하여야 함

❹ 금융투자업자는 정당한 사유 없이 상대적 전문투자자에 해당하는 주권상장법인 및 기타 기관 등의 서면 요청을 거부할 수 없음

(3) 자발적 전문투자자 : 일정 요건을 갖춘 법인 및 개인이 전문투자자로 대우받고자 할 경우 금융위에 신고하여야 하며, 금융위 확인 후 2년간 전문투자자 대우를 받을 수 있다.

❶ 지정신청일 전일 기준 금융투자상품 잔고가 100억 원 이상(외부감사 대상법인의 경우 50억 원 이상)인 법인 또는 단체

❷ 다음의 투자경험 요건과 그 외 요건을 충족(ㄱ+ㄴ 또는 ㄱ+ㄷ 또는 ㄱ+ㄹ)하는 개인(영 제10조 제3항 제17호)

   ㄱ. (투자경험) 최근 5년 중 1년 이상의 기간 동안 금융위가 정하여 고시하는 금융투자상품[1]을 월말 평균잔고 기준으로 5천만 원 이상 보유한 경험이 있을 것

   ㄴ. (소득기준) 본인의 직전년도 소득액이 1억 원 이상이거나 본인과 그 배우자의 직전년도 소득액의 합계금액이 1억5천만 원 이상일 것

   ㄷ. (자산기준) 총자산에서 거주 부동산·임차보증금 및 총부채(거주주택을 담보로

---

1 ① 법 제4조 제3항에 따른 사채권(A등급 이하) 및 기업어음증권(A2등급 이하)
  ② 법 제4조 제4항에 따른 지분증권
  ③ 법 제4조 제7항에 따른 파생결합증권
  ④ 법 제9조 제21항에 따른 집합투자증권(단, 법 제9조 제19항에 따른 사모집합투자기구의 집합투자증권 및 제229조 제1호의 증권집합투자기구의 집합투자증권에 한함)

받은 부채는 제외) 금액을 차감한 금액이 5억 원 이상

　ㄹ. (전문성) 해당 분야에서 1년 이상 종사한 ① 회계사·감평사·변호사·변리사·세무사, ② 투자운용인력, 재무위험관리사 등 시험 합격자, ③ 금융투자업 주요 직무 종사자(1년 이상 등록이력이 있는 투자자산운용사, 금융투자분석사)

❸ 이에 준하는 외국인

2 　일반투자자

　금융투자상품에 관한 전문성 및 소유자산 규모 등에 비추어 투자에 따른 위험 감수 능력이 없는 투자자를 말하며, 절대적 일반투자자와 상대적 일반투자자로 구분

❶ 절대적 일반투자자 : 전문투자자(절대적 또는 상대적)가 아닌 투자자
❷ 상대적 일반투자자 : 상대적 전문투자자로서 일반투자자 대우를 받겠다는 의사를 금융투자업자에게 서면으로 통지한 자

chapter 03

금융투자업자에 대한 규제 · 감독

금융투자업 인가 · 등록 개요

1 진입규제 원칙

자본시장법이 경제적 실질이 동일한 금융기능을 동일하게 규율하는 기능별 규제체계를 갖춤에 따라 금융투자업, 금융투자상품, 투자자를 경제적 실질에 따라 재분류하고 이를 토대로 금융기능을 분류하여 금융투자업 인가 부여 또는 등록 승인

(1) 인가대상 금융투자업

❶ 투자매매업 : 누구의 명의로 하든지 자기의 계산으로 금융 투자상품을 매도 · 매수, 증권의 발행 · 인수 또는 그 청약의 권유 · 청약 · 청약의 승낙을 업으로 하는 것

ㄱ. 지분증권의 가격·지수를 기초로 하는 파생결합증권, 지분증권 가격·지수 외의 것을 기초로 하면서 이자뿐 아니라 원본까지도 이에 연동된 파생결합증권을 발행하는 것은 투자매매업에 해당

ㄴ. 다만, 파생결합증권을 금융투자업자의 인수, 중개 등을 통해 발행하는 경우 (투자매매업자를 상대방으로 하거나 투자중개업자를 통하여 금융투자상품을 매매하는 경우)에는 발행 가능(금융투자업에 해당하지 않음)

❷ 투자중개업 : 누구의 명의로 하든지 타인의 계산으로 금융투자상품을 매도·매수, 그 청약의 권유·청약·청약의 승낙 또는 증권의 발행·인수에 대한 청약의 권유·청약·청약의 승낙을 업으로 하는 것

❸ 집합투자업 : 2인 이상의 투자자로부터 모은 금전 등을 투자자 등으로부터 일상적인 운용지시를 받지 아니하면서 자산을 취득·처분 그 밖의 방법으로 운용하고 그 결과를 투자자에게 배분하여 귀속시키는 업(단, 일반사모집합투자업은 예외)

❹ 신탁업 : 신탁법에 의한 신탁을 영업으로 하는 업

(2) 등록대상 금융투자업

❶ 투자자문업 : 금융투자상품의 가치 또는 투자판단에 관하여 자문을 하는 업

❷ 투자일임업 : 투자자로부터 금융투자상품에 대한 투자판단의 전부 또는 일부를 일임받아 투자자별로 구분하여 자산을 취득·처분 그 밖의 방법으로 운용하는 업
  - 투자중개업자가 그 대가를 받지 않고 불가피하게 투자판단을 일임받는 경우는 투자일임업으로 보지 않음

❸ 온라인소액투자중개업 : 투자중개업 중 온라인상에서 누구의 명의로 하든지 타인의 계산으로 일정한 자가 발행하는 채무증권, 지분증권, 투자계약증권의 모집 또는 사무에 관한 중개를 영업으로 하는 업

❹ 일반사모집합투자업 : 집합투자업 중 일반사모집합투자기구를 통한 집합투자를 영업으로 하는 업

2   금융투자업 영위 주체

자본시장법에 따라 금융투자업 인가를 받거나 등록을 승인받아야 금융투자업을 영위할 수 있다.

1 금융투자업 인가 절차

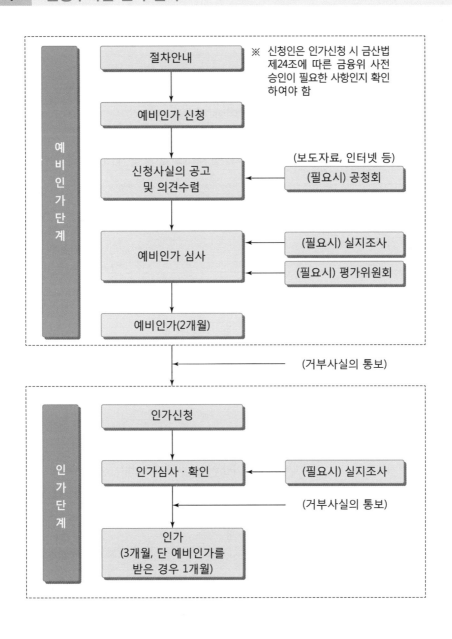

2 | 금융투자업 인가요건

(1) 법인격 요건

상법에 따른 주식회사, 대통령령이 정하는 금융기관 및 외국금융투자업자로서 지점 또는 영업소를 설치한 자

(2) 자기자본 요건

금융투자업자의 손실흡수력을 나타내는 자기자본이 인가업무 단위별로 5억 원 이상 으로서 대통령령으로 정하는 금액 이상이어야 한다.

표 3-1 **인가업무 단위 및 최저자기자본(자본시장법 제15조 제1항 및 제16조 제3항 관련)** (단위 : 억 원)

인가업무 단위	금융투자업의 종류	금융투자상품의 범위	투자자의 유형	최저 자기자본
1-1-1	투자매매업	증권	일반투자자 및 전문투자자	500
1-1-2	투자매매업	증권	전문투자자	250
1-11-1	투자매매업	채무증권	일반투자자 및 전문투자자	200
1-11-2	투자매매업	채무증권	전문투자자	100
1-111-1	투자매매업	국채증권, 지방채증권 및 특수채증권	일반투자자 및 전문투자자	75
1-111-2	투자매매업	국채증권, 지방채증권 및 특수채증권	전문투자자	37.5
1-12-1	투자매매업	지분증권(집합투자증권은 제외한다)	일반투자자 및 전문투자자	250
1-12-2	투자매매업	지분증권(집합투자증권은 제외한다)	전문투자자	125
1-13-1	투자매매업	집합투자증권	일반투자자 및 전문투자자	50
1-13-2	투자매매업	집합투자증권	전문투자자	25
11-1-1	투자매매업(인수업은 제외한다)	증권	일반투자자 및 전문투자자	200
11-1-2	투자매매업(인수업은 제외한다)	증권	전문투자자	100

인가업무 단위	금융투자업의 종류	금융투자상품의 범위	투자자의 유형	최저 자기자본
11-11-1	투자매매업(인수업은 제외한다)	채무증권	일반투자자 및 전문투자자	80
11-11-2	투자매매업(인수업은 제외한다)	채무증권	전문투자자	40
11-111-1	투자매매업(인수업은 제외한다)	국채증권, 지방채증권 및 특수채증권	일반투자자 및 전문투자자	30
11-111-2	투자매매업(인수업은 제외한다)	국채증권, 지방채증권 및 특수채증권	전문투자자	15
11-112-1	투자매매업(인수업은 제외한다)	사채권	일반투자자 및 전문투자자	40
11-112-2	투자매매업(인수업은 제외한다)	사채권	전문투자자	20
11-12-1	투자매매업(인수업은 제외한다)	지분증권(집합투자증권은 제외한다)	일반투자자 및 전문투자자	100
11-12-2	투자매매업(인수업은 제외한다)	지분증권(집합투자증권은 제외한다)	전문투자자	50
11-13-1	투자매매업(인수업은 제외한다)	집합투자증권	일반투자자 및 전문투자자	20
11-13-2	투자매매업(인수업은 제외한다)	집합투자증권	전문투자자	10
11r-1r-1	투자매매업(인수업은 제외한다)	제181조 제1항 제1호에 따른 증권	일반투자자 및 전문투자자	60
12-112-1	투자매매업(인수업만 해당한다)	사채권	일반투자자 및 전문투자자	60
12-112-2	투자매매업(인수업만 해당한다)	사채권	전문투자자	30
1-2-1	투자매매업	장내파생상품	일반투자자 및 전문투자자	100
1-2-2	투자매매업	장내파생상품	전문투자자	50
1-21-1	투자매매업	장내파생상품(주권을 기초자산으로 하는 것만 해당한다)	일반투자자 및 전문투자자	50
1-21-2	투자매매업	장내파생상품(주권을 기초자산으로 하는 것만 해당한다)	전문투자자	25
1-3-1	투자매매업	장외파생상품	일반투자자 및 전문투자자	900
1-3-2	투자매매업	장외파생상품	전문투자자	450

인가업무 단위	금융투자업의 종류	금융투자상품의 범위	투자자의 유형	최저 자기자본
1-31-1	투자매매업	장외파생상품(주권을 기초자산으로 하는 것만 해당한다)	일반투자자 및 전문투자자	450
1-31-2	투자매매업	장외파생상품(주권을 기초자산으로 하는 것만 해당한다)	전문투자자	225
1-32-1	투자매매업	장외파생상품(주권 외의 것을 기초자산으로 하는 것만 해당한다)	일반투자자 및 전문투자자	450
1-32-2	투자매매업	장외파생상품(주권 외의 것을 기초자산으로 하는 것만 해당한다)	전문투자자	225
1-321-1	투자매매업	장외파생상품(통화·이자율을 기초자산으로 하는 것만 해당한다)	일반투자자 및 전문투자자	180
1-321-2	투자매매업	장외파생상품(통화·이자율을 기초자산으로 하는 것만 해당한다)	전문투자자	90
1a-1-2	투자매매업	법 제8조의2제5항 및 이 영 제7조의3 제1항에 따른 매매체결대상상품	전문투자자	300
2-1-1	투자중개업	증권	일반투자자 및 전문투자자	30
2-1-2	투자중개업	증권	전문투자자	15
2r-1-2	투자중개업	증권	전문투자자	5
2-11-1	투자중개업	채무증권	일반투자자 및 전문투자자	10
2-11-2	투자중개업	채무증권	전문투자자	5
2-12-1	투자중개업	지분증권(집합투자증권은 제외한다)	일반투자자 및 전문투자자	10
2-12-2	투자중개업	지분증권(집합투자증권은 제외한다)	전문투자자	5
2-13-1	투자중개업	집합투자증권	일반투자자 및 전문투자자	10
2-13-2	투자중개업	집합투자증권	전문투자자	5
2-2-1	투자중개업	장내파생상품	일반투자자 및 전문투자자	20
2-2-2	투자중개업	장내파생상품	전문투자자	10
2-21-1	투자중개업	장내파생상품(주권을 기초자산으로 하는 것만 해당한다)	일반투자자 및 전문투자자	10
2-21-2	투자중개업	장내파생상품(주권을 기초자산으로 하는 것만 해당한다)	전문투자자	5

인가업무 단위	금융투자업의 종류	금융투자상품의 범위	투자자의 유형	최저 자기자본
2-3-1	투자중개업	장외파생상품	일반투자자 및 전문투자자	100
2-3-2	투자중개업	장외파생상품	전문투자자	50
2-31-1	투자중개업	장외파생상품(주권을 기초자산으로 하는 것만 해당한다)	일반투자자 및 전문투자자	50
2-31-2	투자중개업	장외파생상품(주권을 기초자산으로 하는 것만 해당한다)	전문투자자	25
2-32-1	투자중개업	장외파생상품(주권 외의 것을 기초 자산으로 하는 것만 해당한다)	일반투자자 및 전문투자자	50
2-32-2	투자중개업	장외파생상품(주권 외의 것을 기초 자산으로 하는 것만 해당한다)	전문투자자	25
2-321-1	투자중개업	장외파생상품(통화·이자율을 기초 자산으로 하는 것만 해당한다)	일반투자자 및 전문투자자	20
2-321-2	투자중개업	장외파생상품(통화·이자율을 기초 자산으로 하는 것만 해당한다)	전문투자자	10
2a-1-2	투자중개업	법 제8조의2제5항 및 이 영 제7조의3 제1항에 따른 매매체결대상상품	전문투자자	200
2i-11-2i	투자중개업	채무증권	전문투자자	30
3-1-1	집합투자업	법 제229조 제1호부터 제5호까지의 규정에 따른 집합투자기구	일반투자자 및 전문투자자	80
3-11-1	집합투자업	법 제229조 제1호·제5호에 따른 집 합투자기구	일반투자자 및 전문투자자	40
3-12-1	집합투자업	법 제229조 제2호에 따른 집합투자 기구	일반투자자 및 전문투자자	20
3-13-1	집합투자업	법 제229조 제3호에 따른 집합투자 기구	일반투자자 및 전문투자자	20
4-1-1	신탁업	법 제103조 제1항 제1호부터 제7호 까지의 규정에 따른 신탁재산	일반투자자 및 전문투자자	250
4-1-2	신탁업	법 제103조 제1항 제1호부터 제7호 까지의 규정에 따른 신탁재산	전문투자자	125
4-11-1	신탁업	법 제103조 제1항 제1호에 따른 신탁 재산	일반투자자 및 전문투자자	130
4-11-2	신탁업	법 제103조 제1항 제1호에 따른 신탁 재산	전문투자자	65
4-12-1	신탁업	법 제103조 제1항 제2호부터 제7호 까지의 규정에 따른 신탁재산	일반투자자 및 전문투자자	120

인가업무 단위	금융투자업의 종류	금융투자상품의 범위	투자자의 유형	최저 자기자본
4-12-2	신탁업	법 제103조 제1항 제2호부터 제7호 까지의 규정에 따른 신탁재산	전문투자자	60
4-121-1	신탁업	법 제103조 제1항 제4호부터 제6호 까지의 규정에 따른 신탁재산	일반투자자 및 전문투자자	100
4-121-2	신탁업	법 제103조 제1항 제4호부터 제6호 까지의 규정에 따른 신탁재산	전문투자자	50

비고
1. 제7조 제1항의 파생결합증권의 발행은 1-1-1 또는 1-1-2의 금융투자업인가를 받은 자가 1-3-1 또는 1-3-2의 금융투자업인가를 받은 경우만 해당한다.
2. 1-11-1, 1-11-2, 1-111-1, 1-111-2, 1-12-1, 1-12-2, 1-13-1, 1-13-2, 11-11-1, 11-11-2, 11-111-1, 11-111-2, 11-112-1, 11-112-2, 11-12-1, 11-12-2, 11-13-1, 11-13-2, 12-112-1, 12-112-2, 2-11-1, 2-11-2, 2-12-1, 2-12-2, 2-13-1, 2-13-2 및 2i-11-2i의 경우에는 해당 증권과 관련된 증권예탁증권을 포함한다.
3. 11r-1r-1은 제181조에 따른 환매조건부매매만 해당한다.
4. 2r-1-2는 환매조건부매매를 중개하는 경우에만 해당하며, 전문투자자는 제7조 제3항 제3호 각 목의 자를 말한다.
5. 1a-1-2 및 2a-1-2는 법 제78조에 따른 업무만 해당한다.
6. 2i-11-2i는 제179조에 따른 업무만 해당하며, 전문투자자는 같은 조 제1항 제1호 각 목의 자를 말한다.
7. 2-1-1, 2-1-2, 2-12-1 및 2-12-2는 법 제78조에 따른 업무는 제외하며, 2-1-1, 2-1-2, 2-11-1 및 2-11-2는 이 영 제179조에 따른 업무는 제외한다.
8. 집합투자업자가 자기가 운용하는 집합투자기구의 집합투자증권을 매매하는 경우에는 11-13-1 및 11-13-2의 최저자기자본은 해당 최저자기자본의 2분의 1로 한다.
9. 법 제8조 제9항 각 호의 어느 하나에 해당하는 자에 대하여 법 제12조 제2항 제2호에 따른 자기자본을 적용할 때 해당 법령에서 요구하는 자본금(이에 준하는 금액을 포함한다)을 제외한 금액을 기준으로 한다.
10. 삭제 〈2015.10.23.〉
11. 삭제 〈2015.10.23.〉
12. 자기자본을 산정하는 경우에는 최근 사업연도말일 이후 인가신청일까지의 자본금의 증감분을 포함하여 계산한다
13. 1a-1-2 및 2a-1-2의 투자자의 유형은 제78조 제1항 제2호에 따른 다자간매매체결회사의 거래참가자인 전문투자자를 말한다.
14. 법 제249조의3에 따라 전문사모집합투자업을 등록한 자가 3-1-1, 3-11-1, 3-12-1, 3-13-1의 금융투자업 인가를 받으려는 경우 이 표에 따른 자기자본은 이 표에서 요구하는 최저자기자본에서 10억 원을 차감하여 산정한다.

(3) 인력에 관한 요건

❶ 임원의 자격 : 다음 중 어느 하나에 해당하지 않아야 함

ㄱ. 미성년자, 피성년후견인 또는 피한정후견인

ㄴ. 파산선고를 받은 자로서 복권되지 아니한 자

ㄷ. 금고 이상의 실형의 선고를 받거나 지배구조법 또는 금융관계법령에 따라 벌금 이상의 형을 선고받고 그 집행이 종료되거나 집행이 면제된 날부터 5년이

경과되지 아니한 자

ㄹ. 금고 이상의 형의 집행유예의 선고를 받고 그 유예기간 중에 있는 자

ㅁ. 금융관계법령에 따라 영업의 허가·인가·등록 등이 취소되거나 「금융산업의 구조개선에 관한 법률」 제10조 제1항에 따라 적기시정조치를 받거나 「금융산업의 구조개선에 관한 법률」 제14조 제2항에 따른 행정처분을 받을 금융회사의 임직원 또는 임직원이었던 사람(그 조치를 받게 된 원인에 대하여 직접 또는 이에 상응하는 책임이 있는 자로서 대통령령으로 정하는 자로 한정한다)으로서 해당 조치가 있었던 날부터 5년이 지나지 아니한 자

ㅂ. 지배구조법 또는 금융관계법령에 따라 임직원제재조치(퇴임 또는 퇴직한 임직원의 경우 해당 조치에 상응하는 통보를 포함한다)를 받은 사람으로서 조치의 종류별로 5년을 초과하지 아니하는 범위에서 대통령령으로 정하는 기간이 지나지 아니한 자

ㅅ. 해당 금융투자업자의 공익성 및 건전경영과 신용질서를 해칠 우려가 있는 경우로서 대통령령으로 정하는 자

② 최소 전문인력 요건

ㄱ. 집합투자업 및 신탁업 : 각 필요업무에 2년 이상 종사한 경력이 있는 전문인력 요건을 충족하여야 함

ㄴ. 집합투자증권의 투자매매업자·투자중개업자(집합투자업자가 자기가 운용하는 집합투자기구의 집합투자증권을 매매하거나 중개하는 경우를 제외) : 투자권유자문인력을 5인 이상(전문투자자만을 대상으로 하는 투자매매업자·투자중개업자인 경우 또는 상장지수집합투자기구의 집합투자증권만을 대상으로 하는 투자매매업자·투자중개업자인 경우에는 3인 이상) 갖추어야 함

(4) 물적시설에 관한 요건

투자자의 보호가 가능하고 그 영위하고자 하는 금융투자업을 영위하기에 충분한 전산설비, 그 밖의 물적 설비를 갖출 것

(5) 사업계획

사업계획이 다음 사항을 충족시킬 수 있을 만큼 건전하고 타당할 것

표 3-2 최소 전문인력 요건

구분 코드	전문인력의 종류	최소보유 인원수(명)
3-1-1	증권운용전문인력	5
	부동산운용전문인력	3
3-11-1	증권운용전문인력	4
3-12-1	증권운용전문인력	2
	부동산운용전문인력	3
3-13-1	증권운용전문인력	3
3-14-1	증권금융전문인력 또는 부동산운용전문인력	1
	일반 사모집합투자기구 운용전문인력 또는 증권금융전문인력 또는 부동산운용전문인력	2
4-1-1	증권운용전문인력	5
	부동산운용전문인력	3
4-1-2	증권운용전문인력	3
	부동산운용전문인력	2
4-11-1	증권운용전문인력	3
4-11-2	증권운용전문인력	2
4-12-1 및 4-121-1	증권운용전문인력	3
	부동산운용전문인력	2
4-12-2 및 4-121-2	증권운용전문인력	2
	부동산운용전문인력	1

❶ 수지전망이 타당하고 실현 가능성이 있을 것

❷ 위험관리와 금융사고 예방 등을 위한 적절한 내부통제장치가 마련되어 있을 것

❸ 투자자 보호에 적절한 업무방법을 갖출 것

❹ 법령을 위반하지 아니하고 건전한 금융거래질서를 해칠 염려가 없을 것

(6) 대주주에 대한 요건

대주주(외국 금융투자업자, 은행, 보험의 국내지점의 경우 당해 외국 금융투자업자, 은행, 보험의 본점) 및 신청인이 충분한 출자능력, 건전한 재무상태 및 사회적 신용을 갖출 것

❶ 심사대상 대주주의 범위 : 최대주주, 주요 주주, 최대주주의 특수관계인인 주주, 최대주주가 법인인 경우 그 법인의 최대주주(사실상의 지배자 포함) 및 대표자

❷ 대주주 요건 : 대주주의 형태(금융기관, 내국법인, 내국 개인, 외국법인, 사모투자전문회사 또는 투자목적회사)에 따라 별도의 요건 규정(세부적인 요건은 금융위가 정함)

❸ 대주주 요건의 완화 : 겸영 금융투자업자의 경우와 금융투자업자가 다른 회사와 합병·분할·분할합병을 하는 경우에는 금융위가 그 요건을 완화할 수 있음

(7) 대통령령으로 정하는 건전한 재무상태와 사회적 신용을 갖출 것

(8) 이해상충 방지체계 요건

금융투자업자는 다양한 업무를 겸영함에 따라 발생할 수 있는 이해상충 방지를 위한 장치를 구비하여야 한다.

3   인가요건 유지 의무

금융투자업자는 인가·등록을 받은 이후에도 인가·등록 요건을 계속 유지할 필요

(1) 위반 시 제재

금융투자업자가 인가요건을 유지하지 못할 경우 금융위의 인가가 취소될 수 있음

(2) 자기자본 요건

매 회계연도말 기준 자기자본이 인가업무 단위별 최저 자기자본의 70% 이상을 유지하여야 하며, 다음 회계연도말까지 자본보완이 이루어지는 경우 요건을 충족한 것으로 간주

(3) 대주주 요건

❶ 대주주의 출자능력(자기자본이 출자금액의 4배 이상), 재무건전성, 부채비율(300%) 요건은 출자 이후인 점을 감안하여 인가요건 유지의무에서 배제

❷ 최대주주의 경우 최근 5년간 5억 원 이상의 벌금형만을 적용

❸ 금산법에 의하여 부실금융기관으로 지정된 금융기관의 최대주주·주요 주주 또는 그 특수관계인이 아닐 것

금융투자업 등록 심사

1 금융투자업 등록절차

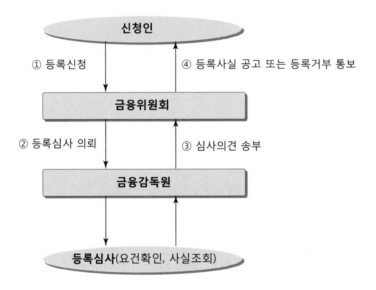

2 금융투자업 등록요건

(1) 법인격 요건

상법에 따른 주식회사, 대통령령으로 정하는 금융기관 및 외국 투자자문업자(또는 외국 투자일임업자)로서 투자자문업(또는 투자일임업)의 수행에 필요한 지점, 그 밖의 영업소를 설치한 자

(2) 자기자본 요건

등록업무 단위별로 일정 수준 이상의 자기자본을 갖출 것(둘 이상의 등록업무 단위를 영위할 경우 각각의 최저 자기자본을 합산) (시행령 별표3)

표 3-3	등록업무 단위 및 최저 자기자본			(단위 : 억 원)
등록업무 단위	금융투자업의 종류	투자대상 자산의 범위	투자자의 유형	최저 자기자본
3-14-1	일반 사모집합 투자업	법 제229조 제1호부터 제5호까지의 규정에 따른 집합투자기구	법 제249조의2에 따른 적격투자자	10
5-1-1	투자자문업	증권, 장내파생상품, 장외파생상품 및 제6조의2 각 호에 따른 투자대상 자산	일반투자자 및 전문투자자	2.5
5-21-1	투자자문업	집합투자증권, 파생결합증권, 환매조건부매매, 제6조의2 제3호에 따른 투자대상 자산, 파생결합증권과 유사한 증권으로서 금융위원회가 정하여 고시하는 재무증권	일반투자자 및 전문투자자	1
6-1-1	투자일임업	증권, 장내파생상품, 장외파생상품 및 제6조의2 각 호에 따른 투자대상 자산	일반투자자 및 전문투자자	15
6-1-2	투자일임업	증권, 장내파생상품, 장외파생상품 및 제6조의2 각 호에 따른 투자대상 자산	전문투자자	5

비고
1. 법 제8조 제9항 각 호의 어느 하나에 해당하는 자에 대하여 법 제18조 제2항 제2호(3-14-1의 업무단위에 대해서는 법 제249조의3 제2항 제2호를 말한다)에 따른 자기자본을 적용할 때 해당 법령에서 요구하는 자본금(이에 준하는 금액을 포함한다)을 제외한 금액을 기준으로 한다.
2. 자기자본을 산정하는 경우에는 최근 사업연도 말일 이후 등록신청일까지의 자본금의 증감분을 포함하여 계산한다.

(3) 인력에 관한 요건

❶ 임원의 자격 : 인가대상 금융투자업의 임원에 대한 요건과 동일함
❷ 금융투자전문인력을 확보할 것 : 투자자문업의 경우 1인 이상, 투자일임업의 경우 2인 이상을 확보해야 하며, 둘 다 영위할 경우 각각의 인력을 모두 확보해야 함(총 3인 이상)

(4) 대주주에 관한 요건

투자자문·일임업을 등록하고자 하는 회사의 대주주는 다음의 요건에 적합할 것

❶ 최근 5년간 자본시장법, 금융 관련 법령 등을 위반하여 벌금형 이상에 상당하는 형사처벌을 받은 사실이 없을 것
❷ 최근 5년간 채무불이행 등으로 건전한 신용질서를 해친 사실이 없을 것
❸ 금산법에 따라 부실금융기관으로 지정되었거나 자본시장법 등에 따라 영업의 허

가 · 인가 등이 취소된 금융기관의 대주주 또는 특수관계인이 아닐 것

❹ 그 밖에 금융위가 정하는 건전한 금융거래질서를 해친 사실이 없을 것 등

(5) 대통령으로 정하는 건전한 재무상태와 사회적 신용을 갖출 것

(6) 이해상충 방지체계 요건

금융투자업자는 다양한 업무를 겸영함에 따라 발생할 수 있는 이해상충 방지를 위한 장치를 구비하여야 한다.

section 04 건전성 규제

1 회계처리

(1) 회계처리기준

금융투자업자의 회계처리는 한국채택국제회계기준에 따르며, 한국채택국제회계기준에서 정하지 않은 사항은 금융투자업규정 및 시행세칙에 따라야 하며, 투자중개업자는 투자자의 예탁재산과 투자중개업자의 자기재산을 구분계리하여야 한다.

❶ 자본시장법 제33조에 따른 업무보고서 재무제표 중 재무상태표 및 포괄손익계산서의 표준 양식과 계정과목별 처리내용 및 외국환계정의 계리기준은 금융감독원장이 정한다. 금융투자업자는 분기별로 가결산을 실시하여야 함

❷ 신탁부문은 기업회계기준 제5004호 '신탁업자의 신계계정'에 따라 고유부문과 분리하여 독립된 계정으로 회계처리
  ㄱ. 감독원장이 정하는 바에 따라 재무상태 및 경영성과를 적정하게 표시하여야 함
  ㄴ. 신탁재산의 건전성 유지에 필요한 준비금(신탁위험충당금과 신탁사업적립금) 등을 충실히 적립하여 회계처리의 공정성과 객관성을 유지하여야 함

(2) 적용기준

❶ 별도의 규정이 있는 것을 제외하고는 종속회사와 연결되지 아니한 금융투자업자의 재무제표를 대상으로 함

❷ 기준이 되는 계정과목별 금액은 금융투자업자가 작성한 재무제표가 외부감사인이 수정한 재무제표와 일치하지 아니하는 경우에는 외부감사인의 수정 후 재무제표를 기준으로 산정함

❸ 금융투자업자가 실질적으로 자신의 계산과 판단으로 운용하는 금전 기타 재산을 제3자의 명의로 신탁한 경우에는 그 금전 기타의 재산을 당해 금융투자업자가 소유하고 있는 것으로 봄

2 자산건전성 분류

(1) 자산건전성의 분류

❶ 금융투자업자는 매분기마다 자산 및 부채에 대한 건전성을 '정상', '요주의', '고정', '회수의문', '추정손실'의 5단계로 분류하여야 하며, 매 분기 말 현재 '고정' 이하로 분류된 채권에 대하여 적정한 회수예상가액을 산정하여야 함

❷ 감독원장은 금융투자업자의 자산건전성 분류 및 대손충당금 등 적립의 적정성을 점검하고 부적정하다고 판단되는 경우 이의 시정을 요구할 수 있다. 금융투자업자는 '회수의문' 또는 '추정손실'로 분류된 자산을 조기에 상각하여 자산의 건전성을 확보하여야 함

❸ 금융투자업자는 자산건전성 분류기준의 설정 및 변경, 동 기준에 따른 자산건전성 분류 결과 및 대손충당금 등 적립 결과를 감독원장에게 보고하여야 함

(2) 충당금의 적립기준

대출채권, 가지급금과 미수금, 미수수익, 채무보증, 지급의무가 발생하였으나 아직 대지급하지 아니한 채무보증액 중 대지급 후에는 대출채권으로 분류될 금액, 그 밖에 금융투자업자가 건전성 분류가 필요하다고 인정하는 자산에 대하여 한국채택국제회계기준에 따라 대손충당금을 적립하고 동 대손충당금 적립액이 ① '정상'분류자산의 100분의 0.5, ② '요주의'분류자산의 100분의 2, ③ '고정'분류자산의 100분의 20, ④ '회수

의문'분류자산의 100분의 75, ⑤ '추정손실'분류자산의 100분의 100의 합계액에 미달하는 경우 그 미달액을 대손준비금으로 적립하여야 한다. 다만, 정형화된 거래로 발생하는 미수금과 '정상'으로 분류된 대출채권 중 콜론, 환매조건부매수, 한국채택국제회계기준에 따라 당기손익인식 금융자산이나 매도가능 금융자산으로 지정하여 공정가치로 평가한 금융자산에 대하여는 대손충당금을 적립하지 아니할 수 있다.

(3) 적용 특례

채권중개전문회사 및 다자간매매체결회사에 관하여는 자산건전성 분류 및 대손충당금 등의 적립기준에 관한 규정을 적용하지 아니한다.

---

3 순자본비율 규제

(1) 의의 및 중요성

❶ 기본 의의 : 금융투자업자의 자기자본 규제인 순자본비율(영업용순자본비율) 제도의 의의는 급변하는 시장환경하에서 금융투자업자의 재무건전성을 도모함으로써 궁극적으로는 투자자를 보호하는 데 있음
  ㄱ. 진입 확대, 겸업화, 국제화의 진전으로 금융투자업 안팎의 경쟁이 심화되고 파생금융상품의 증가로 새로운 리스크요인이 증대되는 등 금융투자업자의 리스크가 증대되고 있음
  ㄴ. 금융투자업자의 파산을 사전에 예방하고, 파산이 일어나는 경우에도 고객과 채권자의 재산이 안전하게 변제될 수 있도록 유도하는 것이 자본시장과 금융투자산업의 안정을 도모하는 데 중요한 의의를 지님
❷ 중요성 : 순자본비율 제도는 감독당국의 주요 감독수단일 뿐만 아니라 금융투자업자의 경영활동에도 매우 중요한 제도임
  ㄱ. 적기시정조치의 기준비율
    a. 금융투자업자는 자본적정성 유지를 위해 순자본비율 100% 이상 유지되도록 하여야 함
    b. 순자본비율이 일정 수준에 미달하는 금융투자업자에 대하여는 단계별로 경영개선조치를 취함

① 순자본비율 50% 이상~100% 미만 : 경영개선 권고

② 순자본비율 0% 이상~50% 미만 : 경영개선 요구

③ 순자본비율 0% 미만 : 경영개선 명령

ㄴ. 금융투자업자의 체계적인 리스크 관리 촉진

    a. 금융투자업자가 보유한 각종 포지션에 대해 리스크를 인식하고 측정하게 함과 아울러 그에 필요한 자기자본을 유지하도록 하고 있음

    b. 간접적으로는 금융투자업자가 스스로 체계적인 리스크 관리를 하도록 촉진하는 역할을 함

ㄷ. 금융투자업자 자산운용의 자율성 제고

    개별적인 자산운용에 대한 사전 규제를 배제함에 따라 사업자의 자율적 판단에 따른 자산운용이 가능하며 나아가 금융투자업자의 전문화·차별화도 가능해지게 됨

(2) 기본구조

❶ 기본개념 : 금융투자업자가 파산할 경우 고객 및 이해관계자에게 손실을 입히지 않기 위해서는 '위험손실을 감안한 현금화 가능자산의 규모'가 '상환의무 있는 부채의 규모'보다 항상 크게 유지되어야 함(C≥D ⇔ A≥B ⇔ α≥0)

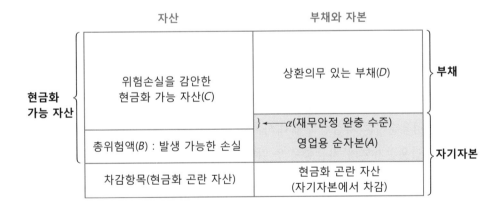

❷ 기본원칙

ㄱ. 순자본비율의 기초가 되는 금융투자업자의 자산, 부채, 자본은 연결 재무제표에 계상된 장부가액(평가성 충당금을 차감한 것)을 기준으로 함

ㄴ. 시장위험과 신용위험을 동시에 내포하는 자산에 대하여는 시장위험액과 신

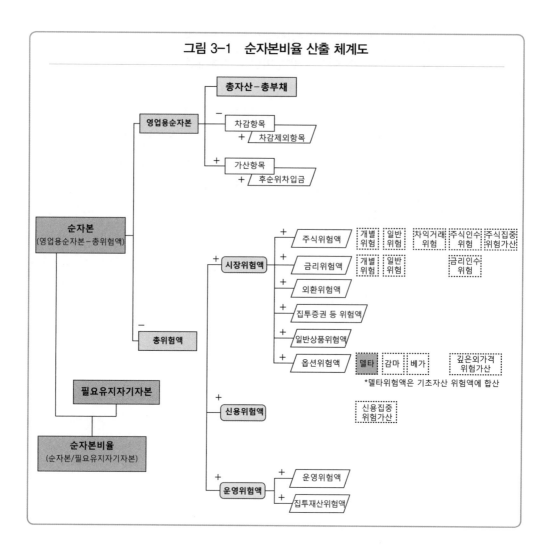

그림 3-1 순자본비율 산출 체계도

용위험액을 모두 산정함

ㄷ. 영업용순자본 차감항목에 대하여는 원칙적으로 위험액을 산정하지 않음

ㄹ. 영업용순자본의 차감항목과 위험액 산정대상 자산 사이에 위험회피효과가 있는 경우에는 위험액 산정대상 자산의 위험액을 감액할 수 있음

ㅁ. 부외자산과 부외부채에 대해서도 위험액을 산정하는 것을 원칙으로 함

(3) 세부 산정방식

❶ 영업용순자본 : 기준일 현재 금융투자업자의 순자산 가치로서 순재산액(자산−부채)에서 현금화 곤란 자산을 차감하고 보완자본을 가산하여 계산

$$\text{영업용순자본} = \text{자산} - \text{부채} - \text{차감항목} + \text{가산항목}$$

ㄱ. 영업용순자본의 계산은 기본적으로 재무상태표상 순재산액(자산−부채)에서 출발함

ㄴ. 차감항목 : 재무상태표상 자산 중 즉시 현금화하기 곤란한 자산

ㄷ. 가산항목 : 재무상태표에서 부채로 계상되었으나 실질적인 채무이행 의무가 없거나 실질적으로 자본의 보완적 기능을 하는 항목 등

❷ 총위험액 : 금융투자업자가 영업을 영위함에 있어 직면하게 되는 손실을 미리 예측하여 계량화한 것으로 다음 산식에 의하여 계산함

$$\text{총위험액} = \text{시장위험액} + \text{신용위험액} + \text{운영위험액}$$

❸ 필요 유지 자기자본 : 금융투자업자가 영위하는 인가업무 또는 등록업무 단위별로 요구되는 자기자본을 합계한 금액

❹ 순자본비율

$$\text{순자본비율} = \frac{\text{영업용순자본} - \text{총위험액}}{\text{필요 유지 자기 자본}}$$

(4) 특수관계인 관련 사항

특수관계인에 대한 금전 또는 증권에 관한 청구권과 특수관계인이 발행한 증권은 전액 영업용순자본에서 차감한다. 이는 금융투자업자가 계열회사 등 이해관계자와의 과도한 거래로 인해 이해관계자들의 재무불안이 금융투자업자의 재무불안으로 직접 이어지는 것을 구조적으로 차단하기 위한 것이다.

(5) 산정 및 보고시기

❶ 산정주기 : 금융투자업자는 최소한 일별로 순자본비율(또는 영업용순자본비율)을 산정해야 함

ㄱ. 순자본비율(영업용순자본비율)과 산출내역은 매월말 기준으로 1개월 이내에 업

무보고서를 통하여 금감원장에게 제출해야 함

ㄴ. 반기별(단, 최근 사업연도말일을 기준으로 자산총액이 1천억 원 이상이고, 장외파생상품에 대한 투자매매업 또는 증권에 대한 투자매매업을 경영하는 금융투자업자의 경우 분기별)로 순자본비율(영업용순자본비율)에 대한 외부감사인의 검토보고서를 첨부하여 금감원장에게 업무보고서를 제출해야 함

❷ 보고시기 : 순자본비율이 100%(영업용순자본비율의 경우 150%) 미만이 된 경우에는 지체 없이 금감원장에게 보고하여야 함

4 레버리지 규제

❶ 레버리지 규제는 당기순손실 등 경영실적이 저조하면서 외부차입비중이 높아 부실우려가 있는 경영부진 회사에 대한 선제적 경영개선을 유도하기 위해, 증권사 및 선물사에 대해 레버리지 비율을 일정 수준 이하로 유지하도록 요구

❷ 레버리지 비율은 개별 재무상태표상의 자기자본 대비 총자산의 비율로 계산되며 구체적인 산정방식을 금감원장이 정함

5 경영실태평가 및 적기시정조치

(1) 개요

경영실태평가는 금융감독당국이 사전적으로는 금융투자회사에 대하여 바람직한 경영지표를 제시하여 건전경영을 유도하고, 사후적으로는 감독상의 보상과 제재를 통하여 책임경영을 도모하려는 취지로 도입

(2) 경영실태평가

❶ 금융투자업자(전업투자자문·일임업자 제외)의 경영 및 재무건전성을 판단하기 위하여 재산과 업무상태 및 위험을 종합적·체계적으로 분석 평가하는 경영실태평가는 감독원장이 검사 등을 통하여 실시하며 평가대상 금융투자업자의 금융투자업의 종류에 따라 공통부문(① 자본적정성, ② 수익성, ③ 내부통제)과 업종부문(① 유동성,

② 안전성 등)으로 구분하여 평가하고, 그 결과를 감안하여 종합평가

❷ 경영실태평가는 금융투자업자 본점, 해외 현지법인 및 해외지점을 대상으로 하며 1등급(우수), 2등급(양호), 3등급(보통), 4등급(취약), 5등급(위험)의 5단계 등급으로 구분

(3) 적기시정조치

❶ 경영개선 권고 : 금융위는 금융투자업자가 ① 순자본비율이 100% 미만인 경우, ② 경영실태평가 결과 종합평가등급이 3등급(보통) 이상으로서 자본적정성 부문의 평가등급을 4등급(취약) 이하로 판정받은 경우, ③ 거액의 금융사고 또는 부실채권의 발생으로 ① 또는 ②의 기준에 해당될 것이 명백하다고 판단되는 경우, ④ 2년 연속 적자이면서 레버리지 비율이 900%를 초과하는 경우(1종 금융투자업자에 한함), ⑤ 레버리지 비율이 1,100%를 초과하는 경우(1종 금융투자업자[1]에 한함)에는, ① 인력 및 조직운용의 개선, ② 경비절감, ③ 점포관리의 효율화, ④ 부실자산의 처분, ⑤ 영업용순자본감소행위의 제한, ⑥ 신규업무 진출의 제한, ⑦ 자본금의 증액 또는 감액, ⑧ 특별대손충당금의 설정 등의 조치를 권고하여야 함

　　금융투자업자는 순자본비율이 100%에 미달하게 되는 경우에는 지체 없이 순자본비율을 감독원장에게 보고하고 순자본비율이 100% 이상에 이를 때까지 매달 순자본비율(영업용순자본비율)을 다음달 20일까지 감독원장에게 보고하여야 함

❷ 경영개선 요구 : 금융위는 금융투자업자가 ① 순자본비율이 50% 미만인 경우, ② 경영실태평가 결과 종합평가등급을 4등급(취약) 이하로 판정받은 경우, ③ 거액의 금융사고 또는 부실채권의 발생으로 ① 또는 ②의 기준에 해당될 것이 명백하다고 판단되는 경우, ④ 2년 연속 적자이면서 레버리지 비율이 1,100%를 초과하는 경우(1종 금융투자업자에 한함), ⑤ 레버리지 비율이 1,300%를 초과하는 경우(1종 금융투자업자에 한함)에는, ① 고위험자산보유제한 및 자산처분, ② 점포의 폐쇄, 통합 또는 신설제한, ③ 조직의 축소, ④ 자회사의 정리, ⑤ 임원진 교체 요구, ⑥ 영업의 일부정지, ⑦ 합병·제3자 인수·영업의 전부 또는 일부의 양도·금융지주회사의 자회사로의 편입에 관한 계획수립 등의 조치를 이행하도록 요

---

1 "1종 금융투자업자"란 법 제8조에 따른 금융투자업자 중 투자매매업자 또는 투자중개업자를 말한다. 다만, 집합투자업을 영위하면서 투자매매업 또는 투자중개업 중 집합투자증권에 대한 영업만을 인가받은 투자매매업자 또는 투자중개업자는 제외한다.

구하여야 함

❸ 경영개선 명령 : 금융위는 금융투자업자가 ① 순자본비율이 0%(영업용순자본비율의 경우 100%) 미만인 경우, ② 부실금융기관에 해당하는 경우에는, ① 주식의 일부 또는 전부소각, ② 임원의 직무집행 정지 및 관리인 선임, ③ 합병, 금융지주회사의 자회사로의 편입, ④ 영업의 전부 또는 일부의 양도, ⑤ 제3자의 당해 금융투자업 인수, ⑥ 6개월 이내의 영업정지, ⑦ 계약의 전부 또는 일부의 이전 등의 조치를 이행하도록 명령하여야 함. 다만, 영업의 전부정지·전부양도, 계약의 전부 이전 및 주식의 전부소각의 조치는 순자본비율이 0%(영업용순자본비율의 경우 100%) 미만인 금융투자업자로서 건전한 신용질서나 투자자의 권익을 현저히 해할 우려가 있다고 인정되는 경우와 부실금융기관에 해당하는 경우에 한함

❹ 적기시정조치의 유예 : 금융위는 금융투자업자가 경영개선 권고, 경영개선 요구, 경영개선 명령의 요건에 해당하는 경우라도 자본의 확충 또는 자산의 매각 등으로 단기간 내에 적기시정조치의 요건에 해당되지 아니하게 될 수 있다고 판단되는 경우에는 일정기간 동안 조치를 유예할 수 있음

(4) 경영개선 계획의 제출 및 평가등

적기시정조치를 받은 금융투자업자는 당해 조치일로부터 2개월의 범위 내에서 당해 조치권자가 정하는 기한 내에 당해 조치의 내용이 반영된 경영개선 계획을 감독원장에게 제출하여야 한다. 적기시정조치를 받은 금융투자업자가 제출한 경영개선 계획에 대하여는 금융위가 각각 당해 경영개선 계획을 제출받은 날로부터 1개월 이내에 승인여부를 결정하여야 한다.

경영개선 계획의 이행기간은 ① 경영개선 권고를 받은 경우 경영개선 계획의 승인일로부터 6개월 이내, ② 경영개선 요구를 받은 경우 경영개선 계획의 승인일로부터 1년 이내, ③ 경영개선 명령을 받은 경우에는 금융위가 정한다.

경영개선 계획의 승인을 받은 금융투자업자는 매 분기 말부터 10일 이내에 동 계획의 분기별 이행실적을 감독원장에게 제출하고, 감독원장은 경영개선 계획의 이행실적이 미흡하거나 관련 제도의 변경 등 여건 변화로 인하여 이행이 곤란하다고 판단되는 경우에는 동 계획의 수정요구 또는 일정기간 내의 이행 촉구 등 필요한 조치를 취할 수 있다.

(5) 긴급조치

금융위는 ① 발행한 어음 또는 수표가 부도로 되거나 은행과의 거래가 정지 또는 금지되는 경우, ② 유동성이 일시적으로 급격히 악화되어 투자자예탁금 등의 지급불능 사태에 이른 경우, ③ 휴업 또는 영업의·중지 등으로 돌발사태가 발생하여 정상적인 영업이 불가능하거나 어려운 경우에는, ① 투자자예탁금 등의 일부 또는 전부의 반환명령 또는 지급정지, ② 투자자예탁금 등의 수탁금지 또는 다른 금융투자업자로의 이전, ③ 채무변제행위의 금지, ④ 경영개선명령조치, ⑤ 증권 및 파생상품의 매매 제한 등의 조치를 할 수 있다.

6	위험관리

(1) 개요

❶ 금융투자회사는 리스크의 평가 및 관리를 최우선 과제로 인식하고 독립적인 리스크 평가와 통제를 위한 리스크 관리체제를 구축해야 함
❷ 금융감독당국도 리스크 중심의 감독(risk-based supervision)체제를 구축하여 금융투자회사의 리스크 관리 감독을 강화하고 있음

(2) 위험관리체제 구축

금융투자업자는 각종 거래에서 발생하는 제반 위험을 적시에 인식·평가·감시·통제하는 등 위험관리를 위한 체제를 갖추고, 위험을 효율적으로 관리하기 위하여 부서별, 거래별 또는 상품별 위험부담한도·거래한도 등을 적절히 설정·운영하여야 한다. 또한, 금융투자업자는 주요 위험 변동 상황을 자회사와 연결하여 종합적으로 인식하고 감시하여야 한다.

금융투자업자의 이사회는 ① 경영전략에 부합하는 위험관리 기본방침 수립, ② 금융투자업자가 부담 가능한 위험 수준의 결정, ③ 적정투자한도 또는 손실허용한도 승인, ④ 위험관리지침의 제정 및 개정에 관한 사항을 심의·의결함. 다만 효율적인 위험관리를 위하여 필요하다고 인정되는 경우 이사회 내에 위험관리를 위한 위원회를 두고 그 업무를 담당하게 할 수 있다. 특히 장외파생상품에 대한 투자매매업의 인가를 받은 금융투자업자 또는 인수업을 포함한 투자매매업의 인가를 받은 금융투자업자는 경영상

발생할 수 있는 위험을 실무적으로 종합관리하고 이사회와 경영진을 보조할 수 있는 전담조직을 두어야 한다.

(3) 위험관리지침 마련

금융투자업자는 위험을 관리하기 위하여 순자본비율(영업용순자본비율) 및 자산부채비율의 수준, 운용자산의 내용과 위험의 정도, 자산의 운용방법, 고위험 자산의 기준과 운용한도, 자산의 운용에 따른 영향, 콜차입 등 단기차입금 한도, 내부적인 보고 및 승인체계, 위반에 대한 내부적인 징계내용 및 절차 등에 관한 기본적인 사항, 위험관리조직의 구성 및 운영에 관한 사항 등을 정한 위험관리지침을 마련하고, 이를 준수하여야 한다.

이와 같은 위험관리지침에는 ① 자산 및 집합투자재산의 운용시 발생할 수 있는 위험의 종류, 인식, 측정 및 관리체계에 관한 내용, ② 금융투자업자 또는 집합투자기구가 수용할 수 있는 위험 수준의 설정에 관한 내용, ③ 개별 자산 또는 거래가 금융투자업자 또는 집합투자기구에 미치는 영향의 평가에 관한 내용, ④ 위험관리지침의 내용을 집행하는 조직에 관한 내용, ⑤ 위험관리지침 위반에 대한 처리절차, ⑥ 장부 외 거래기록의 작성·유지에 관한 사항 등이 포함되어야 한다.

(4) 외국환업무 취급 금융투자업자의 위험관리

❶ 외국환업무 취급 금융투자업자는 국가별위험, 거액신용위험, 시장위험 등 외국환거래에 따르는 위험의 종류별로 관리기준을 자체적으로 설정·운용하고, 그 관리기준을 설정·변경하거나 동 기준을 초과하여 외국환거래를 취급하고자 할 경우에는 위험관리조직의 결정을 거쳐야 함

❷ 외환파생상품 거래 위험관리

ㄱ. 외국환업무 취급 금융투자업자는 '외환파생상품거래위험관리기준'을 자체적으로 설정·운영하여야 함

ㄴ. 위 ㄱ.에 따른 외환파생상품거래위험관리기준은 감독원장이 다음의 사항을 고려하여 정하는 사항을 포함하여야 함

a. 외국환업무 취급 금융투자업자는 '외환파생상품'(「외국환거래규정」 제1-2조 제20-2호의 외환파생상품 중 통화선도(outright forward), 통화옵션 및 외환스왑(FX swap)에 한함) 거래를 체결할 경우 거래상대방(기업투자자에 한함)에 대하여 그 거래가

영 제186조의2 제1호에 따른 위험회피 목적인지 여부를 확인할 것

    b. 외국환업무 취급 금융투자업자는 거래상대방별로 거래한도를 설정하여야 하며 다른 외국환업무 취급기관과 이미 체결된 외환파생상품 거래잔액을 감안하여 운영할 것

   ㄷ. 감독원장은 외국환업무 취급 금융투자업자의 건전성을 위하여 필요한 경우 외국환업무 취급 금융투자업자에 대하여 외환파생상품거래위험관리기준의 변경 및 시정을 요구할 수 있음

7 외환건전성

(1) 외화유동성비율

외국환업무 취급 금융투자업자는 외화자산 및 외화부채를 각각 잔존만기별로 구분하여 관리하고 ① 잔존만기 3개월 이내 부채에 대한 잔존만기 3개월 이내 자산의 비율 : 100분의 80 이상, ② 외화자산 및 외화부채의 만기 불일치비율(잔존만기 7일 이내의 경우에는 자산이 부채를 초과하는 비율 100분의 0 이상, 잔존만기 1개월 이내의 경우에는 부채가 자산을 초과하는 비율 100분의 10 이내)을 유지하여야 한다. 다만, 총자산에 대한 외화부채의 비율이 100분의 1에 미달하는 외국환업무 취급 금융투자업자에 대하여는 적용하지 아니한다.

(2) 외국환포지션 한도

❶ 외국환포지션 중 종합포지션은 각 외국통화별 종합매입초과포지션의 합계액과 종합매각초과포지션의 합계액 중 큰 것으로 하고, 선물환포지션은 각 외국통화별 선물환매입초과포지션의 합계에서 선물환매각초과포지션의 합계를 차감하여 산정함

❷ 포지션 한도

   ㄱ. 종합매입초과포지션은 각 외국통화별 종합매입초과포지션의 합계액 기준으로 전월말 자기자본의 100분의 50에 상당하는 금액을, 종합매각초과포지션은 각 외국통화별 종합매각초과포지션의 합계액 기준으로 전월말 자기자본의 100분의 50에 상당하는 금액을 한도로 함

   ㄴ. 선물환매입초과포지션은 각 외국통화별 선물환매입초과포지션의 합계액 기

준으로 전월 말 자기자본의 100분의 50에 상당하는 금액을, 선물환매각초과 포지션은 각 외국통화별 선물환매각초과포지션의 합계액 기준으로 전월말 자기자본의 100분의 50에 상당하는 금액을 한도로 함

ㄷ. 위 ㄱ.과 ㄴ.의 자기자본은 다음과 같으며 미달러화로 환산한 금액을 기준으로 함. 이 경우 적용되는 대미달러 환율은 감독원장이 정함(전년도 외국환포지션 한도 산정 시 적용환율과 전년도 평균 매매기준율을 평균한 환율로 하되, 전년도 외국환포지션 한도를 산정하지 아니한 경우에는 전년도 평균 매매기준율을 적용하며, 외국환포지션한도 산정 시 미달러화 1천 달러 미만은 절상함)

    a. 법 제12조 제2항 제1호 가목에 해당하는 금융투자업자의 경우는 납입자본 금·적립금 및 이월이익잉여금의 합계액을 말함

    b. 외국 금융투자업자 지점의 경우는 영업기금·적립금 및 이월이익잉여금 의 합계액을 말함

❸ 별도한도의 인정

ㄱ. 금감원장은 이월이익잉여금의 환위험을 회피하기 위한 외국환매입분에 대하여 별도한도를 인정받고자 하는 외국 금융투자업자의 지점과 외국환포지션 한도의 초과가 필요하다고 인정되는 외국환업무 취급 금융투자업자에 대하여는 위 ❷에서 정한 외국환포지션 한도 외에 별도한도를 인정할 수 있음

ㄴ. 위 ㄱ.에 따른 별도한도의 인정기간은 2년 이내로 함

(3) 한도관리

외국환업무 취급 금융투자업자는 외국환포지션 한도 준수 여부를 매 영업일 잔액을 기준으로 확인하고, 외국환포지션 한도를 위반한 경우에는 위반한 날로부터 3영업일 이내에 금감원장에게 이를 보고하여야 한다. 다만, ① 자본금 또는 영업기금의 환위험을 회피하기 위한 외국환 매입분, ② 외국 금융투자업자 지점이 이월이익잉여금 환위험을 회피하기 위해 별도한도로 인정받은 외국환 매입분은 외국환포지션 한도관리대상에서 제외

8 ┃ 업무보고 및 경영공시

(1) 업무보고서 제출

금융투자업자는 매 사업연도 개시일부터 3개월간·6개월간·9개월간 및 12개월간의 업무보고서를 작성하여 그 기간 경과 후 45일 이내에 금융위에 제출하여야 한다.

(2) 결산서류의 제출

금융투자업자는 외감법에 따라 회계감사를 받은 ① 감사보고서, ② 재무제표 및 부속명세서, ③ 수정재무제표에 따라 작성한 순자본비율보고서 또는 영업용순자본비율보고서 및 자산부채비율보고서, ④ 해외점포의 감사보고서, 재무제표 및 부속명세서를 금융감독원장이 요청할 경우에 제출하여야 한다. 금융투자업자는 회계감사인의 감사보고서의 내용이 회계연도 종료일 현재로 작성하여 제출한 업무보고서의 내용과 다른 경우에는 그 내역 및 사유를 설명하는 자료를 감사보고서와 함께 즉시 제출하여야 한다.

(3) 경영공시

금융투자업자는 상장법인의 공시의무 사항의 발생, 부실채권 또는 특별손실의 발생, 임직원이 형사처벌을 받은 경우, 그 밖에 다음의 경우에는 금융위에 보고하고, 인터넷 홈페이지 등을 이용하여 공시하여야 한다.

❶ 「독점규제 및 공정거래에 관한 법률」 제2조 제2호에서 정하는 동일 기업집단별 (동일 기업집단이 아닌 경우 개별 기업별)로 금융투자업자의 직전 분기 말 자기자본의 100분의 10에 상당하는 금액을 초과하는 부실채권의 발생
❷ 금융사고 등으로 금융투자업자의 직전 분기말 자기자본의 100분의 2에 상당하는 금액을 초과하는 손실이 발생하였거나 손실이 예상되는 경우(단, 10억원 이하 제외)
❸ 민사소송의 패소 등의 사유로 금융투자업자의 직전 분기말 자기자본의 100분의 1에 상당하는 금액을 초과하는 손실이 발생한 경우(단, 10억원 이하 제외)
❹ 적기시정조치, 인가 또는 등록의 취소 등의 조치를 받은 경우
❺ 회계기간 변경을 결정한 경우
❻ 상장법인이 아닌 금융투자업자에게 재무구조·채권채무관계·경영환경·손익구

조 등에 중대한 변경을 초래하는 사실이 발생하는 경우

9 대주주와의 거래 제한

(1) 대주주 및 특수관계인 발행 증권의 소유 제한

❶ 대주주 발행 증권 소유 제한 : 금융투자업자는 대주주가 발행한 증권을 소유할 수 없음. 다만, 다음의 경우 금융위가 정하는 기간까지 소유할 수 있음

ㄱ. 담보권의 실행 등 권리행사에 필요한 경우

ㄴ. 안정조작 또는 시장조성을 하는 경우

ㄷ. 대주주가 변경됨에 따라 이미 소유하고 있는 증권이 대주주가 발행한 증권으로 되는 경우

ㄹ. 인수와 관련하여 해당 증권을 취득하는 경우

ㅁ. 관련 법령에 따라 사채보증 업무를 할 수 있는 금융기관 등이 원리금의 지급을 보증하는 사채권을 취득하는 경우

ㅂ. 특수채증권을 취득하는 경우 등

❷ 계열회사 발행 증권 등 소유 제한 : 금융투자업자는 그 계열회사(금융투자업자의 대주주 제외)가 발행한 주식, 채권 및 약속어음을 자기자본의 8%를 초과하여 소유할 수 없음. 다만, 담보권 실행 등 권리행사, 시장조성 안정조작, 계열회사가 아닌 자가 계열회사가 되는 경우, 인수, 보증사채 특수채증권, 경영참여목적의 출자 등, 차익거래 투자위험회피거래, 자기자본 변동 등의 사유로 인한 한도 초과 등의 경우에는 금융위가 정하는 기간까지 소유할 수 있음

❸ 대주주 신용공여 제한 : 금융투자업자는 대주주 및 대주주의 특수관계인에 대하여 신용공여가 금지되며, 대주주 및 대주주의 특수관계인은 금융투자업자로부터 신용공여를 받는 것이 금지됨. 다만, 다음의 경우 신용공여 허용

ㄱ. 임원에 대한 제한적 신용공여, 해외현지법인에 대한 채무보증, 담보권 실행 등 권리행사 등

ㄴ. 신용공여 : 금전 증권 등 경제적 가치가 있는 재산의 대여, 채무이행 보증, 자금 지원적 성격의 증권 매입, 담보제공, 어음배서, 출자이행약정 등

❹ 계열회사 발행 증권 예외 취득 : 금융투자업자는 계열회사 발행 증권을 한도 내에

서 예외적으로 취득하거나, 대주주 및 대주주의 특수관계인에 대하여 예외적으로 신용공여를 하는 경우에는 재적이사 전원의 찬성에 의한 이사회 결의를 거쳐야 함

다만, 단일거래금액(일상적인 거래로서 약관에 따른 거래금액 제외)이 자기자본의 10/10,000과 10억 원 중 적은 금액의 범위인 경우에는 이사회 결의 불필요

금융투자업자는 대주주 또는 그 계열회사 발행 증권의 예외적인 취득 등을 한 경우에는 그 내용을 금융위에 보고하고, 인터넷 홈페이지 등을 통하여 공시하여야 함

또한 예외적인 취득 등과 관련한 보고사항을 종합하여 분기마다 금융위에 보고하고 인터넷 홈페이지를 통해 공시하여야 함

금융위는 금융투자업자 또는 그 대주주에게 자료제출을 명할 수 있으며, 금융투자업자에게 대주주 발행증권의 신규 취득 등을 제한할 수 있음

(2) 대주주의 부당한 영향력 행사 금지

❶ 금융투자업자의 대주주(대주주의 특수관계인 포함)는 자신의 이익을 얻을 목적으로 금융투자업자에 대한 미공개 정보의 제공 요구, 인사 경영에 부당한 영향력 행사, 위법행위 요구 등을 하는 것이 금지됨
❷ 금융위는 금융투자업자 또는 대주주(대주주의 특수관계인 포함)에게 필요한 자료의 제출을 명할 수 있음

section 05 | 영업행위 규칙

자본시장법은 금융투자업자에 대한 영업행위 규칙을 공통 영업행위 규칙과 금융투자업자별 영업행위 규칙으로 구분하여 규정하고 있다. 공통 영업행위 규칙은 모든 금융투자업자에게 적용되는 규칙이고, 금융투자업자별 영업행위 규칙은 업자별 특성을 고려하여 세분화된 규칙이다.

(1) 신의성실의무 등

❶ 금융투자업자는 신의성실의 원칙에 따라 공정하게 금융투자업을 영위하여야 함

❷ 금융투자업자는 정당한 사유 없이 투자자의 이익을 해하면서 자기 또는 제3자의 이익을 추구해서는 아니 됨

(2) 상호 규제

금융투자업자가 아닌 자가 금융투자업자로 오인될 수 있는 문자를 상호에 사용하는 것을 금지함

❶ 금융투자업자가 아닌 자의 사용금지 문자 : 금융투자(financial investment)

❷ 증권 대상 투자매매업자 및 투자중개업자가 아닌 자의 사용금지 문자 : 증권(securities)

❸ 파생상품 대상 투자매매업자 및 투자중개업자가 아닌 자의 사용금지 문자 : 파생 (derivatives), 선물(futures)

❹ 집합투자업자가 아닌 자의 사용금지 문자 : 집합투자(collective investment, pooled investment), 투자신탁(investment trust, unit trust), 자산운용(asset management)

❺ 투자자문업자가 아닌 자의 사용금지 문자 : 투자자문(investment advisory)

   ☞ 「부동산투자회사법」에 따른 부동산투자자문회사는 '투자자문' 사용 가능

❻ 투자일임업자가 아닌 자의 사용금지 문자 : 투자일임(discretionary investment)

❼ 신탁업자가 아닌 자의 사용금지 문자 : 신탁(trust)

(3) 명의대여 금지

금융투자업자는 자기의 명의를 대여하여 타인에게 금융투자업을 영위하게 하여서는 아니됨

(4) 겸영 제한

❶ 금융투자업자는 다른 금융업무를 겸영하고자 하는 경우 그 업무를 영위하기 시작한 날부터 2주 이내에 이를 금융위에 보고하여야 함

❷ 겸영대상 업무

ㄱ. 금융 관련 법령에서 인가·등록등을 요하는 금융업무(모든 금융투자업자) : 보험대리점·보험중개사업무, 일반사무관리회사업무, 외국환업무 및 외국환중개업무, 퇴직연금사업자업무, 담보부사채신탁업무, 자산관리회사업무(부동산 투자회사법), 기업구조조정전문회사업무, 중소기업창업투자회사업무, 신기술사업금융업

ㄴ. 금융 관련 법령에서 금융투자업자가 영위할 수 있도록 한 업무(모든 금융투자업자) : 전자자금이체업무

ㄷ. 국가·공공단체 업무 대리 및 투자자예탁금의 자금이체업무(투자매매업자 및 투자중개업자)

ㄹ. 그 밖에 다음에 해당하는 금융업무(투자자문업, 투자일임업만 경영하는 금융투자업자는 제외함)

　　a. 「자산유동화에 관한 법률」에 따른 자산관리자업무 및 유동화전문회사업무의 수탁업무

　　b. 투자자 계좌에 속한 증권·금전등에 대한 제3자 담보권의 관리업무

　　c. 사채모집 수탁업무

　　d. 기업금융업무 관련 대출업무 및 프로젝트 파이낸싱 관련 대출업무 : 증권투자매매업자

　　e. 증권의 대차거래 및 그 중개·주선·대리업무 : 증권 투자매매·중개업자

　　f. 지급보증업무 : 증권 및 장외파생상품 투자매매업자

　　g. 원화표시 양도성 예금증서 및 대출채권 등 채권의 매매와 그 중개·주선·대리업무 : 채무증권 투자매매·중개업자

　　h. 대출의 중개·주선·대리업무

　　i. 금지금의 매매·중개업무

　　j. 퇴직연금사업자로서 퇴직연금수급권을 담보로 한 대출업무

(5) 부수업무 영위

❶ 금융투자업자는 금융투자업에 부수하는 업무를 영위하고자 하는 경우 영위하기 시작한 날부터 2주 이내에 금융위에 보고하여야 함

❷ 제한·시정명령 : 금융위는 부수업무 신고 내용이 경영건전성을 저해하거나, 투

자자 보호에 지장을 초래하거나 금융시장의 안전성을 저해하는 경우에는 그 부수업무의 영위를 제한하거나 시정을 명할 수 있음

(6) 업무위탁

❶ 규제 개요

　ㄱ. 금융투자업자는 영위 업무(금융투자업, 겸영업무, 부수업무)의 일부를 제3자에게 위탁할 수 있음

　ㄴ. 금융투자업의 본질적 업무(인가·등록을 한 업무와 관련된 필수업무)를 위탁하는 경우에는 위탁받는 자가 당해 업무 수행에 필요한 인가·등록한 자이어야 함(외국업자의 경우 해당 국가에서 인가·등록한 자)

　ㄷ. 준법감시인 및 위험관리책임자의 업무 등 내부통제업무는 위탁이 금지됨

❷ 본질적 업무

　ㄱ. 투자매매업 : 계약 체결·해지, 매매호가 제시, 주문의 접수·전달·집행, 인수, 인수증권의 가치분석, 인수증권 가격 결정 및 청약사무수행·배정업무

　ㄴ. 투자중개업 : 계약 체결·해지, 일일정산, 증거금 관리 및 거래종결, 주문의 접수·전달·집행·확인

　ㄷ. 집합투자업 : 집합투자기구 설정·설립, 집합투자재산 운용·운용지시, 집합투자재산 평가

　ㄹ. 투자자문·일임업 : 계약 체결·해지, 투자조언·투자일임

　ㅁ. 신탁업 : 신탁계약 및 집합투자재산 보관·관리계약 체결·해지, 신탁재산 및 집합투자재산 보관·관리, 신탁재산 운용(신탁재산에 속하는 지분증권의 의결권 행사를 포함)

❸ 재위탁의 제한 : 원칙적으로 재위탁은 금지되나, 단순업무 및 외화자산 운용·보관업무는 위탁자의 동의를 받아 재위탁할 수 있음

❹ 기타 업무위탁 관련 규제

　ㄱ. 금융투자업자는 제3자에게 업무를 위탁하는 경우 위탁계약을 체결하여야 하며, 실제 업무 수행일의 7일 전(단, 본질적 업무에 해당하지 아니하는 업무에 대해서는 업무수행일로부터 14일 이내)까지 금융위에 보고하여야 함

　ㄴ. 금융투자업자는 업무위탁을 한 내용을 계약서류 및 투자설명서(집합투자업자의 경우 제124조 제2항 제3호에 따른 간이투자설명서를 포함한다. 제64조, 제86조 및 제93조에서

도 동일)에 기재하여야 하며, 사후에 그 내용을 변경한 경우 투자자에게 통보하여야 함

ㄷ. 금융투자업자는 위탁업무의 범위 내에서 투자자의 금융투자상품 매매 등에 관한 정보를 제공할 수 있음

(7) 이해상충 관리

❶ 규제체계

ㄱ. 일반 규제 : 신의성실의무, 투자자의 이익을 해하면서 자기 또는 제3자의 이익도모 금지, 직무 관련 정보이용 금지, 선관주의의무

☞ 선관주의의무는 자산관리업자(집합투자업, 신탁업, 투자자문·일임업)에게만 적용됨

ㄴ. 직접 규제 : 선행매매 금지, 과당매매 금지, 이해관계인과의 투자자 재산(집합투자재산, 신탁재산, 투자일임재산) 거래 제한등

ㄷ. 정보교류 차단장치(Chinese Wall) : 사내·외 정보차단벽 간 정보제공, 임직원 겸직, 사무공간·전산설비 공동이용 등 정보교류 금지

❷ 이해상충 관리의무

ㄱ. 금융투자업자는 금융투자업의 영위와 관련하여 금융투자업자와 투자자 간, 특정 투자자와 다른 투자자 간 이해상충을 방지하기 위해 이해상충발생 가능성을 파악·평가하고, 내부통제기준이 정하는 방법·절차에 따라 이를 적절히 관리하여야 함

ㄴ. 이해상충이 발생할 가능성이 있다고 인정되는 경우에는 투자자에게 그 사실을 미리 알리고, 이해상충이 발생할 가능성을 내부통제 기준에 따라 투자자 보호에 문제가 없는 수준으로 낮춘 후에 거래를 하여야 함

ㄷ. 금융투자업자는 이해상충이 발생할 가능성을 낮추는 것이 곤란하다고 판단되는 경우에는 거래를 하여서는 아니 됨

(8) 정보교류 차단장치

❶ 내부 정보교류 차단장치 설치 범위

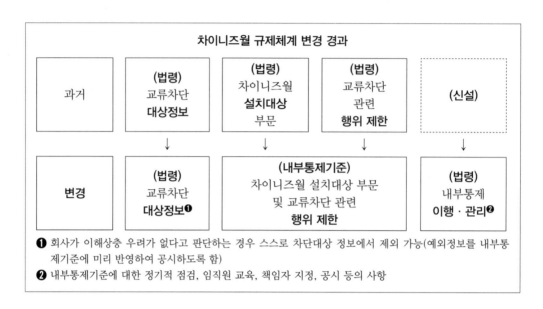

차이니즈월 규제체계 변경 경과

과거	(법령) 교류차단 **대상정보**	(법령) 차이니즈월 **설치대상** 부문	(법령) 교류차단 관련 **행위 제한**	(신설)
↓	↓	↓	↓	↓
변경	(법령) 교류차단 **대상정보❶**	(내부통제기준) 차이니즈월 설치대상 부문 및 교류차단 관련 **행위 제한**		(법령) 내부통제 **이행·관리❷**

❶ 회사가 이해상충 우려가 없다고 판단하는 경우 스스로 차단대상 정보에서 제외 가능(예외정보를 내부통제기준에 미리 반영하여 공시하도록 함)
❷ 내부통제기준에 대한 정기적 점검, 임직원 교육, 책임자 지정, 공시 등의 사항

❷ 내부 정보교류 차단장치 주요 내용

ㄱ. 미공개중요정보, 투자자의 금융투자상품 매매 또는 소유 현황에 관한 정보로서 불특정 다수인이 알 수 있도록 공개되기 전의 정보, 집합투자재산, 투자일임재산 및 신탁재산의 구성내역과 운용에 관한 정보로서 불특정 다수인이 알 수 있도록 공개되기 전의 정보 등의 정보교류는 원칙적으로 금지

ㄴ. 정보교류 차단을 위해 필요한 기준 및 절차, 정보교류 차단의 대상이 되는 정보의 예외적 교류를 위한 요건 및 절차, 정보교류 차단 업무를 독립적으로 총괄하는 임원 또는 금융위가 정하여 고시하는 총괄·집행책임자의 지정·운영, 정보교류 차단을 위한 상시적 감시체계의 운영, 내부통제기준 중 정보교류 차단과 관련된 주요 내용의 공개 등을 포함한 내부통제기준 수립의무

2 투자권유 영업행위 규제

(1) 공통규제

❶ 투자권유 : 특정 투자자를 상대로 금융투자상품의 매매, 투자자문계약 · 투자일임계약 · 신탁계약(관리형신탁 및 투자성 없는 신탁계약 제외)의 체결을 권유하는 것

❷ 적합성 원칙

☞ 자본시장법상 적합성 원칙, 적정성 원칙, 설명의무 등의 규제는 상당수가 「금융소비자 보호에 관한 법률」(이하 '금융소비자보호법'이라 한다)로 이관되었으나, 금융투자업자에 관한 내용을 중심으로 금융소비자보호법의 내용을 살펴보기로 함

ㄱ. 금융투자업자는 금융소비자가 일반금융소비자인지 전문금융소비자인지를 확인하여야 함

ㄴ. 고객파악 의무(Know Your Customer Rule) : 금융투자업자는 일반금융소비자에게 투자권유를 하기 전에 면담 등을 통하여 투자자의 투자목적 · 재산상황 · 투자경험 등의 정보를 파악하고, 투자자로부터 서명 등의 방법으로 확인을 받아 유지 · 관리하여야 하며, 확인받은 내용을 일반금융소비자에게 제공하여야 함

ㄷ. 적합성 원칙(Suitability) : 금융투자업자는 일반금융소비자에게 투자권유를 하는 경우 그 일반금융소비자의 투자목적 등에 비추어 적합하지 아니하다고 인정되는 투자권유를 하여서는 아니 됨

❸ 적정성 원칙

ㄱ. 금융투자업자는 일반금융소비자에게 투자권유를 하지 아니하고 자본시장법에 따른 파생상품 및 파생결합증권, 사채(社債) 중 일정한 사유가 발생하는 경우 주식으로 전환되거나 원리금을 상환해야 할 의무가 감면될 수 있는 사채, 자본시장법 시행령에 따른 고난도금융투자상품, 고난도투자일임계약 및 고난도금전신탁계약 등을 판매하려는 경우에는 면담 · 질문 등을 통하여 그 일반금융소비자의 일반금융소비자의 연령, 금융상품에 대한 이해도, 기대이익 및 기대손실 등을 고려한 위험에 대한 태도 등의 정보를 파악하여야 함

ㄴ. 금융투자업자는 일반금융소비자의 투자목적 등에 비추어 해당 파생상품등이

그 일반투자자에게 적정하지 아니하다고 판단되는 경우에는 그 사실을 알리고, 일반투자자로부터 서명 등의 방법으로 확인을 받아야 함

❹ 설명의무

ㄱ. 금융투자업자는 일반금융소비자에게 투자권유를 하는 경우에는 금융투자상품의 내용 등을 투자자가 이해할 수 있도록 설명하여야 하며, 금융소비자가 이해하였음을 서명 등의 방법으로 확인하여야 함

　☞ 설명하여야 할 내용 : 금융투자상품의 내용, 투자 위험, 금융소비자가 부담해야 하는 수수료, 계약의 해지·해제, 증권의 환매(還買) 및 매매 등에 관한 사항

ㄴ. 금융투자업자는 설명을 함에 있어 투자자의 합리적인 투자판단이나 해당 금융투자상품의 가치에 중대한 영향을 미칠 수 있는 중요사항을 거짓으로 또는 왜곡(불확실한 사항에 대하여 단정적 판단을 제공하거나 확실하다고 오인하게 할 소지가 있는 내용을 알리는 행위를 말한다)하여 설명하거나 중요한 사항에 대한 설명을 누락하여서는 아니 됨

ㄷ. 금융투자업자는 설명의무(확인의무 제외) 위반으로 인해 발생한 일반금융소비자의 손해를 배상할 책임이 있음. 이 경우 일반금융소비자 손실액 전부를 손해액으로 추정(손해액 산정의 입증책임의 전환)

❺ 부당권유의 금지

ㄱ. 거짓의 내용을 알리는 행위 및 불확실한 사항에 대하여 단정적 판단을 제공하거나 확실하다고 오인하게 될 소지가 있는 내용을 알리는 행위 금지

ㄴ. 투자자에게 투자권유의 요청을 받지 않고 방문·전화등 실시간 대화의 방법을 이용하여 장외파생상품의 투자권유를 하는 행위 금지(unsolicited call 금지)

ㄷ. 계약의 체결권유를 받은 금융소비자가 이를 거부하는 취지의 의사를 표시하였는데도 계약의 체결권유를 계속하는 행위 금지. 다만, 1개월 경과 후 투자권유 및 다른 종류의 금융투자상품에 대한 투자권유는 가능

ㄹ. 금융상품 내용의 일부에 대하여 비교대상 및 기준을 밝히지 아니하거나 객관적인 근거 없이 다른 금융상품과 비교하여 해당 금융상품이 우수하거나 유리하다고 알리는 행위 금지

ㅁ. 금융상품의 가치에 중대한 영향을 미치는 사항을 미리 알고 있으면서 금융소비자에게 알리지 아니하는 행위 금지

❻ 투자권유준칙

ㄱ. 금융투자업자는 투자권유를 함에 있어 임직원이 준수하여야 할 구체적인 기준 및 절차(투자권유준칙)를 정하여야 함. 파생상품 등에 대하여는 일반투자자의 투자목적 등을 고려하여 투자자 등급별로 차등화된 투자권유준칙을 마련하여야 함

ㄴ. 협회는 금융투자업자가 공통으로 사용할 수 있는 표준투자권유준칙을 정할 수 있음

ㄷ. 금융투자업자는 투자권유준칙을 제정하거나 변경한 경우 인터넷 홈페이지 등을 통하여 이를 공시하여야 함

(2) 투자권유대행인

❶ 자격

ㄱ. 투자권유자문인력 · 투자운용인력 시험에 합격한 자 또는 보험모집에 종사하고 있는 보험설계사 · 중개사 · 대리점 등록요건을 갖춘 자(집합투자증권의 투자권유로 제한)로서 협회가 정한 교육을 이수한 자, 1사 전속(다른 금융투자업자에 의해 금융위에 등록된 자가 아닐 것), 등록이 취소된 경우 그 등록이 취소된 날로부터 3년 경과자

ㄴ. 금융투자업자는 투자권유대행인에게 투자권유를 위탁하는 경우 위탁받은 자를 금융위에 등록하여야 함. 금융위는 등록업무를 협회에 위탁

❷ 투자권유대행인의 금지행위

ㄱ. 위탁한 금융투자업자를 대리하여 계약을 체결하는 행위

ㄴ. 투자자로부터 금전 · 증권등의 재산을 수취하는 행위

ㄷ. 투자권유대행업무를 제3자에게 재위탁하는 행위

ㄹ. 둘 이상의 금융투자업자와 투자권유 위탁계약을 체결하는 행위

ㅁ. 보험설계사가 소속 보험회사가 아닌 보험회사와 투자권유 위탁계약을 체결하는 행위 등

❸ 투자권유대행인은 투자권유를 대행함에 있어 금융투자업자의 명칭, 금융투자업자를 대리하여 계약을 체결할 권한이 없다는 사실, 투자자로부터 금전 · 재산 등을 수취할 수 없다는 사실 등을 투자자에게 알려야 하며, 자신이 투자권유대행인이라는 사실을 나타내는 표지를 게시하거나 증표를 내보여야 함

❹ 금융투자업자는 투자권유대행인이 투자권유를 대행함에 있어 법령을 준수하고 건전한 거래질서를 해하는 일이 없도록 성실히 관리하여야 하며, 이를 위한 투자권유대행 기준을 제정하여야 함. 투자권유대행인이 투자권유를 대행함에 있어서 투자자에게 손해를 끼친 경우 민법상의 사용자의 배상책임이 준용됨

❺ 투자권유대행인의 금지사항 및 고지사항 : 투자권유대행인은 법령에서 정하는 행위 외에 ① 금융투자상품의 매매, 그 밖의 거래와 관련하여 투자자에게 일정 한도를 초과하여 직접 또는 간접적인 재산상의 이익을 제공하면서 권유하는 행위, ② 금융투자상품의 가치에 중대한 영향을 미치는 사항을 사전에 알고 있으면서 이를 투자자에게 알리지 아니하고 당해 금융투자상품의 매수 또는 매도를 권유하는 행위, ③ 위탁계약을 체결한 금융투자업자가 이미 발행한 주식의 매수 또는 매도를 권유하는 행위, ④ 투자목적, 재산상황 및 투자경험 등을 감안하지 아니하고 투자자에게 지나치게 빈번하게 투자권유를 하는 행위, ⑤ 자기 또는 제3자가 소유한 금융투자상품의 가격 상승을 목적으로 투자자에게 당해 금융투자상품의 취득을 권유하는 행위, ⑥ 투자자가 불공정거래를 하고자 함을 알고 그 매매, 그 밖의 거래를 권유하는 행위, ⑦ 금융투자상품의 매매, 그 밖의 거래와 관련하여 투자자의 위법한 거래를 은폐하여 주기 위하여 부정한 방법을 사용하도록 권유하는 행위를 할 수 없음

또한, 투자권유대행인은 투자권유를 대행함에 있어서 투자자에게 법령에서 정하는 사항 외에 ① 금융투자상품의 매매, 기타 거래에 관한 정보는 금융투자업자가 관리하고 있다는 사실, ② 투자권유대행인의 금지사항을 미리 알려야 함

❻ 검사 · 조치

ㄱ. 투자권유대행인은 투자권유대행과 관련하여 업무 및 재산상황에 대하여 금융감독원장의 검사를 받아야 함

ㄴ. 금융위는 투자권유대행인의 등록요건 미유지, 법률 위반 등에 대하여 등록을 취소하거나 6개월 이내의 투자권유대행업무 정지를 할 수 있음

(3) 직무 관련 정보의 이용 금지 등

❶ 직무 관련 정보의 이용 금지 : 금융투자업자는 직무상 알게 된 정보로서 외부에 공개되지 아니한 정보를 정당한 사유 없이 자기 또는 제3자의 이익을 위하여 이용하여서는 아니됨

❷ 손실보전 등의 금지 : 금융투자업자 및 그 임직원은 금융투자상품의 거래와 관련하여 사전 손실보전 약속 또는 사후 손실보전, 사전 이익보장 또는 사후 이익제공을 하여서는 아니됨

　　다만, 손실의 보전·이익의 보장이 허용된 신탁상품, 그 밖에 정당한 사유가 있는 경우를 제외함

> **(참고 법령해석)** 손익의 분배 또는 손익의 순위를 달리 정하는 일반 사모집합투자기구를 운용하는 집합투자업자가 고유재산으로 당해 집합투자기구 후순위 수익권의 전부 또는 일부를 취득할지라도, 위와 같은 사정만으로 손실보전 등의 금지에 반하지 아니함(금융위원회 2020. 3. 2. 자 법령해석)

(4) 약관

❶ 금융투자업자의 신고, 공시

　ㄱ. 금융투자업자는 금융투자업 영위와 관련하여 약관을 제정·변경하고자 하는 경우 미리 금융위에 신고하여야 함. 다만, 보고 또는 신고된 약관과 동일하거나 유사한 내용으로 약관을 제정·변경하는 경우, 표준약관의 제정·변경에 따라 약관을 제정·변경하는 경우, 변경명령에 따라 약관을 제정·변경하는 경우, 법령의 제정·개정에 따라 약관을 제정·변경하는 경우에는 제정·변경 후 7일 이내에 금융위 및 협회에 보고하여야 함

　ㄴ. 금융투자업자는 약관을 제정·변경한 경우 공시하여야 함

❷ 협회의 표준약관 제정, 변경

　협회는 표준약관을 제정·변경고자 하는 경우에는 미리 금융위에 신고하여야 함. 다만, 전문투자자만을 대상으로 하는 표준약관을 제정·변경한 경우에는 제정·변경 후 7일 이내에 금융위에 보고하여야 함

❸ 금융위의 약관 변경 명령

　금융위는 약관이 법령에 위반되거나 투자자 이익을 침해할 우려가 있는 경우에는 금융투자업자 또는 협회에 약관의 변경을 명할 수 있음

(5) 수수료

❶ 금융투자업자는 투자자로부터 받는 수수료의 부과기준 및 절차에 관한 사항을

정하여 공시하여야 함

❷ 금융투자업자는 수수료 부과기준을 정함에 있어 정당한 사유 없이 투자자를 차별하여서는 아니 됨

❸ 금융투자업자는 수수료 부과기준 및 절차를 협회에 통보하여야 하며, 협회는 금융투자업자별로 비교·공시하여야 함

(6) 자료의 기록·유지

금융투자업자는 업무 관련 자료를 종류별로 일정한 기간 동안 기록·유지하여야 하며(영업·재무 관련 자료 10년, 내부통제자료 5년 등), 자료가 멸실되거나 위조·변조가 되지 않도록 적절한 대책을 수립·시행하여야 한다.

(7) 소유증권 예탁

금융투자업자(겸영업자 제외)는 고유재산으로 소유하는 증권 및 원화CD를 예탁결제원에 예탁하여야 한다. 다만, 해당 증권의 유통 가능성, 다른 법령에 따른 유통방법이 있는지 여부, 예탁의 실행 가능성 등을 고려하여 대통령령으로 정하는 경우에는 예탁결제원에 예탁하지 아니할 수 있음. 외화증권의 경우에는 외국 보관기관에 예탁할 수 있다.

(8) 금융투자업 폐지 공고

금융투자업자는 금융투자업을 폐지하거나 지점·영업소의 영업을 폐지하는 경우에는 폐지 30일 전에 일간신문에 공고하여야 하며, 알고 있는 채권자에게는 각각 통지하여야 한다.

금융투자업자는 인가대상 또는 등록대상 금융투자업 전부의 폐지를 승인받거나 금융투자업 인가 또는 등록이 취소된 경우 그 금융투자업자가 행한 거래를 종결시켜야 하며, 거래를 종결시키는 범위에서는 금융투자업자로 간주

(9) 임직원의 금융투자상품 매매

❶ 금융투자업자의 임직원(겸영 금융투자업자(증권금융회사 제외)의 경우 금융투자업 직무 수행 임직원에 한함)은 자기 계산으로 특정 금융투자상품을 매매하는 경우 자기의 명의로 하나의 투자중개업자(투자중개업자의 임직원은 그가 소속된 투자중개업자에 한함)를 통하여 하나의 계좌로 매매하여야 하며, 매매명세를 분기별 (주요 직무종사자

의 경우 월별)로 소속 회사에 통지하여야 함

❷ 특정 금융투자상품의 범위 : 상장 지분증권 또는 협회중개시장 거래 지분증권(집합투자증권 및 우리사주조합 명의로 취득하는 주식제외), 상장 증권예탁증권, 주권 관련 사채권(상장 지분증권·증권예탁증권 관련), 파생결합증권(상장 지분증권·증권예탁증권 관련), 장내파생상품, 장외파생상품(상장 지분증권·증권예탁증권 관련)

❸ 금융투자업자는 임직원의 금융투자상품 매매와 관련하여 불공정행위 또는 이해상충 방지를 위해 임직원에 따라야 할 적절한 기준 및 절차를 정하여야 하며, 분기별로 확인하여야 함

(10) 손해배상책임

❶ 금융투자업자는 법령·약관·집합투자규약·투자설명서를 위반하거나 그 업무를 소홀히 하여 투자자에게 손해를 발생시킨 경우 배상책임이 있음

❷ 투자매매업·중개업과 집합투자업 겸영에 따른 이해상충과 관련된 불건전 영업행위로 인한 손해에 대하여는 그 금융투자업자가 상당한 주의를 다하였음을 증명하거나, 투자자가 거래 시 그 사실을 안 경우에는 배상책임을 지지 않음

❸ 금융투자업자가 손해배상책임을 지는 경우, 관련 임원에게도 귀책사유가 있는 경우에는 금융투자업자와 연대하여 손해를 배상할 책임이 있음

(11) 외국 금융투자업자의 특례

❶ 외국 금융투자업자의 지점·영업소에 대하여 자본시장법을 적용하는 경우 영업기금 및 관련 전입금은 자본금으로 보고, 자본금·적립금·이월이익잉여금 합계액은 자기자본으로 보며, 국내 대표자는 임원으로 간주

❷ 외국 금융투자업자의 지점·영업소는 영업기금과 부채액의 합계액에 상당하는 자산을 국내에 두어야 함

❸ 외국 금융투자업자의 지점·영업소가 청산·파산하는 경우 국내 자산은 국내 채무 변제에 우선 충당하여야 함

chapter 04

투자매매업자 및 투자중개업자에 대한 영업행위규제

section 01 개요

금융투자업자 중 투자매매업자 및 투자중개업자에 대해서는 공통영업행위규칙 외에 투자매매업 또는 투자중개업을 영위하면서 발생할 수 있는 이해상충을 방지하여 투자자 피해를 최소화하고 건전한 영업질서를 유지하기 위해 매매행태 명시, 자기계약 금지, 시장매매 의무, 자기주식 취득제한, 임의매매 금지, 불건전 영업행위 금지, 신용공여 제한, 매매명세 통지, 예탁금 예금증권 보관 등을 규제하고 있다.

매매 또는 중개업무 관련 규제

1 매매형태의 명시

투자매매업자 또는 투자중개업자는 투자자로부터 금융투자상품의 매매에 관한 청약 또는 주문을 받는 경우에는 사전에 그 투자자에게 자기가 투자매매업자인지 투자중개 업자인지를 밝혀야 한다(법 제66조).

이는 당해 매매에서 금융투자업자가 거래의 중개에 따른 수수료를 수취하는 중개인 인지, 아니면 투자자와의 거래에 따른 손익을 추구하는 협상의 상대방인지 그 역할을 사전에 투자자에게 분명하게 알림으로써 투자자가 합리적 판단을 할 수 있는 기회를 제공하고자 하는 취지이며, 이를 알리는 방법상의 제한은 없다.

매매형태 명시의무를 위반하여 투자자의 주문을 받은 투자매매업자 또는 투자중개 업자는 1년 이하의 징역 또는 3천만 원 이하의 벌금에 처할 수 있다(법 제446조 제11호).

2 자기계약의 금지

투자매매업자 또는 투자중개업자는 금융투자상품에 관한 같은 매매에 있어서 자신 이 본인이 됨과 동시에 상대방의 투자중개업자가 될 수 없다(법 제67조). 다만, ① 투자매 매업자 또는 투자중개업자가 증권시장 또는 파생상품시장을 통하여 매매가 이루어지 도록 한 경우 또는 ② 그 밖에 투자자 보호 및 건전한 거래질서를 해할 우려가 없는 경 우로서 대통령령으로 정하는 경우, 즉 ㉠ 투자매매업자 또는 투자중개업자가 자기가 판매하는 집합투자증권을 매수하는 경우, ㉡ 투자매매업자 또는 투자중개업자가 다자 간매매체결회사를 통하여 매매가 이루어지도록 한 경우, ㉢ 종합금융투자사업자가 금 융투자상품의 장외매매가 이루어지도록 한 경우 또는 ㉣ 그 밖에 공정한 가격 형성과 매매, 거래의 안정성과 효율성 도모 및 투자자의 보호에 우려가 없는 경우로서 금융위 가 정하여 고시하는 경우에는 그러하지 아니한다.

고객으로부터 금융투자상품의 매매를 위탁받은 투자중개업자가 고객의 대리인이 됨 과 동시에 그 거래 상대방이 될 수 없다는 의미이며, 이 외에 투자자 보호나 건전한 거

래질서를 해칠 우려가 없는 경우도 예외로 인정한다는 의미

자기계약금지를 위반하여 고객과 거래한 투자매매업자 또는 투자중개업자는 1년 이하의 징역 또는 3천만 원 이하의 벌금에 처할 수 있다(법 제446조 제12호).

3 최선집행의무

투자매매업자 또는 투자중개업자는 금융투자상품의 매매(대통령령으로 정하는 거래는 제외)에 관한 투자자의 청약 또는 주문을 처리하기 위하여 대통령령으로 정하는 바에 따라 최선의 거래조건으로 집행하기 위한 기준(이하 '최선집행기준'이라 한다)을 마련하고 이를 공표하여야 한다.

❶ 최선집행기준이 적용되지 않는 거래는 ① 증권시장에 상장되지 아니한 증권의 매매, ② 장외파생상품의 매매, ③ 증권시장에 상장된 증권 또는 장내파생상품의 어느 하나에 해당하는 금융투자상품 중 복수의 금융투자상품시장에서의 거래 가능성 및 투자자 보호의 필요성 등을 고려하여 총리령으로 정하는 금융투자상품의 매매

❷ 최선집행기준이 적용되지 않는 금융투자상품은 ① 채무증권, ② 지분증권(주권은 제외한다), ③ 수익증권, ④ 투자계약증권, ⑤ 파생결합증권, ⑥ 증권예탁증권(주권과 관련된 증권예탁증권은 제외), ⑦ 장내파생상품

❸ 최선집행기준에는 ① 금융투자상품의 가격, ② 투자자가 매매체결과 관련하여 부담하는 수수료 및 그 밖의 비용, ③ 그 밖에 청약 또는 주문의 규모 및 매매체결의 가능성 등을 고려하여 최선의 거래조건으로 집행하기 위한 방법 및 그 이유 등이 포함되어야 함. 다만, 투자자가 청약 또는 주문의 처리에 관하여 별도의 지시를 하였을 때에는 그에 따라 최선집행기준과 달리 처리할 수 있음

투자매매업자 또는 투자중개업자는 최선집행기준에 따라 금융투자상품의 매매에 관한 청약 또는 주문을 집행하여야 한다. 투자자의 청약 또는 주문을 집행한 후 해당 투자자가 그 청약 또는 주문이 최선집행기준에 따라 처리되었음을 증명하는 서면 등을 요구하는 경우에는 금융위가 정하여 고시하는 기준과 방법에 따라 해당 투자자에게 제공하여야 한다.

투자매매업자 또는 투자중개업자는 3개월마다 최선집행기준의 내용을 점검하여야

하는데, 이 경우 최선집행기준의 내용이 청약 또는 주문을 집행하기에 적합하지 아니한 것으로 인정되는 때에는 이를 변경하고, 변경의 이유를 포함하여 그 변경 사실을 공표하여야 한다. 최선집행기준의 공표 또는 그 변경 사실의 공표는 ① 투자매매업자 또는 투자중개업자의 본점과 지점, 그 밖의 영업소에 게시하거나 비치하여 열람에 제공하는 방법 또는 ② 투자매매업자 또는 투자중개업자의 인터넷 홈페이지를 이용하여 공시하는 방법으로 하여야 한다.

투자매매업자 또는 투자중개업자는 금융투자상품의 매매에 관한 청약 또는 주문을 받는 경우에는 미리 문서, 전자문서, 또는 팩스로 최선집행기준을 기재 또는 표시한 설명서를 투자자에게 교부하여야 한다. 다만, 이미 해당 설명서 또는 변경내용이 기재 또는 표시된 설명서를 교부한 경우에는 그러하지 아니하다.

최선의 거래조건의 구체적인 내용, 최선집행기준의 공표의 방법과 제2항에 따른 청약·주문의 집행 방법 및 최선집행기준의 점검·변경 및 변경 사실의 공표 방법 등에 관하여 필요한 사항은 대통령령으로 정하도록 하고 있다.

4 자기주식의 예외적 취득

투자매매업자는 투자자로부터 그 투자매매업자가 발행한 자기주식으로서 증권시장(다자간매매체결회사에서의 거래를 포함)의 매매 수량단위 미만의 주식에 대하여 매도의 청약을 받은 경우에는 이를 증권시장 밖에서 취득할 수 있다(법 제69조). 이 경우 취득한 자기주식은 취득일로부터 3개월 이내에 처분하여야 한다.

5 임의매매의 금지

투자매매업자 또는 투자중개업자는 투자자나 그 대리인으로부터 금융투자상품의 매매의 청약 또는 주문을 받지 아니하고는 투자자로부터 예탁받은 재산으로 금융투자상품의 매매를 할 수 없다(법 제70조).

이러한 임의매매는 투자자로부터 매매에 대한 위탁 또는 위임이 있는 일임매매와 구분하여야 한다.

임의매매를 한 투자매매업자 또는 투자중개업자는 5년 이하의 징역 또는 2억 원 이하의 벌금에 처할 수 있다(법 제444조 제7호).

불건전 영업행위의 금지

1 개요

투자매매업자 또는 투자중개업자는 영업의 영위와 관련하여 투자자 보호 또는 건전한 거래질서를 해칠 우려가 있는 행위를 할 수 없으며, 이를 위반한 금융투자업자 및 그 임직원은 손해배상책임과 행정조치뿐만 아니라 형사벌칙의 대상이 된다.

자본시장법은 이러한 불건전 영업행위 중 그 정도가 중하고 대표적인 유형을 직접 열거(법 제71조)하여 그 위반행위에 대하여 5년 이하의 징역 또는 2억 원 이하의 벌금에 처하도록 하고 있으며(법 제444조 제8호), 시행령 등 하위규정에서 그 밖의 불건전 영업행위를 정할 수 있도록 위임하는 동시에 그 하위규정의 위반행위에 대해서는 5천만 원 이하의 과태료를 부과하도록 하고 있다(법 제449조 제29호).

2 선행매매의 금지

투자중개업자 또는 투자매매업자는 투자자로부터 금융투자상품의 가격에 중대한 영향을 미칠 수 있는 매수 또는 매도의 청약이나 주문을 받거나 받게 될 가능성이 큰 경우 고객의 주문을 체결하기 전에 자기의 계산으로 매수 또는 매도하거나 제3자에게 매수 또는 매도를 권유하는 행위(front-running)를 할 수 없다(법 제71조 제1호).

다음의 경우에는 선행매매에 해당되지 않는다(시행령 제68조 제1항 제1호).

(1) 투자자의 매매주문에 관한 정보를 이용하지 않았음을 입증하는 경우

(2) 증권시장과 파생상품시장 간의 가격차이를 이용한 차익거래, 그 밖에 이에 준하는 거래로서 투자자의 정보를 의도적으로 이용하지 아니하였다는 사실이 객관적으로 명백한 경우

3 조사분석자료 공표 후 매매금지

투자매매업자 또는 투자중개업자는 특정 금융투자상품의 가치에 대한 주장이나 예측을 담고 있는 자료(조사분석자료)를 투자자에게 공표함에 있어서 그 조사분석자료의 내용이 사실상 확정된 때부터 공표 후 24시간이 경과하기 전까지 그 조사분석자료의 대상이 된 금융투자상품을 자기의 계산으로 매매(scalping)할 수 없다(법 제71조 제2호).

이는 투자자의 투자판단에 영향을 미치는 자료를 생성하는 자(투자매매업자 또는 투자중개업자)가 그를 이용하여 금융투자상품 매매를 하는 행위를 막기 위한 것이다.

다음의 어느 하나에 해당되는 경우에는 적용 예외(시행령 제68조 제1항 제2호)

(1) 조사분석자료의 내용이 직접 또는 간접으로 특정 금융투자상품의 매매를 유도하는 것이 아닌 경우

(2) 조사분석자료의 공표로 인한 매매유발이나 가격 변동을 의도적으로 이용하였다고 볼 수 없는 경우

(3) 공표된 조사분석자료의 내용을 이용하여 매매하지 아니하였음을 증명하는 경우

(4) 해당 조사분석자료가 이미 공표한 조사분석자료와 비교하여 새로운 내용을 담고 있지 아니한 경우

4 조사분석자료 작성자에 대한 성과보수 금지

조사분석자료의 작성을 담당하는 자에 대해서는 일정한 기업금융업무와 연동된 성과보수를 지급할 수 없다(법 제71조 제3호).

성과보수 연동이 금지되는 기업금융업무는 조사분석자료의 왜곡 가능성이 높은 다음의 업무를 말한다(시행령 제68조 제2항).

(1) 인수업무

(2) 모집·사모·매출의 주선업무

(3) 기업의 인수 및 합병의 중개·주선 또는 대리업무

(4) 기업의 인수·합병에 관한 조언업무

(5) 경영참여형 사모집합투자기구 집합투자재산 운용업무

(6) 프로젝트금융의 자문 또는 주선업무, 자문 또는 주선에 수반되는 프로젝트금융

5 모집·매출과 관련된 조사분석자료의 공표·제공 금지

투자매매업자 또는 투자중개업자는 주권 등 일정한 증권의 모집 또는 매출과 관련된 계약을 체결한 날부터 그 증권이 최초로 증권시장에 상장된 후 40일 이내에 그 증권에 대한 조사분석자료를 공표하거나 특정인에게 제공할 수 없다(법 제71조 제4호).

☞ 대상증권 : 주권, 전환사채, 신주인수권부사채, 교환사채(주권, CB 또는 BW와 교환을 청구할 수 있는 것만 해당 및 이들과 관련된 증권예탁증권(법 제71조 제4호 및 시행령 제68조 제4항)

6 투자권유대행인·투자권유자문인력 이외의 자의 투자권유 금지

투자매매업자 또는 투자중개업자는 투자권유대행인 또는 투자권유자문인력이 아닌 자에게 투자권유를 하도록 할 수 없다(법 제71조 제5호).

투자권유대행인은 자기의 직원이 아닌 자로서 금융투자업자가 투자권유를 위탁하는 자를 말하며, 투자권유자문인력은 금융투자업자의 직원 중 투자권유자문인력을 말한다.

따라서 금융투자업자는 투자권유를 외부에 위탁하는 경우에는 투자권유대행인, 내부 직원으로 하여금 하도록 하는 경우에는 투자권유자문인력에게만 권유를 하도록 하여야 한다는 의미한다.

7 일임매매의 금지

투자매매업자 또는 투자중개업자는 투자자로부터 금융투자상품에 대한 투자판단의 전부 또는 일부를 일임받아 투자자별로 구분하여 금융투자상품의 취득·처분, 그 밖의 방법으로 운용하는 행위, 즉 일임매매를 할 수 없다(법 제71조 제6호).

다만, 투자일임업의 형태로 하는 경우와 법 제7조 제4항(투자중개업자가 투자자의 매매주

문을 받아 이를 처리하는 과정에서 금융투자상품에 대한 투자판단의 전부 또는 일부를 일임받을 필요가 있는 경우로서 일정한 경우(시행령 제7조 제2항)에는 투자일임업으로 보지 않음)에서 예외적으로 투자일임업으로 보지 않는 경우에는 적용하지 아니한다.

8 기타 불건전영업행위의 금지

이러한 불건전영업행위 외에 투자자 보호 또는 건전한 거래질서를 해할 우려가 있는 행위로서 시행령에서 정하는 다음의 행위도 금지된다(법 제71조 제7호, 시행령 제68조 제5항).

(1) 투자매매업자 또는 투자중개업자에게 서면으로 일반투자자와 같은 대우를 받겠다고 통지한 전문투자자의 요구에 정당한 사유 없이 동의하지 아니하는 행위

다만, 전문투자자 중 국가, 한국은행, 국내 금융회사, 예금보험공사등(시행령 제10조 제3항 제1호 내지 제11호), 외국정부, 조약에 의한 국제기구, 외국중앙은행 등은 제외

(2) 일반투자자 중 금융소비자보호법 제17조 제2항 또는 제18조 제1항에 따라 투자목적·재산상황 및 투자경험 등의 정보를 파악한 결과 판매 상품이 적합하지 않거나 적정하지 않다고 판단되는 사람 또는 65세 이상인 사람을 대상으로 금융투자상품(금융위원회가 정하여 고시하는 금융투자상품은 제외)을 판매하는 경우 다음 각 목의 어느 하나에 해당하는 행위

❶ 판매과정을 녹취하지 않거나 투자자의 요청에도 불구하고 녹취된 파일을 제공하지 않는 행위

❷ 투자자에게 권유한 금융투자상품의 판매과정에서 금융투자상품의 매매에 관한 청약 또는 주문(이하 "청약등"이라 한다)을 철회할 수 있는 기간(이하 "숙려기간"이라 한다)에 대해 안내하지 않는 행위

❸ 투자권유를 받고 금융투자상품의 청약등을 한 투자자에게 2영업일 이상의 숙려기간을 부여하지 않는 행위

❹ 숙려기간 동안 투자자에게 투자에 따르는 위험, 투자원금의 손실가능성, 최대 원금손실 가능금액 및 그 밖에 금융위가 정하여 고시하는 사항을 고지하지 않거나 청약등을 집행하는 행위

❺ 숙려기간이 지난 후 서명, 기명날인, 녹취 또는 그 밖에 금융위가 정하여 고시하

는 방법으로 금융투자상품의 매매에 관한 청약등의 의사가 확정적임을 확인하지
않고 청약등을 집행하는 행위

❻ 청약등을 집행할 목적으로 투자자에게 그 청약등의 의사가 확정적임을 표시해
줄 것을 권유하거나 강요하는 행위

(3) 투자자(투자자가 법인, 그 밖의 단체인 경우에는 그 임직원을 포함) 또는 거래상대방(거래상대
방이 법인, 그 밖의 단체인 경우에는 그 임직원을 포함) 등에게 업무와 관련하여 금융위가 정하여
고시하는 기준을 위반하여 직접 또는 간접으로 재산상의 이익을 제공하거나 이들로부
터 재산상의 이익을 제공받는 행위

(4) 증권의 인수업무 또는 모집·사모·매출의 주선업무와 관련하여 다음의 어느 하
나에 해당하는 행위

❶ 발행인이 법 제119조 제3항에 따른 증권신고서(법 제122조 제1항에 따른 정정신고서와
첨부서류를 포함한다)와 법 제123조 제1항에 따른 투자설명서(법 제124조 제2항 제2호에
따른 예비투자설명서 및 법 제124조 제2항 제3호에 따른 간이투자설명서를 포함한다) 중 중요사
항에 관하여 거짓의 기재 또는 표시를 하거나 중요사항을 기재 또는 표시하지 아
니하는 것을 방지하는 데 필요한 적절한 주의를 기울이지 아니하는 행위

❷ 증권의 발행인·매출인 또는 그 특수관계인에게 증권의 인수를 대가로 모집·사
모·매출 후 그 증권을 매수할 것을 사전에 요구하거나 약속하는 행위

❸ 인수(모집·사모·매출의 주선 포함)하는 증권의 배정을 대가로 그 증권을 배정받은 자
로부터 그 증권의 투자로 인하여 발생하는 재산상의 이익을 직접 또는 간접으로
분배받거나 그 자에게 그 증권의 추가적인 매수를 요구하는 행위

❹ 인수하는 증권의 청약자에게 증권을 정당한 사유 없이 차별하여 배정하는 행위

❺ 그 밖에 투자자의 보호나 건전한 거래질서를 해칠 염려가 있는 행위로서 금융위
가 정하여 고시하는 행위

(5) 금융투자상품의 가치에 중대한 영향을 미치는 사항을 미리 알고 있으면서 이를
투자자에게 알리지 아니하고 해당 금융투자상품의 매수나 매도를 권유하여 해당 금융
투자상품을 매도하거나 매수하는 행위

(6) 투자자가 법 제174조(미공개 중요정보 이용행위 금지), 제176조(시세조종행위등의 금지),
제178조(부정거래행위등의 금지)를 위반하여 매매, 그 밖의 거래를 하려는 것을 알고 그 매

매, 그 밖의 거래를 위탁받는 행위

(7) 금융투자상품의 매매, 그 밖의 거래와 관련하여 투자자의 위법한 거래를 감추어 주기 위하여 부정한 방법을 사용하는 행위

(8) 금융투자상품의 매매, 그 밖의 거래와 관련하여 결제가 이행되지 아니할 것이 명백하다고 판단되는 경우임에도 정당한 사유 없이 그 매매, 그 밖의 거래를 위탁받는 행위

(9) 투자자에게 해당 투자매매업자·투자중개업자가 발행한 자기주식의 매매를 권유하는 행위

(10) 투자자로부터 집합투자증권(증권시장에 상장된 집합투자증권은 제외한다)을 매수하거나 그 중개·주선 또는 대리하는 행위. 다만 집합투자증권의 원활한 환매를 위하여 필요한 경우 등 자본시장법 제235조 제6항 단서에 따라 매수하는 경우는 제외함.

(11) 손실보전 금지 및 불건전영업행위 금지 등을 회피할 목적으로 하는 행위로서 장외파생상품거래, 신탁계약, 연계거래등을 이용하는 행위

(12) 채권자로서 그 권리를 담보하기 위하여 백지수표나 백지어음을 받는 행위등

(13) 집합투자증권의 판매업무와 집합투자증권의 판매업무 외의 업무를 연계하여 정당한 사유 없이 고객을 처벌하는 행위

(14) 종합금융투자사업자가 시행령 제77조의6 제2항을 위반하여 같은 조 제1항 제2호에 따른 단기금융업무를 하는 행위

(15) 종합금융투자사업자가 시행령 제77조의6 제3항을 위반하여 같은 조 제1항 제3호에 따른 종합투자계좌업무를 하는 행위

(16) 그 밖에 투자자의 보호나 건전한 거래질서를 해칠 염려가 있는 행위로서 금융위가 정하여 고시하는 행위

신용공여에 관한 규제

1 개요

신용공여라 함은 증권과 관련하여 금전의 융자 또는 증권 대여의 방법으로 투자자에게 신용을 공여하는 것을 말하며(법 제72조 제1항), 그 종류로는 청약자금대출, 신용거래융자와 신용거래대주, 예탁증권담보융자가 있다.

신용공여행위는 투자매매업자 또는 투자중개업자의 고유업무는 아니지만, 증권과 관련된 경우에는 예외적으로 허용

다만, 투자매매업자 또는 투자중개업자의 자산의 건전성, 투기 방지 등을 위하여 신용공여의 구체적인 기준, 담보비율 및 징수방법 등에 대하여 광범위한 규제를 마련하고 있다.

2 신용공여의 기준과 방법

(1) 투자매매업자 또는 투자중개업자는 다음의 어느 하나에 해당하는 방법으로만 투자자에게 신용을 공여할 수 있다(시행령 제69조).

❶ 해당 투자매매업자 또는 투자중개업자에게 증권 매매거래계좌를 개설하고 있는 자에 대하여 증권의 매매를 위한 매수대금을 융자하거나 매도하려는 증권을 대여하는 방법

❷ 해당 투자매매업자 또는 투자중개업자에 계좌를 개설하여 전자등록주식 등을 보유하고 있거나 증권을 예탁하고 있는 자에 대하여 그 전자등록증 또는 증권을 담보로 금전을 융자하는 방법

(2) 구체적인 기준과 담보비율 및 징수방법은 다음과 같이 금융위규정으로 정한다.

❶ 신용공여약정의 체결 등 : 투자매매업자 또는 투자중개업자가 신용공여를 하고자 하는 경우에는 투자자와 신용공여에 관한 약정을 체결하여야 하고, 이 경우 투자

자 본인의 기명날인 또는 서명을 받거나 본인임을 확인하여야 함.

❷ 신용공여의 회사별 한도 : 투자매매업자 또는 투자중개업자의 총 신용공여 규모는 자기자본의 범위 이내로 하되, 신용공여 종류별로 투자매매업자 또는 투자중개업자의 구체적인 한도는 금융위원장이 따로 결정할 수 있음

❸ 담보의 징구

ㄱ. 청약자금대출 : 투자매매업자 또는 투자중개업자는 청약자금을 대출할 때에 청약하여 배정받은 증권을 담보로 징구하여야 함. 다만 당해 증권이 교부되지 아니한 때에는 당해 증권이 교부될 때까지 그 납입영수증으로 갈음할 수 있음

ㄴ. 신용거래융자 및 신용거래대주 : 투자매매업자 또는 투자중개업자는 신용거래융자를 함에 있어서는 매수한 주권 또는 상장지수집합투자기구의 집합투자증권을, 신용거래대주를 함에 있어서는 매도대금을 담보로 징구하여야 함

ㄷ. 예탁증권담보융자 : 투자매매업자 또는 투자중개업자가 예탁증권을 담보로 융자를 할 때는 예탁증권을 담보로 징구하되, 가치산정이 곤란하거나 담보권의 행사를 통한 대출금의 회수가 곤란한 증권을 담보로 징구하여서는 아니 됨

❹ 담보비율 : 투자매매업자 또는 투자중개업자는 투자자의 신용상태 및 종목별 거래상황 등을 고려하여 신용공여금액의 100분의 140 이상에 상당하는 담보를 징구하여야 함. 다만, 매도되었거나 환매청구된 예탁증권을 담보로 하여 매도금액 또는 환매금액 한도 내에서 융자를 하는 경우에는 그러하지 아니함

❺ 담보로 제공된 증권의 평가 : 신용공여와 관련하여 담보 및 보증금으로 제공되는 증권의 평가는 ① 청약 주식 : 취득가액으로 함. 다만, 당해 주식이 증권시장에 상장된 후에는 당일 종가, ② 상장주권 또는 상장지수집합투자기구의 집합투자증권 : 당일 종가, ③ 상장채권 및 공모 파생결합증권(주가연계증권에 한함) : 2 이상의 채권평가회사가 제공하는 가격정보를 기초로 투자매매업자 또는 투자중개업자가 산정한 가격, ④ 집합투자증권 : 당일에 고시된 기준 가격으로 함

매도되거나 또는 환매 신청된 증권을 담보로 하여 투자매매업자 또는 투자중개업자가 투자자에게 금전을 융자하는 경우에는 당해 증권의 매도 가격 또는 융자일에 고시된 기준 가격을 담보 평가금액으로 함. 다만, 담보를 평가함에 있어 권리발생이 확정된 증권을 담보로 제공하고 있는 경우에는 당해 권리도 담보로 봄

❻ 임의상환방법 : 투자매매업자 또는 투자중개업자는 ① 채무상환, ② 추가 담보납입, ③ 수수료납입을 하지 않았을 때 그 다음 영업일에 투자자 계좌에 예탁된 현금을 투자자의 채무변제에 우선 충당하고, 담보증권, 그 밖의 증권의 순서로 필요한 수량만큼 임의처분하여 투자자의 채무변제에 충당할 수 있음

나아가 투자매매업자 또는 투자중개업자는 투자자와 사전에 합의가 있는 경우 채권회수가 현저히 위험하다고 판단되는 때에는 투자자에 대하여 담보의 추가납부를 요구하지 아니하거나 추가로 담보를 징구하지 아니하고 필요한 수량의 담보증권, 그 밖에 예탁한 증권을 임의로 처분할 수 있음. 이 경우 투자매매업자 또는 투자중개업자는 처분내역을 지체 없이 투자자에게 내용증명우편, 통화내용 녹취 또는 투자자와 사전에 합의한 방법 등 그 통지사실이 입증될 수 있는 방법에 따라 통지하여야 함

한편, 투자매매업자 또는 투자중개업자가 증권시장에 상장된 증권을 처분하는 경우에는 증권시장에서 시가결정에 참여하는 호가에 따라 처분해야 함. 다만, 비상장주권, 비상장채권, 집합투자증권, 그 밖에 투자매매업자 또는 투자중개업자가 처분할 수 없는 증권을 처분하고자 하는 경우 그 처분방법은 협회가 정함. 처분대금은 처분제비용, 연체이자, 이자, 채무원금의 순서로 충당함

❼ 신용거래등의 제한 : 투자자가 신용거래에 의해 매매할 수 있는 증권은 증권시장에 상장된 주권(주권과 관련된 증권예탁증권을 포함한다) 및 상장지수집합투자증권으로 함. 다만, ① 거래소가 투자경고종목, 투자위험종목 또는 관리종목으로 지정한 증권, ② 거래소가 매매호가 전 예납조치 또는 결제 전 예납조치를 취한 증권에 대해서는 신규의 신용거래를 할 수 없음. 투자자별 신용공여한도, 신용공여 기간, 신용공여의 이자율 및 연체이자율 등은 신용공여 방법별로 투자매매업자 또는 투자중개업자가 정함. 투자매매업자 또는 투자중개업자는 상환기일이 도래한 신용공여가 있는 투자자에 대하여는 신용공여금액의 상환을 위한 주문수탁 이외의 매매주문의 수탁이나 현금 또는 증권의 인출을 거부할 수 있음

❽ 신용공여 관련 조치 : 금융위는 신용공여 상황의 급격한 변동, 투자자 보호 또는 건전한 거래질서유지를 위하여 필요한 경우에는 ① 투자매매업자 또는 투자중개업자별 총 신용공여 한도의 변경, ② 신용공여의 방법별 또는 신용거래의 종목별 한도의 설정, ③ 투자매매업자 또는 투자중개업자가 징구할 수 있는 담보의 제한, ④ 신용거래의 중지 또는 매입증권의 종목제한 조치를 취할 수 있고, 천재지

변, 전시, 사변, 경제사정의 급변, 그 밖에 이에 준하는 사태가 발생하는 경우에는 투자매매업자 또는 투자중개업자에 대하여 신용공여의 일부 또는 전부를 중지하게 할 수 있음

3 인수증권에 대한 신용공여의 제한

투자매매업자는 증권의 인수일부터 3개월 이내에 투자자에게 그 증권을 매수하게 하기 위하여 그 투자자에게 금전의 융자, 그 밖의 신용공여를 할 수 없다(법 제72조 제1항 단서).

4 위반 시 제재

신용공여에 관한 규제를 위반한 투자매매업자 또는 투자중개업자에 대해서는 형사상의 제재는 없고, 회사 및 임직원에 대한 금융위의 행정조치의 대상이 된다(법 별표 1 제80호).

section 05 투자자 재산보호를 위한 규제

1 개요

투자중개업자 또는 투자매매업자가 파산하는 경우 투자자들이 이들에게 예탁하거나 보관을 의뢰한 금전 또는 증권이 파산재단에 속하게 되는 경우 투자자를 보호하기 위하여 사전에 예탁금 및 예탁증권을 별도로 보관하도록 하고 있다.

2 　투자자예탁금의 별도 예치

(1) 투자자예탁금 별도 예치

투자자예탁금은 투자자로부터 금융투자상품의 매매, 그 밖의 거래와 관련하여 예탁받은 금전을 의미하며, 투자매매업자 또는 투자중개업자는 이를 고유재산과 구분하여 증권금융회사에 예치하거나 신탁업자에 신탁하여야 한다.

투자자예탁금을 신탁업자에 신탁할 수 있는 금융투자업자는 은행, 한국산업은행, 중소기업은행, 보험회사이며, 신탁법 제2조에도 불구하고 자기계약을 할 수 있다.

투자매매업자 또는 투자중개업자는 증권금융회사 또는 신탁업자('예치기관')에게 투자자예탁금을 예치 또는 신탁하는 경우에는 그 투자자예탁금이 투자자의 재산이라는 점을 명시하여야 한다(법 제74조 제3항).

(2) 상계 또는 압류의 금지

누구든지 예치기관에 예치 또는 신탁한 투자자예탁금을 상계(相計)·압류(가압류를 포함)하지 못하며, 투자자예탁금을 예치 또는 신탁한 투자매매업자 또는 투자중개업자('예치 금융투자업자')는 시행령으로 정하는 경우 외에는 예치기관에 예치 또는 신탁한 투자자예탁금을 양도하거나 담보로 제공할 수 없다(법 제74조 제4항).

예치 금융투자업자는 다음의 어느 하나에 해당하는 경우 예외적으로 투자자예탁금을 양도하거나 담보로 제공할 수 있다(시행령 제72조).

❶ 예치 금융투자업자가 다른 회사에 흡수합병되거나 다른 회사와 신설합병함에 따라 그 합병에 의하여 존속되거나 신설되는 회사에 예치기관에 예치 또는 신탁한 투자자예탁금을 양도하는 경우

❷ 예치 금융투자업자가 금융투자업의 전부나 일부를 양도하는 경우로서 양도내용에 따라 양수회사에 예치기관에 예치 또는 신탁한 투자자예탁금을 양도하는 경우

❸ 법 제40조 제4호에 따른 자금이체업무와 관련하여 금융위가 정하여 고시하는 한도 이내에서 금융위가 정하여 고시하는 방법에 따라 예치 금융투자업자가 은행이나 예치기관에 예치 또는 신탁한 투자자예탁금을 담보로 제공하는 경우

❹ 그 밖에 투자자의 보호를 해칠 염려가 없는 경우로서 금융위가 정하여 고시하는 경우

(3) 투자자예탁금의 우선지급

❶ 예치 금융투자업자는 다음의 어느 하나에 해당하게 된 경우에는 예치기관에 예치 또는 신탁한 투자자예탁금을 인출하여 투자자에게 우선하여 지급하여야 함(법 제74조 제5항)

ㄱ. 인가 취소, 해산 결의, 파산선고

ㄴ. 투자매매업 또는 투자중개업 전부 양도·전부 폐지가 승인된 경우 및 전부의 정지명령을 받은 경우

ㄷ. 그 밖에 위의 경우에 준하는 사유가 발생한 경우

❷ 이 경우 그 예치 금융투자업자는 사유 발생일부터 2개월(불가피한 경우 금융위의 확인을 받아 1개월 연장 가능) 이내에 그 사실과 투자자예탁금의 지급시기·지급장소, 그 밖에 투자자예탁금의 지급과 관련된 사항을 둘 이상의 일간신문에 공고하고, 인터넷 홈페이지 등을 이용하여 공시하여야 함(법 제74조 제5항 및 시행령 제73조)

❸ 한편, 예치기관이 인가취소, 파산등 예치 금융투자업자의 우선지급사유와 동일한 사유에 해당되게 된 경우에는 예치 금융투자업자에게 예치 또는 신탁받은 투자자예탁금을 우선하여 지급하여야 함(법 제74조 제6항)

(4) 기타

❶ 예치기관은 예치 또는 신탁받은 투자자예탁금을 자기재산과 구분하여 신의에 따라 성실하게 관리하여야 함

❷ 예치기관은 다음의 어느 하나에 해당하는 방법으로 투자자예탁금을 운용하여야 함

ㄱ. 국채증권 또는 지방채증권의 매수

ㄴ. 정부·지방자치단체 또는 은행 등 대통령령으로 정하는 금융기관이 지급을 보증한 채무증권의 매수

ㄷ. 그 밖에 투자자예탁금의 안정적 운용을 해할 우려가 없는 것으로 증권 또는 원화로 표시된 양도성 예금증서를 담보로 한 대출, 한국은행 또는 체신관서에의 예치, 특수채증권의 매수 등

❸ 그 밖에 투자자예탁금의 범위, 예치 또는 신탁의 시기·주기·비율·방법, 인출

및 관리 등을 위하여 필요한 세부사항은 금융위가 정함

3 **투자자 예탁증권의 예탁**

투자매매업자 또는 투자중개업자는 금융투자상품의 매매, 그 밖의 거래에 따라 보관하게 되는 투자자 소유의 증권(원화표시 CD, 금융위가 정하는 증권 포함)을 예탁결제원에 지체없이 예탁하여야 한다(법 제75조).

chapter 05

장외거래 및 주식 소유제한

장외거래

1 개요

자본시장법은 증권시장 및 파생상품시장 외에서 금융투자상품을 매매, 그 밖의 거래를 하는 경우 그 매매, 그 밖의 거래방법 및 결제의 방법 등 필요한 사항을 시행령에 위임하고 있다(법 제166조).

법 제166조에 따라 거래소시장 및 다자간매매체결회사 외에서 증권이나 장외파생상품을 매매하는 경우에는 협회를 통한 비상장주권의 장외거래 및 채권중개전문회사를 통한 채무증권의 장외거래를 제외하고는 단일의 매도자와 매수자 간에 매매하는 방법으로 하여야 한다(시행령 제177조).

한편, '08년 리먼브러더스 도산 사태 이후 장외파생상품 거래의 위험성이 재인식됨에 따라 금융투자업자의 장외파생상품 영업기준이 강화되고, 투자자 보호를 위해 장외파생상품 사전심의제가 운영되고 있다(법 제166조의2).

2 비상장주권의 장외거래

(1) 협회가 증권시장에 상장되지 아니한 주권의 장외매매거래에 관한 업무를 수행하거나 종합금융투자사업자가 증권시장에 상장되지 아니한 주권의 장외매매거래에 관한 업무를 수행하는 경우에는 아래의 기준을 준수하여야 한다(시행령 제178조).

❶ 동시에 다수의 자를 각 당사자로 하여 당사자가 매매하고자 제시하는 주권의 종목, 매수하고자 제시하는 가격('매수호가') 또는 매도하고자 제시하는 가격('매도호가')과 그 수량을 공표할 것
❷ 주권의 종목별로 금융위가 정하여 고시하는 단일의 가격 또는 당사자 간의 매도호가와 매수호가가 일치하는 경우에는 그 가격으로 매매거래를 체결시킬 것
❸ 매매거래대상 주권의 지정·해제기준, 매매거래방법, 결제방법 등에 관한 업무기준을 정하여 금융위에 보고하고, 이를 일반인이 알 수 있도록 공표할 것
❹ 금융위가 정하여 고시하는 바에 따라 재무상태·영업실적 또는 자본의 변동등 발행인의 현황을 공시할 것

(2) 협회 또는 종합금융투자사업자 외의 자는 증권시장 및 다자간매매체결회사 외에서 (1)의 방법으로 주권 매매의 중개업무를 하여서는 아니 된다.

3 채권장외거래

(1) 채권중개전문회사

전문투자자만을 대상으로 채무증권에 대한 투자중개업 인가를 받은 투자중개업자('채권중개전문회사')가 증권시장 외에서 채무증권 매매의 중개업무를 하는 경우에는 다음의 기준을 준수하여야 한다(시행령 제179조).

❶ 채무증권 매매의 중개는 매매의 중개대상이 되는 채무증권에 관하여 다음의 어느 하나에 해당하는 자 간의 매매의 중개일 것

　ㄱ. 전문투자자(시행령 제10조 제2항 제1호부터 제17호까지의 자 및 같은 조 제3항 제1호부터 제13호까지의 자)

　ㄴ. 「우체국 예금·보험에 관한 법률」에 따른 체신관서

　ㄷ. 그 밖에 금융위가 정하여 고시하는 자

❷ 동시에 다수의 자를 각 당사자로 하여 당사자가 매매하고자 제시하는 채무증권의 종목, 매수호가 또는 매도호가와 그 수량을 공표할 것

❸ 채무증권의 종목별로 당사자 간의 매도호가와 매수호가가 일치하는 가격으로 매매거래를 체결시킬 것

❹ 업무방법 등이 금융위가 정하여 고시하는 기준을 충족할 것

(2) 채권전문자기매매업자

채권을 대상으로 하여 투자매매업을 하는 자가 소유하고 있는 채권에 대하여 매도호가 및 매수호가를 동시에 제시하는 방법으로 해당 채권의 거래를 원활하게 하는 역할을 수행하는 자로서 금융위가 지정하는 자('채권전문자기매매업자')는 ① 매도호가와 매수호가를 동시에 제시하는 채권 또는 ② 해당 채권전문자기매매업자가 투자자에게 매도한 채권에 대하여 투자자의 매매에 관한 청약이 있는 경우에 해당 채권전문자기매매업자가 정한 투자자별 한도 이내에서 이에 응하여야 한다(시행령 제180조).

채권전문자기매매업자의 지정과 지정취소의 기준, 채권전문자기매매업자의 의무사항, 채권전문자기매매업자에 대한 지원사항, 그 밖에 채권전문자기매매업자에 관하여 필요한 사항은 금융위가 정하여 고시한다.

4 환매조건부매매

투자매매업자가 일반투자자등(시행령 제7조 제3항 제3호 각 목의 어느 하나에 해당하지 아니하는 자)과 환매조건부매매(대고객 환매조건부매매)를 하는 경우에는 다음의 기준을 준수하여야 한다(시행령 제181조).

한편, '환매조건부매매'란 증권을 일정기간 후에 환매수할 것을 조건으로 매도하는

'환매조건부매도'와 증권을 일정기간 후에 환매도할 것을 조건으로 매수하는 '환매조건부매수'를 말한다(시행령 제81조 제1항 제1호, 제85조 제3호).

❶ 국채증권, 지방채증권, 특수채증권, 그 밖에 금융위가 정하여 고시하는 증권을 대상으로 할 것

❷ 금융위가 정하여 고시하는 매매 가격으로 매매할 것

❸ 환매수 또는 환매도하는 날을 정할 것. 이 경우 환매조건부매수를 한 증권을 환매조건부매도하려는 경우에는 해당 환매조건부매도의 환매수를 하는 날은 환매조건부매수의 환매도를 하는 날 이전으로 하여야 함

❹ 환매조건부매도를 한 증권의 보관·교체 등에 관하여 금융위가 정하여 고시하는 기준을 따를 것

일반투자자 및 전문투자자를 대상으로 ❶에 규정된 증권에 대한 투자매매업(인수업은 제외)을 인가 받은 겸영금융투자업자(금융위가 정하여 고시하는 자는 제외)는 일반투자자등을 상대로 환매조건부매수업무를 영위할 수 없다(시행령 제181조 제2항).

금융기관등(시행령 제7조 제3항 제3호 각목의 어느 하나에 해당하는 자) 상호 간에 투자중개업자를 통하여 환매조건부매매(기관간 환매조건부매매)를 한 경우에는 금융위가 정하여 고시하는 방법에 따라 그 대상증권과 대금을 동시에 결제하여야 한다. 다만, 금융위가 고시하는 경우에는 그 대상증권과 대금을 동시에 결제하지 않을 수 있다(시행령 제181조 제3항).

5 증권 대차거래

투자매매업자 또는 투자중개업자는 증권의 대차거래 또는 그 중개·주선이나 대리업무를 하는 경우에는 다음의 기준을 준수하여야 한다(시행령 제182조).

(1) 대차거래기준

❶ 금융위가 정하여 고시하는 방법에 따라 차입자로부터 담보를 받을 것. 다만, 증권의 대여자와 차입자가 합의하여 조건을 별도로 정하는 대차거래로서 투자매매업자 또는 투자중개업자가 필요하다고 인정하는 대차거래의 중개(대차중개 제외)의 경우에는 담보를 받지 아니할 수 있음

❷ 금융위가 정하여 고시하는 방법에 따라 그 대상증권의 인도와 담보의 제공을 동시에 이행할 것. 다만, 외국인 간의 대차거래의 경우에는 예외

❸ 증권의 대차거래 내역을 협회를 통하여 당일에 공시할 것

(2) 투자매매업자 또는 투자중개업자는 대차중개(금융위가 정하여 고시하는 대차거래 형식의 중개)의 방법으로 대차거래의 중개를 할 수 있다. 한편, 투자매매업자 또는 투자중개업자 외의 자로서 법에 따라 설립되거나 인가를 받은 자가 증권의 대차거래 또는 그 중개주선 또는 대리업무를 하는 경우에는 (1)의 ❶~❸을 준용하며, 금융위가 정하여 고시하는 대차거래 형식의 중개의 방법으로 대차거래의 중개를 할 수 있다.

(3) 담보비율·관리, 대차거래의 공시방법 등에 관하여 필요한 사항은 금융위가 정하여 고시한다.

6 기업어음증권 장외거래

투자매매업자 또는 투자중개업자는 기업어음증권을 매매하거나 중개·주선 또는 대리하는 경우에는 다음의 기준을 준수하여야 한다(시행령 제183조). 이 경우 기업어음증권이란 은행(「은행법」 제2조의 은행과 「은행법」 제5조에서 금융기관으로 보는 신용사업 부문과 산업은행, 중소기업은행을 말함)이 기업의 위탁에 따라 내어준 것으로서 '기업어음증권'이라는 문자가 인쇄된 어음용지를 사용하는 것을 말한다(시행령 제4조).

❶ 둘 이상의 신용평가업자로부터 신용평가를 받은 기업어음증권일 것

❷ 기업어음증권에 대하여 직접 또는 간접의 지급보증을 하지 아니할 것

기타 기업어음증권의 매매 등의 방법, 신용평가 방법 등에 관하여 필요한 사항은 금융위가 정한다.

전자 단기사채 등의 장외거래에 관해서는 위 ❶ 및 ❷를 준용한다.

(1) 해외시장 거래

❶ 일반투자자(금융위가 정하여 고시하는 전문투자자를 포함)는 해외 증권시장(증권시장과 유사한 시장으로 해외에 있는 시장을 말함, 시행령 제2조 제1호)이나 해외 파생상품시장에서 외화증권 및 장내파생상품의 매매거래(외국 다자간매매체결회사에서의 거래를 포함)를 하려는 경우에는 투자중개업자를 통하여 매매거래를 하여야 함(시행령 제184조). 이 경우 해외파생상품시장은 파생상품시장과 유사한 시장으로 해외에 있는 시장과 다음의 거래를 포함함(시행령 제184조 제1항)

ㄱ. 런던금속거래소의 규정에 따라 장외에서 이루어지는 금속거래

ㄴ. 런던귀금속시장협회의 규정에 따라 이루어지는 귀금속거래

ㄷ. 미국선물협회의 규정에 따라 장외에서 이루어지는 외국환거래

ㄹ. 선박운임선도거래업자협회의 규정에 따라 이루어지는 선박운임거래

ㅁ. 일본 금융상품거래법에 따라 장외에서 이루어지는 외국환거래

ㅂ. 유럽연합의 금융상품시장지침에 따라 장외에서 이루어지는 외국환거래

ㅅ. 그 밖에 국제적으로 표준화된 조건이나 절차에 따라 이루어지는 거래로서 금융위가 정하여 고시하는 거래(대륙간 거래소의 규정에 따라 장외에서 이루어지는 에너지 거래)

❷ 투자중개업자가 일반투자자로부터 해외 증권시장 또는 해외 파생상품시장에서의 매매거래를 수탁하는 경우에는 외국 투자중개업자등에 자기계산에 의한 매매거래 계좌와 별도의 매매거래 계좌를 개설하여야 함

❸ 해외 증권시장과 해외 파생상품시장에서의 매매주문의 수탁, 결제, 체결결과 및 권리행사 등의 통지, 그 밖에 투자매매업자·투자중개업자의 외화증권 및 장내파생상품의 국내 거래에 관하여 필요한 사항은 금융위가 정함

(2) 그 밖에 증권의 장외거래

❶ 투자매매업자가 아닌 자는 보유하지 아니한 채권을 증권시장 및 다자간매매체결회사 외에서 매도할 수 없음(시행령 제185조 제1항)

❷ 투자매매업자는 투자자로부터 증권시장 및 다자간매매체결회사의 매매수량 단

위 미만의 상장주권에 대하여 증권시장 및 다자간매매체결회사 외에서 매매주문을 받은 경우에는 이에 응하여야 함. 다만, 그 투자매매업자가 소유하지 아니한 상장주권에 대하여 매수주문을 받은 경우에는 이에 응하지 아니할 수 있음(시행령 제185조 제2항)

❸ 위 ❶ 및 ❷에서 규정한 사항 외에 증권시장 및 다자간매매체결회사 외에서의 증권 등의 매매와 결제방법, 그 밖에 필요한 사항은 증권 등의 종류와 매매, 그 밖의 거래의 형태 등에 따라 금융위가 정하여 고시하는 방법에 따름

8 장외파생상품의 매매

❶ 투자매매업자 또는 투자중개업자는 장외파생상품을 대상으로 하여 투자매매업 또는 투자중개업을 하는 경우에는 다음의 기준을 준수하여야 함(법 제166조의2)

ㄱ. 장외파생상품의 매매 및 그 중개·주선 또는 대리의 상대방이 일반투자자인 경우에는 그 일반투자자가 위험회피 목적의 거래를 하는 경우에 한할 것

이 경우 투자매매업자 또는 투자중개업자는 일반투자자가 장외파생상품 거래를 통하여 회피하려는 위험의 종류와 금액을 확인하고, 관련 자료를 보관하여야 함

한편 '위험회피 목적의 거래'란 위험회피를 하려는 자가 보유하고 있거나 보유하려는 자산·부채 또는 계약등("위험회피 대상")에 대하여 미래에 발생할 수 있는 경제적 손실을 부분적 또는 전체적으로 줄이기 위한 거래로서 계약 체결 당시 ① 위험회피 대상을 보유하고 있거나 보유할 예정일 것, ② 장외파생거래 계약기간 중 장외파생거래에서 발생할 수 있는 손익이 위험회피 대상에서 발생할 수 있는 손익의 범위를 초과하지 아니할 것 이라는 요건을 충족하는 거래를 말함(시행령 제186조의2)

ㄴ. 장외파생상품의 매매에 따른 위험액(시장위험액, 신용위험액 및 운영위험액의 합계)이 금융위가 정하는 한도를 초과하지 아니할 것

ㄷ. 영업용순자본에서 총위험액을 차감한 금액을 법 제15조, 제20조, 제117조의4 제8항 또는 제249조의3 제8항에서 요구하는 인가업무 또는 등록업무 단위별 자기자본(각 해당 조항에서 대통령령으로 정하는 완화된 요건을 말함)을 합계한 금액으로 나눈 값이 100분의 150에 미달하는 경우(겸영금융투자업자의 경우에는 금융위

가 정하여 고시하는 경우를 말함)에는 그 미달상태가 해소될 때까지 새로운 장외파
생상품의 매매를 중지하고, 미종결거래의 정리나 위험회피에 관련된 업무만
을 수행할 것

ㄹ. 장외파생상품의 매매를 할 때마다 파생상품업무책임자의 승인을 받을 것
   다만, 금융위가 정하는 기준을 충족하는 계약으로서 거래당사자 간에 미
   리 합의된 계약조건에 따라 장외파생상품을 매매하는 경우는 제외

ㅁ. 월별 장외파생상품(파생결합증권 포함)의 매매, 그 중개·주선 또는 대리의 거래
   내역을 다음 달 10일까지 금융위에 보고할 것

❷ 장외파생상품 거래의 매매에 따른 위험관리, 그 밖에 투자자를 보호하기 위하여
필요한 사항은 금융위가 정함

❸ 금감원장은 투자매매업자 및 투자중개업자의 장외파생상품의 매매등과 관련하
여 기준 준수 여부를 감독하여야 함

❹ 장외거래의 청산의무 : 금융투자업자는 다른 금융투자업자(외국 금융투자업자 포함)
와 청산의무거래(장외파생상품의 매매 및 그 밖의 장외거래를 말하며 그 거래에 따른 채무의 불
이행이 국내 자본시장에 중대한 영향을 줄 우려가 있는 경우로 한정)를 하는 경우 금융투자상
품거래청산회사(영 제186조의3 3항에 의거 금융위원회가 승인한 외국금융투자상품거래청산회사
포함)에게 청산의무거래에 따른 자기와 거래상대방의 채무를 채무인수, 경개 그
밖의 방법으로 부담하게 하여야 함

❺ 차액결제거래

ㄱ. 투자매매업자 또는 투자중개업자가 다음 모두 해당하는 장외파생상품 거래
   (이하 '차액결제거래'라 함)를 하는 경우에는 증거금을 징구하여야 함. 이 경우 증
   거금은 대용증권으로 대신할 수 있음

   a. 장래의 일정기간 동안 미리 정한 가격으로 기초자산이나 기초자산의 가
      격·이자율·지표·단위 또는 이를 기초로 하는 지수 등에 의하여 산출된
      금전등을 교환할 것을 약정하는 계약

   b. 주식, 주가지수, 통화(외국 통화 포함), 일반상품 등 기초자산 가격 변화와 연
      계하여 계약 체결 당시 약정가격과 계약에 따른 약정을 소멸시키는 반대
      거래 약정가격 간의 차액을 현금으로 결제할 것

   c. 기초자산 가격 변화의 일정배율(음의 배율을 포함한다)로 연계될 것

   d. 전문투자자와의 거래일 것

ㄴ. ㄱ의 증거금은 위 a에 따른 기초자산의 가액에 투자자의 신용상태 및 종목별 거래상황 등을 고려하여 정한 비율에 상당하는 금액(100분의 40 이상)으로 함

ㄷ. 투자매매업자 또는 투자중개업자는 차액결제거래 취급 규모를 신용공여 한도에 포함하여 자기자본의 100% 이내로 관리해야 함

ㄹ. 투자매매업자 또는 투자중개업자는 협회가 정하는 바에 따라 매일 당일의 차액결제거래 잔고 등을 협회에 제출하여야 함

❻ 장외파생상품의 투자요건 : 개인인 전문투자자가 위험회피 목적의 거래가 아닌 장외파생상품 거래를 하려는 경우에는 최근 5년 중 1년 이상의 기간 동안 지분증권, 파생상품, 고난도파생결합증권의 금융투자상품을 월말 평균잔고 기준으로 3억 원 이상 보유한 경험이 있을 것

---

section 02 공공적 법인의 주식 소유제한

1 공공적 법인의 개념

자본시장법상 '공공적 법인'이라 함은 국가기간산업 등 국민경제상 중요한 산업을 영위하는 법인으로서 다음 각 호의 요건을 모두 충족하는 법인 중에서 금융위가 관계 부처장관과의 협의와 국무회의에의 보고를 거쳐 지정하는 상장법인을 말한다(법 제152조 제3항, 시행령 제162조).

❶ 경영기반이 정착되고 계속적인 발전 가능성이 있는 법인일 것
❷ 재무구조가 건실하고 높은 수익이 예상되는 법인일 것
❸ 해당 법인의 주식을 국민이 광범위하게 분산 보유할 수 있을 정도로 자본금 규모가 큰 법인일 것

2 주식 소유제한 내용

누구든지 공공적 법인이 발행한 주식을 누구의 명의로 하든지 자기의 계산으로 다음의 기준을 초과하여 소유할 수 없다. 이 경우 의결권 없는 주식은 발행주식 총수에 포함되지 아니하며, 그 특수관계인의 명의로 소유하는 때에는 자기의 계산으로 취득한 것으로 본다(법 제167조).

❶ 그 주식이 상장된 당시에 발행주식 총수의 100분의 10 이상을 소유한 주주는 그 소유비율
❷ 위 ❶에 따른 주주 외의 자는 발행주식 총수의 100분의 3 이내에서 정관이 정하는 비율

다만, 소유비율 한도에 관하여 금융위의 승인을 받은 경우에는 그 소유비율 한도까지 공공적 법인이 발행한 주식을 소유할 수 있다(법 제167조 제2항).

상기 기준을 초과하여 사실상 주식을 소유하는 자는 그 초과분에 대하여는 의결권을 행사할 수 없으며, 금융위는 그 기준을 초과하여 사실상 주식을 소유하고 있는 자에 대하여 6개월 이내의 기간을 정하여 그 기준을 충족하도록 시정할 것을 명할 수 있다(법 제167조 제3항).

section 03 외국인의 증권 소유제한

1 외국인의 증권 또는 장내파생상품 거래의 제한

외국인은 국내에 6개월 이상 주소 또는 거소를 두지 아니한 개인을 말하며, 외국법인등은 다음의 어느 하나에 해당하는 자를 말한다(법 제9조 제16항, 법 제168조 제1항, 시행령 제13조).

❶ 외국 정부

❷ 외국 지방자치단체

❸ 외국 공공단체

❹ 외국 법령에 따라 설립된 외국 기업

❺ 조약에 따라 설립된 국제기구

❻ 외국 법령에 따라 설정·감독하거나 관리되고 있는 기금이나 조합

❼ 외국 정부, 외국 지방자치단체가 또는 외국 공공단체에 의하여 설정·감독하거나 관리되고 있는 기금이나 조합

❽ 조약에 따라 설립된 국제기구에 의하여 설정·감독하거나 관리되고 있는 기금이나 조합

외국인 또는 외국법인등에 의한 증권 또는 장내파생상품의 매매, 그 밖의 거래에 관하여는 다음의 기준 및 방법에 따라 그 취득한도등을 제한할 수 있다(법 제168조 제1항).

❶ 외국인 또는 외국법인등은 금융위가 정하여 고시하는 경우를 제외하고는 누구의 명의로든지 자기의 계산으로 다음에서 정한 취득한도를 초과하여 공공적 법인이 발행한 지분증권을 취득할 수 없음. 이 경우 한도초과분의 처분, 취득한도의 계산기준·관리 등에 관하여 필요한 사항은 금융위가 정함
ㄱ. 종목별 외국인 또는 외국법인등의 1인 취득한도 : 해당 공공적 법인의 정관에서 정한 한도
ㄴ. 종목별 외국인 및 외국법인등의 전체 취득한도 : 해당 종목의 지분증권 총수의 100분의 40

❷ 금융위는 증권시장(다자간매매체결회사에서의 거래 포함) 및 파생상품시장의 안정과 투자자 보호를 위하여 필요하다고 인정하는 경우에는 위의 취득한도 제한 외에 증권 또는 장내파생상품(파생상품시장에서 거래되는 것만 해당)에 대하여 업종별, 종류별 또는 종목별·품목별 취득한도를 정할 수 있음

외국인 또는 외국법인등에 의한 공공적 법인의 주식 취득에 관하여는 위의 제한에 추가하여 그 공공적 법인의 정관이 정하는 바에 따라 따로 이를 제한할 수 있다(법 제168조 제2항).

외국인에 대한 한도 제한을 위반하여 주식을 취득한 자는 그 주식에 대한 의결권을 행사할 수 없으며, 금융위는 위 ❶ 또는 ❷를 위반하여 증권 또는 장내파생상품을 매

매한 자에게 6개월 이내의 기간을 정하여 그 시정을 명할 수 있다.

2 외국인의 상장증권 등의 거래 시 준수사항

외국인 또는 외국법인등은 상장증권 또는 장내파생상품을 매매하거나 그 밖의 거래를 하려는 경우에는 다음의 기준을 준수하여야 한다(시행령 제188조).

❶ 상장증권, 상장이 예정된 증권을 취득 또는 처분하기 위하여 매매거래 계좌를 개설하는 경우 : 금융위가 정하여 고시하는 방법 및 절차에 따라 본인의 인적 사항 등의 확인을 거쳐 개설할 것
❷ 상장증권을 매매하는 경우
　ㄱ. 금융위가 정하여 고시하는 경우를 제외하고는 증권시장(다자간매매체결회사에서의 거래를 포함)을 통하여 매매할 것
　ㄴ. 매매거래 계좌의 개설, 매수증권의 보관, 국내 대리인의 선임, 매매내역의 보고 등에 관하여 금융위가 정하여 고시하는 기준을 충족할 것
❸ 장내파생상품을 매매하는 경우에는 매매거래 계좌의 개설, 매매내역의 보고 등에 관하여 금융위가 고시하는 기준을 충족할 것
❹ 상장증권을 매매 외의 방식으로 거래하는 경우에는 그 거래내역의 신고 등에 관하여 금융위가 정한 신고기준 등을 충족할 것

chapter 06

불공정거래행위에 대한 규제

section 01 총칙

증권 불공정거래는 자본시장법에서 요구하는 각종 의무를 이행하지 않고 주식을 거래하거나 거래 상대방을 속여 부당한 이득을 취하는 일체의 증권거래 행위로서 시세조종(주가조작), 미공개정보 이용(내부자거래), 부정거래행위, 시장질서 교란행위, 단기매매차익 거래, 주식소유 및 대량보유 보고의무 위반, 신고·공시의무 위반이 이에 해당된다.

미공개정보 이용(내부자거래) 규제

| 1 | 개요 |

내부자거래 규제란 협의로는 상장회사의 내부자 등이 당해 회사의 미공개 중요정보를 당해 회사의 증권거래에 이용하는 것을 금지하는 미공개 중요정보 이용행위의 금지를 의미하나, 광의로는 미공개 시장정보의 이용행위 규제와 내부자 등의 미공개 중요정보의 사적 이용행위를 예방할 수 있는 제반 공시제도를 포함한다. 자본시장법상의 내부자거래 규제는 미공개 중요정보 이용행위의 금지, 공개매수 관련 정보 이용행위 금지, 대량취득·처분 관련 정보 이용행위 금지, 단기매매차익반환제도, 임원 및 주요 주주의 특정 증권등 상황보고제도·장내파생상품 대량보유 보고제도로 구성된다.

내부자거래 규제는 증권 및 파생상품시장에서의 정보의 비대칭을 야기하는 행위를 사전적 또는 사후적으로 방지하기 위한 제도이다. 즉, 증권 거래자 사이에 내부정보의 사적 이용을 금지하고 그에 대한 공시의무를 강화함으로써 정보의 비대칭으로 시장의 신뢰가 훼손되는 것을 예방하는 데 그 목적이 있다. 우리나라의 내부자거래 규제는 이사 등 회사 관계자를 중심으로 규제되어 왔으며 자본시장법도 회사 관계자를 주된 규제대상으로 하고 있으나 규제대상 증권 및 내부자의 범위 등이 확대되어 규제의 실효성이 제고되었다.

한편, 회사의 내부에서 생성되지 않은 정보의 경우에는 내부정보가 아니므로 규제대상에서 제외되는 것을 방지하기 위해 자본시장법은 시장정보라 하더라도 시장 참여자 간에 정보의 격차가 발생하고 투자자들의 투자판단에 영향을 미쳐 주가 변동을 초래할 수 있는 공개매수 관련 정보의 이용행위(법 제174조 제2항) 및 대량취득처분 관련 정보의 이용행위(법 제174조 제3항)를 금지하고 있다.

(1) 적용대상

내부자거래 규제의 적용대상 법인은 '상장법인'(증권시장에 상장된 증권을 발행한 법인 및 6개월 내 상장이 예정된 법인)(법 제9조 제15항, 법 제174조 제1항)이다.

(2) 규제대상

내부자거래 규제의 대상증권은 다음의 '특정 증권등'이다(법 제172조 제1항). 이 경우 특정 증권등에는 당해 법인이 발행한 증권에 한정되지 않고 당해 법인과 관련한 증권을 기초자산으로 하는 금융투자상품이 포함되어 국내 기업이 외국에서 발행한 증권예탁증권(DR)과 ELS, ELW 등과 같은 파생결합증권은 물론, call option, put option 등 파생상품의 매매도 당해 법인과 관련한 증권만을 기초자산으로 하는 경우 규제대상에 포함된다.

❶ 상장법인이 발행한 증권(다음의 증권 제외)
   ㄱ. CB, BW, PB 및 EB 이외의 채무증권
   ㄴ. 수익증권
   ㄷ. 파생결합증권(❹에 해당하는 파생결합증권은 제외)
❷ ❶의 증권과 관련된 증권예탁증권
❸ 상장법인 외의 자가 발행한 것으로서 ❶ 또는 ❷의 증권과 교환을 청구할 수 있는 교환사채권
❹ ❶부터 ❸까지의 증권만을 기초자산으로 하는 금융투자상품

(3) 규제대상자

내부자거래 규제대상자는 다음의 ❶~❸의 어느 하나에 해당하는 자(다음의 ❶~❷의 어느 하나에 해당하지 않게 된 날부터 1년이 경과하지 아니한 자를 포함)를 말한다. 자본시장법은 종전 증권거래법상 규제대상자에 공정거래법상 계열회사 임직원, 주요 주주, 당해 법인과 계약체결을 교섭 중인 자, 당해 법인의 임직원, 대리인이 법인인 경우 그 법인의 임직원 및 대리인 등을 추가하여 규제범위를 확대하였다. 이 경우 임원은 상법 제401조의2 제1항에 따른 업무집행지시자를 포함한다(법 제172조 제1항). 미공개중요정보의 2차·3

차 수령자의 이용행위나 목적성 없이 시세에 영향을 주는 행위 등과 같은 '시장질서 교란행위'를 금지하고 위반 시 과징금 부과규정이 있다(법 제178조의2, 제429조의2).

❶ 내부자

ㄱ. 그 법인(그 계열회사를 포함) 및 그 법인의 임직원·대리인으로서 그 직무와 관련하여 미공개 중요정보를 알게 된 자

ㄴ. 그 법인(그 계열회사를 포함)의 주요 주주로서 그 권리를 행사하는 과정에서 미공개 중요정보를 알게 된 자

❷ 준내부자

ㄷ. 그 법인에 대하여 법령에 따른 허가·인가·지도·감독, 그 밖의 권한을 가지는 자로서 그 권한을 행사하는 과정에서 미공개 중요정보를 알게 된 자

ㄹ. 그 법인과 계약을 체결하고 있거나 체결을 교섭하고 있는 자로서 그 계약을 체결·교섭 또는 이행하는 과정에서 미공개 중요정보를 알게 된 자

ㅁ. ㄴ부터 ㄹ까지의 어느 하나에 해당하는 자의 대리인(이에 해당하는 자가 법인인 경우에는 그 임직원 및 대리인을 포함)·사용인, 그 밖의 종업원(ㄴ부터 ㄹ까지의 어느 하나에 해당하는 자가 법인인 경우에는 그 임직원 및 대리인)으로서 그 직무와 관련하여 미공개 중요정보를 알게 된 자

❸ 정보수령자 : ㄱ부터 ㄹ까지의 어느 하나에 해당하는 자(ㄱ부터 ㄹ까지의 어느 하나의 자에 해당하지 아니하게 된 날부터 1년이 경과하지 아니한 자를 포함)로부터 미공개 중요정보를 받은 자

(4) 규제대상행위

규제대상행위는 업무 등과 관련된 미공개 중요정보를 특정 증권등의 매매, 그 밖의 거래에 이용하거나 타인에게 이용하게 하는 행위. 즉, 증권의 매매거래 자체가 금지되는 것이 아니라 미공개 중요정보의 이용행위가 금지되는 것이다.

여기에서 미공개 중요정보란 투자자의 투자판단에 중대한 영향을 미칠 수 있는 정보로서 해당 법인(해당 법인으로부터 공개권한을 위임받은 자를 포함) 또는 그 법인의 자회사(그 자회사로부터 공개권한을 위임받은 자를 포함)가 다음의 어느 하나에 해당하는 방법으로 공개하고 해당 사항에 따라 정한 기간이나 시간이 지나는 방법으로 불특정 다수인이 알 수 있도록 공개하기 전의 것을 말한다.

❶ 법령에 따라 금융위 또는 거래소에 신고되거나 보고된 서류에 기재되어 있는 정보 : 그 내용이 기재되어 있는 서류가 금융위 또는 거래소가 정하는 바에 따라 비치된 날부터 1일

❷ 금융위 또는 거래소가 설치·운영하는 전자전달매체를 통하여 그 내용이 공개된 정보 : 공개된 때부터 3시간

❸ 「신문등의 진흥에 관한 법률」에 따른 일반 일간신문 또는 경제분야의 특수 일간신문 중 전국을 보급지역으로 하는 둘 이상의 신문에 그 내용이 게재된 정보 : 게재된 날의 다음 날 0시부터 6시간. 다만, 해당 법률에 따른 전자간행물의 형태로 게재된 경우에는 게재된 때부터 6시간

❹ 「방송법」에 따른 방송 중 전국을 가시청권으로 하는 지상파방송을 통하여 그 내용이 방송된 정보 : 방송된 때부터 6시간

❺ 「뉴스통신진흥법에 관한 법률」에 따른 연합뉴스사를 통하여 그 내용이 제공된 정보 : 제공된 때부터 6시간

3 공개매수 관련 정보의 이용행위 금지

(1) 규제대상자

주식등의 공개매수와 관련하여 다음의 어느 하나에 해당하는 자(❶부터 ❺까지에 해당하지 않게 된 날부터 1년이 경과하지 아니한 자를 포함)(법 제174조 제2항). 자본시장법은 미공개중요정보 이용행위 규제의 경우에서와 같이 종전 증권거래법상 규제대상자에 공정거래법상 계열회사 임직원, 주요 주주, 당해 법인과 계약체결을 교섭 중인 자, 당해 법인의 임직원, 대리인이 법인인 경우 그 법인의 임직원 및 대리인 등을 추가하여 규제범위를 확대하였다. 한편, 임원에는 상법 제401조의2 제1항에 따른 업무집행지시자 등이 포함된다(법 제172조 제1항).

❶ 공개매수 예정자(그 계열회사 포함) 및 공개매수 예정자의 임직원·대리인으로서 그 직무와 관련하여 공개매수의 실시 또는 중지에 관한 미공개 정보를 알게 된 자

❷ 공개매수 예정자(그 계열회사 포함)의 주요 주주로서 그 권리를 행사하는 과정에서 공개매수의 실시 또는 중지에 관한 미공개 정보를 알게 된 자

❸ 공개매수 예정자에 대하여 법령에 따른 허가·인가·지도·감독, 그 밖의 권한을

가지는 자로서 그 권한을 행사하는 과정에서 공개매수의 실시 또는 중지에 관한 미공개 정보를 알게 된 자

❹ 공개매수 예정자와 계약을 체결하고 있거나 체결을 교섭하고 있는 자로서 그 계약을 체결·교섭 또는 이행하는 과정에서 공개매수의 실시 또는 중지에 관한 미공개 정보를 알게 된 자

❺ ❷부터 ❹까지의 어느 하나에 해당하는 자의 대리인(이에 해당하는 자가 법인인 경우에는 그 임직원 및 대리인을 포함)·사용인, 그 밖의 종업원(❷부터 ❹까지의 어느 하나에 해당하는 자가 법인인 경우에는 그 임직원 및 대리인)으로서 그 직무와 관련하여 공개매수의 실시 또는 중지에 관한 미공개 정보를 알게 된 자

❻ 공개매수 예정자 또는 ❶부터 ❺까지의 어느 하나에 해당하는 자(❶부터 ❺까지의 어느 하나의 자에 해당하지 아니하게 된 날부터 1년이 경과하지 아니한 자를 포함)로부터 공개매수의 실시 또는 중지에 관한 미공개 정보를 받은 자

(2) 규제대상 행위

규제대상 행위는 주식등에 대한 공개매수의 실시 또는 중지에 관한 미공개 정보를 그 주식등과 관련된 특정 증권등의 매매, 그 밖의 거래에 이용하거나 타인에게 이용하게 하는 행위이다. 다만, 정보이용이 부득이 한 경우, 즉 공개매수 예정자가 공개매수를 목적으로 거래하는 경우에는 예외(법 제174조 제2항)

여기에서 공개매수의 실시 또는 중지에 관한 미공개정보란 공개매수의 실시 또는 중지에 관한 정보로서 공개매수 예정자(그로부터 공개권한을 위임받은 자를 포함)가 법령이 정한 방법으로 불특정 다수인이 알 수 있도록 공개하기 전의 것을 말하며, 공개 여부의 판단기준 및 특정 증권등의 범위는 미공개 중요정보 이용행위 규제의 경우와 같고(시행령 제201조 제2항), 공개매수 및 주식등의 개념은 공개매수 규제(법 제133조)의 경우와 동일

4 대량취득 및 처분 관련 정보 이용행위 금지

(1) 규제대상자

주식등의 대량·취득처분과 관련하여 다음의 어느 하나에 해당하는 자(❶부터 ❺까지의 어느 하나의 자에 해당하지 아니하게 된 날부터 1년이 경과하지 아니한 자 포함)(법 제174조 제3항). 주

식등의 대량취득·처분정보 이용규제는 자본시장법에 새로 도입된 제도로서 자본시장법은 기업의 지배권 변동 및 투자자의 투자판단에 중대한 영향을 미칠 수 있는 대량거래 정보를 공개매수 뿐 아니라 경영권에 영향을 미칠 수 있는 대량취득·처분으로 확대하여 규제의 실효성을 강화하였다. 한편, 임원에는 상법 제401조의2 제1항에 따른 업무집행지시자 등이 포함된다(법 제172조 제1항)

❶ 대량취득·처분을 하려는 자(그 계열회사 포함) 및 대량취득·처분을 하려는 자의 임직원·대리인으로서 그 직무와 관련하여 대량취득·처분의 실시 또는 중지에 관한 미공개 정보를 알게 된 자

❷ 대량취득·처분을 하려는 자(그 계열회사 포함)의 주요 주주로서 그 권리를 행사하는 과정에서 대량취득·처분의 실시 또는 중지에 관한 미공개 정보를 알게 된 자

❸ 대량취득·처분을 하는 자에 대하여 법령에 따른 허가·인가·지도·감독, 그 밖의 권한을 가지는 자로서 그 권한을 행사하는 과정에서 대량취득·처분의 실시 또는 중지에 관한 미공개 정보를 알게 된 자

❹ 대량취득·처분을 하려는 자와 계약을 체결하고 있거나 체결을 교섭하고 있는 자로서 그 계약을 체결·교섭 또는 이행하는 과정에서 대량취득·처분의 실시 또는 중지에 관한 미공개 정보를 알게 된 자

❺ ❷부터 ❹까지의 어느 하나에 해당하는 자의 대리인(이에 해당하는 자가 법인인 경우에는 그 임직원 및 대리인 포함)·사용인, 그 밖의 종업원(❷부터 ❹까지의 어느 하나에 해당하는 자가 법인인 경우에는 그 임직원 및 대리인)으로서 그 직무와 관련하여 대량취득·처분의 실시 또는 중지에 관한 미공개 정보를 알게 된 자

❻ 대량취득·처분을 하는 자 또는 ❶부터 ❺까지의 어느 하나에 해당하는 자(❶부터 ❺까지의 어느 하나의 자에 해당하지 아니하게 된 날부터 1년이 경과하지 아니한 자 포함)로부터 대량취득·처분의 실시 또는 중지에 관한 미공개 정보를 알게 된 자

(2) 규제대상 행위

주식등의 대량취득·처분의 실시 또는 중지에 관한 미공개정보를 그 주식등과 관련된 특정 증권등의 거래에 이용하거나 이용하는 행위가 금지된다. 여기에서 대량취득·처분의 실시 또는 중지에 관한 미공개정보란 대량취득·처분의 실시 또는 중지에 관한 정보로서 대량취득·처분을 할 자(그로부터 공개권한을 위임받은 자를 포함)가 법령이 정한 방

법으로 불특정 다수인이 알 수 있도록 공개하기 전의 것을 말하며, 공개 여부의 판단기준 및 특정 증권등의 범위는 미공개 중요정보 이용행위 규제의 경우와 같고(시행령 제201조 제5항), 주식등의 개념은 공개매수 규제(법 제133조)의 경우와 동일하다.

한편, 주식등의 대량취득·처분은 다음에서 정하는 요건을 모두 충족하는 주식등의 취득·처분을 말한다(법 제174조 제3항, 시행령 제201조 제4항).

❶ 회사나 그 임원에 대하여 사실상 영향력을 행사할 목적(시행령 제154조 제1항에 규정된 목적을 말함)의 취득
❷ 금융위가 정하는 고시하는 비율 이상의 대량취득·처분일 것
❸ 그 취득·처분이 5% 보고대상에 해당할 것

5 내부자의 단기매매차익 반환제도

(1) 반환대상자

단기매매차익 반환제도는 일정 범위의 내부자에 대해 미공개 중요정보의 이용여부와 관계없이 특정 증권등의 단기매매거래에 따른 이익을 회사에 반환하도록 하여 내부자의 미공개 중요정보 이용행위를 예방하는 제도이다.

자본시장법은 단기매매차익 반환대상자를 주권상장법인의 주요 주주, 임원(상법 제401조의2 제1항에 따른 업무집행지시자 등 포함) 및 직원으로 규정(법 제172조 제1항). 다만, 직원의 경우 다음의 어느 하나에 해당하는 자로서 증권선물위원회가 직무상 제174조 제1항의 미공개중요정보를 알 수 있는 자로 인정한 자에 한한다(시행령 제194조).

❶ 그 법인에서 주요사항보고 대상에 해당하는 사항의 수립·변경·추진·공시, 그 밖에 이에 관련된 업무에 종사하고 있는 직원
❷ 그 법인의 재무·회계·기획·연구개발에 관련된 업무에 종사하고 있는 직원

(2) 반환대상 – 특정 증권등의 단기매매차익

주권상장법인의 특정 증권등을 매수한 후 6개월 이내에 매도하거나 특정 증권등을 매도한 후 6개월 이내에 매수하여 얻은 이익('단기매매차익'이라 함)(법 제172조 제1항). 이 경우 단기매매차익의 산정방법은 다음과 같다(시행령 제195조).

한편, 특정 증권등의 범위는 미공개 중요정보 금지 대상증권과 동일하다.

❶ 해당 매수(권리 행사의 상대방이 되는 경우로서 매수자의 지위를 가지게 되는 특정 증권등의 매도를 포함) 또는 매도(권리를 행사할 수 있는 경우로서 매도자의 지위를 가지게 되는 특정 증권등의 매수를 포함) 후 6개월(초일을 산입) 이내에 매도 또는 매수한 경우에는 매도단가에서 매수단가를 뺀 금액에 매수수량과 매도수량 중 적은 수량('매매일치수량')을 곱하여 계산한 금액에서 해당 매매일치수량분에 관한 매매거래수수료와 증권거래세액 및 농어촌특별세액을 공제한 금액을 이익으로 계산하는 방법. 이 경우 그 금액이 0원 이하인 경우에는 이익이 없는 것으로 봄

❷ 해당 매수 또는 매도 후 6개월 이내에 2회 이상 매도 또는 매수한 경우에는 가장 시기가 빠른 매수분과 가장 시기가 빠른 매도분을 대응하여 ❶에 따른 방법으로 계산한 금액을 이익으로 산정하고, 그 다음의 매수분과 매도분에 대하여는 대응할 매도분이나 매수분이 없어질 때까지 같은 방법으로 대응하여 ❶에 따른 방법으로 계산한 금액을 이익으로 산정하는 방법. 이 경우 대응된 매수분이나 매도분 중 매매일치수량을 초과하는 수량은 해당 매수 또는 매도와 별개의 매수 또는 매도로 보아 대응의 대상으로 함

ㄱ. ❶ 및 ❷에 따라 이익을 계산하는 경우 매수 가격·매도 가격은 특정 증권등의 종류 및 종목에 따라 다음에서 정하는 가격으로 계산(시행령 제195조 제2항)

a. 매수 특정 증권등과 매도 특정 증권등이 종류는 같으나 종목이 다른 경우 : 매수 후 매도하여 이익을 얻은 경우에는 매도한 날의 매수 특정 증권등의 최종 가격을 매도 특정 증권등의 매도 가격으로 하고, 매도 후 매수하여 이익을 얻은 경우에는 매수한 날의 매도 특정 증권등의 최종 가격을 매수 특정 증권등의 매수 가격으로 함

b. 매수 특정 증권등과 매도 특정 증권등이 종류가 다른 경우 : 지분증권 외의 특정 증권등의 가격은 증선위가 정하여 고시하는 방법에 따라 지분증권으로 환산하여 계산한 가격으로 함

ㄴ. 매수 특정 증권등과 매도 특정 증권등이 종류가 다른 경우 그 수량의 계산은 증선위가 정하여 고시하는 방법에 따라 계산된 수량으로 산정함

ㄷ. 단기매매차익 산정 시 매수 또는 매도 후 특정 증권등의 권리락·배당락 또는 이자락, 그 밖에 이에 준하는 경우로서 증선위가 정하여 고시하는 사유가 있는 경우에는 이를 고려하여 환산한 가격 및 수량을 기준으로 이익을 계산

함(시행령 제195조 제4항)

ㄹ. 단기매매차익 계산의 구체적인 기준과 방법 등 필요한 세부사항은 증선위가
정함

(3) 단기매매차익 반환의 예외

임직원 또는 주요 주주로서 행한 매도 또는 매수의 성격, 그 밖의 사정 등을 고려하여 정한 다음의 경우 및 주요 주주가 매도·매수한 시기 중 어느 한 시기에 있어서 주요 주주가 아닌 경우에는 적용하지 아니한다(법 제172조 제6항 및 시행령 제198조).

❶ 법령에 따라 불가피하게 매수하거나 매도하는 경우

❷ 정부의 허가·인가·승인 등이나 문서에 의한 지도·권고에 따라 매수하거나 매도하는 경우

❸ 안정조작이나 시장조성을 위하여 매수·매도 또는 매도·매수하는 경우

❹ 모집·사모·매출하는 특정 증권등의 인수에 따라 취득하거나 인수한 특정 증권등을 처분하는 경우

❺ 주식매수선택권의 행사에 따라 주식을 취득하는 경우

❻ 이미 소유하고 있는 지분증권, 신주인수권이 표시된 것, 전환사채권 또는 신주인수권부사채권의 권리행사에 따라 주식을 취득하는 경우

❼ 증권예탁증권의 예탁계약 해지에 따라 증권을 취득하는 경우

❽ 교환사채권 또는 교환사채권의 권리행사에 따라 증권을 취득하는 경우

❾ 모집·매출하는 특정 증권등의 청약에 따라 취득하는 경우

❿ 「근로자복지기본법」 제36조부터 제39조까지 또는 제44조에 따라 우리사주조합원에게 우선 배정된 주식의 청약에 따라 취득하는 경우(그 취득한 주식을 같은 법 제43조에 따라 수탁기관에 예탁한 경우에 한함)

⓫ 주식매수청구권의 행사에 따라 주식을 처분하는 경우

⓬ 공개매수에 응모함에 따라 주식 등을 처분하는 경우

⓭ 「국민연금법」에 따른 국민연금기금, 「공무원연금법」에 따른 공무원연금기금, 「사립학교교직원연금법」에 따른 사립학교교직원연금기금의 관리나 운용을 위한 매매로서 다음 각 목의 요건을 모두 갖춘 경우

ㄱ. 발행인의 경영권에 영향을 주기 위한 것(영 제154조 제1항이 정하는 것을 말한다)이

아닐 것

ㄴ. 미공개중요정보의 이용을 방지하기 위하여 다음의 요건을 모두 갖춘 것으로 증권선물위원회가 의결로써 인정하는 경우. 이 경우 증권선물위원회는 내부통제기준의 적정성, 내부통제기준에 대한 준수 내용 등을 종합적으로 고려하여야 함

    a. 의결권 행사 및 이와 관련된 업무를 전담하는 부서(이하 수탁자책임 부서라 한다)와 특정증권등의 운용 관련 업무를 수행하는 부서(이하 운용부서라 한다) 간 독립적 구분

    b. 수탁자책임 부서와 운용 부서 간 사무공간 및 전산설비 분리

    c. 수탁자책임 부서가 업무 과정에서 알게 된 정보를 운용부서 또는 외부 기관에 부당하게 제공하는 행위의 금지 및 이를 위반한 임직원에 대한 처리 근거 마련

    d. 수탁자책임 부서가 운용부서 또는 외부 기관과 의결권 행사 또는 이와 관련된 업무에 관한 회의를 하거나 통신을 한 경우 그 회의 또는 통신에 관한 기록의 작성 및 유지

    e. a부터 d까지의 사항을 포함하는 내부통제기준의 마련

❹ 그 밖에 미공개 중요정보를 이용할 염려가 없는 경우로서 증선위가 인정하는 경우

(4) 단기매매차익에 대한 공시

증선위는 단기매매차익의 발생사실을 알게 된 경우에는 해당 법인에 이를 통보하여야 한다. 이 경우 그 법인은 통보받은 내용을 인터넷 홈페이지 등을 이용하여 공시하여야 한다(법 제172조 제3항).

(5) 투자매매업자에 대한 준용

단기매매차익 반환제도는 주권상장법인이 모집·사모·매출하는 특정 증권등을 인수한 투자매매업자에 대하여 당해 투자매매업자가 인수계약을 체결한 날부터 3개월 이내에 매수 또는 매도하여 그 날부터 6개월 이내에 매도 또는 매수하는 경우(인수증권 처분의 경우 제외)에 준용한다.

다만, 투자매매업자가 안정조작이나 시장조성을 위하여 매매하는 경우에는 해당 안정조작이나 시장조성기간 내에 매수 또는 매도하여 그 날부터 6개월 이내에 매도 또는 매수

하는 경우(당해 안정조작 또는 시장조성을 위한 경우 제외)에 준용(법 제172조 제7항, 시행령 제199조)

이 경우 안정조작이란 투자매매업자가 모집 또는 매출의 청약기간 종료일 전 20일부터 그 청약기간의 종료일까지의 기간 동안 증권의 가격을 안정시켜 증권의 모집 또는 매출을 원활하도록 하는 매매를 말하며, 시장조성이란 투자매매업자가 일정한 방법에 따라 모집 또는 매출한 증권의 수요·공급을 그 증권이 상장된 날부터 1개월 이상 6개월 이하의 범위에서 인수계약으로 정한 기간 동안 조성하는 매매를 말한다(법 제176조 제3항).

6 임원 및 주요 주주의 특정 증권등 소유상황 보고

주권상장법인의 임원 또는 주요 주주는 임원 또는 주요 주주가 된 날부터 5일(공휴일, 근로자의 날, 토요일은 제외) 이내에 누구의 명의로 하든지 자기의 계산으로 소유하고 있는 특정 증권등의 소유상황을, 그 특정 증권등의 소유상황에 변동이 있는 경우에는 그 변동이 있는 날부터 5영업일까지 그 내용을 각각 증선위와 거래소에 보고하여야 한다(법 제173조 및 시행령 제200조).

(1) 보고대상자

특정 증권등의 소유상황 보고제도는 내부정보 접근 가능성이 큰 내부자에 대해 특정 증권등의 소유상황을 공시하도록 하여 미공개 중요정보의 사적 이용행위를 예방하는 제도이다. 자본시장법은 보고대상자를 주권상장법인의 임원(상법 제401조의2 제1항에 따른 업무집행지시자 등 포함) 및 주요 주주로 규정(법 제173조 제1항)하고 있다.

(2) 보고방법

❶ 임원 또는 주요 주주가 된 날부터 5영업일 이내에 누구의 명의로든 자기의 계산으로 소유하고 있는 특정 증권등의 소유상황을, 그 특정 증권등의 소유상황에 변동이 있는 경우에는 누적변동수량이 1,000주 이상이거나, 누적취득(처분) 금액이 1천만 원 이상인 경우 그 변동이 있는 날부터 5영업일까지 증선위와 거래소에 보고

❷ 보고서 기재사항(시행령 제200조 제2항)은 다음과 같고, 보고서의 서식과 작성방법 등에 관하여 필요한 사항은 증선위가 정하여 고시함(시행령 제200조 제5항)

ㄱ. 보고자

ㄴ. 해당 주권상장법인

ㄷ. 특정 증권등의 종류별 소유현황 및 그 변동에 관한 사항

❸ 소유상황 보고 기준일(시행령 제200조 제3항)

ㄱ. 주권상장법인의 임원이 아니었던 자가 해당 주주총회에서 임원으로 선임된 경우 : 그 선임일

ㄴ. 「상법」 제401조의2 제1항 각 호의 자인 경우 : 해당 지위를 갖게 된 날

ㄷ. 주권상장법인이 발행한 주식의 취득 등으로 해당 법인의 주요 주주가 된 경우 : 그 취득등을 한 날

ㄹ. 주권비상장법인이 발행한 주권이 증권시장에 상장된 경우 : 그 상장일

ㅁ. 주권비상장법인의 임원(「상법」 제401조의2 제1항 각 호의 자를 포함) 또는 주요 주주가 합병, 분할합병 또는 주식의 포괄적 교환·이전으로 주권상장법인의 임원이나 주요 주주가 된 경우 : 그 합병, 분할합병 또는 주식의 포괄적 교환·이전으로 인하여 발행된 주식의 상장일

❹ 변동상황 보고 변동일(시행령 제200조 제4항)

ㄱ. 증권시장(다자간매매체결회사에서의 거래 포함, 이하 이 조에서 같음)이나 파생상품시장에서 특정 증권등을 매매한 경우에는 그 결제일

ㄴ. 증권시장이나 파생상품시장 외에서 특정 증권등을 매수한 경우에는 대금을 지급하는 날과 특정 증권등을 인도받는 날 중 먼저 도래하는 날

ㄷ. 증권시장이나 파생상품시장 외에서 특정 증권등을 매도한 경우에는 대금을 수령하는 날과 특정 증권등을 인도하는 날 중 먼저 도래하는 날

ㄹ. 유상증자로 배정되는 신주를 취득하는 경우에는 주금납입일의 다음날

ㅁ. 특정 증권등을 차입하는 경우에는 그 특정 증권등을 인도받는 날, 상환하는 경우에는 그 특정 증권등을 인도하는 날

ㅂ. 특정 증권등을 증여받는 경우에는 그 특정 증권등을 인도받는 날, 증여하는 경우에는 그 특정 증권등을 인도하는 날

ㅅ. 상속으로 특정 증권등을 취득하는 경우로서 상속인이 1인인 경우에는 단순승인이나 한정승인에 따라 상속이 확정되는 날, 상속인이 2인 이상인 경우에는 그 특정 증권등과 관계되는 재산분할이 종료되는 날

ㅇ. ㄱ부터 ㅅ까지 외의 경우에는 「민법」·「상법」 등 관련 법률에 따라 해당 법

률행위 등의 효력이 발생하는 날

7 장내파생상품의 대량보유 보고

(1) 장내파생상품의 대량보유 보고

동일 품목의 장내파생상품(일반상품, 금융위가 정하여 고시하는 기준과 방법에 따른 주가지수를 기초자산으로 하는 것으로서 파생상품시장에서 거래되는 것에 한함)을 금융위가 정하여 고시하는 수량 이상 보유(누구의 명의로든지 자기의 계산으로 소유하는 경우)하게 된 자는 그 날부터 5일(공휴일, 근로자의 날, 토요일은 제외) 이내에 그 보유 상황 등을 금융위와 거래소에 보고하여야 하며, 그 보유 수량이 금융위가 정하여 고시하는 수량 이상으로 변동된 경우에는 그 변동된 날부터 5일(공휴일, 근로자의 날, 토요일은 제외) 이내에 그 변동 내용을 금융위와 거래소에 보고하여야 한다(법 제173조의2 제1항 및 시행령 제200조의2).

❶ 보고내용은 다음과 같으며, 보고의 방법 및 절차 등에 관하여 필요한 사항은 금융위가 정하여 고시함
  ㄱ. 대량보유자 및 그 위탁을 받은 금융투자업자에 관한 사항
  ㄴ. 해당 장내파생상품거래의 품목 및 종목
  ㄷ. 해당 장내파생상품을 보유하게 된 시점, 가격 및 수량
  ㄹ. 위의 내용과 관련된 사항으로서 금융위가 정하는 사항

❷ 금융위와 거래소에 보고하여야 할 자가 위탁자인 경우에는 금융투자업자로 하여금 대신하여 보고하게 할 수 있으며, 장내파생상품의 대량보유 상황이나 그 변동 내용을 보고하는 날 전날까지 새로 변동 내용을 보고하여야 할 사유가 발생한 경우에는 새로 보고하여야 하는 변동 내용을 당초의 대량보유 상황이나 그 변동 내용을 보고할 때 함께 보고하여야 함

(2) 파생상품 관련 정보의 누설 금지 등

다음의 어느 하나에 해당하는 자로서 파생상품시장에서의 시세에 영향을 미칠 수 있는 정보를 업무와 관련하여 알게 된 자와 그 자로부터 그 정보를 전달받은 자는 그 정보를 누설하거나, 장내파생상품 및 그 기초자산의 매매나 그 밖의 거래에 이용하거나, 타인으로 하여금 이용하게 할 수 없다(법 제173조의2 제2항).

❶ 장내파생상품의 시세에 영향을 미칠 수 있는 정책을 입안·수립 또는 집행하는 자

❷ 장내파생상품의 시세에 영향을 미칠 수 있는 정보를 생성·관리하는 자

❸ 장내파생상품의 기초자산의 중개·유통 또는 검사와 관련된 업무에 종사하는 자

8 위반에 대한 제재

(1) 형사책임

다음의 어느 하나에 해당하는 자는 1년 이상의 유기징역 또는 그 위반행위로 얻은 이익 또는 회피한 손실액의 3배 이상 5배 이하에 상당하는 벌금에 처한다. 다만, 그 위반행위로 얻은 이익 또는 회피한 손실액이 없거나 산정하기 곤란한 경우 또는 그 위반행위로 얻은 이익 또는 회피한 손실액의 5배에 해당하는 금액이 5억 원 이하인 경우에는 벌금의 상한액을 5억 원으로 한다(법 제443조 제1항).

❶ 상장법인의 업무 등과 관련된 미공개 중요정보를 특정 증권등의 매매, 그 밖의 거래에 이용하거나 타인에게 이용하게 한 자

❷ 주식등에 대한 공개매수의 실시 또는 중지에 관한 미공개 정보를 그 주식등과 관련된 특정 증권등의 매매, 그 밖의 거래에 이용하거나 타인에게 이용하게 한 자

❸ 주식등의 대량취득·처분의 실시 또는 중지에 관한 미공개 정보를 그 주식등과 관련된 특정 증권등의 매매, 그 밖의 거래에 이용하거나 타인에게 이용하게 한 자

(2) 손해배상책임

❶ (1)의 ❶~❸ 해당하는 자는 해당 특정 증권등의 매매, 그 밖의 거래를 한 자가 그 매매, 그 밖의 거래와 관련하여 입은 손해를 배상할 책임을 짐(법 제175조)

❷ 이에 따른 손해배상청구권은 청구권자가 그 위반한 행위가 있었던 사실을 안 날부터 2년간 또는 그 행위가 있었던 날부터 5년간 이를 행사하지 아니한 경우에는 시효로 인하여 소멸함

(3) 과징금

불공정거래행위에 아래와 같이 과징금을 병과할 수 있다.

❶ (1)의 ❶∼❸ 해당하는 자에게는 그 위반행위로 얻은 이익 또는 회피한 손실액의 2배에 상당하는 금액 이하의 과징금을 부과할 수 있다(법 제429조의2 제1항 본문).

❷ 다만, 위반행위와 관련된 거래로 얻은 이익 또는 이로 인하여 회피한 손실액이 없거나 산정하기 곤란한 경우에는 40억 원 이하의 과징금을 부과할 수 있다(법 제429조의2 제1항 단서).

section 03 | 시세조종행위 규제

1 개요

시세조종행위란 협의로는 증권시장 및 파생상품시장에서 시장기능에 의하여 자연스럽게 형성되어야 할 가격이나 거래동향을 인위적으로 변동시킴으로써 부당이득을 취하는 행위를 말한다. 시세조종행위는 증권시장 및 파생상품시장의 가격 결정 기능과 공정한 거래질서를 훼손하여 투자자의 신뢰를 저해함으로써 자본시장의 기능을 파괴할 수 있다.

이에 자본시장법은 협의의 시세조종행위는 물론, 합리성이 결여된 비경제적 매매주문 또는 매매성황을 오인케 하거나 중요사실에 대한 허위의 표시 등 증권시장 및 파생상품시장의 시장기능을 저해하는 일련의 행위를 유형화하여 엄격히 금지하는 한편, 증권시장과 파생상품시장 간 현·선연계 시세조종행위 및 파생결합증권과 그 기초자산인 증권 간 연계 시세조종행위 등 새로운 유형의 시세조종행위에 대한 법적 규제를 강화하였다.

2 규제대상

(1) 위장매매에 의한 시세조종

누구든지 상장증권 또는 장내파생상품의 매매에 관하여 그 매매가 성황을 이루고 있는 듯이 잘못 알게 하거나, 그 밖에 타인에게 그릇된 판단을 하게 할 목적으로 다음의 어느 하나에 해당하는 행위 및 그 행위를 위탁하거나 수탁할 수 없다(법 제176조 제1항).

❶ 통정매매

ㄱ. 자기가 매도하는 것과 같은 시기에 그와 같은 가격 또는 약정수치로 타인이 그 증권 또는 장내파생상품을 매수할 것을 사전에 그 자와 서로 짠 후 매도하는 행위

ㄴ. 자기가 매수하는 것과 같은 시기에 그와 같은 가격 또는 약정수치로 타인이 그 증권 또는 장내파생상품을 매도할 것을 사전에 그 자와 서로 짠 후 매수하는 행위

❷ 가장매매 : 그 증권 또는 장내파생상품의 매매를 함에 있어서 그 권리의 이전을 목적으로 하지 아니하는 거짓으로 꾸민 매매를 하는 행위

(2) 현실매매에 의한 시세조종

누구든지 상장증권 또는 장내파생상품의 매매를 유인할 목적으로 그 증권 또는 장내파생상품의 매매가 성황을 이루고 있는 듯이 잘못 알게 하거나 그 시세(증권시장 또는 파생상품시장에서 형성된 시세, 다자간매매체결회사가 상장주권의 매매를 중개함에 있어서 형성된 시세, 상장되는 증권에 대하여 증권시장에서 최초로 형성되는 시세를 말함)를 변동시키는 매매 또는 그 위탁이나 수탁을 하는 행위를 할 수 없다(법 제176조 제2항 제1호).

(3) 허위표시 등에 의한 시세조종

누구든지 상장증권 또는 장내파생상품의 매매를 유인할 목적으로 다음의 행위를 할 수 없다(법 제176조 제2항 제2호 및 제3호).

❶ 그 증권 또는 장내파생상품의 시세가 자기 또는 타인의 시장 조작에 의하여 변동한다는 말을 유포하는 행위

❷ 그 증권 또는 장내파생상품의 매매를 함에 있어서 중요한 사실에 관하여 거짓의 표시 또는 오해를 유발시키는 표시를 하는 행위

(4) 가격 고정 또는 안정조작행위

❶ 누구든지 상장증권 또는 장내파생상품의 시세를 고정시키거나 안정시킬 목적으

로 그 증권 또는 장내파생상품에 관한 일련의 매매 또는 그 위탁이나 수탁을 하는 행위를 할 수 없음(법 제176조 제3항)

❷ 가격 고정 또는 안정조작행위 금지의 예외

ㄱ. 모집 또는 매출되는 증권의 발행인 또는 소유자와 인수계약을 체결한 투자매매업자가 일정한 방법(시행령 제204조)에 따라 그 증권의 모집 또는 매출의 청약기간의 종료일 전 20일부터 그 청약기간의 종료일까지의 기간 동안 증권의 가격을 안정시킴으로써 증권의 모집 또는 매출을 원활하도록 하기 위한 매매거래('안정조작')를 하는 경우

ㄴ. 투자매매업자가 일정한 방법(시행령 제205조)에 따라 모집 또는 매출한 증권의 수요·공급을 그 증권이 상장된 날부터 1개월 이상 6개월 이내에서 인수계약으로 정한 기간 동안 조성하는 매매거래('시장조성')를 하는 경우

ㄷ. 모집 또는 매출되는 증권 발행인의 임원 등이 투자매매업자에게 안정조작을 위탁하는 경우

ㄹ. 투자매매업자가 안정조작을 수탁하는 경우

ㅁ. 모집 또는 매출되는 증권의 인수인이 투자매매업자에게 시장조성을 위탁하는 경우

ㅂ. 투자매매업자가 시장조성을 수탁하는 경우

(5) 현·선연계 시세조종행위

누구든지 상장증권 또는 장내파생상품의 매매와 관련하여 다음의 어느 하나에 해당하는 행위를 할 수 없다(법 제176조 제4항).

❶ 현·선연계 시세조종

ㄱ. 장내파생상품 매매에서 부당한 이익을 얻거나 제3자에게 부당한 이익을 얻게 할 목적으로 그 장내파생상품의 기초자산의 시세를 변동 또는 고정시키는 행위

ㄴ. 장내파생상품의 기초자산의 매매에서 부당한 이익을 얻거나 제3자에게 부당한 이익을 얻게 할 목적으로 그 장내파생상품의 시세를 변동 또는 고정시키는 행위

❷ 현·현연계 시세조종 : 증권의 매매에서 부당한 이익을 얻거나 제3자에게 부당한

이익을 얻게 할 목적으로 그 증권과 연계된 증권('연계증권')의 시세를 변동 또는 고정시키는 행위

ㄱ. 전환사채권이나 신주인수권부사채인 경우 연계증권(시행령 제207조 제1호)

    a. 그 전환사채권이나 신주인수권부사채권과 교환을 청구할 수 있는 교환사채권

    b. 지분증권

    c. 그 전환사채권 또는 신주인수권부사채권을 기초자산으로 하는 파생결합증권

    d. 그 전환사채권 또는 신주인수권부사채권과 관련된 증권예탁증권

ㄴ. 교환사채권인 경우 연계증권(시행령 제207조 제2호)

    a. 교환대상이 되는 전환사채권 또는 신주인수권부사채권

    b. 교환대상이 되는 지분증권

    c. 교환대상이 되는 파생결합증권

    d. 교환대상이 되는 증권예탁증권

ㄷ. 지분증권인 경우 연계증권(시행령 제207조 제3호)

    a. 전환사채권 또는 신주인수권부사채권

    b. 그 지분증권과 교환을 청구할 수 있는 교환사채권

    c. 그 지분증권을 기초자산으로 하는 파생결합증권

    d. 지분증권과 관련된 증권예탁증권

    e. 그 지분증권 외의 지분증권

ㄹ. 파생결합증권인 경우 연계증권(시행령 제207조 제4호)

    a. 기초자산이 되는 전환사채권 또는 신주인수권부사채권

    b. 기초자산이 되는 교환사채권(전환사채권, 신주인수권부사채권, 지분증권, 증권예탁증권과 교환을 청구할 수 있는 것에 한함)

    c. 지분증권

    d. 증권예탁증권

ㅁ. 증권예탁증권인 경우 연계증권(시행령 제207조 제5호)

    a. 기초자산이 되는 전환사채권 또는 신주인수권부사채권

    b. 기초자산이 되는 교환사채권(전환사채권, 신주인수권부사채권, 지분증권, 파생결합증권과 교환을 청구할 수 있는 것에 한함)

c. 기초자산이 되는 지분증권

d. 기초자산이 되는 파생결합증권

3 위반 시 제재

(1) 형사책임

시세조종금지에 위반한 자에 대해서는 1년 이상의 유기징역 또는 그 위반행위로 얻은 이익 또는 회피한 손실액의 3배 이상 5배 이하에 상당하는 벌금에 처한다. 다만, 그 위반행위로 얻은 이익 또는 회피한 손실액이 없거나 산정하기 곤란한 경우 또는 그 위반행위로 얻은 이익 또는 회피한 손실액의 5배에 해당하는 금액이 5억 원 이하인 경우에는 벌금의 상한액을 5억 원으로 한다(법 제443조 제1항).

(2) 손해배상책임

시세조종행위 금지를 위반한 자는 그 위반행위로 인하여 형성된 가격에 의하여 해당 상장증권 또는 장내파생상품의 매매를 하거나 위탁을 한 자가 그 매매 또는 위탁으로 인하여 입은 손해를 배상할 책임을 진다(법 제177조).

section 04 부정거래행위 규제

1 개요

증권시장에서 발생하는 불공정행위 수법은 매우 다양하며 새로운 유형의 불공정거래 행위가 계속 등장하고 있어 자본시장법은 포괄적으로 부정거래행위를 금지하고 있다.

누구든지 금융투자상품의 매매(증권의 경우 모집·사모·매출을 포함), 그 밖의 거래와 관련하여 다음의 어느 하나에 해당하는 행위를 할 수 없다(법 제178조 제1항).

❶ 부정한 수단, 계획 또는 기교를 사용하는 행위
❷ 중요사항에 관하여 거짓의 기재 또는 표시를 하거나 타인에게 오해를 유발시키지 아니하기 위하여 필요한 중요사항의 기재 또는 표시가 누락된 문서, 그 밖의 기재 또는 표시를 사용하여 금전, 그 밖의 재산상의 이익을 얻고자 하는 행위
❸ 금융투자상품의 매매, 그 밖의 거래를 유인할 목적으로 거짓의 시세를 이용하는 행위

누구든지 금융투자상품의 매매, 그 밖의 거래를 할 목적이나 그 시세의 변동을 도모할 목적으로 풍문의 유포, 위계(僞計)의 사용, 폭행 또는 협박을 할 수 없다(법 제178조 제2항).

3   위반 시 제재

(1) 형사벌칙

부정거래행위 금지에 위반한 자에 대해서는 1년 이상의 유기징역 또는 그 위반행위로 얻은 이익 또는 회피한 손실액의 3배 이상 5배 이하에 상당하는 벌금에 처한다. 다만, 그 위반행위로 얻은 이익 또는 회피한 손실액이 없거나 산정하기 곤란한 경우 또는 그 위반행위로 얻은 이익 또는 회피한 손실액의 5배에 해당하는 금액이 5억 원 이하인 경우에는 벌금의 상한액을 5억 원으로 한다(법 제443조 제1항).

(2) 손해배상책임

부정거래행위 금지에 위반한 자는 그 위반행위로 인하여 금융투자상품의 매매, 그 밖의 거래를 한 자가 그 매매, 그 밖의 거래와 관련하여 입은 손해를 배상할 책임을 진다(법 제179조).

시장질서 교란행위 규제

1 정보이용형 교란행위

기존 미공개중요정보이용 금지조항(법 제174조)은 2차 이상 정보수령자, 상장법인 등의 외부정보(시장정보, 정책정보 이용 등)를 규제할 수 없었으나, 2015년 7월부터 시장질서 교란행위 규제가 도입되면 2차 이상의 다차 정보수령자의 미공개정보이용, 외부정보이용, 해킹 등 부정한 방법으로 지득한 정보이용 등이 규제되고 있다.

다음의 자가 상장증권, 장내파생상품 또는 이를 기초자산으로 하는 파생상품의 매매, 그 밖의 거래에 미공개정보를 이용하거나 타인에게 이용하게 하는 행위(법 제178조의2 제1항)

❶ 내부자 등으로부터 나온 미공개(중요)정보인 점을 알면서 이를 받거나 전득(轉得)한 자
❷ 직무와 관련하여 미공개정보를 생산하거나 알게 된 자
❸ 해킹, 절취, 기망, 협박 등 부정한 방법으로 정보를 알게 된 자
❹ ❷와 ❸의 자들로부터 나온 정보인 점을 알면서 이를 받거나 전득한 자

2 시세관여형 교란행위

기존 시세조종행위 금지조항(법 제176조)이나 부정거래행위 금지조항(법 제178조)은 매매유인이나 부당이득 목적 등이 없으면 규제하기 어려웠으나, 2015년 7월부터 시장질서 교란행위 규제가 도입되면서 비록 매매유인이나 부당이득을 얻을 목적 등이 없다고 할 지라도 허수성 주문을 대량으로 제출하거나, 가장성 매매, 통정성 매매, 풍문유포 등을 하여 시세에 부당한 영향을 주거나 줄 우려가 있다고 판단되면 해당 행위자에게 과징금을 부과할 수 있게 되었다.

상장증권 또는 장내파생상품에 관한 매매등과 관련하여 다음 중 어느 하나에 해당하는 행위(❶~❸의 경우는 시세에 부당한 영향을 주거나 줄 우려가 있어야 함)(법 제178조의2 제2항)

❶ 거래 성립 가능성이 희박한 호가를 대량으로 제출하거나 호가를 제출한 후 해당 호가를 반복적으로 정정·취소

❷ 권리이전을 목적으로 하지 않고 거짓으로 꾸민 매매

❸ 손익이전 또는 조세회피 목적으로 타인과 서로 짜고 하는 매매

❹ 풍문을 유포하거나 거짓으로 계책을 꾸며 상장증권 등의 수급상황이나 가격에 대하여 오해를 유발하거나 가격을 왜곡할 우려가 있는 행위

3 과징금 부과(행정책임)

시장질서 교란행위에 대해서는 5억 원 이하의 과징금을 부과할 수 있으며, 위반행위와 관련된 거래로 얻은 이익 등의 1.5배가 5억 원을 넘는 경우에는 그 금액 이하의 과징금을 부과할 수 있다(법 제429조의2). 다만, 위반행위와 관련된 거래로 얻은 이익 또는 이로 인하여 회피한 손실액이 없거나 산정하기 곤란한 경우에는 40억 원 이하의 과징금을 부과할 수 있다.

chapter 07

금융기관 검사 및 제재에 관한 규정

1 규정 개요

(1) 검사의 목적

검사대상기관의 업무운영과 관련한 공정성을 확보하고 사회적 책임의 이행을 유도하며 건전경영을 통하여 금융기관 이용자를 보호하여 국민경제 발전에 기여함에 있다.

(2) 검사의 주요 기능

❶ 업무 및 재산 운영에 대한 비교·검증·분석·평가기능 수행
❷ 현장 정보를 바탕으로 한 정책결정의 효과적 지원 수행(피드백 기능)
❸ 업무처리의 공정성 확보 및 사고예방기능 수행

2   검사대상기관

금감원의 검사대상기관은 「금융위설치법」 제38조에 따른 검사대상기관으로 다음의 기관을 말한다.

❶ 은행법에 따른 인가를 받아 설립된 은행
❷ 자본시장법에 따른 금융투자업자, 증권금융회사, 종합금융회사 및 명의개서대행회사
❸ 보험업법에 따른 보험사업자
❹ 상호저축은행법에 따른 상호저축은행과 그 중앙회
❺ 신용협동조합법에 따른 신용협동조합 및 그 중앙회
❻ 여신전문금융업법에 따른 여신전문금융회사 및 겸영여신업자
❼ 농업협동조합법에 따른 농협은행
❽ 수산업협동조합법에 따른 수협은행
❾ 다른 법령에서 금감원이 검사를 하도록 규정한 기관
❿ 기타 금융업 및 금융 관련 업무를 영위하는 자로서 대통령령이 정하는 자

3   검사 실시

금감원장은 금융기관의 업무 및 재산상황 또는 특정 부문에 대한 검사를 실시(검사규정 제8조)

❶ 관계법령에 의하여 금융위가 금감원장으로 하여금 검사를 하게 할 수 있는 금융기관에 대하여는 따로 정하는 경우를 제외하고는 금감원장이 검사를 실시
❷ 검사의 종류는 정기검사와 수시검사로 구분하고, 검사의 실시는 현장검사 또는 서면검사의 방법으로 행함.
❸ 감독원장은 매년 당해 연도의 검사업무의 기본방향과 당해 연도 중 검사를 실시한 금융기관, 검사의 목적과 범위 및 검사실시기간 등이 포함된 검사계획을 금융위에 보고하여야 함.

4 　검사의 방법 및 절차

(1) 검사의 사전통지

금감원장은 현장검사를 실시하는 경우에는 검사목적 및 검사기간 등이 포함된 검사 사전예고통지서를 당해 금융기관에 검사착수일 1주일 전(종합검사의 경우 1개월 전)까지 통지하여야 한다. 다만, 검사의 사전통지에 따라 검사목적 달성이 어려워질 우려가 있는 다음 어느 하나에 해당하는 경우에는 그러하지 아니하다.

❶ 사전에 통지할 경우 자료·장부·서류 등의 조작·인멸, 대주주의 자산은닉 우려 등으로 검사목적 달성에 중요한 영향을 미칠 것으로 예상되는 경우
❷ 검사 실시 사실이 알려질 경우 투자자 및 예금자 등의 심각한 불안 초래 등 금융시장에 미치는 악영향이 클 것으로 예상되는 경우
❸ 긴급한 현안사항 점검 등 사전통지를 위한 시간적 여유가 없는 불가피한 경우
❹ 기타 검사목적 달성이 어려워질 우려가 있는 경우로서 감독원장이 정하는 경우

(2) 검사방법

현장 검사는 검사대상기관에 실제로 임하여 필요한 사항을 조사하는 반면, 서면검사는 장부, 서류를 제출받아 그 내용을 조사·검토하는 것으로 종합검사는 대부분 현장 검사의 방법으로 실시

(3) 검사절차

검사절차는 주로 사전조사(자료 파악 등) → 검사 실시(관련 문서 징구, 관련자 진술 청취 등) → 결과보고(위법·부당사항 적출내용 보고) → 검사결과조치(경영유의, 문책 등) → 사후관리(시정사항 이행보고 등)의 순에 의한다.

5 　검사결과의 처리

금감원장은 금융기관에 대한 검사결과를 검사서에 의해 당해 금융기관에 통보하고 필요한 조치를 취하거나 당해 금융기관의 장에게 이를 요구할 수 있다(검사규정 제14조).

검사결과 조치는 금융위 심의·의결을 거쳐 조치하되 금감원장 위임사항은 금감원장이 직접 조치하며, 금융투자업자 또는 그 임직원에 대한 과태료 부과, 자본시장법에 의한 조치·명령 등은 증선위의 사전 심의를 거쳐 조치한다.

6   제재절차

(1) 심의회의 설치(검사규정 제34조)

금감원장은 제재에 관한 사항을 심의하기 위하여 제재심의위원회를 설치·운영. 다만, 금감원장이 필요하다고 인정하는 때에는 심의회의 심의를 생략할 수 있다.

(2) 검사결과 적출된 지적사항에 대하여는 심사·조정 또는 심의회의 심의를 거쳐 금융위에 제재를 건의하거나 금감원장이 조치한다(검사규정 제33조).

(3) 사전통지 및 의견진술 등(검사규정 제35조)

❶ 금감원장이 제재조치를 하는 때에는 위규행위 사실, 관련 법규, 제재 예정내용 등을 제재대상자에게 구체적으로 사전 통지하고 상당한 기간을 정하여 구술 또는 서면에 의한 의견진술 기회를 주어야 함. 다만, 당해 처분의 성질상 의견청취가 현저히 곤란하거나 명백히 불필요하다고 인정될 만한 상당한 이유가 있는 등 행정절차법 제21조에서 정한 사유가 있는 경우에는 사전통지를 아니할 수 있음
❷ 금감원장은 사전통지를 하는 때에는 「행정절차법」 제21조에 따를 것임을 표시하여야 함
❸ 금융업 관련법 등에서 의견청취방법을 청문 등으로 별도로 정하고 있는 때에는 그 정한 바에 따름

(4) 불복절차(검사규정 제36조)

금융기관 또는 그 임직원에 대하여 제재를 하는 경우에 금감원장은 그 제재에 관하여 이의신청·행정심판·행정소송의 제기, 기타 불복을 할 수 있는 권리에 관한 사항을 제재대상자에게 알려주어야 한다.

(5) 이의신청(검사규정 제37조)

❶ 제재를 받은 금융기관 또는 그 임직원은 당해 제재처분 또는 조치요구가 위법 또는 부당하다고 인정하는 경우에는 금융위 또는 금감원장에게 이의를 신청할 수 있음. 다만, 과징금·과태료 등 금융 관련 법규에서 별도의 불복절차가 마련되어 있는 경우에는 그에 따름

❷ 당해 금융기관의 장으로부터 특정한 조치가 예정된 직원은 당해 자율 처리 필요 사항이 위법·부당하다고 인정하는 경우에는 당해 금융기관의 장을 통하여 금융위 또는 금감원장에게 이의를 신청할 수 있음

❸ 금감원장은 금융기관 또는 그 임직원의 이의신청에 대하여 다음과 같이 처리

　ㄱ. 금융위의 제재사항에 대하여는 당해 처분의 취소·변경 또는 이의신청의 기각을 금융위에 건의. 다만, 이의신청이 이유 없다고 인정할 명백한 사유가 있는 경우에는 금감원장이 이의신청을 기각할 수 있음

　ㄴ. 금감원장의 제재처분 또는 조치요구사항에 대하여는 이유가 없다고 인정하는 경우에는 이를 기각하고, 이유가 있다고 인정하는 경우에는 당해 처분을 취소 또는 변경할 수 있음

❹ 이의신청 처리결과에 대하여는 다시 이의신청할 수 없음

❺ 금감원장은 증거서류의 오류·누락, 법원의 무죄판결 등으로 그 제재가 위법 또는 부당함을 발견하였을 때에는 직권으로 재심하여 조치를 취할 수 있음

(6) 제재내용의 이사회 등 보고(검사규정 제38조)

금융기관의 장은 제재조치를 받은 경우 금감원장이 정하는 바에 따라 이사회 앞 보고 또는 주주총회 부의 등 필요한 절차를 취하여야 한다.

7　내부통제

금융기관은 금융사고의 예방등을 위하여 다음 내용을 포함한 내부통제제도를 자체 실정에 맞게 수립·운영하여야 한다(검사규정 제39조).

❶ 영업점 주변에서의 피탈사고와 도난사고 방지를 위한 자체경비 강화 대책

❷ 어음·수표, 예금증서 등의 중요 증서와 현금, 중요 인장, 채권서류 등에 대한 보

관 관리

8 자체감사 등

금융기관은 부당영업행위 및 금융사고의 예방 등을 위하여 연간 감사계획을 수립하여 자체감사를 실시하여야 하며, 금감원장이 요구하는 경우 연간 또는 분기 감사계획을 제출하여야 한다(검사규정 제40조).

9 금융사고

금융기관은 그 소속 임직원이나 소속 임직원 이외의 자가 위법·부당한 행위를 함으로써 당해 금융기관 또는 금융거래자에게 손실을 초래하게 하거나 금융질서를 문란하게 한 경우에는 이를 즉시 금감원장에게 보고하여야 한다(검사규정 제41조).

❶ 금융기관은 금융사고에 관련이 있는 소속 임직원에 대하여 지체 없이 책임소재를 규명하고 소정 절차에 따라 징계등 필요한 조치를 취하여야 하며, 금융사고 보고를 고의로 지연하거나 숨긴 자에 대하여도 금융사고에 관련이 있는 임직원에 준하여 처리

❷ 금융사고 보고의 대상 및 보고시기와 관련한 사항은 금감원장이 따로 정함

10 주요 정보사항 보고

금융기관은 다음에 해당하는 정보사항을 금감원장에게 보고하여야 한다(검사규정 제42조).

❶ 민사소송에서 패소확정되거나, 소송물 가액이 최직근 분기말 현재 자기자본의 100분의 1(자기자본의 100분의 1이 10억 원 미만인 경우에는 10억 원) 또는 100억 원을 초과하는 민사소송에 피소된 경우

❷ 금융사고에는 해당되지 아니하나 금융기관이 보고할 필요가 있다고 판단하는 중요한 사항 또는 사건

chapter 08

자본시장 조사업무규정

1 규정 개요

❶ 종전 증권거래법 등에 의한 증권선물조사업무규정은 자본시장법 제정에 따라 자본시장조사 업무규정으로 변경

❷ 법률적으로 조사는 자본시장법령 또는 금융위의 규정이나 명령에 위반된 불공정거래가 있는지의 여부 및 공익 또는 투자자 보호를 위하여 필요하다고 인정되는 사항을 조사하여 필요한 조치를 취하는 업무로 정의(광의)

☞ 그러나 일반적으로 조사업무는 시장기능에 의해 자유롭게 형성되어야 할 증권의 가격이나 거래동향에 의도적으로 관여하여 이득을 취하거나 손실을 회피하는, 소위 시세조종등 불공정거래에 대한 조사라는 의미로 해석(협의)

불공정거래에 대한 조사는 원칙적으로 당사자의 동의와 협조를 전제로 한 청문적 성격의 행정상 임의조사의 성격을 띠지만, 시세조종 등에 대한 조사와

같이 압수·수색 등 강제조사의 성격이 함께 혼재된 특수한 성격을 갖기도 함

2 조사의 주요 대상

❶ 미공개정보 이용행위
❷ 시세조종등 불공정거래행위
❸ 내부자의 단기매매차익 취득
❹ 상장법인의 공시의무 위반
❺ 상장법인 임원등의 특정 증권등 및 변동상황 보고의무 위반 등
❻ 주식의 대량보유등의 보고(5% Rule)(법 제147조)

3 조사의 실시

(1) 조사대상

금융위는 아래의 어느 하나에 해당하는 경우에는 조사를 실시할 수 있다.

❶ 금융위 및 금감원의 업무와 관련하여 위법행위의 혐의사실을 발견한 경우
❷ 한국거래소로부터 위법행위의 혐의사실을 이첩받은 경우
❸ 각 급 검찰청의 장으로부터 위법행위에 대한 조사를 요청받거나 그 밖의 행정기관으로부터 위법행위의 혐의사실을 통보받은 경우
❹ 위법행위에 관한 제보를 받거나 조사를 의뢰하는 민원을 접수한 경우
❺ 기타 공익 또는 투자자 보호를 위하여 조사의 필요성이 있다고 인정하는 경우

(2) 면제대상

금융위는 아래의 어느 하나에 해당하는 경우에는 조사대상에 해당함에도 불구하고 조사를 실시하지 아니할 수 있다.

❶ 당해 위법행위에 대한 충분한 증거가 확보되어 있고 다른 위법행위의 혐의가 발견되지 않는 경우
❷ 당해 위법행위와 함께 다른 위법행위의 혐의가 있으나 그 혐의내용이 경미하여

조사의 실익이 없다고 판단되는 경우

❸ 공시자료, 언론보도등에 의하여 널리 알려진 사실이나 풍문만을 근거로 조사를 의뢰하는 경우

❹ 민원인의 사적인 이해관계에서 당해 민원이 제기된 것으로 판단되는 등 공익 및 투자자 보호와 직접적인 관련성이 적은 경우

❺ 당해 위법행위에 대한 제보가 익명 또는 가공인 명의의 진정·탄원·투서 등에 의해 이루어지거나 그 내용이 조사단서로서의 가치가 없다고 판단되는 경우

❻ 당해 위법행위와 동일한 사안에 대하여 검찰이 수사를 개시한 사실이 확인된 경우

4 조사결과 조치

(1) 형사벌칙 대상 행위

금융위는 조사결과 발견된 위법행위로서 형사벌칙의 대상이 되는 행위에 대해서는 관계자를 고발 또는 수사기관에 통보하여야 한다(조사규정 제24조).

(2) 시정명령(조사규정 제27조)

금융위는 다음의 위법행위가 발견된 경우 해당 법률에서 정한 시정명령 또는 처분명령을 할 수 있다.

❶ 법 제133조 제1항 또는 제134조 제2항의 규정에 위반한 주식등의 매수
❷ 법 제147조 제1항 또는 제3항의 규정에 따른 보고의무 위반
❸ 법 제167조 제1항 및 제2항의 규정에 위반한 공공적법인의 주식취득
❹ 법 제168조 제1항 또는 제2항의 규정에 위반한 주식의 취득

(3) 과태료부과, 단기매매차익 발생사실의 통보 등(조사규정 제26조 및 제28조)

(4) 상장법인 및 피검사기관에 대한 조치(조사규정 제29조 및 제30조)

1년 이내의 범위에서 증권의 발행제한, 임원에 대한 해임권고, 인가·등록취소 등

(5) 과징금부과(조사규정 제25조)

금융위는 자본시장법 제429조의 규정에 의한 과징금의 부과대상에 해당하는 경우에는 과징금을 부과할 수 있다.

☞ 주요 사항 보고서의 과징금 기준금액 및 주가 변동률 산정 시 공시위반사항 외의 다른 요소가 주가에 개입되지 않도록 산정대상기간을 종전 공시의무발생일 전후 3개월간 → 공시의무발생일(거짓기재·기재누락의 경우 제출일) 전후 15거래일간으로 단축(2010. 4. 26 조사규정 별표 제2호 개정)

01 자본시장법상 금융투자상품에 대한 설명으로 적절하지 않은 것은?

① 주가연계증권(ELS)은 파생상품에 속한다.

② 금융투자상품 중 취득 이후에 추가적인 지급의무를 부담하는 것은 파생상품으로 분류된다.

③ 특정 투자자가 그 투자자와 타인 간의 공동사업에 금전 등을 투자하고 주로 타인이 수행한 공동사업의 결과에 따른 손익을 귀속받는 계약상의 권리가 표시된 것을 투자계약증권이라 한다.

④ 금융투자상품 중 원본을 손실한도액으로 하는 것은 증권으로 분류한다.

02 자본시장법상 투자매매업자 또는 투자중개업자의 불건전영업행위 금지에 대한 설명으로 적절하지 않은 것은?

① 일반적으로 가격에 중대한 영향을 미칠 수 있는 고객의 주문을 체결하기 전에 자기의 계산으로 매수 또는 매도를 해서는 아니 된다.

② 조사분석자료가 이미 공표된 자료와 비교하여 새로운 내용을 담고 있지 아니한 경우에는 내용이 사실상 확정된 때부터 공표 후 24시간 이내라도 대상 금융투자상품을 자기의 계산으로 매매할 수 있다.

③ 조사분석자료의 작성을 담당하는 자에 대해서는 일정한 기업금융업무와 연동된 성과보수를 지급할 수 있다.

④ 일반적으로 투자매매업자 또는 투자중개업자는 일임매매를 할 수 없지만 예외적으로 투자일임업의 형태로 하는 것은 가능하다.

해설

01 ① 주가연계증권(ELS), 주가연계워런트(ELW), 파생연계증권(DLS), 신용연계증권(CLN), 재해연계증권(CAT Bond) 등은 파생결합증권으로 증권에 해당한다.

02 ③ 조사분석자료의 작성을 담당하는 자에 대해서는 일정한 기업금융업무와 연동된 성과보수를 지급할 수 없다.

03 다음 중 자본시장법상 적정성 원칙의 적용대상이 되는 파생상품등에 해당하지 않는 것은?

① 파생결합증권(원금보장형 제외)

② 집합투자재산의 50%를 초과하여 파생결합증권에 운용하는 집합투자기구의 집합투자증권

③ 파생상품

④ 파생상품 매매에 따른 위험평가액이 펀드 자산총액의 5%를 초과하여 투자할 수 있는 집합투자기구의 집합투자증권

04 다음 중 자본시장법상 미공개 중요정보 이용금지 규제대상에 해당하지 않는 것은?

① 직무와 관련하여 미공개 중요정보를 알게 된 해당 법인 임직원

② 권리행사 과정에서 미공개 중요정보를 알게 된 해당 법인 주주

③ 해당 법인과 계약 체결을 하고 있는 자로서 계약 체결 과정에서 미공개 중요정보를 알게 된 자

④ 회사 내부자로부터 미공개 중요정보를 받은 자

05 다음 중 '금융소비자 보호에 관한 법률'상 전문금융소비자에게 적용되는 투자권유원칙을 설명한 것으로 옳은 것은?

① 고객 파악 의무　　　　② 적합성 원칙

③ 설명의무　　　　④ 부당권유의 금지

해설

03 ④ 적정성 원칙 적용대상이 되는 "파생상품 등"에는 파생상품, 파생결합증권, 집합투자재산의 50%를 초과하여 파생결합증권에 운용하는 집합투자기구의 집합투자증권, 파생상품 매매에 따른 위험평가액이 펀드자산 총액의 10%를 초과하여 투자할 수 있는 집합투자기구의 집합투자증권 등이 이에 해당된다.

04 ② 미공개 중요정보 이용금지규정은 주요 주주, 즉 해당 법인의 10% 이상 보유주주 및 법인의 주요 경영사항에 대하여 사실상 영향력을 행사하고 있는 주주를 규제대상으로 하고 있다.

05 ④ 부당권유의 금지 규정은 일반금융소비자(투자자) 뿐만 아니라 전문금융소비자(투자자)에게도 적용되는 투자권유 규제이다.

06 다음 중 공개매수에 대한 설명으로 옳은 것은?

① 공개매수는 의결권이 있는 주식 등을 전제로 하므로 의결권이 없는 주식에 대해서는 의무공개매수 규정이 적용되지 않는다.

② 적용대상증권인 '주식 등'에는 주권, 신주인수권증권, 신주인수권부사채 등이 포함되나, 전환사채 및 교환사채는 포함되지 않는다.

③ 공개매수 해당 여부 판단 시 본인과 특수관계인이 보유한 지분을 합산하되, 공동보유자의 지분은 합산하지 않는다.

④ 공개매수자는 공개매수공고일 이후라도 철회신고서 제출로써 언제든지 공개매수를 철회할 수 있다.

07 다음 중 불공정거래행위에 대한 설명으로 옳은 것은?

① 내부자거래 금지규정 적용대상은 상장법인 및 6개월 내 상장예정법인으로, 6개월 내 우회상장 예정법인은 대상이 아니다.

② 임원·주요 주주 소유상황보고가 면제되는 경미한 변동의 기준은 변동수량 1천 주 미만, 그 취득 및 처분금액 1천만 원 미만이다.

③ 단기매매차익반환의무는 상장법인의 주요 주주 및 모든 임직원이 부담한다.

④ 차입한 상장증권으로 결제하고자 하는 매도는 공매도에 해당하지 않는다.

해설

06 ① 적용대상증권에 전환사채권과 교환사채권도 포함되고, 공개매수 해당 여부 판단 시 본인과 특별관계자의 지분을 합산하며, 특별관계자란 특수관계인과 공동보유자를 말한다. 원칙적으로 공개매수공고일 이후 공개매수 철회는 금지된다.

07 ② 자본시장법 개정으로 6개월 이내에 상장법인과의 합병, 주식의 포괄적 교환, 그 밖에 대통령령으로 정하는 기업결합 방법에 따라 상장되는 효과가 있는 비상장법인도 내부자거래 금지규정 적용대상에 포함되게 되었고, 단기매매차익반환의무 대상 직원은 직무상 미공개중요정보를 알 수 있는 직원으로 한정되었으며, 소유하지 아니한 상장증권의 매도뿐 아니라 차입한 상장증권으로 결제하고자 하는 매도도 공매도에 해당한다. 다만, 차입할 상장증권으로 결제하고자 하는 매도는 일정요건 하에 허용되는 공매도이다.

08 **다음 중 증권의 모집으로 보는 전매기준에 해당하지 않는 것은?**

① 지분증권의 경우에는 같은 종류의 증권이 모집 또는 매출된 실적이 있거나 증권시장에 상장된 경우

② 지분증권이 아닌 경우에는 발행 후 50매 이상으로 권면분할되어 거래될 수 있는 경우

③ 전환권이 부여된 전환사채권에 부여된 권리의 목적이 되는 증권이 증권시장에 상장되어 있는 경우

④ 50매 미만으로 발행되는 경우 증권의 권면에 발행 후 1년 이내 분할금지특약을 기재한 경우

09 **다음 중 투자매매업자·투자중개업자가 장외파생상품을 대상으로 영업을 하는 경우 적용되는 사항에 대한 설명으로 적절하지 않은 것은?**

① 장외파생상품의 매매에 따른 위험액이 금융위원회가 정하여 고시하는 한도를 초과하여서는 아니 된다.

② 위험액은 시장위험액·신용위험액·운영위험액을 합산하여 산정한다.

③ 겸영금융투자업자 이외의 투자매매업·투자중개업자의 경우 위험액이 자기자본의 100분의 100을 초과하여서는 아니 된다.

④ 원칙적으로 장외파생상품의 매매거래 시마다 해당 업무를 관장하는 파생상품 업무책임자의 승인을 받아야 한다.

10 **자본시장법상 종합금융투자사업자에 대한 설명으로 가장 거리가 먼 것은?**

① 종합금융투자사업자란 투자매매업자 또는 투자중개업자 중 금융위원회로부터 종합금융투자사업자의 지정을 받은 자이다.

② 종합금융투자사업자는 상법에 따른 주식회사이어야 한다.

③ 종합금융투자사업자는 5조 원 이상의 자기자본을 갖추고 있어야 한다.

④ 종합금융투자사업자는 기업에 대한 신용공여 업무를 영위할 수 있다.

해설

08 ④ 전매기준에 해당되지 아니하는 것으로 보는 경우이다.

09 ③ 자기자본의 100분의 30을 초과하여서는 아니 된다.

10 ③ 자기자본 3조 원 이상이어야 한다.

11 자본시장법상 금융투자업에 대한 설명으로 가장 거리가 먼 것은?

① 누구의 명의로 하든지 자기의 계산으로 증권의 발행·인수를 영업으로 하는 것은 투자매매업에 해당한다.

② 자기가 투자신탁의 수익증권을 발행하는 경우는 투자매매업에 해당한다.

③ 투자권유대행인이 투자권유를 대행하는 경우에는 투자중개업에 해당하므로 개인에게 적용되는 인가요건을 충족하여야 한다.

④ 금융투자상품에 대한 투자판단에 관한 자문에 응하는 것을 영업으로 하는 것은 투자자문업에 해당한다.

12 '금융소비자 보호에 관한 법률'상 금융상품판매업자등의 분류에 해당하지 않는 것은?

① 금융상품직접판매업자

② 금융상품판매대리·중개업자

③ 금융상품자문업자

④ 금융상품일임업자

13 '금융소비자 보호에 관한 법률'상 금융상품의 유형에 대한 분류에 해당하는 것으로 가장 거리가 먼 것은?

① 보장성 상품

② 투자성 상품

③ 예금성 상품

④ 대부업 상품

해설

11 ③ 투자권유대행인의 투자권유는 투자중개업의 적용을 배제한다. 또한 인가는 법인에만 해당하고 개인인가요건이란 것은 존재하지 아니 한다.

12 ④ 금소법상 금융상품판매업자등은 금융상품직접판매업자, 금융상품판매대리·중개업자, 금융상품자문업자를 통칭하는 명칭임

13 ④ 금소법상 금융상품 유형은 보장성 상품, 투자성 상품, 예금성 상품, 대출성 상품으로 구분

정답 01 ① | 02 ③ | 03 ④ | 04 ② | 05 ④ | 06 ① | 07 ② | 08 ② | 09 ③ | 10 ③ | 11 ③ | 12 ④ | 13 ④

part 02

한국금융투자 협회 규정

chapter 01 금융투자회사의 영업 및 업무에 관한 규정

chapter 02 금융투자전문인력과 자격시험에 관한 규정

chapter 03 금융투자회사의 약관운용에 관한 규정

certified derivatives investment advisor

chapter 01

금융투자회사의 영업 및 업무에 관한 규정

투자권유 등

1 개요

금융투자회사의 영업 및 업무에 관한 규정(이하 '영업규정'이라 한다)에서는 금융투자회사가 일반투자자(금융소비자보호법·시행령·감독규정 등이 적용되는 경우에는 금융소비자보호법 제2조 제10호의 일반금융소비자를 의미. 이하 같다)를 대상으로 금융투자상품의 매매, 투자자문계약, 투자일임계약 또는 신탁계약(관리형신탁계약 및 투자성 없는 신탁계약은 제외. 이하 같다)의 체결을 권유함에 있어 준수하여야 할 사항을 정하고 있다.

(1) 적합성 확보

❶ 투자자 정보 확인의무 등

    ㄱ. 투자자 정보 확인 : 금융소비자보호법(제17조)에서는 금융상품판매업자등이 금융상품계약체결등을 하거나 자문업무를 하는 경우에 상대방인 금융소비자가 일반투자자인지 여부를 확인하도록 하고 있으며, 일반투자자에게 금융상품 계약 체결을 권유(금융상품자문업자가 자문에 응하는 경우 포함)하는 경우에는 면담·질문 등을 통하여 고객의 투자목적·재산상황 및 투자경험 등의 정보(이하 "투자자정보"라 한다)를 파악하도록 하고 있음

    ㄴ. 투자자 정보 확인 방법 : 일반투자자로부터 파악한 투자자정보의 내용은 해당 일반투자자로부터 서명(「전자서명법」 제2조 제2호에 따른 전자서명을 포함. 이하 같다), 기명날인, 녹취 (이하 "서명 등"이라 한다) 등의 방법으로 확인받아 이를 유지·관리하여야 함. 또한 확인한 투자자정보의 내용은 해당 일반투자자에게 지체 없이 제공하여야 함

    ㄷ. 투자권유의 적합성 : 금융투자회사는 일반투자자의 투자자정보에 비추어 해당 파생상품등이 그 일반투자자에게 적정하지 아니하다고 판단되는 경우에는 금융소비자보호법 제18조 제2항에 따라 그 사실을 알리고, 일반투자자로부터 서명등의 방법으로 확인을 받아야 함

❷ 파생상품등에 대한 특례 : 일반투자자에게 금융소비자보호법 제18조 및 동법 시행령 제12조 제1항 제2호에 따른 투자성 상품(이하 "파생상품등"이라 한다)에 관한 판매 계약을 체결하려는 경우에는 투자권유를 하지 아니하더라도 면담·질문 등을 통하여 그 일반투자자의 투자자정보를 파악하여야 함

❸ 부적합투자자, 투자권유 불원투자자 대상 판매현황 공시

금융투자회사는 금융소비자보호법 제17조 또는 제18조에 따라 투자자정보를 파악한 결과, 판매 상품이 적합 또는 적정하지 아니하다고 판단되는 일반투자자(이하 "부적합투자자"라 한다)와 투자자정보를 제공하지 않거나 투자권유를 희망하지 않는 일반투자자(이하 "투자권유 불원 투자자"라 한다)를 대상으로 상품을 판매한 실적을 협회의 인터넷 홈페이지에 공시하여야 함

(2) 설명의무

❶ 설명서(투자설명서) : 금융투자회사는 금융소비자보호법 제19조 제2항에 따라 일반투자자를 대상으로 투자권유를 하는 경우에는 설명서(제안서, 설명서 등 명칭을 불문한다. 이하 같다)를 일반투자자에게 제공하여야 함. 다만, 법 제123조 제1항에 따른 투자설명서, 법 제124조 제2항 제3호에 따른 공모집합투자기구 집합투자증권의 간이투자설명서 및 법 제249조의4제2항에 따른 일반 사모집합투자기구 집합투자증권의 핵심상품설명서(이하 "핵심상품설명서"라 한다)에 대해서는 일반투자자가 영 제132조 제2호에 따라 수령을 거부하는 경우에는 그러하지 아니함. 이 경우 법 제123조 제1항에 따른 투자설명서와 법 제124조 제2항 제3호에 따른 간이투자설명서를 제외한 설명서 및 핵심상품설명서는 준법감시인 또는 금융소비자보호 총괄책임자의 사전심의를 받아야 하며, 내용 중 금융소비자보호법규에 따라 중요한 내용은 부호, 색채, 굵고 큰 글자 등으로 명확하게 표시하여 알아보기 쉽게 작성하여야 함

❷ 핵심설명서 : 금융투자회사는 다음 어느 하나에 해당하는 경우 핵심설명서를 추가로 교부하고 그 내용을 충분히 설명하여야 함

　ㄱ. 일반투자자가 고난도금융투자상품(법 시행령 제2조 제7호 이하 같음) 이외의 공모의 방법으로 발행된 파생결합증권(주식워런트증권, 상장지수증권, 금적립계좌등은 제외)을 매매하는 경우. 다만, 법 제124조 제2항 제3호의 간이투자설명서를 사용하는 경우에는 그러하지 아니함

　ㄴ. 일반투자자 또는 자본시장법 시행령 제10조 제3항 제17호에 따른 개인전문투자자가 공모 또는 사모의 방법으로 발행된 고난도금융투자상품을 매매하거나 고난도금전신탁계약, 고난도투자일임계약을 체결하는 경우

　ㄷ. 일반투자자가 신용융자거래 또는 유사해외통화선물거래를 하고자 하는 경우

❸ 파생결합증권에 대한 특례 : 금융투자회사는 공모의 방법으로 발행된 파생결합증권(주식워런트증권, 상장지수증권 및 금적립계좌등은 제외하고 금융소비자보호 감독규정 제11조 제1항 제2호에 따른 금융투자상품 및 이를 운용대상으로 하는 금전신탁계약의 수익증권을 포함. 이하 같다)에 대해서는 일반투자자가 미리 지정한 서신, 전화, 전자우편 및 그 밖에 이와 유사한 전자통신의 방법으로 다음의 정보를 제공하여야 함(다만, 해당 일반투자자가 서명 등의 방법으로 수령을 거부한 경우에는 통지를 하지 아니할 수 있다)

　ㄱ. 만기일 이전에 최초로 원금손실 조건(기초자산의 가격이 만기평가일 기준으로 원금손

실조건에 해당되는 경우를 포함)에 해당되는 경우

    a. 원금손실 조건에 해당되었다는 사실

    b. 기초자산의 현재 가격

    c. 자동조기상환조건 및 자동조기상환시 예상수익률

    d. 만기상환조건 및 만기상환시 예상수익률

    e. 중도상환 청구 관련 사항

    f. 공정가액

ㄴ. 판매 후 비정기적인 정보 제공 : 다음의 어느 하나에 해당하는 경우 해당 사실

    a. 최초 기준가격 확정시: 최초 기준가격 및 원금손실 조건에 해당하는 기초 자산의 가격

    b. 자동조기상환조건을 충족하지 못한 경우: 자동조기상환의 순연사실

    c. 발행회사의 신용등급이 하락한 경우: 신용등급의 변동내역

ㄷ. 판매 후 비정기적인 정보 제공 : 분기 1회 이상 파생결합증권의 공정가액 및 기초자산의 가격 등에 관한 정보

❹ 주식워런트증권(ELW), 상장지수증권(ETN), 상장지수집합투자기구 집합투자증권 (ETF) 에 대한 투자자 보호 특례

ㄱ. 별도 거래신청서 작성 : 금융투자회사는 일반투자자가 최초로 주식워런트증 권이나 상장지수증권을 매매하고자 하는 경우에는 기존에 위탁매매거래계좌 가 있더라도 서명 등의 방법으로 매매의사를 별도로 확인하여야 하며, 일반 투자자가 최초로 변동성지수선물(거래소 「파생상품시장업무규정」 제21조의2에 따른 변동성지수선물 또는 이와 유사한 것으로서 해외 파생상품시장에 상장된 변동성지수선물을 말 함)의 가격을 기초로 하는 지수의 변동과 연계한 상장지수증권을 매매하고자 하는 경우에는 가격등락이 크게 발생할 수 있다는 위험 등을 고지하고 매매 의사를 추가[1]로 확인하여야 함

ㄴ. 사전 교육 실시 : 금융투자회사는 일반투자자가 주식워런트증권, 1배(-1배) 를 초과하는 레버리지 ETN·ETF를 매매하고자 하는 경우 협회가 인정하는 교육을 사전에 이수하도록 하고 그 이수 여부를 확인하여야 함. 다만, 법인· 단체, 외국인, 투자일임계약 또는 비지정형 금전신탁계약에 따라 거래하려는

---

1 일반 ETN의 매매의사 확인 서류(예 : ETN 거래신청서)가 아닌 별도의 서류(예 : 변동성 ETN 거래 신청서)를 통해 매매의사를 확인

개인투자자의 경우 사전교육 대상에서 제외

❺ 장내파생상품시장 적격 개인투자자 제도

ㄱ. 실질적인 투자능력을 갖춘 개인투자자에 한해 파생상품시장 신규진입을 허용하기 위해 적격 개인투자자 제도가 도입됨에 따라 선물거래 및 옵션거래를 하고자 하는 경우 1시간 이상의 파생상품교육과정(협회 또는 금융투자회사가 개설하여 운영하는 파생상품 관련 교육과정)과 3시간 이상의 파생상품 모의거래과정(한국거래소가 개설하여 운영하는 파생상품 모의거래과정 또는 한국거래소가 인증한 금융투자회사의 파생상품 모의거래과정)을 사전에 이수하도록 하고 기본예탁금을 예탁하여야만 거래가 가능. 금융투자회사는 이에 따른 파생상품교육과정 및 파생상품 모의거래과정을 투자자별로 적용하기 위하여 투자자의 투자성향, 투자경험 등을 고려하여 내부기준을 마련하여야 함

ㄴ. 예외 : 거래 희망자의 사전지식 등 전문성 정도를 감안하여, 자율규제위원회[2] 위원장(이하 '자율규제위원장'이라 함)이 인정하는 파생상품 업무경험이 1년 이상이고 파생상품 관련 자격시험에 합격한 사실이 있는 자에 대해서는 사전 의무교육 및 모의거래 이수를 면제하고, 파생상품 관련 자격시험에 합격하고 합격의 효력이 상실되지 않은 자에 대해서는 사전 의무교육을 면제

❻ 판매절차 적정성 점검 : 금융투자회사는 일반투자자를 대상으로 금융투자상품을 매매하거나 투자자문계약, 투자일임계약 또는 신탁계약을 체결하는 경우, 7영업일 이내에 판매절차가 관계법규 및 당해 회사가 마련한 투자권유준칙에서 정하는 방법과 절차에 따라 적정하게 이행되었는지 여부를 투자자로부터 확인하여야 함. 다만, 금융투자회사는 금융투자회사의 인력현황, 계약건수, 금융투자상품의 위험도 등을 감안하여 확인하고자 하는 금융투자상품 또는 투자자의 범위 등을 조정할 수 있음

(3) 위험고지

❶ 일중매매거래(day trading) : '일중매매거래'란 같은 날에 동일 종목의 금융투자상품을 매수한 후 매도하거나, 매도한 후 매수함으로써 해당 금융투자상품의 일

---

2 ① 자율규제위원회는 위원장과 6인의 위원 등 총 7인으로 구성
② 자율규제위원회는 금융투자회사 또는 그 임직원이 금융 관련 법령의 위반, 협회 정관·규정 등을 위반 시 제재(회사) 또는 권고(임직원) 가능
③ 위원장은 회원 및 그 임직원에 대한 제재조치 부과 시 그 내용 등을 공표

중 가격 등락의 차액을 얻을 목적으로 행하는 매매거래를 말함

주식, 주식워런트증권 및 장내파생상품을 거래하기 위한 계좌를 개설하고자 하는 경우 회사가 정한 '일중매매거래 위험고지서'를 교부하고 이를 충분히 설명하여야 함

또한 회사는 일중매매거래에 대하여 회사의 인터넷 홈페이지 및 온라인거래를 위한 컴퓨터 화면에 일중매매위험을 설명하는 설명서를 게시하여야 함

❷ 시스템매매 : '시스템매매'란 투자자 자신의 판단을 배제하고 사전에 내장된 일련의 조건에 의하여 금융투자상품 매매종목, 매매시점 또는 매매호가에 대한 의사결정 정보를 제공하거나 이에 의하여 자동매매주문을 내는 전산소프트웨어에 의하여 금융투자상품을 매매하는 투자방법을 말함

일반투자자가 시스템매매 프로그램에 의한 매매거래를 신청하는 경우 시스템매매가 반드시 수익을 보장해 주지 않고, 올바른 이해 없이 활용하는 경우 큰 손실이 발생될 수 있다는 유의사항을 고지하여야 하며, 회사가 정한 '시스템매매 위험고지서'를 교부하고 충분히 설명하여야 함

회사는 인터넷 홈페이지 및 온라인거래를 위한 컴퓨터 화면에 시스템매매 위험고지서를 게시하여야 함

일반투자자가 시스템매매 프로그램에 의한 매매거래를 신청하는 경우 프로그램에 내재된 가격 예측 이론 및 사용방법 등에 대한 사전교육 이수 여부를 확인하여야 하며, 별도의 신청서에 의하여 처리하여야 함

(4) 펀드(집합투자증권) 판매

❶ 펀드(집합투자증권) 판매 시 금지행위 : 펀드를 판매하는 경우 다음의 행위를 하여서는 아니 됨

ㄱ. 회사가 받는 판매보수 또는 판매수수료가 높다는 이유로 특정 펀드의 판매에 차별적인 판매촉진 노력(영업직원에 대한 차별적인 보상이나 성과보수의 제공 및 집중적 판매독려 등)을 하는 행위. 다만, 투자자의 이익에 부합된다고 볼 수 있는 합리적 근거가 있어 판매대상을 단일 집합투자업자의 펀드로 한정하거나 차별적인 판매촉진 노력을 하는 경우는 제외

ㄴ. 펀드 판매의 대가로 집합투자재산의 매매주문을 판매회사나 제3자에게 배정하도록 집합투자업자에게 요구하는 행위

ㄷ. 펀드 판매의 대가로 다른 투자자보다 부당하게 높은 매매거래 수수료를 요구하는 행위

ㄹ. 예상수익률의 보장, 예상수익률의 확정적인 단언 또는 이를 암시하는 표현, 실적배당상품의 본질에 반하는 주장이나 설명등을 하는 행위

ㅁ. 자기가 판매하는 펀드의 집합투자재산에 관한 정보를 회사 고유재산의 운영 또는 자기가 판매하는 다른 펀드의 판매를 위하여 이용하는 행위

ㅂ. 집합투자증권의 판매와 관련하여 허위의 사실, 그 밖에 근거 없는 소문을 유포하는 행위

ㅅ. 집합투자회사가 판매회사와 그 임직원을 통하여 집합투자기구를 판매함으로써 취득하게 된 투자자에 관한 정보를 이용하여 집합투자기구의 집합투자증권을 직접 판매하는 행위. 다만, 집합투자회사가 판매회사의 금융지주회사인 경우에는 일부 정보를 이용할 수 있음

ㅇ. 집합투자기구의 수익률에 대하여 단정적인 판단을 제시하는 행위

ㅈ. 판매회사의 직원이 집합투자업과 관련된 수탁업무·자산보관업무·일반사무 관리업무 또는 고유재산 운용업무를 겸직하는 행위

ㅊ. 판매회사 변경과 관련하여 부당하게 다른 판매회사의 고객을 유인하는 등 공정한 거래질서를 해하거나, 그 임직원 또는 투자권유대행인으로 하여금 이를 행하도록 하는 행위

ㅋ. 정당한 사유 없이 공모로 발행되는 집합투자증권의 판매를 거부하는 행위

ㅌ. 집합투자증권의 판매의 대가로 집합투자회사에게 집합투자재산의 매매주문을 회사나 제3자에게 배정하도록 요구하거나, 유사한 다른 투자자의 매매거래보다 부당하게 높은 거래 수수료를 요구하는 행위

ㅍ. 투자자로부터 집합투자증권 취득자금 수취와 관련하여 다음 각 목의 어느 하나에 해당하는 행위

　　a. 판매회사의 임직원 이외의 자를 통해 자금을 받는 행위

　　b. 판매대금을 분할 납부하도록 하거나 판매회사 또는 임직원이 선납하는 행위

　　c. 자금의 실제 납입이 이루어지기 전에 납입이 이루어진 것으로 처리하는 행위

ㅎ. 일반투자자에게 계열회사등('계열회사 또는 계열회사에 준하는 회사'를 말함)인 집합

투자회사가 운용하는 집합투자기구의 집합투자증권만을 투자권유하거나 안내하는 행위

❷ 집합투자증권 판매 시 준수사항

ㄱ. 펀드 판매 창구의 구분 및 표시 : 판매회사는 영업점에 자금입출 등 통상적인 창구와 구분될 수 있도록 집합투자증권에 대한 투자권유 및 판매 등 집합투자증권 관련 업무를 수행하는 창구에 별도의 표시를 하거나, 판매직원이 협회에 펀드투자권유자문인력으로 등록된 자임을 투자자가 확인할 수 있도록 표시하여야 함

ㄴ. 펀드 연계 판매 시 준수사항 : 판매회사는 집합투자증권의 판매를 다른 금융투자상품 등의 판매나 계약의 체결, 기타 서비스 제공 등과 연계하는 경우 다음의 사항을 준수하여야 함

a. 관계법규에서 정하는 금지행위에 해당되거나 규제를 회피할 목적이 아닐 것

b. 펀드투자권유자문인력으로 협회에 등록되어 있는 자가 투자권유를 할 것

c. 투자자에게 환매제한 등의 부당한 제약을 가하지 아니할 것

d. 집합투자증권의 실적배당원칙이 훼손되지 아니할 것

ㄷ. 실적평가 시 법규등 준수 여부 반영 : 투자권유를 한 임직원의 집합투자증권 판매 실적 또는 투자권유대행인의 집합투자증권 투자권유 실적평가 시 관계법규 등의 준수 여부 및 민원발생 여부 등을 반영하여야 함

ㄹ. 펀드 온라인 판매 시 적합성 원칙 구현 절차 마련 : 판매회사는 일반투자자에게 투자권유를 하지 아니하고 온라인거래를 통하여 집합투자증권을 판매 시 일반투자자가 원하는 경우 해당 투자의 적합 또는 적정 여부를 확인할 수 있는 절차를 마련하여야 함

ㅁ. 일반투자자에게 계열회사등인 집합투자회사가 운용하는 집합투자기구의 집합투자증권을 투자권유하는 경우 그 집합투자회사가 자기의 계열회사등이라는 사실을 고지하여야 함

ㅂ. 판매회사는 다음의 사항을 해당 판매회사 및 협회의 인터넷 홈페이지에 공시하여야 함

a. 판매한 집합투자증권이 계열회사등인 집합투자회사가 운용하는 집합투자기구의 집합투자증권인지 여부를 구분하여 그 판매비중·수익률·비용

b. 당해 판매회사의 임직원 및 투자권유대행인이 집합투자증권에 대한 불완

전판매로 판매회사가 감독당국으로부터 제재를 받았을 경우 그 사실

    c. 'a'에 따른 판매비중이 실제 판매비율과 50%p 이상 차이가 나는 경우 그 사유

(5) 방문판매

❶ 방문판매등 개념 : 다음의 방식으로 투자성 상품 및 대출성 상품에 대한 계약 체결의 권유 또는 계약의 청약을 받아 계약을 체결하여 상품을 판매하는 것

    ㄱ. 방문판매 : 금융투자회사의 영업소, 지점, 출장소 등 사업장 외의 장소로 고객을 방문하여 상품을 판매하는 방식

    ㄴ. 전화권유판매 : 전화를 이용하여 고객에게 상품을 판매하는 방식

    ㄷ. 화상권유판매 : 영상통화, 컴퓨터시스템 등의 매체를 활용하여 고객과 방문판매인력이 화상을 통해 상호 간에 얼굴을 보면서 실시간 대화를 통해 상품을 판매하는 방식

❷ 방문판매인력의 요건 : 방문판매인력은 다음의 요건을 모두 갖추어야 함. 다만, 아래 'ㄴ'과 관련하여 관계법규에서 정하는 자격요건이 없는 경우에는 'ㄴ'을 적용하지 아니함.

    ㄱ. 금융투자회사의 임직원 또는 금융투자회사로부터 투자권유의 업무를 위탁받은 투자권유대행인일 것

    ㄴ. 「금융투자전문인력과 자격시험에 관한 규정」제2-1조에 따라 금융투자전문인력으로 등록하였거나 「금융투자전문인력과 자격시험에 관한 규정」제3-20조에 따라 투자권유대행인으로 등록하였을 것

    ㄷ. 협회가 주관하는 방문판매인력 사전교육을 이수할 것

    ㄹ. 협회가 주관하는 방문판매인력 직무교육을 연간 1회 이상 이수할 것(단, 'ㄷ'의 사전교육을 이수한 해당 연도는 직무교육을 면제함)

❸ 방문판매인력의 명부관리 : 금융투자회사는 다음의 내용을 포함한 방문판매인력에 대한 명부를 작성하고 이를 유지·관리하여야 함

    ㄱ. 소속회사, 성명, 연락처

    ㄴ. 금융투자전문인력 또는 투자권유대행인 등록 현황

    ㄷ. 교육이수(사전교육 및 연간 1회 이상의 직무교육) 현황

3 **전문투자자**

전문투자자란 금융투자상품에 관한 전문성 구비 여부, 소유자산규모 등에 비추어 투자에 따른 위험 감수능력이 있는 투자자로서 인정되는 자를 말하며, 전문투자자 이외의 투자자는 일반투자자로 본다.

(1) 전문투자자의 구분

전문투자자는 자신의 의사 여부에 관계없이 전문투자자로 구분되는 전문투자자(국가, 금융기관, 증권유관단체 등), 일반투자자자로의 전환을 신청할 수 있는 전문투자자(주권상장법인, 지자체 등) 및 일반투자자가 일정 요건을 갖추고 전문투자자로의 지정을 신청하여 전환된 전문투자자의 세 가지로 구분된다.

(2) 전문투자자의 관리 등

일반투자자자로의 전환을 신청할 수 있는 전문투자자(주권상장법인, 지자체 등)가 일반투자자와 같은 대우를 받겠다는 의사를 금융투자회사에 서면으로 통지하는 경우 금융투자회사는 정당한 사유가 없는 한 이에 동의하여야 하며, 그러한 경우 전문투자자라 하더라도 해당 금융투자회사에서는 일반투자자로 간주된다.

일반투자자가 일정 요건을 갖추고 전문투자자로의 지정을 신청하여 전환된 전문투자자는 기본적으로 일반투자자이지만 전문투자자와 비슷한 수준의 금융전문 지식을 갖추고 있다고 간주하여 거래 절차의 편의성 등을 위하여 전문투자자로 전환 신청을 할 수 있도록 법에서 인정하여 준 것이다.

일반투자자가 장외파생상품거래를 하고자 할 경우 법에서 위험회피 목적의 경우로 한정하고 있기 때문에 만약 위험회피 목적 이외의 장외파생상품거래를 하기 위해서는 전문투자자가 되어야 가능하며 개인의 경우 충분한 투자경험(최근 5년 내 1년 이상 지분증권, 파생상품, 고난도파생결합증권에 해당하는 투자상품의 월말평균잔고가 3억 원 이상)을 갖추어야 가능하다.

법인 또는 단체(외국 법인 또는 외국 단체 포함)의 경우 본인이 직접 또는 금융투자회사가 대행하여 협회에 전문투자자로의 지정신청을 할 수 있고, 개인(외국인인 개인 포함)의 경우 금융투자회사[3]에 지정신청 할 수 있다. 개인의 경우 해당 금융투자회사에서 최초 전문투자자 지정 시 대면 또는 영상통화를 통해 본인 여부를 확인하여야 한다. 금융투자회사는 일반투자자 개인(외국인인 개인 포함)을 전문투자자로 지정하는 경우 해당 투자자에게 향후 적합성 원칙, 적정성 원칙, 설명의무 등이 적용되지 아니한다는 사실과 투자자가 요청하는 경우에는 일반투자자와 같은 대우를 받을 수 있다는 사실을 설명하고, 설명한 내용을 해당 투자자가 이해하였음을 녹취 또는 녹화로 확인받아야 한다.

(3) 전문투자자 분류

전문투자자로 지정을 받은 자가 전문투자자의 대우를 받고자 하는 경우 금융투자회사에 전문투자자 확인증을 제시하고 전문투자자로 분류해 줄 것을 요청하여야 하며 이 경우 금융투자회사는 전문투자자 지정여부 및 잔존 효력기간 등을 확인하여야 한다. 이에 따라 금융투자회사가 일반투자자를 전문투자자로 분류하는 경우에는 해당 전문투자자에게 향후 적합성 원칙, 적정성 원칙, 설명의무 등이 적용되지 아니한다는 사실과 투자자가 요청하는 경우에는 일반투자자와 같은 대우를 받을 수 있다는 사실을 설명하여야 한다. 다만, 개인 전문투자자(외국인 개인 포함)의 경우 설명한 내용을 해당 투자자가 이해하였음을 서면으로 확인받아야 한다.

금융투자회사는 전문투자자 지정효력 기간이 만료하거나 전문투자자가 일반투자자와 같은 대우를 받겠다는 의사를 서면으로 통지한 경우 정당한 사유가 없는 한 해당 전문투자자를 일반투자자로 분류하고 그 사실을 해당 전문투자자에게 즉시 통보하여야 한다.

금융투자회사는 개인 전문투자자(외국인 개인 포함)를 전문투자자로 분류한 이후 고난도금융투자상품을 판매하거나 고난도금전신탁계약, 고난도투자일임계약을 체결하는 경우 적합성 원칙, 적정성 원칙, 설명의무 등이 적용되지 아니한다는 사실과 투자자가 요청하는 경우에는 일반투자자와 같은 대우를 받을 수 있다는 사실을 설명하고, 설명한 내용을 해당 투자자가 이해하였음을 서면으로 확인받아야 한다.

---

3 최근 사업연도말 자산총액(대차대조표상의 자산총액에서 투자자예탁금을 뺀 금액을 말한다) 1천억 원 이상 및 장외파생상품 투자매매업 또는 증권 투자매매업(인수업을 경영하는 자만 해당한다)을 경영

(요약) 개인전문투자자를 대상으로 위험고지하는 경우

구분	심사 회사	타 회사
(1) 지정 심사	녹취 또는 녹화	-
(2) 전문투자자 분류	서면	서면
(3) 고난도금융투자상품 판매 등	서면	서면

금융투자회사는 전문투자자에서 일반투자자 또는 일반투자자에서 전문투자자로 전환된 투자자의 성명, 지정일자, 효력기간 등을 관리대장에 기록·유지하여야 한다.

4	**투자권유대행인**

(1) 투자권유대행인의 구분

투자권유대행인은 금융투자회사의 임직원이 아닌 자로서 금융투자회사와의 계약에 의하여 투자권유업무를 위탁받은 개인을 말하는데, 법에서는 파생상품등에 대해서는 투자권유를 위탁할 수 없도록 하고 있다(법 제51조). 투자권유대행인의 구분 및 가능 업무는 다음과 같다.

❶ 펀드투자권유대행인 : 펀드(파생상품등은 제외)의 매매를 권유하거나 투자자문계약, 투자일임계약 또는 신탁계약(파생상품등에 투자하는 특정금전신탁계약, 고난도금전신탁계약 및 고난도투자일임계약은 제외. 이하 같다)의 체결을 권유하는 자
❷ 증권투자권유대행인 : 증권(펀드 및 파생상품등은 제외) 및 MMF형 CMA 매매를 권유하거나 투자자문계약, 투자일임계약 또는 신탁계약의 체결을 권유하는 자

(2) 투자권유대행인의 자격요건

❶ 펀드투자권유대행인 : 펀드투자권유자문인력 적격성 인증시험 또는 펀드투자권유대행인 시험에 합격한 자로서 협회가 주관하는 펀드투자권유자문인력 투자자보호교육 또는 펀드투자권유대행인 등록교육을 이수한 자. 다만, 투자자문계약, 투자일임계약 또는 신탁계약의 체결을 권유하고자 하는 경우 다음의 요건을 추가로 갖추어야 함

ㄱ. 투자자문계약 또는 투자일임계약의 체결을 권유하고자 하는 경우 : 협회가

실시하는 '투자자문 · 투자일임 등록교육'을 이수할 것

ㄴ. 신탁계약의 체결을 권유하고자 하는 경우 : 협회가 실시하는 '신탁 등록교육'을 이수할 것

❷ 증권투자권유대행인 : 증권투자권유자문인력 적격성인증시험, 투자자산운용사시험 또는 증권투자권유대행인 시험에 합격한 자로서 협회가 주관하는 증권투자권유자문인력 투자자 보호교육 또는 증권투자권유대행인 등록교육을 이수한 자. 다만, 투자자문계약, 투자일임계약 또는 신탁계약의 체결을 권유하고자 하는 경우 다음의 요건을 추가로 갖추어야 함

ㄱ. 투자자문계약 또는 투자일임계약의 체결을 권유하고자 하는 경우 : 협회가 실시하는 '투자자문 · 투자일임 등록교육'을 이수할 것

ㄴ. 신탁계약의 체결을 권유하고자 하는 경우 : 협회가 실시하는 '신탁 등록교육'을 이수할 것

(3) 투자권유대행인의 등록 절차 및 등록의 효력등

❶ 등록 및 변경등록 신청 : 투자권유대행인은 금융투자회사로부터 위탁받은 업무범위 내에서만 투자권유가 가능하며 금융투자회사를 통하여 협회에 등록을 신청하여야 함

ㄱ. 등록신청 : 금융투자회사는 자신의 임직원이 아닌 개인에게 투자권유를 위탁하고자 하는 경우 등록신청서 등 필요서류를 제출하고 협회에 투자권유대행인 등록을 신청하여야 함

ㄴ. 변경등록 신청 : 금융투자회사는 투자권유대행인에 대한 업무위탁범위가 변경된 경우 협회에 투자권유대행인 변경등록을 신청하여야 함

❷ 등록 및 등록거부

ㄱ. 투자권유대행인 등록증 발급 : 협회는 금융투자회사가 투자권유대행인 등록을 신청한 경우 필요서류의 누락 여부 및 투자권유가 가능한 해당 자격요건의 구비 여부를 확인하여 '투자권유대행인 등록원부'에 기재하고 '투자권유대행인 등록증'을 발급

ㄴ. 등록거부 : 협회는 확인 결과 자격요건을 구비하지 아니하는 등 하자가 있거나 장기간(5년 이상) 투자권유업무를 수행하지 않고, 보수교육 등을 이수하지 않은 경우 등록을 거부할 수 있음

❸ 보수교육 : 투자권유대행인은 협회가 실시하는 소정의 보수교육을 매년 1회 이상 이수하여야 함. 투자권유대행인으로 협회에 등록된 해당 연도는 보수교육을 면제함

❹ 등록의 말소 및 효력정지

　　ㄱ. 등록의 말소 : 금융위원회가 투자권유대행인에 대하여 등록 취소조치를 부과하거나 금융투자회사와의 위탁계약이 해지된 경우 협회는 해당 투자권유대행인의 등록을 말소함

　　ㄴ. 등록의 효력정지 : 금융위원회가 법 제53조 제2항에 따라 투자권유대행인에게 직무정지 조치를 부과한 경우 또는 협회가 실시하는 보수교육을 이수하지 아니한 경우 협회는 투자권유대행인의 등록의 효력을 정지할 수 있음

section 02 　조사분석자료 작성 및 공표

'조사분석자료'란 금융투자회사의 명의로 공표 또는 제3자에게 제공되는 것으로 특정 금융투자상품(집합투자증권은 제외)의 가치에 대한 주장이나 예측을 담고 있는 자료를 말한다.

'금융투자분석사'란 금융투자회사 임직원으로서 조사분석자료의 작성, 심사 및 승인 업무를 수행하는 자로 전문인력규정 제3-1조에 따라 협회에 등록된 금융투자전문인력을 말한다.

'조사분석 담당부서'란 명칭에 관계없이 조사분석자료의 작성, 심사 및 승인 등의 업무를 수행하는 부서를 말한다. '공표'란 조사분석자료의 내용을 다수의 일반인이 인지할 수 있도록 금융투자회사 또는 조사분석 담당부서가 공식적인 내부절차를 거쳐 발표(언론기관 배포·인터넷 게재·영업직원에 대한 통보·전자통신수단에 의한 통지 등을 포함)하는 행위를 말한다.

조사분석자료의 작성, 심사 및 승인 등의 업무를 수행하기 위하여는 협회가 인정하는 금융투자분석사(애널리스트) 자격을 취득하여야 한다.

1 | 조사분석자료 작성 원칙 등

조사분석자료는 많은 투자자들에게 영향을 미치기 때문에 윤리성이 매우 중요하다. 자기 또는 타인의 부당한 이익을 도모하지 않고 투자자를 최우선으로 생각하며, 신의성실의 원칙하에 객관적이고 독립적인 사고와 판단을 가지고 작성하여야 한다.

(1) 조사분석의 원칙

❶ 금융투자회사 및 금융투자분석사는 조사분석업무를 수행함에 있어 선량한 관리자로서의 주의의무를 다하여야 한다.

❷ 금융투자회사 및 금융투자분석사는 조사분석의 대가로 조사분석 대상법인 등 이해관계인으로부터 부당한 재산적 이득을 제공받아서는 아니 된다.

❸ 금융투자회사 및 금융투자분석사는 조사분석 대상법인 등 외부로부터 취득한 자료를 인용하는 경우 해당 자료의 신뢰도를 철저히 검증하여야 한다.

❹ 금융투자회사 및 금융투자분석사는 공정성을 현저하게 결여하거나 합리적 근거가 없는 조사분석자료를 작성하거나 이를 공표하여서는 아니 된다.

(2) 금융투자분석사의 확인

❶ 금융투자분석사는 조사분석자료를 타인의 부당한 압력이나 간섭 없이 본인의 의견을 정확하게 반영하여 신의성실하게 작성한 경우 그 사실을 조사분석자료에 명시하여야 한다.

❷ 금융투자회사는 금융투자분석사의 확인 없이 조사분석자료를 공표하거나 제3자에게 제공하여서는 아니 된다.

❸ 금융투자회사는 해당 금융투자회사의 임직원이 아닌 제3자가 작성한 조사분석자료를 공표하는 경우 해당 제3자의 성명(법인의 경우 법인명)을 조사분석자료에 기재하여야 한다.

❶ 금융투자회사 및 임직원의 금융투자분석사에 대한 부당한 압력이나 권한 행사 금지 : 금융투자회사 및 그 임직원은 금융투자분석사에게 부당한 압력이나 권한을 행사하여서는 아니 된다. 따라서 협회 규정에서는 조사분석담당부서가 기업금융업무 관련부서나 상품운용부서 또는 분석대상이 되는 기업으로부터 부당한 압력이나 간섭을 받지 않도록 회사 내부적인 기준을 마련하도록 하고 있다.

❷ 조사분석업무 독립적 수행을 위한 내부통제기준 제정 등 필요조치 이행의무 : 금융투자회사는 금융투자분석사가 조사분석업무를 독립적으로 수행할 수 있도록 내부통제기준 및 조사분석자료의 품질 및 생산실적, 투자의견의 적정성 등이 포함된 보수산정 기준을 제정·운영하여야 한다.

❸ 조사분석자료 공표 전 사전 제공 제한 : 금융투자회사 및 금융투자분석사는 조사분석자료를 공표하기 전에 내부기준에 따른 승인 절차를 거치지 아니하고 제3자에게 조사분석자료 또는 그 주된 내용을 제공할 수 없다.

❹ 조사분석자료 사전제공 금지대상 명문화 : 금융투자회사 및 금융투자분석사는 조사분석자료를 공표하기 전에 조사분석대상법인 및 조사분석자료의 작성·심의에 관여하지 않은 임직원에게 조사분석자료 또는 그 주된 내용을 제공하여서는 아니 된다.

❺ 금융투자분석사의 기업금융업무부서와의 협의 조건 : 금융투자분석사와 기업금융업무 관련 부서 간의 의견 교환은 원칙적으로 제한되고 있지만, 많은 비용을 수반하는 조사분석담당부서에 대한 활용도를 엄격하게 제한하는 것은 기업활동을 지나치게 억제하게 되는 부작용이 있다. 따라서 원칙적으로는 기업금융 관련 부서와의 의견교류를 제한하되 준법감시부서의 통제하에 예외적으로 허용하고 있다.

  금융투자분석사가 기업금융업무(영 제68조 제2항 각 호의 업무를 말함) 관련 부서와 협의하고자 하는 경우 자료교환은 준법감시부서를 통하고 준법감시부서 직원의 입회하에 이루어져야 하며, 회의의 주요 내용은 서면으로 기록·유지되어야 한다.

❻ 조사분석 담당 임원의 기업금융·법인영업 및 고유계정 운용업무 겸직 금지 : 금융투자회사는 조사분석 담당부서의 임원이 기업금융·법인영업 및 고유계정 운용업무를 겸직하도록 하여서는 아니 된다. 다만, 임원수의 제한 등으로 겸직이 불

가피하다고 인정되는 경우에는 예외가 인정된다.

3   조사분석대상법인의 제한 등

조사분석자료를 작성하지 못하거나 이해관계를 고지하도록 하는 것은 소속 회사와 고객 간, 고객과 고객 간의 이해상충 방지를 위한 대표적 사례라고 할 수 있다.

(1) 조사분석대상법인의 제한

금융투자회사는 다음의 어느 하나에 해당하는 금융투자상품에 대하여는 조사분석자료를 공표하거나 특정인에게 제공하여서는 아니 된다.

❶ 자신이 발행한 금융투자상품

❷ 자신이 발행한 주식을 기초자산으로 하는 주식선물·주식옵션 및 주식워런트증권(ELW)

❸ 다음의 어느 하나에 해당하는 법인이 발행한 주식 및 주권 관련 사채권과 해당 주식을 기초자산으로 하는 주식선물·주식옵션 및 주식워런트증권

ㄱ. 자신이 안정조작 또는 시장조성 업무를 수행하고 있는 증권을 발행한 법인

ㄴ. 자신이 인수·합병의 중개·주선·대리·조언 등의 업무를 수행하는 경우로서 해당 인수·합병의 대상 법인 및 그 상대 법인(인수·합병의 규모가 해당 법인의 자산총액 또는 발행주식 총수의 100분의 5를 초과하는 경우에 한함)

ㄷ. 자신이 공개입찰 방식에 의한 지분매각 또는 해당 지분의 매입을 위한 중개·주선 등의 업무를 수행하는 경우로서 다음 중 어느 하나에 해당하는 법인

  a. 지분매각에 대한 주선등의 경우 매각대상법인 및 지분을 매입하고자 하는 법인. 이 경우 매입하고자 하는 법인에 대하여는 해당 지분의 매입을 위하여 입찰참여의향서를 제출한 시점부터 적용한다.

  b. 지분매입에 대한 주선등의 경우 해당 지분을 매입하고자 하는 법인 및 매입대상법인. 이 경우 매입대상법인에 대하여는 지분매입을 위하여 입찰참여의향서를 제출한 시점부터 적용한다.

ㄹ. 자신이 발행주식 총수의 100분의 5 이상의 주식등(신주인수권, 전환사채, 신주인수권증서, 신주인수권부사채권 및 교환사채를 통하여 취득 가능한 주식의 수 포함)을 보유 또

는 소유하고 있는 법인

ㅁ. 최근 사업연도 재무제표에 대한 감사인의 감사의견이 부적정 또는 의견거절이거나 한정인 법인. 다만, 이 경우라도 투자등급 및 목표 가격 등을 하향 조정하기 위한 경우에는 조사분석자료를 공표 또는 특정인에게 제공할 수 있다.

ㅂ. 법 제71조 제4호에 해당되는 법인[4]

(2) 회사와의 이해관계 고지

금융투자회사는 자신이 채무이행을 직·간접적으로 보장하거나, 발행주식 총수의 1% 이상의 주식등을 보유하는 등 각종 이해관계가 있는 경우 법인이 발행한 금융투자상품과 해당 법인이 발행한 주식을 기초자산으로 하는 주식선물·주식옵션·주식워런트증권에 대한 조사분석자료를 공표하거나 특정인에게 제공하는 경우 회사와의 이해관계를 조사분석자료에 명시하여야 한다.

4 조사분석자료의 의무 공표

회사는 증권시장에 주권을 최초로 상장하기 위하여 대표주관업무를 수행한 경우 해당 법인에 대하여 최초 거래일로부터 1년간 2회 이상의 조사분석자료를 무료로 공표하여야 하며, 조사분석자료에는 회사가 대표주관업무를 수행하였다는 사실을 고지하여야 한다.

5 조사분석자료 공표 중단 사실 고지

금융투자회사는 최근 1년간 3회 이상의 조사분석자료(투자의견 및 목표 가격 등에 대한 상세한 분석이 이루어진 조사분석자료를 말함)를 공표한 경우 최종 공표일이 속하는 월말로부터 6개월 이내에 조사분석자료를 추가로 공표하여야 하며, 만약 더 이상 자료를 공표하지 않고자 할 경우에는 중단 사실과 사유를 고지하여야 한다.

---

4 자본시장법 제71조 제4호에서는 주권(주권 관련 사채권을 포함)의 모집 또는 매출과 관련한 계약을 체결한 날부터 그 주권이 증권시장에 최초로 상장된 후 40일 이내에 그 주권에 대한 조사분석자료를 공표하거나 특정인에게 제공하는 행위를 금지하고 있다.

6 금융투자분석사의 매매거래 제한

법 제71조에서 조사분석자료가 확정된 시점부터 공표 후 24시간까지는 회사의 고유재산으로 조사분석대상이 된 금융투자상품을 매매하지 못하도록 하고 있는 것과 유사하게 금융투자분석사 개인에게도 이해상충 문제 해소를 위해 매매거래 제한 및 이해관계 고지의무를 협회 자율규제 차원에서 부과하고 있다.

❶ 금융투자분석사의 매매거래 제한 : 금융투자분석사는 자격을 취득하기 전에 취득한 금융투자상품을 처분하는 등 불가피한 예외적인 경우를 제외하고는 자신이 담당하는 업종에 속하는 법인이 발행한 주식, 주권 관련 사채권, 신주인수권이 표시된 것, 이러한 주식을 기초자산으로 하는 주식선물·주식옵션 및 주식워런트증권을 매매하여서는 안 된다.

또한 금융투자분석사는 소속 금융투자회사에서 조사분석자료를 공표한 금융투자상품을 매매하는 경우에는 공표 후 24시간이 경과하여야 하며, 해당 금융투자상품의 공표일부터 7일 동안은 공표한 투자의견과 같은 방향으로 매매하여야 한다.

❷ 금융투자분석사의 24시간 매매거래 제한의 예외 허용 : 자본시장법은 조사분석자료 공표 후 24시간이 경과하기 전에 해당 회사가 자기계산으로 매매하는 행위를 금지하나, 조사분석자료가 새로운 내용을 담고 있지 않은 경우 등에 대해서는 예외적으로 매매를 허용하고 있으므로, 협회 규정에서도 법상 고유계정(회사의 계산)에 적용되는 24시간 매매제한의 예외사항을 금융투자분석사의 자기계산 매매에 대해서도 허용하고 있다.

금융투자분석사에 대한 이해상충 우려에 따라 일반적인 금융투자회사 임직원은 금융투자상품 매매거래내역을 분기별로 회사에 보고하면 되지만 금융투자분석사는 매월 보고하도록 하고 있다.

7 금융투자분석사의 재산적 이해관계의 고지

❶ 금융투자분석사의 재산적 이해관계 고지의무 : 금융투자분석사 또는 조사분석자

료의 작성에 영향력을 행사하는 자가 조사분석자료를 공표하거나 일반투자자를 대상으로 자신의 재산적 이해에 영향을 미칠 수 있는 금융투자상품의 매매를 권유하는 경우 그 재산적 이해관계를 고지하여야 한다.

❷ 재산적 이해관계 고지대상 제외사유 : 금융투자상품 및 주식매수선택권의 보유가액의 합계가 3백만 원 이하인 경우에는 고지대상에서 제외할 수 있는데 이 경우라도 레버리지 효과가 큰 주식선물·주식옵션 및 주식워런트증권은 보유가액의 크기와 관계없이 고지하여야 한다.

8   조사분석자료 관련 각종 공시 등

금융투자회사는 한국거래소에 상장된 주식에 대하여 조사분석자료를 공표하는 경우 다음의 사항을 조사분석자료에 게재하여야 한다. 다만, 투자등급 및 목표 가격 등의 구체적 내용 없이 매수·매도 등의 단순한 투자의견만 제시한 조사분석자료는 예외로 한다.

또한 조사분석자료에 해당 조사분석자료의 작성에 관여한 금융투자분석사의 성명, 재산적 이해관계, 외부자료를 인용한 경우 해당 자료의 출처 등을 명기하여야 한다.

❶ 투자등급 및 목표 가격 등 구체적 내용 표기 : 투자등급의 의미와 공표일부터 과거 2년간 해당 금융투자상품에 대하여 제시한 투자등급 및 목표 가격 변동추이를 게재하여야 하며, 목표 가격과 해당 금융투자상품의 가격 (주식의 경우 증권시장에서 형성된 종가를 말하며 기세를 포함)의 변동추이는 그래프로 표기하여야 한다.

❷ 투자의견 비율공시 : 최근 1년간 투자의견을 3단계 (매수/중립/매도)로 구분하여 최소 분기 1회 이상 갱신하여 조사분석자료에 명기하여야 한다.

협회는 조사분석자료를 공표하는 모든 증권회사의 최근 1년간 투자의견 비율을 종합하여 매분기마다 전자공시시스템(http://dis.kofia.or.kr/)을 통하여 갱신하여 공시한다. 투자의견 비율공시 의무는 조사분석자료에 대한 투자자의 신뢰 제고와 매도리포트의 활성화 등을 위해 도입되었다.

❸ 괴리율 공시 : 조사분석자료에 제시된 목표 가격과 실제 주가 간의 괴리율을 조사분석자료에 명기하여야 한다. 이때 실제 주가는 조사분석자료 공표일 익일부터 목표 가격에 도달할 것으로 제시한 기간(목표 가격이 변경되면 변경일 전일까지)까지의 주가 중 최고·최저 주가 및 해당 기간까지의 일평균 주가 모두를 말하므로

각각의 괴리율을 표기하여야 한다. 다만, 조사분석자료가 전문투자자만을 대상으로 제공되는 경우에는 예외로 한다.

9	교육연수

금융투자회사는 소속 금융투자분석사에 대하여 연간 2시간 이상의 윤리교육을 실시하여야 하며, 교육 실시 결과를 교육 종료일의 익월 말일까지 협회에 보고하여야 한다 (협회가 개설한 윤리교육 및 보수교육 이수 내역은 보고 대상에서 제외).

section 03	투자광고

1	총칙

(1) 자본시장법상 투자권유와 투자광고

자본시장법시행령(제7조 제4항)은 '투자성 상품을 취급하는 금융상품판매업자나 금융상품자문업자의 업무에 관한 광고 또는 투자성 상품에 관한 광고'를 '투자광고'로 정의하고 있다. 자본시장법상 투자권유는 특정 투자자를 상대로 금융투자상품의 매매 또는 일임·자문·신탁 계약(관리형신탁계약 및 투자성 없는 신탁계약은 제외)의 체결을 권유하는 행위로 정의되어 있다(법 제9조 제4항).

따라서 자본시장법에서는 투자광고 시 의무표시사항, 표시금지사항 등을 규정함으로써 투자자를 보호하고 있다.

또한 금융소비자보호법(제22조)에서는 원칙적으로 금융투자업자가 아닌 자는 투자광고를 하지 못하도록 하고 있으며,[5] 금융투자업자는 투자광고를 시행하기 전에 준법감시인의 사전확인을 거친 후 협회의 심사를 받도록 하고 있다.

---

5 다만, 금융투자업자가 아닌 자 중에서 협회, 금융지주회사 및 증권의 발행인·매출인(해당 발행·매출 증권에 한정)에 대하여는 예외적으로 투자광고를 허용하고 있다.

(2) 협회 규정상 투자광고의 정의

'금융투자회사가 금융투자회사의 영위업무 또는 투자성 상품, 대출성 상품 등을 널리 알리는 행위' 즉 수단이나 매체 등에 관계없이 업무 및 금융투자상품 등을 알리는 행위를 투자광고로 정의한다.

2 의무표시사항

투자광고 시에는 다음의 내용을 의무적으로 포함하여야 한다(금융소비자보호법 제22조).

(1) 일반적 의무표시사항(펀드 및 대출성 상품 제외)

❶ 금융상품 계약체결 전 금융상품 설명서 및 약관을 읽어볼 것을 권유하는 내용
❷ 금융상품 판매업자 등의 명칭, 금융상품의 내용(금융상품 명칭, 이자율, 수수료 등)
❸ 투자에 따른 위험(원금 손실 발생가능성 및 원금손실에 대한 소비자의 책임)
❹ 과거 운용실적을 포함하여 광고하는 경우에는 그 운용실적이 미래의 수익률을 보장하는 것이 아니라는 사실
❺ 일반금융소비자는 금융회사로부터 설명을 받을 수 있는 권리가 있다는 사실
❻ 법령 및 내부통제기준에 따른 광고 관련 절차의 준수에 관한 사항
❼ 예금보험관계의 성립여부와 그 내용 등
❽ 광고의 유효기간이 있는 경우 해당 유효기간, 통계수치나 도표 등을 인용하는 경우 해당 자료의 출처 등
❾ 수수료 부과기준 및 절차, 손실이 발생할 수 있는 상황 및 그에 따른 손실 추정액, 과거의 실적을 표시하는 경우 투자광고 시점 및 미래에는 이와 다를 수 있다는 내용, 최소비용을 표기하는 경우 그 최대비용과 최대수익을 표기하는 경우 그 최소수익 등

(2) 펀드 투자광고 시 의무표시사항(한정된 공간에 다수의 펀드를 광고하는 경우에는 일부 완화)

❶ 금융상품 계약체결 전 금융상품 설명서 및 약관을 읽어볼 것을 권유하는 내용
❷ 금융상품 판매업자 등의 명칭, 금융상품의 내용(금융상품 명칭, 이자율, 수수료 등)

❸ 투자에 따른 위험(원금 손실 발생가능성 및 원금손실에 대한 소비자의 책임)

❹ 과거 운용실적을 포함하여 광고하는 경우에는 그 운용실적이 미래의 수익률을 보장하는 것이 아니라는 사실

❺ 일반금융소비자는 금융회사로부터 설명을 받을 수 있는 권리가 있다는 사실

❻ 법령 및 내부통제기준에 따른 광고 관련 절차의 준수에 관한 사항

❼ 예금보험관계의 성립여부와 그 내용 등

❽ 환매수수료 및 환매신청 후 환매금액의 수령이 가능한 구체적인 시기

❾ 증권거래비용이 발생할 수 있다는 사실과 투자자가 직·간접적으로 부담하게 되는 각종 보수 및 수수료

❿ 고유한 특성 및 위험성 등이 있는 집합투자기구의 경우 해당 특성 및 위험성 등에 관한 설명

⓫ 광고의 유효기간이 있는 경우 해당 유효기간, 통계수치나 도표 등을 인용하는 경우 해당 자료의 출처 등

⓬ 수수료 부과기준 및 절차, 손실이 발생할 수 있는 상황 및 그에 따른 손실 추정액, 과거의 실적을 표시하는 경우 투자광고 시점 및 미래에는 이와 다를 수 있다는 내용, 최소비용을 표기하는 경우 그 최대비용과 최대수익을 표기하는 경우 그 최소수익 등

(3) 대출성 상품 투자광고 시 의무표시사항

❶ 금융상품 계약체결 전 금융상품 설명서 및 약관을 읽어볼 것을 권유하는 내용

❷ 금융상품 판매업자 등의 명칭, 금융상품의 내용(금융상품 명칭, 이자율, 수수료 등)

❸ 대출조건(갖춰야할 신용수준에 관한 사항, 원리금 상환방법)

❹ 일반금융소비자는 금융회사로부터 설명을 받을 수 있는 권리가 있다는 사실

❺ 상환능력에 비해 대출금이 과도할 경우 개인신용평점이 하락할 수 있으며 이로 인해 금융거래와 관련된 불이익이 발생할 수 있다는 사실

❻ 적정 담보비율 미달시 기한 내 추가담보를 제공하지 않으면 담보증권이 임의처분될 수 있다는 사실

(4) 주요 매체별 위험고지 표시기준 강화

위 의무표시사항 중 위험고지와 관련되는 사항은 다음의 방법으로 표시하도록 하

고 있다.

❶ 바탕색과 구별되는 색상으로 선명하게 표시할 것
❷ A4용지 기준 9포인트 이상의 활자체로 투자자가 쉽게 알아볼 수 있도록 표시할 것.
  다만, 신문에 전면으로 게재하는 광고물의 경우 10포인트 이상의 활자체로 표시
❸ 영상매체를 이용한 투자광고의 경우 1회당 투자광고 시간의 3분의 1 이상의 시
  간 동안 투자자가 쉽게 알아볼 수 있도록 충분한 면적에 걸쳐 해당 위험고지내용
  을 표시하거나 1회 이상(단, 10분 이상의 광고물은 2회 이상) 소비자가 명확하게 인식할
  수 있는 속도의 음성과 자막으로 설명할 것
❹ 인터넷 배너를 이용한 투자광고의 경우 위험고지내용이 3초 이상 보일 수 있도
  록 할 것. 다만, 파생상품, 그 밖에 투자위험성이 큰 거래에 관한 내용을 포함하
  는 경우 해당 위험고지내용이 5초 이상 보일 수 있도록 하여야 함

3 투자광고 시 금지행위

금융투자회사는 투자광고를 할 때에 투자자 보호 및 건전한 영업질서 유지를 위하여
다음의 행위를 하여서는 아니 된다.

❶ 투자자들이 손실보전 또는 이익보장으로 오인할 우려가 있는 표시를 하는 행위
  (다만, 영 제104조제1항 단서에 따라 손실이 보전되거나 이익이 보장되는 경우는 제외)
❷ 수익률이나 운용실적을 표시하면서 다음의 어느 하나에 해당하는 경우
  ㄱ. 수익률이나 운용실적이 좋은 기간의 수익률이나 운용실적만을 표시하는 행위
  ㄴ. 세전·세후 여부를 누락하여 표시하는 행위
  ㄷ. 파생결합증권 및 ELF의 상환조건별 예상수익률을 표시하면서 예상손실률을
     근접 기재하지 않거나 크기, 색상, 배열 등에 있어 동등하지 않은 수준으로
     표시하는 행위
  ㄹ. 수수료를 일(日) 단위로 표시하는 등 금융소비자의 경제적 부담이 작아보이
     도록 하거나 계약체결에 따른 이익을 크게 인지하도록 하여 금융상품을 오인
     하게끔 표현하는 행위
❸ 집합투자기구등 운용실적에 따라 수익이 결정되는 금융투자상품 및 투자자문계
  약, 투자일임계약 또는 신탁계약등에 대하여 예상수익률 또는 목표수익률 등 실

현되지 아니한 수익률을 표시하거나 구성자산 중 일부의 수익률만을 표시하는 행위.[6] 다만, 실현되지 아니한 수익률 및 그 밖에 이와 유사한 수익률이 다음의 어느 하나에 해당하는 경우에는 제외

ㄱ. 집합투자기구의 상환목표수익률 및 분할매수형 집합투자기구의 기준 수익률

ㄴ. 전환형 집합투자기구의 전환목표수익률

ㄷ. 파생결합증권(주식워런트증권을 제외)을 투자대상으로 하는 집합투자기구의 상환조건별 예상수익률

ㄹ. 영 제88조제1항에 따른 성과보수형 집합투자기구의 기준수익률

ㅁ. ㈜코스콤 홈페이지에 1년 이상 수익률을 공시한 전자적 투자조언장치(로보어드바이저)의 위험유형별 수익률을 기준일자와 함께 제시하는 경우로써 집합투자기구 수익률 광고에 준하여 표시하는 행위

❹ 집합투자증권에 관한 투자광고에 집합투자기구의 명칭, 종류, 투자목적 및 운용전략, 기타 법령에서 정한 사항[7] 이외의 사항을 표시하는 행위

❺ 사모의 방법으로 발행하거나 발행된 금융투자상품에 관한 내용을 표시하는 행위 (다만, 투자광고 전날의 금융투자상품 잔고가 1억 원 이상인 일반투자자를 대상으로 서면, 전화, 전자우편 등의 방법으로 행하는 일반 사모펀드의 투자광고는 허용)

❻ 비교대상 및 기준을 분명하게 밝히지 않거나 객관적인 근거 없이 다른 금융상품 등과 비교하는 행위

❼ 투자일임재산을 각각의 투자자별로 운용하지 아니하고 여러 투자자의 자산을 집합하여 운용하는 것처럼 표시하는 행위

❽ 여러 신탁재산을 집합하여 운용한다는 내용을 표시하는 행위. 다만, 영 제6조 제4항 제2호[8]에 해당하는 경우는 제외

❾ 특정금전신탁의 특정한 상품(신탁업자가 신탁재산의 구체적인 운용방법을 미리 정하여 위탁자의 신탁재산에 대한 운용방법 지정이 사실상 곤란한 상품을 말함)에 대한 내용을 표시하는

---

6 다만, 집합투자기구의 상환목표수익률, 전환형 집합투자기구의 전환목표수익률, 주식워런트증권을 제외한 파생결합증권을 투자대상으로 하는 집합투자기구의 조건별 예상수익률은 표시할 수 있다.

7 금융소비자보호법 시행령 제20조 제3항 각호 및 금융소비자감독규정 제19조 제2항 각호.

8 2. 다음 각 목의 어느 하나에 해당하는 경우로서 신탁업자가 신탁재산을 효율적으로 운용하기 위하여 수탁한 금전을 공동으로 운용하는 경우
가. 법 제103조 제2항에 따른 종합재산신탁으로서 금전의 수탁비율이 100분의 40 이하인 경우
나. 신탁재산의 운용에 의하여 발생한 수익금의 운용 또는 신탁의 해지나 환매에 따라 나머지 신탁재산을 운용하기 위하여 불가피한 경우

행위

⑩ 금융투자회사의 경영실태 및 위험에 대한 평가의 결과(관련 세부내용 포함)를 다른 금융투자회사의 그것과 비교하여 표시하는 행위(금융투자상품만 해당)

⑪ 다른 종류의 금융투자상품 또는 영위업무에 대한 광고내용을 형식적으로 분리하지 않아 투자자의 투자판단에 오해를 주는 행위

⑫ 수익률, 수수료, 수상실적 및 통계수치를 표시하는 경우 다음의 어느 하나에 해당하는 행위

ㄱ. 수익률, 수수료 등(이하 "수익률등"이라 함)을 특별히 우대하여 제시하면서 우대조건·기간 등을 수익률등의 글자 크기의 3분의 1 미만으로 표시하거나 이를 수익률등과 분리하여 표시하는 행위

ㄴ. 집합투자기구의 운용실적 또는 운용실적(이하 "운용실적등"이라 함)의 비교표시를 하면서 기준일, 산출기간 또는 집합투자기구의 유형, 비교대상의 수를 운용실적등의 글자 크기의 3분의 1 미만으로 표시하거나 이를 운용실적등과 분리하여 표시하는 행위 및 기준일을 투자자가 쉽게 인식할 수 있도록 표시하지 않는 행위

ㄷ. 수상실적 또는 통계수치(이하 "수상실적등"이라 함)를 특별히 강조하여 표시하면서 그 출처, 시기, 조건 등을 수상실적등의 글자 크기의 3분의 1 미만으로 표시하거나 이를 수상실적등과 분리하여 표시하는 행위

⑬ 사진·문자·그림 등을 이용하여 법인·단체를 포함한 타인의 명예를 훼손하거나 초상권을 침해할 우려가 있는 표시 행위

⑭ 계약 체결 여부나 금융소비자의 권리·의무에 중대한 영향을 미치는 사항을 사실과 다르게 알리거나 분명하지 않게 표현하는 행위

⑮ 영업규정 별표 10의 "금융투자회사의 투자광고관련 금지행위"에서 열거하는 행위

⑯ 휴대전화 메시지·메신저·알람, 이메일 광고에 파생결합증권등(영업규정 제2-5조 제3항에 따른 파생결합증권과 금융소비자보호 감독규정 제11조제1항제2호에 따른 금융투자상품 및 상법 제469조 제2항 제3호에 따른 사채로서 법 제4조 제7항 제1호에 해당하는 증권을 포함)의 수익률, 만기, 조기상환조건을 기재하는 행위(해당 광고를 이용하여 수익률, 만기, 조기상환조건과 투자설명서 또는 간이투자설명서를 조회할 수 있는 인터넷 홈페이지 등의 주소를 소개하거나 해당 홈페이지 등에 접속할 수 있는 장치를 제공하는 것은 제외). 다만, 투자성향 평가결과 제2-5조 제3항에 따른 파생결합증권에 대한 투자가 적합한 만 65세 미만의 투자

자에게 협회가 정하는 기준을 준수하여 기재하는 경우에는 그러하지 아니함

⑰ 대출성 상품의 광고에서 다음 각목의 어느 하나에 해당하는 행위

    ㄱ. 대출이자율의 범위·산정방법, 대출이자의 지급·부과 시기 및 부수적 혜택·비용을 명확히 표시하지 아니하여 금융소비자가 오인하게 하는 행위

    ㄴ. 대출이자를 일 단위로 표시하여 대출이자가 저렴한 것으로 오인하게 하는 행위

⑱ 불확실한 사항에 대해 단정적 판단을 제공하거나 확실하다고 오인하게 할 소지가 있는 내용을 알리는 행위

⑲ 투자광고에서 금융상품과 관련하여 해당 광고매체 또는 금융상품판매대리·중개업자의 상호를 부각시키는 등 금융소비자가 금융상품직접판매업자를 올바르게 인지하는 것을 방해하는 행위

⑳ 금융소비자에 따라 달라질 수 있는 거래조건을 누구에게나 적용될 수 있는 것처럼 오인하게 만드는 행위

㉑ 투자광고에서 글자의 색깔·크기 또는 음성의 속도·크기 등이 해당 금융상품으로 인해 금융소비자가 받을 수 있는 혜택과 불이익을 균형 있게 전달하지 않는 행위

4   집합투자기구의 운용실적 표시

금융투자회사가 투자광고에 집합투자기구의 운용실적을 표시하고자 하는 경우 다음의 사항을 준수하여야 한다.

(1) 대상

기준일[9] 현재 집합투자기구 설정일 또는 설립일로부터 1년 이상 경과하고 순자산총액이 100억(세제펀드는 50억) 이상 집합투자기구(단, 펀드의 유형별 운용실적 표기 시 기준일 현재 동일 유형 내 펀드의 순자산총액이 500억 이상일 것)여야 하며, 집합투자기구의 적립식 투자에 따른 수익률(이하 "적립식수익률"이라 한다)을 표시하고자 하는 경우 신고서 제출일이 속한 달 직전월의 마지막 영업일(이하 "기간말영업일"이라 한다) 현재 설립일부터 3년 이상 경과

---

9 기준일은 투자광고계획신고서 제출일이 속한 월의 직전월 마지막 영업일(다만, 직전월 마지막 영업일에 공시자료 또는 평가자료가 없는 경우에는 전전월 마지막 영업일)임

하고 순자산총액이 100억 원 이상일 것

(2) 표시방법

기준일로부터 과거 1개월 이상 수익률 사용하되, 과거 6개월 및 1년 수익률 함께 표시(단, 3년 이상 펀드는 과거 1년 및 3년, 설립일로부터 기준일까지의 수익률 함께 표시)하여야 하며 적립식수익률의 경우 매월 첫 영업일에 일정금액의 해당 펀드를 매입하고 기간말영업일의 가격으로 평가한 수익률을 이용하여 기간말영업일로부터 연 단위로 과거 3년 이상의 적립식수익률을 사용하되, 기간말영업일로부터 과거 3년 적립식수익률을 함께 표시

(3) 의무표시사항

집합투자기구의 유형, 기준일 및 기준일 현재의 순자산총액, 설립일, 수익률 산출기간 및 산출기준, 세전·세후 여부, 벤치마크 수익률(단 MMF, 부동산 펀드 등 벤치마크 선정이 어려운 펀드는 벤치마크 수익률 생략 가능)

(4) 준수사항

❶ 방송법 제2조 제1호에 따른 방송을 이용한 광고 불가
❷ 집합투자증권의 가격으로 평가한 운용실적 사용
❸ 종류형 집합투자기구의 운용실적을 표시하는 경우 종류별 집합투자증권에 부과되는 보수·수수료 차이로 운용실적이 달라질 수 있다는 사실 표시
❹ MMF 운용실적을 표시하는 경우 과거 1개월 수익률(연환산 표시 가능)을 표시할 것. 다른 금융투자회사가 판매하는 MMF와 운용실적 등에 관한 비교광고를 하지 말 것.

(5) 비교광고

금융투자회사가 투자광고에 펀드 운용실적 또는 유형별 판매실적 등을 비교하고자 하는 경우 다음을 준수하여야 한다.

❶ 비교대상이 동일한 유형의 집합투자기구일 것
❷ 협회 등 증권유관기관의 공시자료 또는 집합투자기구평가회사의 평가자료를 사용할 것

❸ 기준일로부터 과거 1년, 2년 및 3년 수익률과 설정일 또는 설립일로부터 기준일까지의 수익률(유형별 판매펀드수익률의 경우에는 기준일로부터 과거 1년, 3년, 5년 수익률)을 표시하되, 연 단위 비교대상 내의 백분위 순위 또는 서열 순위 등을 병기할 것. 이 경우 평가자료에 포함된 전체 비교대상의 수를 근접 기재하여야 함

❹ 평가자료의 출처 및 공표일을 표시할 것

5 투자광고의 심의

(1) 준법감시인의 사전승인 및 점검

투자광고를 하고자 하는 경우 준법감시인의 사전승인을 거친 후 협회에 심사를 청구하여야 한다. 다만, 단순한 이미지 광고나 지점 광고 등 일부의 경우에는 협회 심사 절차를 거치지 않고 준법감시인의 사전승인만 받으면 투자광고가 가능하다. 또한 금융투자회사는 영업점에서의 투자광고물 사용의 적정성을 확인하기 위하여 연 1회 이상 현장점검을 실시하여야 한다.

(2) 협회의 심사

❶ 절차 : 협회에 투자광고 심사청구를 위하여는 '투자광고계획신고서'와 투자광고안을 함께 제출하여야 하며, 협회는 신고서 접수일부터 3영업일 이내(수정 또는 추가 자료 작성 기간은 제외)에 심사결과(적격·조건부적격·부적격)를 금융투자회사에 통보하도록 되어 있다.

❷ 재심사 청구 : 협회의 투자광고 심사결과에 이의가 있는 경우 심사결과 통보서를 받은 날부터 7영업일 이내에 협회에 재심사를 청구할 수 있다. 재심사는 자율규제위원회에서 심사하도록 되어 있으며, 자율규제위원회의 심사결과에 대하여는 다시 재심사를 청구할 수 없다.

❸ 협회의 투자광고 수정 또는 추가 자료 제출 요구 : 협회는 투자광고를 심사함에 있어 필요하다고 인정되는 경우 금융투자회사에 대하여 투자광고의 수정 또는 추가 자료의 제출을 요구할 수 있다.

(3) 부당한 광고의 사용금지

금융투자회사는 다음의 어느 하나에 해당하는 투자광고를 사용하여서는 아니 된다.

❶ 준법감시인의 사전승인 대상 투자광고에 해당하지 아니하는 경우로서 협회로부 터 적격통보를 받지 아니한 투자광고

❷ 협회가 적격통보 하였거나 투자광고의 내용 및 방법 등에 따라 준법감시인의 사 전승인만으로 시행한 투자광고의 내용을 임의로 변경한 투자광고. 단, 투자광고 의 유효기간 내에서 다음을 변경하는 것은 허용됨

    ㄱ. 규격, 색상(단, 의무표시사항의 변경은 제외), 금융투자회사의 명칭, 로고, 전화 등 통신매체의 번호, 주소 및 우편번호, 인터넷 홈페이지 주소, 이메일 주소, 판 매회사·수탁회사·영업점의 명칭, 약도를 변경하는 경우

    ㄴ. 수시로 변경될 수 있는 부분(일자, 상장주식의 종목명 등 기타 협회가 인정하는 단순한 항목에 한함)과 변경될 수 없는 부분을 별도로 구분하여 협회로부터 "적격"통 보를 받고 변경될 수 있는 부분만을 변경하는 경우

❸ 준법감시인의 사전승인 대상 투자광고에 해당하는 경우로서 준법감시인의 사전 승인을 받지 아니한 투자광고

❹ 유효기간이 경과한 투자광고(단, 온라인 광고 심사기준에서 달리 정할 수 있음)

❺ 사실과 다른 내용을 포함하고 있거나 제도·시장 상황의 변화 등으로 협회가 그 내용이 적절하지 아니하다고 인정하는 투자광고

❻ 협회로부터 사용중단을 요구받은 투자광고

---

section 04   영업보고서 및 경영공시 등

1   영업보고서의 작성 및 공시

(1) 대표이사의 서명

금융투자회사의 대표이사는 영업보고서가 영 제36조 제4항에 따라 작성되고, 기재내

용이 사실과 다름없음을 확인한 후 영업보고서에 서명 또는 기명날인하여야 한다.

(2) 공시방법

❶ 금융투자회사는 분기별 업무보고서를 금융위원회에 제출한 날부터 1년간 영업보고서를 본점과 지점, 그 밖의 영업소에 비치하고, 해당 금융투자회사의 인터넷 홈페이지 등을 이용하여 공시하여야 하며, 인터넷 홈페이지가 없는 경우에는 협회의 인터넷 홈페이지를 이용하여 공시하여야 함. 다만, 법 제159조 제1항에 따른 사업보고서 제출대상법인인 경우에는 반기보고서와 분기보고서를 공시한 경우 해당 분기의 영업보고서를 공시한 것으로 봄

❷ 금융투자회사는 주주·투자자 및 그 밖에 이해관계인 등으로부터 영업보고서의 교부를 요청받은 경우 이를 실비 또는 무상으로 제공하거나 컴퓨터등 유·무선 전자통신수단을 통해 열람할 수 있도록 하여야 함

(3) 영업보고서의 제출

❶ 금융투자회사는 영업보고서를 매분기 종료 후 45일(사업연도 경과 후 확정된 재무제표를 기준으로 재작성된 결산기 영업보고서의 경우 결산기 종료 후 90일) 이내에 전산파일과 함께 협회에 제출하여야 함. 다만, 사업보고서 제출대상법인인 금융투자회사가 법 제160조에 따라 반기보고서와 분기보고서를 전산파일과 함께 제출한 경우에는 해당 분기의 영업보고서를 제출한 것으로 봄

❷ 금융투자회사는 협회에 제출한 영업보고서에 오류 또는 변동사항이 있는 경우 당초의 기재사항과 정정사항을 비교한 내용을 문서로 작성하여 협회에 즉시 제출하여야 함

---

2 주요 경영상황 공시

❶ 금융투자회사는 직전 분기말 자기자본의 100분의 10에 상당하는 금액을 초과하는 부실채권이 발생하는 등 공시사항[10]이 발생한 경우 지체 없이 해당 금융투자회사(인터넷 홈페이지가 있는 경우에 한함) 및 협회의 인터넷 홈페이지에 공시하여야

---

10 금융투자업규정 제3-70조 제1항 제1호부터 제6호까지

함. 다만, 해당 금융투자회사가 발행한 주권이 유가증권시장 또는 코스닥시장에 상장되어 있는 경우에는 유가증권시장 또는 코스닥시장에 공시하여야 함

❷ 상장법인이 아닌 금융투자회사('비상장 금융투자회사')는 재무구조에 중대한 변경을 초래하는 등[11]의 사실 또는 결정(이사회의 결의 또는 대표이사 그 밖에 사실상의 권한이 있는 임원·주요 주주 등의 결정을 말함. 이 경우 이사회의 결의는 상법 제393조의2의 규정에 의한 이사회내의 위원회의 결의를 포함)이 있는 경우 그 내용을 지체 없이 해당 금융투자회사(인터넷 홈페이지가 있는 경우에 한함) 및 협회의 인터넷 홈페이지에 공시하여야 함. 다만, 금융지주회사법 제2조 제1항 제1호 및 제2호에 따른 지주회사(상장법인에 한함)의 자회사인 비상장 금융투자회사는 해당 지주회사가 한국거래소의 유가증권시장공시규정 제8조 또는 코스닥시장공시규정 제7조의 규정에 따라 신고한 경우 해당 신고로써 공시에 갈음할 수 있음

3   기타 공시사항

(1) 반기·분기보고서의 제출

사업보고서 제출대상 금융투자회사는 법 제160조의 규정에서 정한 반기보고서와 분기보고서를 각각 그 기간 경과 후 45일 이내에 전산파일과 함께 협회에 제출하여야 한다.

(2) 수수료 부과기준 제출 등

금융투자회사는 수수료 부과기준 및 절차에 관한 사항을 정하거나 이를 변경한 경우 지체 없이 그 내용을 협회에 통보하여야 한다.

(3) 관계인수인과의 거래

금융투자회사가 관계인수인으로부터 매수한 채권의 종목, 수량 등 거래내역을 공시하고자 하는 경우, 매분기말일을 기준으로 거래내역을 작성하여 매분기 종료 후 1개월 이내에 협회에 제출하여야 한다.

---

11 금융투자업규정 제3-70조 제1항 제7호 각목

section 05　재산상 이익의 제공 및 수령

1　재산상 이익 수수 대상

자본시장법 시행령 및 금융투자업규정에서는 금융투자회사가 업무와 관련하여 거래상대방(금융투자업규정에 의하여 금융투자회사로부터 재산상 이익을 제공받거나 금융투자회사에 제공하는 자를 말함) 등에게 제공하거나 거래상대방으로부터 제공받는 금전, 물품, 편익 등 재산상의 이익의 범위가 일반인이 통상적으로 이해하는 수준에 반하지 않을 것을 요구하고 있다. 또한, 이를 위해 필요한 구체적 기준을 협회가 정하도록 하고 있다.

이 규정의 취지는 회사가 정상적 영업활동의 일환으로 인정될 수 있는 접대나 경품 제공 등을 절대적으로 금지하거나 제한하는 것이 아니라 회사의 합리적 통제하에 절차를 준수하여 제공하고 제공받으라는 것이다.

다만, 자본시장법 시행령에서는 업무와 관련된 재산상 이익만을 규제하고 있기 때문에 업무와 관련되지 않는 일반적 접대비에 해당하는 것은 세법 또는 회사의 내부통제기준을 따라야 할 것이다.

특히, 「부정청탁 및 금품등 수수의 금지에 관한 법률」(일명 '김영란법')의 시행에 따라 공직자 등에 대한 접대비 등 제공 시에는 동 법률의 내용에 따라 회사가 정한 내부통제기준 및 제공한도 등을 미리 살펴보아야 한다.

2　재산상 이익의 범위

(1) 재산상 이익으로 보지 않는 범위

다음 어느 하나에 해당하는 물품등은 재산상 이익으로 보지 아니한다.

❶ 금융투자상품에 대한 가치분석·매매정보 또는 주문의 집행등을 위하여 자체적으로 개발한 소프트웨어 및 해당 소프트웨어의 활용에 불가피한 컴퓨터 등 전산기기

❷ 금융투자회사가 자체적으로 작성한 조사분석자료

❸ 경제적 가치가 3만 원 이하의 물품, 식사, 신유형 상품권(물품 제공형 신유형 상품권을 의미), 거래실적에 연동되어 거래상대방에게 차별없이 지급되는 포인트 및 마일리지

❹ 20만 원 이하의 경조비 및 조화·화환

❺ 국내에서 불특정 다수를 대상으로 하여 개최되는 세미나 또는 설명회로서 1인당 재산상 이익의 제공금액을 산정하기 곤란한 경우 그 비용. 이 경우 대표이사 또는 준법감시인은 그 비용의 적정성 등을 사전에 확인하여야 함

(2) 재산상 이익의 가치 산정

재산상 이익의 가치는 다음과 같이 산정한다.

❶ 금전의 경우 해당 금액

❷ 물품의 경우 구입 비용

❸ 접대의 경우 해당 접대에 소요된 비용. 다만, 금융투자회사 임직원과 거래상대방이 공동으로 참석한 경우 해당 비용은 전체 소요경비 중 거래상대방이 점유한 비율에 따라 산정된 금액

❹ 연수·기업설명회·기업탐방·세미나의 경우 거래상대방에게 직접적으로 제공되었거나 제공받은 비용

❺ 기타 위에 해당하지 아니하는 재산상 이익의 경우 해당 재산상 이익의 구입 또는 제공에 소요된 실비

3 재산상 이익 제공 및 수령내역 공시

금융투자업규정 개정('17.3.22)에 따라 재산상 이익의 제공 시 부과되어 온 인별(회당, 연간), 회사별(연간) 한도규제는 모두 폐지하는 대신, 특정한 거래상대방과의 거래를 목적으로 고액의 편익을 제공하거나 제공받는 행위에 대해서는 공시의무를 부과하였다.

❶ 공시대상 : 금전·물품·편익 등을 10억 원(최근 5개 사업연도를 합산)을 초과하여 특정 투자자 또는 거래상대방에게 제공하거나 특정 투자자 또는 거래상대방으로부터 제공받은 경우

❷ 공시내용 : 제공(수령)기간, 제공받은 자(수령한 경우에는 제공한 자)가 속하는 업종, 제공(수령)목적, 제공(수령)한 경제적 가치의 합계액

❸ 공시방법 : 인터넷 홈페이지 등에 공시

4	재산상 이익의 제공 한도

금융투자회사 영업활동의 자율성을 보장하기 위해 재산상 이익의 제공 한도 규제를 폐지하였으나, 거래의 위험성이 높은 파생상품에 대해서는 재산상 이익 제공을 활용한 고객 유치경쟁을 제한하기 위해 예외적으로 재산상 이익의 제공 한도 규제를 유지하였다.

이에 따라, 파생상품과 관련하여 추첨 기타 우연성을 이용하는 방법 또는 특정 행위의 우열이나 정오의 방법으로(이하 '추첨 등'이라 함) 선정된 동일 일반투자자에게 1회당 제공할 수 있는 재산상 이익은 300만 원을 초과할 수 없으며, 유사해외통화선물 및 주식워런트증권과 관련하여서는 추첨 등의 방법으로 선정된 일반투자자에게 종전과 동일하게 재산상 이익을 제공할 수 없다.

5	재산상 이익의 수령 한도

회사의 윤리경영과도 직결되기도 하는 문제이기도 한 만큼 협회가 일률적인 금액 기준을 제시하지는 않고 있으며, 1회당 한도 및 연간 한도 등을 회사가 스스로 정하여 준수하도록 하고 있다. 이 경우 해당 재산상 이익의 한도는 일반적으로 용인되는 사회적 상규를 초과하여서는 아니 된다.

다만, 외부에서 개최하는 연수·기업설명회·기업탐방·세미나의 경우 그 성격이 업무상 꼭 필요한 경우가 많으며 1회 참석으로도 그 비용이 상당할 수 있기 때문에 이와 관련하여 거래상대방으로부터 제공받은 교통비 및 숙박비는 대표이사 또는 준법감시인의 확인을 받아 재산상 이익에서 제외할 수 있도록 하고 있다.

6   **재산상 이익 관련 내부통제 등**

재산상 이익의 제공에 관한 한도가 폐지되면서, 이사회 등을 통한 금융투자회사의 자체적인 내부통제기능은 대폭 강화하였다.

❶ 기록유지 : 금융투자회사가 거래상대방에게 재산상 이익을 제공하거나 제공받은 경우 제공목적, 제공내용, 제공일자, 거래상대방, 경제적 가치 등을 5년 이상 기록 보관하여야 함
❷ 이사회를 통한 내부통제 : 이사회가 정한 금액을 초과하는 재산상 이익을 제공하고자 하는 경우에는 미리 이사회 의결을 거쳐야 하며, 금융투자회사는 재산상 이익의 제공현황 및 적정성 점검 결과 등을 매년 이사회에 보고하여야 함

7   **부당한 재산상 이익의 제공 및 수령 금지**

금융투자회사는 다음 중 어느 하나에 해당하는 재산상 이익을 제공하거나 제공받아서는 아니 되며, 금융투자회사는 임직원 및 투자권유대행인이 이 규정을 위반하여 제공한 재산상 이익을 보전하여 주어서는 아니 된다.

❶ 경제적 가치의 크기가 일반인이 통상적으로 이해하는 수준을 초과하는 경우
❷ 재산상 이익의 내용이 사회적 상규에 반하거나 거래상대방의 공정한 업무수행을 저해하는 경우
❸ 재산상 이익의 제공 또는 수령이 비정상적인 조건의 금융투자상품 매매거래, 투자자문계약, 투자일임계약 또는 신탁계약의 체결 등의 방법으로 이루어지는 경우
❹ 다음의 어느 하나에 해당하는 경우로서 거래상대방에게 금전, 상품권, 금융투자상품을 제공하는 경우(다만, 사용범위가 공연·운동경기 관람, 도서·음반 구입등 문화활동으로 한정된 상품권을 제공하는 경우는 제외)
   ㄱ. 집합투자회사, 투자일임회사(투자일임업을 영위하는 금융투자회사를 말함) 또는 신탁회사등 타인의 재산을 일임받아 이를 금융투자회사가 취급하는 금융투자상품 등에 운용하는 것을 업무로 영위하는 자(그 임원 및 재산의 운용에 관하여 의사결정을 하는 자를 포함)에게 제공하는 경우

ㄴ. 법인 기타 단체의 고유재산관리업무를 수행하는 자에게 제공하는 경우

ㄷ. 집합투자회사가 자신이 운용하는 집합투자기구의 집합투자증권을 판매하는 투자매매회사(투자매매업을 영위하는 금융투자회사를 말함), 투자중개회사(투자중개업을 영위하는 금융투자회사를 말함) 및 그 임직원과 투자권유대행인에게 제공하는 경우

❺ 재산상 이익의 제공 또는 수령이 위법·부당행위의 은닉 또는 그 대가를 목적으로 하는 경우

❻ 거래상대방만 참석한 여가 및 오락활동 등에 수반되는 비용을 제공하는 경우

❼ 금융투자상품 및 경제정보 등과 관련된 전산기기의 구입이나 통신서비스 이용에 소요되는 비용을 제공하거나 제공받는 경우(자체적으로 개발한 소프트웨어 및 해당 소프트웨어의 활용에 불가피한 컴퓨터 등 전산기기의 제공은 제외)

❽ 집합투자회사가 자신이 운용하는 집합투자기구의 집합투자증권의 판매실적에 연동하여 이를 판매하는 투자매매회사·투자중개회사(그 임직원 및 투자권유대행인을 포함)에게 재산상 이익을 제공하는 경우

❾ 투자매매회사 또는 투자중개회사가 판매회사의 변경 또는 변경에 따른 이동액을 조건으로 하여 재산상 이익을 제공하는 경우

section 06 | 직원 채용 및 복무 기준

1 채용결정 전 사전조회

금융투자회사는 직원을 채용하고자 하는 경우 채용예정자가 다음의 징계면직 전력 등의 여부와 「금융투자전문인력과 자격시험에 관한 규정」에 따른 금융투자전문인력 자격시험 응시 제한기간 또는 금융투자전문인력 등록거부기간 경과 여부를 채용결정 전에 비위행위 확인의뢰서의 제출 또는 전자통신 등의 방법으로 협회에 조회하여야 한다. 금융투자회사는 직원 채용 시 타 금융투자회사와의 근로계약 종료, 직무 전문성,

윤리 및 준법의식 등을 심사하여 채용 여부를 결정(채용심사)하여야 하며 이러한 채용심사 시 다음의 징계면직 전력 등을 고려할 수 있다.

❶ 자율규제위원회 운영 및 제재에 관한 규정 제9조 각 호 또는 전문인력규정 제3-13조 제1항 각 호에 해당하는 위법·부당행위(이하 이조에서 "위법·부당행위"라 한다)로 징계면직 처분(임원이었던 자의 경우에는 해임 처분, 이하 이 조에서 같음)을 받거나 퇴직 후 징계면직 상당의 처분을 받은 후 5년이 경과하였는지 여부
❷ 위법·부당행위로 금고 이상의 형을 선고받고 그 집행이 종료(집행이 종료된 것으로 보는 경우를 포함)되거나 면제된 후 5년(다만, 금고 이상의 형의 집행유예를 선고받은 경우 또는 금고 이상의 형의 선고를 유예받은 경우에는 그 유예기간에 한함)이 경과하였는지 여부

2 금융투자회사 직원의 금지행위

금융투자회사의 직원은 다음의 행위를 하여서는 아니 된다.

❶ 관계법규를 위반하는 행위
❷ 투자자에게 금융투자상품의 매매거래, 투자자문계약, 투자일임계약 또는 신탁계약의 체결 등과 관련하여 본인 또는 제3자의 명의나 주소를 사용토록 하는 행위
❸ 본인의 계산으로 금융투자상품의 매매거래, 투자자문계약, 투자일임계약 또는 신탁계약을 체결함에 있어 타인의 명의나 주소 등을 사용하는 행위
❹ 금융투자상품의 매매거래, 투자자문계약, 투자일임계약 또는 신탁계약의 체결 등과 관련하여 투자자와 금전의 대차를 하거나 소속 금융투자회사와 제휴관계를 맺지 아니한 제3자와의 금전의 대차 등을 중개·주선 또는 대리하는 행위
❺ 그 밖에 사회적 상규에 반하거나 투자자 보호에 배치되는 행위

3 징계내역 보고 및 열람

(1) 징계내역 보고

금융투자회사는 임직원(퇴직자 포함)이 일정한 사유(「자율규제위원회 운영 및 제재에 관한 규정」 제9조 각 호 또는 「금융투자전문인력과 자격시험에 관한 규정」 제3-13조 제1항 각 호에 해당하는 사

유)로 금고 이상의 형의 선고를 받은 사실을 인지하거나 임직원에게 주의적 경고 또는 견책 이상의 징계처분(퇴직자의 경우 주의적 경고 또는 견책 이상에 상당하는 처분을 말함)을 부과한 경우(임직원이 금융감독기관 등 다른 기관으로부터 제재를 받은 경우를 포함) 인지일 또는 부과일부터 10영업일 이내에 그 사실을 협회에 보고하여야 한다. 다만, 임원에 대한 징계처분이 주의적 경고이거나 직원에 대한 징계처분이 견책 이상 3월 이하의 감봉(퇴직자에 대한 3월 이하의 감봉에 상당하는 처분을 포함)인 경우에는 해당 징계처분을 받은 자의 책임의 종류가 행위자, 지시자, 공모자, 그 밖에 적극 가담자인 경우에 한한다.

겸영금융투자회사, 일반사무관리회사, 집합투자기구평가회사, 채권평가회사 및 신용평가회사도 금융투자전문인력 또는 펀드관계회사인력인 임직원에 대하여 징계처분을 부과하는 경우 그 징계처분 내역을 협회에 보고하여야 한다.

(2) 징계내역 열람신청

투자자가 자신의 계좌 또는 자산을 관리하는 직원(관리 예정 직원을 포함하며 해당 투자자의 계좌가 개설되어 있는 영업점에 근무하는 자에 한함)의 징계내역 열람을 서면으로 신청하는 경우 회사는 지체 없이 해당 직원의 동의서를 첨부하여 협회에 징계내역 열람신청을 하여야 한다.

다만, 해당 직원이 투자자의 징계내역 열람에 동의하지 않는 경우에는 협회에 열람신청을 하지 않아도 되며, 조회를 신청한 투자자에게 해당 직원이 징계내역 열람에 동의하지 않는다는 사실을 통보하여야 한다.

(3) 징계내역 조회제도 안내

금융투자회사는 투자자가 신규로 계좌를 개설하거나 투자자문계약, 투자일임계약 또는 신탁계약을 체결하고자 하는 경우 '징계내역 열람제도 이용안내'를 교부하고, 징계내역 열람제도의 이용절차 및 방법 등을 충분히 설명하여야 한다.

(4) 징계자에 대한 준법교육

감봉 이상의 징계로 인한 금융투자전문인력 자격제재를 부과받은 임직원(퇴직자 포함)은 제재의 기산일로부터 1개월 내에 자율규제위원장이 정하는 준법교육을 이수하여야 한다.

1　신상품 보호의 취지

협회 규정 중 신상품 보호는 금융투자회사의 신상품 개발에 따른 선발이익을 보호함에 있어 필요한 사항을 정함으로써 금융투자회사 간 신상품의 개발을 촉진시키고 금융산업발전에 기여함을 목적으로 한다.

(1) 신상품의 정의

신상품이란 금융투자상품 또는 이에 준하는 서비스로서 다음의 어느 하나에 해당하는 것을 말한다. 다만 국내외에서 이미 공지되었거나 판매된 적이 없어야 한다.

❶ 새로운 비즈니스 모델을 적용한 금융투자상품 또는 이에 준하는 서비스
❷ 금융공학 등 신금융기법을 이용하여 개발한 금융투자상품 또는 이에 준하는 서비스
❸ 기존의 금융투자상품 또는 이에 준하는 서비스와 구별되는 독창성이 있는 금융투자상품 또는 이에 준하는 서비스

(2) 배타적 사용권의 정의

배타적 사용권이란 신상품을 개발한 금융투자회사가 일정기간 동안 독점적으로 신상품을 판매할 수 있는 권리를 말한다.

2　배타적 사용권 보호

(1) 배타적 사용권 침해배제 신청

배타적 사용권을 부여받은 금융투자회사는 배타적 사용권에 대한 직접적인 침해가 발생하는 경우 협회 신상품 심의위원회(이하 '심의위원회'라 함)가 정한 서식에 따라 침해배

제를 신청할 수 있다.

(2) 배타적 사용권 침해배제 신청에 대한 심의 등

심의위원회 위원장은 침해배제 신청 접수일로부터 7영업일 이내에 심의위원회를 소집하여 배타적 사용권 침해배제 신청에 대하여 심의하여야 한다. 침해배제 신청이 이유가 있다고 결정된 경우 심의위원회는 지체 없이 침해회사에 대해 침해의 정지를 명할 수 있다.

3 금지행위

금융투자회사 및 금융투자회사 임직원은 다음의 어느 하나에 해당하는 행위를 하여서는 아니 된다.

❶ 타 금융투자회사의 배타적 사용권을 침해하는 행위
❷ 심의위원회에 제출하는 자료의 고의적인 조작행위
❸ 타당성이 없는 빈번한 이의신청 등으로 심의위원회의 업무 또는 배타적 사용권의 행사를 방해하는 행위

금지행위를 위반한 경우 협회는 그 위반내용 등을 협회 인터넷 홈페이지 등을 통하여 공시하고, 심의위원회는 협회 정관 제3장 제3절에서 정하는 절차에 따라 자율규제위원회에 제재를 요청할 수 있다.

section 08 계좌관리 및 예탁금 이용료의 지급 등

1 투자자 계좌의 통합

(1) 예탁자산의 관리

금융투자회사는 현금 및 금융투자상품등 예탁자산의 평가액이 10만 원 이하이고 최

근 6개월간 투자자의 매매거래 및 입출금·입출고 등이 발생하지 아니한 계좌는 다른 계좌와 구분하여 통합계좌로 별도 관리할 수 있다.

(2) 예탁자산의 평가

예탁자산의 평가는 다음에서 정하는 방법에 따라 산정하며, 그 밖의 금융투자상품은 금융투자회사가 정하는 방법에 따라 산정한다.

❶ 청약하여 취득하는 주식 : 취득가액. 다만, 해당 주식이 증권시장에 상장된 후에는 당일 종가(당일 종가에 따른 평가가 불가능한 경우에는 최근일 기준 가격)

❷ 상장주권(주권과 관련된 증권예탁증권을 포함)·주식워런트증권·상장지수집합투자기구의 집합투자증권 : 당일 종가(당일 종가에 따른 평가가 불가능한 경우에는 최근일 기준 가격). 다만, 「채무자 회생 및 파산에 관한 법률」에 따른 회생절차개시신청을 이유로 거래 정지된 경우에는 금융투자회사가 자체적으로 평가한 가격으로 하며, 주식워런트증권의 권리행사 시에는 결제금액(실물결제의 경우에는 상장주권 평가가격을 준용)

❸ 상장채권 및 공모 주가연계증권 : 2 이상의 채권평가회사가 제공하는 가격정보를 기초로 금융투자회사가 산정한 가격

❹ 집합투자증권(상장지수집합투자기구의 집합투자증권을 제외) : 당일에 고시된 기준 가격(당일에 고시된 기준 가격에 따른 평가가 불가능한 경우에는 최근일에 고시된 기준 가격)

(3) 통합계좌로 분류된 계좌의 관리

통합계좌로 분류된 계좌에 대하여는 입·출금(고) 및 매매거래 정지 조치를 취하여야 한다. 다만, 배당금 및 투자자예탁금 이용료 등의 입금(고)은 예외로 한다. 통합계좌로 분류된 계좌의 투자자가 입·출금(고) 또는 매매거래의 재개 등을 요청하는 경우 본인 확인 및 통합계좌 해제 절차를 거친 후 처리하여야 한다.

---

2 **투자자 계좌의 폐쇄**

금융투자회사는 투자자가 계좌의 폐쇄를 요청하거나 계좌의 잔액·잔량이 0이 된 날로부터 6개월이 경과한 경우에는 해당 계좌를 폐쇄할 수 있다.

폐쇄된 계좌의 투자자가 배당금(주식)등의 출금(고)을 요청하는 경우 본인 확인 절차를 거친 후 처리하여야 한다.

계좌가 폐쇄된 날부터 6개월이 경과한 때에는 해당 계좌의 계좌번호를 새로운 투자자에게 부여할 수 있다.

3 고객예탁금 이용료

금융투자회사가 투자자에게 이용료를 지급하여야 하는 투자자예탁금은 다음과 같으며 투자자 계좌에 입금하는 방법으로 지급하여야 한다.

① 위탁자예수금
② 집합투자증권투자자예수금
③ 장내파생상품거래예수금. 단, 장내파생상품거래예수금 중 한국거래소의 '파생상품시장 업무규정'에 따른 현금예탁필요액은 제외 가능. 즉, 거래소규정상 필요한 현금예탁필요액을 초과하여 현금으로 예탁한 위탁증거금이 투자자예탁금이용료 지급대상

section 09 신용공여

신용공여는 크게 청약자금대출, 신용거래(신용거래융자·신용거래대주) 및 증권담보융자로 나뉜다. 기존 증권거래법상 유가증권매입자금대출은 연속매매가 되지 않는다는 점만 제외하고는 그 구조가 신용거래융자와 차이가 없어 자본시장법에서는 신용거래융자로 통합되었다.

청약자금대출이란 모집·매출, 주권상장법인의 신주발행에 따른 주식을 청약하여 취득하는 데 필요한 자금을 대출해주는 것을 말하며, 증권시장에서의 매매거래를 위하여 투자자(개인에 한함)에게 제공하는 매수대금을 융자(신용거래융자)하거나 매도증권을 대여(신용거래대주)하는 행위를 신용거래라 한다.

증권담보융자는 투자자 소유의 전자등록주식등(「주식·사채 등의 전자등록에 관한 법률」에 따른 전자등록주식등을 말함.이하 같음) 또는 예탁증권(매도되었거나 환매 청구된 전자등록주식등 또는 예탁증권을 포함)을 담보로 하는 금전의 융자를 말한다.

1 담보증권의 관리

(1) 담보증권의 제한

금융투자회사는 신용공여를 함에 있어 증권담보융자를 하거나 추가 담보를 징구하는 경우 가치산정이 곤란하거나 담보권의 행사를 통한 대출금의 회수가 곤란한 증권을 담보로 징구하여서는 안 된다. 이에 따라 금융투자회사는 자체적인 리스크 관리기준에 따라 대출가능 여부를 결정하여야 한다.

(2) 담보증권의 처분방법

금융투자회사가 신용공여와 관련하여 담보로 징구한 증권 중 증권시장에 상장되지 아니한 증권의 처분방법은 다음과 같다. 증권시장에 상장된 증권을 처분하는 경우에는 투자자와 사전에 합의한 방법에 따라 호가를 제시하여야 한다.

❶ 상장지수집합투자기구 이외의 집합투자증권 : 해당 집합투자증권을 운용하는 금융투자회사 또는 해당 집합투자증권을 판매한 금융투자회사에 환매청구
❷ 파생결합증권 : 발행회사에 상환청구
❸ 그 밖의 증권 : 금융투자회사와 투자자가 사전에 합의한 방법

2 신용공여 시 담보 가격의 산정

(1) 금융투자업규정상 담보 가격 산정 방법

금융투자업규정 제4-26조에서는 신용공여와 관련하여 담보 및 보증금으로 제공되는 증권(결제가 예정된 증권을 포함)의 평가방법을 다음과 같이 정하고 있다.

❶ 청약하여 취득하는 주식 : 취득가액. 단, 당해 주식이 증권시장에 상장된 후에는

당일 종가(당일 종가에 따른 평가가 불가능한 경우에는 최근일 기준 가격)

❷ 상장주권(주권과 관련된 증권예탁증권을 포함한다) 또는 상장지수집합투자기구의 집합투자증권(ETF) : 당일 종가(당일 종가에 따른 평가가 불가능한 경우에는 최근일 기준 가격). 단, 「채무자 회생 및 파산에 관한 법률」에 따른 회생절차개시신청을 이유로 거래 정지된 경우에는 투자매매업자 또는 투자중개업자가 자체적으로 평가한 가격

❸ 상장채권 및 공모파생결합증권(주가연계증권만을 말함) : 2 이상의 채권평가회사가 제공하는 가격정보를 기초로 투자매매업자 또는 투자중개업자가 산정한 가격

❹ 집합투자증권(ETF는 제외) : 당일에 고시된 기준 가격(당일에 고시된 기준 가격에 따른 평가가 불가능한 경우에는 최근일에 고시된 기준 가격)

(2) 협회가 정하는 담보 가격 산정 방법

비상장주권이나 외화증권 같은 경우 가격 평가 방법이 여러 가지가 존재할 수 있어 협회로서는 일률적 기준을 정하지 않고 회사가 고객과의 합의한 방법으로 정하도록 하고 있는데 금융투자회사가 신용공여와 관련하여 담보로 징구한 증권의 담보 가격은 다음과 같이 산정한다.

❶ 비상장주권 중 해외 증권시장에 상장된 주권 : 당일 해당 증권시장의 최종 시가(당일 최종 시가에 따른 평가가 불가능한 경우에는 최근일 최종 시가). 다만, 거래정지 등으로 인하여 당일 현재 최종 시가가 적정하지 아니하다고 판단되는 경우에는 금융투자회사가 자체적으로 평가한 가격

❷ 기업어음증권, 파생결합사채 및 파생결합증권(상장지수증권은 제외) : 금융위원회에 등록된 채권평가회사 중 2 이상의 채권평가회사가 제공하는 가격정보를 기초로 금융투자회사가 산정한 가격

❸ 상장지수증권 : 당일 종가(당일 종가에 따른 평가가 불가능한 경우에는 최근일 기준 가격)

❹ 그 밖의 증권 : 금융투자회사와 투자자가 사전에 합의한 방법

(3) 담보증권 처분방법 등의 고지

금융투자회사는 투자자와 신용공여 계약을 체결하는 경우 담보증권 처분방법 및 담보 가격 산정방법 등을 투자자에게 충분히 설명하여야 한다.

유사해외통화선물거래

1 유사해외통화선물(FX마진)거래제도 규정화

미국선물협회 규정에 따른 장외외국환거래, 일본 금융상품거래법에 따라 장외에서 이루어지는 외국환 거래, 유럽연합의 금융상품시장지침에 따라 장외에서 이루어지는 외국환거래 또는 이와 유사한 거래로서 법 제5조 제2항에 따라 해외 파생상품시장에서 거래되는 외국환거래이다. 표준화된 계약단위(기준통화의 100,000단위), 소액의 증거금(거래대금의 10%) 등을 적용, 이종통화 간 환율 변동을 이용하여 시세차익을 추구하는 거래(자본시장법상 장내파생상품)라는 특성을 가진다.

2 유사해외통화선물거래(FX마진거래)제도 주요 내용

(1) 거래제도

❶ 거래대상 : 유사해외통화선물 거래대상은 원화를 제외한 이종통화 즉 달러-유로화, 유로-엔화, 달러-엔화 간 등 이종통화 간의 환율이 거래대상이며, 원화-외국통화 간 환율은 거래대상에서 제외

❷ 거래단위 : 기준통화의 100,000단위

❸ 위탁증거금 : 거래단위당 미화 1만 달러 이상이며, 미국 달러만 증거금으로 인정 가능

❹ 유지증거금 : 위탁증거금의 50% 이상의 미화. 금융투자회사는 투자자의 예탁자산평가액이 회사가 정한 유지증거금에 미달하는 경우 투자자의 미결제약정을 소멸시키는 거래를 할 수 있음

❺ 거래방법 : 금융투자회사는 투자자가 유사해외통화선물거래를 하고자 하는 경우 금융투자회사의 명의와 투자자의 계산으로 유사해외통화선물거래를 하도록 하여야 함

❻ 양방향 포지션 보유 금지 : 금융투자회사는 투자자의 계좌별로 동일한 유사해외

통화선물 종목에 대하여 매도와 매수의 약정수량 중 대등한 수량을 상계한 것으로 보아 소멸시켜야 함. 즉, 기존 미결제약정을 보유한 투자자가 동일 상품에 대하여 반대방향 매매 시 기보유 미결제약정에 대하여 상계(청산)처리를 해야 하며, 동일 투자자가 동일 통화상품에 대하여 매수와 매도 양 방향 포지션을 동시에 취할 수 없음

(2) 복수 해외파생상품시장회원(FDM)의 호가정보 제공 의무화

해외파생상품시장회원(FDM, Forex Dealer Member)이 제시하는 호가정보의 투명화 및 호가경쟁을 통한 스프레드(매수호가와 매도호가의 차이) 축소를 위해 협회 규정에서는 금융투자회사로 하여금 투자자에게 복수 FDM의 호가를 제공하도록 의무화하고 투자자에게 유리한 호가를 제공토록 하는 선관주의의무를 부과하고 있다.

(3) 부적합 설명·교육 금지

금융투자회사는 일반투자자를 상대로 유사해외통화선물에 대한 교육·설명회를 하거나 모의거래를 하도록 하는 경우 그 일반투자자의 투자경험, 금융지식 및 재산상황 등의 정보를 서명 등의 방법으로 확인하고, 유사해외통화선물거래가 적합하지 아니하다고 판단되는 경우에는 ① 유사해외통화선물거래에 따르는 위험, ② 유사해외통화선물거래가 일반투자자의 투자목적·재산상황 및 투자경험 등에 비추어 그 일반투자자에게 적합하지 아니하다는 사실을 알린 후 서명 등의 방법으로 확인을 받아야 한다.

(4) 설명의무 강화

❶ 투자설명서 교부의무 및 위험고지, 확인의무 : 투자권유와 관계없이 일반투자자가 유사해외통화선물거래를 하고자 하는 경우 FX마진거래에 따른 투자위험, 투자구조 및 성격 등을 고지하고 확인을 받도록 하고 있음

❷ 핵심설명서 추가 교부 및 설명의무 : '해외파생상품거래에 관한 위험고지'가 유사해외통화선물거래의 수익구조, 거래비용 및 수반되는 위험을 적시하고 있지 않는 바 유사해외통화선물 위험고지를 별도로 신설하여 동 거래에 부합하는 위험고지 사항을 반영하고 있음. 이에 더하여 투자 위험도 및 수익구조 등 동 상품의 핵심 사항만 중점적으로 설명한 핵심설명서 제도를 FX마진거래에 대하여도 도입하고 있음

(5) 재무현황 공시

금융투자회사는 해외파생상품시장거래총괄계좌가 개설되어 있는 해외파생상품시장 회원의 분기별 재무현황을 매분기 종료 후 45일 이내에 금융투자회사의 인터넷 홈페이지, 온라인 거래를 위한 컴퓨터 화면, 그 밖에 이와 유사한 전자통신매체 등에 공시하여야 한다. 그러나, 외국 금융감독기관이 해당 해외파생상품시장회원의 재무현황을 공시하지 않는 등 불가피한 사유로 그 기한 내에 공시할 수 없는 경우에는 해당 사유가 해소된 후, 지체 없이 공시하여야 한다.

(6) 유사해외통화선물(FX마진) 손익계좌비율 공시

금융투자회사는 매분기 종료 후 15일 이내에 직전 4개 분기에 대한 유사해외통화선물거래의 손실계좌비율과 이익계좌비율을 협회에 제출하여야 하고, 협회는 동 비율을 협회 인터넷 홈페이지를 통하여 공시한다.

section 11 파생결합증권 및 파생결합사채

1 단기물 발행 제한

금융투자회사는 파생결합증권(주식워런트증권은 제외) 및 파생결합사채의 만기를 3개월 이상으로 하여야 하며, 조기상환조건이 있는 경우에는 최초 조기상환기간을 3개월 이상으로 설정하여야 한다.

다만, 즉시 지급조건의 달성에 의해 발행일로부터 상환금이 지급되는 날까지의 기간이 3개월 미만이 될 수 있는 파생결합증권 및 파생결합사채의 발행은 가능하나, 해당 파생결합증권 및 파생결합사채의 경우에도 조기상환조건이 있는 경우에는 최초 조기상환기간을 3개월 이상으로 설정해야 한다.

2 파생결합증권 및 파생결합사채의 기초자산

일반투자자를 대상으로 발행되는 공모파생결합증권 및 공모파생결합사채(신탁 등을 통해 일반투자자가 포함된 50인 이상의 불특정 다수에 의해 투자되는 파생결합증권 및 파생결합사채를 포함) 의 기초자산은 다음의 요건을 모두 충족하여야 한다.

❶ 파생결합증권 및 파생결합사채 발행 당시 기초자산의 유동성(기초자산이 지수인 경우에는 당해 지수 관련 헤지자산의 유동성)이 풍부할 것
❷ 기초자산이 지수인 경우에는 국내외 거래소 또는 협회 등 공신력 있는 기관이 합리적이고 적정한 방법에 의해 산출·공표한 지수일 것. 다만, 다음의 어느 하나에 해당하는 경우에는 그러하지 아니함
　ㄱ. 지수 또는 동 지수를 기초자산으로 한 파생상품이 국내외 거래소에서 거래되고 있는 경우
　ㄴ. 지수의 구성종목에 대한 교체 기준 및 방식이 공정하고 명확하여 해당 시장을 대표하는 지수로 인정되는 경우
❸ 일반투자자가 기초자산에 대한 정보를 당해 금융투자회사의 인터넷 홈페이지 등을 통해 쉽게 확인할 수 있을 것
❹ 일반투자자가 충분한 설명을 통해 당해 기초자산의 특성(지수인 경우에는 편입종목, 산출방법, 구성종목 교체 기준 및 산출기관 등을 말함)을 이해할 수 있을 것

3 헤지자산의 구분관리

금융투자회사는 파생결합증권 및 파생결합사채의 발행대금을 헤지자산의 운용에 사용하여야 하며, 헤지자산을 고유재산과 구분하여 관리하여야 한다.

4 헤지자산의 건전성 확보

금융투자회사는 헤지자산의 건전성 확보를 위하여 헤지자산 운용에 관한 기준으로 투자가능 등급 및 위험의 종류별 한도 등을 내부규정에 반영하고 이를 준수하여야 하

며 내부규정에서 정한 투자가능 등급에 미달하거나 위험의 종류별 한도를 초과하여 운용하고자 하는 경우 또는 부적합한 헤지자산으로 운용하고자 하는 경우에는 별도의 승인절차를 마련하고 이를 준수하여야 한다.

또한, 금융투자회사는 계열회사가 발행한 증권(상장주식은 제외) 및 계열회사의 자산을 기초로 하여 발행된 유동화증권으로 헤지자산을 운용하여서는 아니 된다. 다만, 관련 법령을 준수하는 경우로서 해당 증권 및 유동화증권이 투자가능 등급 이상인 경우에는 운용이 가능하다.

5 중도상환 가격비율 공시

금융투자회사는 파생결합증권(주식워런트증권은 제외) 및 파생결합사채의 투자자 요청에 의한 중도상환 가격비율을 협회 인터넷 홈페이지에 공시하여야 한다.

section 12 집합투자업

1 총칙

(1) 집합투자기구 명칭의 사용

집합투자회사는 집합투자기구의 명칭을 사용함에 있어 다음의 사항을 준수하여야 한다.

❶ 집합투자기구의 명칭에 집합투자기구의 종류를 표시하는 문자(증권·부동산·특별자산·혼합자산 및 단기금융을 말함)를 사용할 것
❷ 집합투자회사의 회사명을 집합투자기구의 명칭에 포함할 경우 명칭의 앞부분에 표기할 것. 다만, 회사명칭이 긴 경우 회사명칭과 크게 다르지 아니한 범위 내에

서 생략·조정하여 표기할 수 있음

❸ 판매회사의 명칭을 사용하지 아니할 것

❹ 집합투자기구의 투자대상·운용전략 등 상품내용과 다르거나 투자자를 오인케
할 우려가 있는 명칭을 사용하지 아니할 것

❺ 다른 금융투자회사가 사용하고 있는 명칭과 동일하거나 유사한 명칭을 사용하지
아니할 것. 다만, 업계가 공동으로 취급하는 특성의 집합투자기구로 그 주된 내
용이 동일한 경우에는 그러하지 아니함

❻ 실적배당형 상품의 특성과 다르게 수식어를 부가함으로써 투자자의 오해를 야기
할 우려가 있는 집합투자기구의 명칭을 사용하지 아니할 것

❼ 사모집합투자기구의 경우 집합투자기구명칭에 '사모'를 포함할 것

❽ 운용전문인력의 이름을 사용하지 아니할 것

집합투자회사는 집합투자재산 총액의 60% 이상을 특정 종류의 증권 또는 특정 국
가·지역에 투자하는 경우 그 사실을 집합투자기구의 명칭에 포함할 수 있다. 다만, 그
이외의 자산이 집중투자자산(60%)의 성격에 큰 영향을 미치거나 부합하지 않는 경우에
는 포함할 수 없다.

판매회사는 집합투자기구를 판매(광고선전, 통장인자 등을 포함)함에 있어 집합투자규약
에서 정한 집합투자기구의 명칭을 사용하여야 한다. 다만, 긴 명칭으로 인한 인지 곤란
등 불가피한 사유가 있는 경우에는 집합투자기구 명칭과 크게 다르지 아니한 범위 내
에서 생략·조정하여 사용할 수 있다.

(2) 투자설명서 제출 등

금융투자회사는 공모 집합투자기구의 증권신고의 효력이 발생한 경우 효력이 발생
한 날에 해당 공모 집합투자기구의 투자설명서를 협회에 제출하여야 한다. 협회는 동
투자설명서가 협회에 제출되면 지체 없이 일반인이 열람할 수 있도록 인터넷 홈페이지
에 게시하여야 한다.

(1) 총칙

관계법규 및 「금융위원회의 설치 등에 관한 법률」에 따른 감독기관 등에서 협회에 '집합투자업 및 신탁업의 공시·통계자료' 등에 관해 위임한 사항과 그 밖에 협회가 금융투자회사의 건전한 영업행위 및 투자자 보호에 있어서 필요한 공시·통계자료의 작성·발표·제공 등의 사항을 정하고 있다.

(2) 제출 및 의무사항

❶ 영업보고서 : 투자신탁 등(투자신탁이나 투자익명조합의 집합투자회사 또는 투자회사·투자유한회사·투자합자회사·투자유한책임회사 및 투자조합을 말함)은 집합투자재산에 관한 매 분기의 영업보고서를 매 분기 종료 후 2개월 이내 협회에 제출하여야 함

❷ 결산서류 등 : 투자신탁 등은 결산서류를 사유발생 후 2개월 이내에 협회에 제출하여야 함

❸ 집합투자규약 및 투자설명서 : 투자신탁 등은 집합투자규약, 투자설명서를 제정하거나 그 내용을 변경한 경우에는 그 내역을 협회에 제출하여야 함

❹ 수시공시 : 투자신탁 등은 투자운용인력의 변경 등 수시공시사항이 발생한 경우 발생 내역을 지체 없이 협회에 제출하여야 함

❺ 자산운용보고서 : 집합투자회사는 집합투자기구의 자산운용보고서를 협회에 제출하여야 한다. 그러나 법령 등에서 규정되지는 않은 경우에도 자산운용보고서를 협회를 통해 공시할 수 있음

❻ 회계감사보고서 : 투자신탁 등은 회계감사인으로부터 회계감사보고서를 제출받은 경우 이를 협회에 지체 없이 제출하여야 함

❼ 기준 가격편차 허용범위 초과 시 공시 : 집합투자회사(투자회사의 법인이사인 집합투자회사는 제외) 또는 투자회사의 감독이사는 투자신탁 등이 산정한 집합투자기구의 기준 가격과 신탁회사가 산정한 집합투자기구의 기준 가격의 편차가 1,000분의 3을 초과하는 경우 이 내역을 지체 없이 협회에 제출해야 함

❽ 집합투자기구 기준 가격정보 : 투자신탁 등은 운용실적을 비교·공시하기 위하여 각 집합투자기구의 기준 가격에 관한 자료를 협회에 제출하여야 함

⑨ 집합투자기구비용 : 투자신탁 등은 각 집합투자기구에 대한 기타 비용에 관한 자료를 매월말일을 기준으로 작성하여 다음 달 10일까지 협회에 제출하여야 함

⑩ 연금저축펀드 비교공시 : 연금저축펀드를 운용하는 집합투자회사는 연금저축펀드별 수익률 및 수수료율, 회사별 수익률 및 수수료율을 매 분기말을 기준으로 산정하여 매 분기 종료 후 1개월 이내에 그에 관한 자료를 협회에 제출하여야 하며, 협회는 동 자료를 협회 인터넷 홈페이지를 통하여 공시하여야 함. 다만, 연금저축펀드별 수익률 및 수수료율, 회사별 수익률 및 수수료율을 산정함에 있어 협회장이 정하는 연금저축펀드는 제외하고 산정하여야 함

연금저축펀드 판매회사는 해당 판매회사가 판매하는 연금저축펀드 판매 정보를 매 분기말을 기준으로 작성하여 매 분기 종료 후 1개월 이내에 그에 관한 자료를 협회에 제출하여야 함

(3) 발표 및 제공에 관한 사항(운용실적공시)

❶ 일반원칙 : 협회가 운용실적을 비교·공시하는 경우에는 운용실적분류기준, 집합투자회사, 집합투자기구의 종류 등을 구분하여 공시

❷ 공시주기 : 운용실적 비교·공시의 공시주기는 1개월로 하며, 발표 이후 투자신탁 등은 정당한 사유 없이 수정을 요구할 수 없음. 상환된 집합투자기구는 상환일의 다음 달에 공시

❸ 공시대상 : 운용실적 비교·공시 대상 집합투자기구는 공모 집합투자기구를 대상으로 함. 단, 공모 집합투자기구로서 설정원본이 100억 원 이상 경우에는 별도의 운용실적 비교·공시를 할 수 있음

---

3 집합투자증권 판매회사 변경

(1) 판매회사 변경제도의 취지

판매회사 간 서비스 차별화 등을 통한 공정경쟁을 유도하고 투자자의 판매회사 선택권 확대를 위해 환매수수료 부담 없이 판매회사를 변경할 수 있도록 도입되었다('10. 1. 25 시행).

(2) 판매회사 변경제도 적용 대상 펀드 범위

판매회사가 판매할 수 있는 모든 펀드에 대하여 적용함을 원칙으로 한다. 다만, 전산상 관리가 곤란하거나 세제상 문제가 있는 일부 펀드의 경우에는 예외적으로 적용대상에서 제외하고 있다.

(3) 판매회사의 의무

❶ 위탁판매계약 체결 펀드의 변경 판매회사 또는 변경 대상 판매회사 : 판매회사는 위탁판매계약이 체결된 모든 펀드에 대하여 변경 판매회사 또는 변경 대상 판매회사가 되어야 함
❷ 판매회사의 변경절차 이행의무 : 투자자가 판매회사를 변경하고자 하는 경우 변경 판매회사 및 변경 대상 판매회사는 판매회사 변경절차를 이행하여야 함
　변경절차 이행의무 제외사유에 해당하는 경우 투자자에게 그 변경이 불가능한 사유를 설명하여야 함. 다만, 변경 불가능 사유가 사후적으로 발견된 경우에는 즉시 투자자에게 유선, 모사전송 또는 전자우편 등의 방법으로 통지하여야 함

(4) 판매회사 변경절차

❶ 해당 펀드 계좌정보확인서 발급신청 : 변경 판매회사는 투자자가 펀드판매회사의 변경을 위한 계좌정보 확인을 위하여 해당 펀드의 계좌정보 확인서 발급을 신청하거나 변경 대상 판매회사를 통해 해당 펀드의 계좌정보 확인을 요청하는 경우 그 절차를 이행하여야 함
❷ 변경 대상 판매회사의 계좌정보 확인서 확인 및 계좌 개설 의무 : 변경 대상 판매회사는 투자자가 펀드 판매회사의 변경을 신청하는 경우 변경 판매회사가 제공한 해당 펀드의 계좌정보를 확인하고, 투자자가 해당 펀드를 거래할 수 있는 계좌가 없는 경우에는 펀드 판매회사 변경을 위한 별도의 계좌를 개설토록 하여야 함

(5) 변경수수료 금지

판매회사는 판매회사 변경의 절차를 이행하는 대가로 투자자로부터 별도의 비용을 징구할 수 없다.

(6) 환매수수료 징구 금지

판매회사 변경효력이 발생하는 날이 집합투자규약에서 정하는 환매수수료 부과 기간 이내라 하더라도 판매회사는 투자자로부터 환매수수료를 징구할 수 없다.

판매회사를 변경한 펀드의 경우 환매수수료 면제를 위한 기산일은 해당 펀드의 최초 가입일로부터 계산한다.

(7) 변경 대상 펀드의 자료 보고

판매회사 변경 대상 적용 펀드에 대해 위탁판매계약을 체결한 판매회사는 펀드의 신규 판매 또는 기존에 판매하고 있는 펀드의 수수료율 변경 등의 사유가 발생한 경우 판매수수료 등에 관한 자료를 협회에 제출하여야 한다.

(8) 부당한 재산상 이익의 제공 및 수령 금지

판매회사 변경 또는 변경에 따른 이동액을 조건으로 하는 재산상 이익 제공행위를 부당한 재산상 이익 제공행위로 규정하여 이익 제공 요건에 판매회사 변경이 수반되는 경우 금지된다.

section 13 투자자문업 및 투자일임업

1 불건전 영업행위의 금지

투자자문회사 또는 투자일임회사는 다음의 어느 하나에 해당하는 행위를 하여서는 아니 된다.

❶ 투자자문·투자일임 관련 비밀정보를 이용하여 자신, 가족 또는 제3자의 이익을 도모하는 행위
❷ 투자자문재산 및 투자일임재산으로 투자하고자 증권을 발행한 회사의 임직원과

의 담합 등에 의하여 매매하는 행위

❸ 다른 투자자문회사 또는 투자일임회사 등과 서로 짠 후 매매정보를 공유하여 매매하는 행위

2　계약의 체결

투자자문회사 또는 투자일임회사는 법 제97조에 따라 일반투자자에게 교부하여야 하는 서면자료에 다음의 사항을 포함하여야 한다.

(1) 투자자문의 범위 및 제공방법

❶ 투자자문의 범위를 주식, 채권, 증권 관련 지수 파생상품 등 구체적으로 기재할 것
❷ 투자자문의 방법을 구술, 문서, 그 밖의 방법으로 구분하고 구체적인 방법 및 시기를 기재할 것
❸ 자신과 이해관계가 있는 회사가 발행한 투자자문대상 자산에 관한 투자권유를 하고자 하는 경우에는 투자자에게 미리 그 사실을 통보한다는 내용을 기재할 것
❹ 해당 투자자문회사와 이해관계가 있는 회사가 발행한 증권 및 투자자문대상 자산에 관한 투자권유를 하고자 하는 경우에는 투자자에게 미리 그 사실을 통보한다는 내용을 기재할 것
❺ 투자자의 투자자문 요구 방법이나 시기에 특별한 제한이 있는 경우 그 내용을 기재할 것

(2) 투자일임의 범위 및 제공방법

❶ 투자일임의 범위를 구체적으로 기재할 것
❷ 투자일임의 대상이 되는 금융투자상품의 범위를 기재할 것
❸ 자신과 이해관계가 있는 회사가 발행한 투자일임대상 자산을 매매하고자 하는 경우에는 투자자에게 동의를 얻어 매매한다는 내용을 기재할 것
❹ 주로 거래하는 투자중개회사가 있는 경우 그 명칭 및 해당 투자일임회사와의 관계를 기재할 것

(3) 수수료 산정에 관한 사항

❶ 일반적인 수수료 체계를 기재할 것

❷ 해당 투자자문계약 또는 투자일임계약에 적용되는 수수료 산정방법, 수수료 지급시기 및 방법 등을 구체적으로 기재할 것

❸ 투자일임계약의 중도해지 시 수수료 산출방식 및 환급 또는 징수절차를 기재할 것

(4) 투자실적 평가 및 통보 방법(투자일임계약에 한함)

❶ 투자실적 평가방법을 구체적으로 기재할 것

❷ 투자실적 평가결과의 통보시기, 통보방법, 통보내용 등을 구체적으로 기재할 것

3 투자자문업 및 투자일임업에 관한 보고

투자자문업 및 투자일임업을 영위하는 자는 투자자문과 투자일임에 대한 계약규모 등을 작성하여 협회에 보고하여야 한다.

section 14 신탁업

1 설정에 따른 회계처리

신탁의 설정시기는 다음과 같다.

❶ 금전을 신탁하는 경우 금액이 납입되는 날

❷ 금전 외의 재산을 신탁하는 경우 소유권이 이전되는 날

2 해지에 따른 회계처리

신탁재산의 일부 또는 전부를 해지하는 경우에는 다음 각 호와 같이 처리한다.

❶ 신탁계약에 따라 금전이 지급되는 날에 해지 처리할 것
❷ 현물해지의 경우 현물이 출고되는 날에 해지 처리할 것

3 자산보관·관리보고서

집합투자재산을 보관·관리하는 신탁회사는 법 제248조 제1항 및 제2항에서 정하는 바에 따라 법 제90조 제2항 각 호의 어느 하나의 사유가 발생한 날부터 2개월 이내에 자산보관·관리보고서를 작성하여 협회에 제출하여야 한다.

4 신탁재산원천징수

「법인세법」 제73조에 따라 집합투자회사와 집합투자재산을 보관·관리하는 신탁회사는 집합투자기구에서 발생한 이자소득 등에 대한 원천징수세액 관련 자료를 매월 말일을 기준으로 작성하여 다음 달 7일까지 협회에 제출하여야 한다.

5 신탁재산 운용의 위탁

신탁회사는 신탁재산을 운용함에 있어서 법 제42조 제1항에 따라 업무의 일부를 제3자에게 위탁할 수 있다.

6 신탁업에 관한 보고

신탁업을 영위하는 자는 신탁업에 대한 계약규모 등을 작성하여 협회에 보고하여야 한다.

7 　의결권행사에 관한 공시

신탁업자는 의결권을 행사하려는 주식을 발행한 법인이 주권 상장 법인이 아닌 경우에는 신탁재산에 속하는 주식의 의결권 행사내용 등을 협회에 제출하여야 한다.

chapter 02

금융투자전문인력과
자격시험에 관한 규정

주요 직무 종사자의 종류

자본시장법은 투자권유자문인력, 투자운용인력 등 주요 직무 종사자의 등록 및 관리에 관한 업무를 협회의 업무로 정하고 있다.

협회는 주요 직무 종사자를 등록 및 관리하고 자격시험을 시행하는 데 있어 필요한 사항을 정하기 위하여 「금융투자전문인력과 자격시험에 관한 규정」(이하 '전문인력규정'이라 함)을 제정하였다.

금융투자전문인력은 협회가 등록 및 관리하는 금융투자회사 및 신용평가회사의 임직원인 주요 직무 종사자를 말하며, 펀드관계회사인력은 일반사무관리회사(법 제254조), 집합투자기구평가회사(법 제258조) 및 채권평가회사(법 제263조)가 금융위원회에 등록하기 위하여 필수적으로 갖추어야 하는 인력을 의미한다.

금융투자전문인력은 수행하는 업무에 따라 투자권유자문인력, 투자상담관리인력, 투자자산운용사, 금융투자분석사, 위험관리전문인력, 신용평가전문인력으로 나뉜다.

(1) 투자권유자문인력

투자자를 상대로 금융투자상품의 투자권유 또는 금융투자상품등[1] (법 제6조 제7항)의 투자자문 업무를 수행하는 인력이다. 투자권유자문인력은 취급하는 금융투자상품에 따라 아래와 같이 구분한다.

❶ 펀드투자권유자문인력 : 집합투자기구의 집합투자증권(펀드)에 대하여 투자권유를 하거나 투자자문 업무를 수행

❷ 증권투자권유자문인력 : 집합투자증권, 파생결합증권을 제외한 증권에 대하여 투자권유 또는 투자자문 업무를 수행하거나 MMF형 CMA[2]에 대해서 투자권유를 할 수 있음

❸ 파생상품투자권유자문인력 : 파생상품 및 파생결합증권 및 법 제4조 제7항 제1호에 해당하는 증권(파생결합사채), 영 제2조 제7호에 따른 고난도금융투자상품(이하 "고난도금융투자상품"이라 함)에 대하여 투자권유 또는 투자자문 업무를 수행하거나,

---

1 금융투자상품등이란 금융투자상품 외 다음의 투자대상자산을 포함한다.
  ① 부동산
  ② 부동산 관련 권리(지상권 · 지역권 · 전세권 · 임차권 · 분양권 등)
  ③ 법 시행령 제106조 제2항 각 호의 금융기관에의 예치금
  ④ 다음 각 목의 어느 하나에 해당하는 출자지분 또는 권리
    가. 「상법」에 따른 합자회사 · 유한책임회사 · 합자조합 · 익명조합의 출자지분
    나. 「민법」에 따른 조합의 출자지분
    다. 그 밖에 특정 사업으로부터 발생하는 수익을 분배받을 수 있는 계약상의 출자지분 또는 권리
  ⑤ 다음 각 목의 어느 하나에 해당하는 금지금[「조세특례제한법」제106조의3 제1항 각 호 외의 부분에 따른 금지금(金地金)]
    가. 거래소(법 제8조의2 제2항에 따른 거래소)가 법 제377조 제1항 제12호에 따른 승인을 받아 그 매매를 위하여 개설한 시장에서 거래되는 금지금
    나. 은행이 「은행법 시행령」 제18조 제1항 제4호에 따라 그 판매를 대행하거나 매매 · 대여하는 금지금
2 단기금융집합투자기구의 집합투자증권에 대하여 법 시행령 제7조 제3항 제4호에 해당하는 방법으로 투자

파생상품등에 투자하는 특정금전신탁 계약, 영 제2조 제8호에 따른 고난도투자 일임계약, 영 제2조 제9호에 따른 고난도금전신탁계약, 파생상품등을 포함하는 개인종합자산관리계좌에 관한 투자일임계약(투자일임형 Individual Savings Account)의 체결을 권유하는 업무를 수행(다만, 고난도금융투자상품에 해당하는 펀드를 투자권유 하고 자 하는 자는 펀드투자권유자문인력 등록요건 및 파생상품투자권유자문인력 등록요건을 모두 갖추 어야 함)

(2) 투자상담관리인력(투자권유자문관리인력)

금융투자회사의 지점 또는 영업소 등에서 해당 지점 또는 영업소 등에 소속된 투자 권유자문인력 및 투자권유대행인의 업무에 대한 관리·감독업무를 수행하는 인력이다.

(3) 투자자산운용사(투자운용인력)

집합투자재산, 신탁재산 또는 투자일임재산을 운용하는 업무를 수행하는 인력이다.

(4) 금융투자분석사(조사분석인력)

투자매매업 또는 투자중개업을 인가받은 회사에서 특정 금융투자상품의 가치에 대 한 주장이나 예측을 담고 있는 자료(조사분석자료)를 작성하거나 이를 심사·승인하는 업 무를 수행하는 인력이다.

(5) 위험관리전문인력

금융투자회사의 위험관리조직[3](금융투자업규정 제3-43조 제2항)에서 재무위험 등을 일정 한 방법에 의해 측정, 평가 및 통제하여 해당 회사의 재무위험 등을 조직적이고 체계적 으로 통합하여 관리하는 업무를 수행하는 인력이다.

---

3 제3-43조(위험관리조직) ② 장외파생상품에 대한 투자매매업의 인가를 받은 금융투자업자 또는 인수업을 포함한 투자매매업의 인가를 받은 금융투자업자는 경영상 발생할 수 있는 위험을 실무적 으로 종합관리하고 이사회(위험관리위원회 포함)와 경영진을 보조할 수 있는 전담조직을 두어야 한다.
③ 제2항의 전담조직은 영업부서 및 지원부서와는 독립적으로 운영되어야 하며 다음 각 호의 업무 를 수행하여야 한다.
1. 위험한도의 운영상황 점검 및 분석
2. 위험관리정보시스템의 운영
3. 이사회(위험관리위원회를 포함한다) 및 경영진에 대한 위험관리정보의 적시 제공

(6) 신용평가전문인력

신용평가회사에서 신용평가 업무(법 제9조 제26항)를 수행하거나 그 결과를 심사·승인하는 업무를 수행하는 인력이다.

---

2   **펀드관계회사인력**

펀드관계회사인력에는 3종이 있다.

(1) 집합투자재산계산전문인력(펀드사무관리인력)

일반사무관리회사에서 법 제184조 제6항에 따른 집합투자재산의 계산업무를 수행하는 인력이다.

(2) 집합투자기구평가전문인력(펀드평가인력)

법 제258조에 따라 집합투자기구평가회사에서 집합투자기구를 평가하는 업무를 수행하는 인력이다.

(3) 집합투자재산평가전문인력(채권평가인력)

채권평가회사에서 영 제285조 제3항에 따른 집합투자재산의 평가·분석업무를 수행하는 인력이다.

---

section 02   주요 직무 종사자의 등록 요건

금융투자전문인력 또는 펀드관계회사인력으로서 해당 업무를 수행하기 위해서는 일정한 등록요건을 갖추고 협회에 등록하여야 한다.

1 　금융투자전문인력의 등록요건

(1) 투자권유자문인력

등록하고자 하는 투자권유자문인력에 해당하는 투자자 보호 교육을 이수하고 해당 적격성 인증시험에 합격한 자(예, 펀드투자권유자문인력으로 등록하고자 할 경우 펀드투자권유자문인력 투자자 보호 교육을 이수한 후 펀드투자권유자문인력 적격성 인증시험에 합격한 자)

다만, 특정한 업무만 수행하려는 자는 아래의 요건을 갖추어도 해당 업무를 수행하는 투자권유자문인력으로 등록할 수 있다.

❶ 전문투자자 대상 펀드, 증권, 파생상품 투자권유 업무 : 금융투자회사 또는 해외 금융투자회사(외국 법령에 따라 외국에서 금융투자업에 상당하는 영업을 영위하는 자. 이하 동일) 근무 경력이 1년 이상인 자
❷ 채무증권의 투자권유 업무(겸영금융투자업자의 임직원인 경우에 한함) : 채무증권의 투자권유 업무에 대한 등록교육을 이수한 자

(2) 투자상담관리인력

아래의 요건 중 어느 하나를 갖추고 투자상담관리인력 등록교육을 이수한 자

❶ 투자권유자문인력 적격성 인증시험 3종 중 해당 지점 또는 영업소 등에서 투자권유가 가능한 금융투자상품에 대한 모든 시험에 합격하고, 금융투자회사에서 10년 이상 종사한 경력이 있는 자
❷ 해당 지점 또는 영업소 등의 업무를 실질적으로 관리·감독하는 자(지점장 등)

(3) 투자자산운용사

아래의 업무 구분에 따라 해당 요건을 갖춘 자. 다만, ❶의 요건을 갖춘 자는 해외자원개발 투자운용업무를 수행할 수 있으며, ❶부터 ❹ 중 어느 하나의 요건을 충족하여 등록된 자는 일반 사모집합투자재산 투자운용업무를 추가로 수행할 수 있다.

❶ 금융투자상품 투자운용업무 : 증권운용전문인력(금융투자업규정 별표 2의 제1호 마목 비고 제1호)에 해당하는 자

② 부동산 투자운용업무 : 부동산 운용전문인력(금융투자업규정 별표 2의 제1호 마목 비고 제2호)에 해당하는 자

③ 사회기반시설 투자운용업무 : 사회기반시설운용전문인력(금융투자업규정 별표 13의 제1호)에 해당하는 자

④ 해외자원개발 투자운용업무 : 해외자원개발운용전문인력(금융투자업규정 별표 13의 제4호)에 해당하는 자

⑤ 일반사모집합투자재산 투자운용업무 : 일반사모집합투자기구 운용전문인력(금융투자업규정 별표 2의 제1호 마목 비고 제2호의2)에 해당하는 자

(4) 금융투자분석사

아래의 어느 하나에 해당하는 자. 다만, ③부터 ⑧까지의 경우 소속 회사로부터 준법 및 윤리교육 이수

① 금융투자분석사 시험에 합격한 자

② 해외 금융투자회사에서 조사분석자료 작성업무 또는 금융투자회사에서 조사분석자료 작성을 보조하는 업무에 1년 이상 종사한 자

③ 「주식회사의 외부감사에 관한 법률」 제4조에 따라 외부감사를 받아야 하는 주식회사에서 연구개발 또는 산업동향 분석 업무에 3년 이상 종사한 자

④ 금융기관(법 시행령 제324조의3 제1호부터 제18호), 채권평가회사(법 제263조), 신용평가회사(법 제335조의3) 또는 그에 상응하는 외국 신용평가기관에서 증권 분석 · 평가업무에 3년 이상 종사한 경력이 있는 자(금융투자업규정 별표 21의2 제1호 가목에 따른 증권 분석 · 평가업무 경력자)

⑤ 집합투자기구 평가전문인력(영 제280조 제2항)

⑥ ㄱ부터 ㄷ에 해당하는 기관(영 제276조 제4항 제1호부터 제3호까지의 기관)이나 채권평가회사에서 금융투자상품의 평가 · 분석업무에 3년 이상 종사한 자

ㄱ.「금융위원회의 설치 등에 관한 법률」 제38조에 따른 검사대상기관

ㄴ. 외국 금융투자업자

ㄷ.「국가재정법」에 따른 기금관리주체가 같은 법 제77조 제1항에 따라 설치한 자산운용을 전담하는 부서나 같은 법 별표 2에 따른 기금설치 근거 법률에 따라 기금의 관리 · 운용을 위탁받은 연금관리공단 등

⑦ 자율규제위원장이 인정하는 연구기관[4]에서 연구업무에 3년 이상 종사한 자

⑧ 공인회계사

⑨ 자율규제위원장이 인정하는 금융투자교육원 교육과정을 이수한 자

(5) 위험관리전문인력

금융투자회사의 위험관리조직(금융투자업규정 제3-43조 제2항)에서 위험관리 관련 업무에 종사하는 자

(6) 신용평가전문인력

다음의 어느 하나에 해당하는 자로서 소속 회사로부터 실무 및 준법·윤리교육을 이수한 자

① 금융투자분석사 시험에 합격한 자

② 공인회계사

③ 금융기관(영 제324조의3 제1항 제1호부터 제18호), 해외 금융투자회사 및 해외 신용평가회사(해외에서 신용평가업에 상당하는 영업을 영위하는 회사)에서 기업 또는 금융투자상품의 평가·분석업무에 1년 이상 종사한 자

④ 신용평가회사에서 금융기관의 재무건전성 평가 등 법(법 제335조의10 제2항 제1호 및 제2호)에 따른 겸영업무 및 부수업무에 1년 이상 종사한 자

⑤ 위험관리조직(금융투자업규정 제3-43조 제2항)에서 재무위험 등을 평가·관리하는 업무에 1년 이상 종사한 자

⑥ 집합투자기구 평가전문인력(영 제280조 제2항)

⑦ 기금관리주체의 자산운용 전담조직, 연금관리공단등 기관이나 채권평가회사에서 금융투자상품의 평가·분석업무에 3년 이상 종사한 자(영 제285조 제3항 제2호)

4　① 국가, 지방자치단체, 한국은행이 출자한 연구기관
　② 법 시행령 제10조 제2항의 금융기관이 출자한 연구기관
　③ 법 시행령 제10조 제3항 제1호부터 제13호까지의 법인 등이 출자한 연구기관
　④ 주권상장법인이 출자한 연구기관

2 펀드관계회사인력의 등록요건

(1) 집합투자재산계산전문인력(펀드사무관리인력)

일반사무관리회사 등(영 제276조 제4항 제1호부터 제4호까지의 기관)에서 증권 등 자산가치의 계산에 관한 업무 또는 집합투자재산의 보관·분석업무에 2년 이상 종사한 경력이 있는 자

(2) 집합투자기구평가전문인력(펀드평가인력)

집합투자기구평가회사 등(영 제276조 제4항 제1호부터 제3호까지의 기관 또는 집합투자기구 평가회사)에서 증권·집합투자기구 등의 평가·분석업무 또는 법에 따른 기업금융업무에 2년 이상 종사한 경력이 있는 자

(3) 집합투자재산평가전문인력(채권평가인력)

❶ 금융투자분석사 시험에 합격한 자
❷ 채권평가회사 등(영 제276조 제4항 제1호부터 제3호까지의 기관 또는 채권평가회사)에서 금융투자상품의 평가·분석업무에 1년 이상 종사한 경력이 있는 자

section 03 주요 직무 종사자의 등록

전문인력규정은 금융투자전문인력의 등록에 관한 절차 등의 사항을 규정한 뒤 이를 펀드관계회사인력의 등록·관리에 준용하고 있다.

1   금융투자전문인력의 등록 · 관리

(1) 등록의 신청과 심사

금융투자회사 및 신용평가회사(이하, '금융투자회사 등'이라 함)가 임직원에게 금융투자전문인력의 업무를 수행하게 하려는 경우 소정의 서류를 구비하여 협회에 등록을 신청하여야 한다.

(2) 등록의 거부

다음에 해당할 경우 협회는 금융투자전문인력의 등록을 거부할 수 있다.

❶ 금융투자회사 등의 임직원이 아닌 자를 등록 신청한 경우
❷ 다른 금융투자회사 등의 금융투자전문인력으로 등록되어 있는 자를 등록 신청한 경우
❸ 협회의 심사결과 부적격하다고 판단되는 경우
❹ 금융투자전문인력 등록의 효력정기 처분을 받은 후 효력정기 기간이 경과하지 않은 경우
❺ 등록요건을 갖춘 날 또는 최근 업무수행일 등으로부터 5년이 경과하여 전문성 강화교육을 이수하여야 하는 자(투자상담관리인력 및 위험관리전문인력 제외)를 등록 신청한 경우 등

(3) 등록의 효력

❶ 금융투자전문인력 업무 수행 가능 : 금융투자회사 등의 임직원은 금융투자전문인력으로 등록함으로써 금융투자전문인력의 업무를 수행할 수 있음. 협회로부터 등록의 효력정지 처분을 받은 금융투자전문인력은 해당 효력정지기간 동안 업무를 수행할 수 없음. 또한, 근무하고 있는 금융투자회사 등이 영위할 수 없는 업무는 수행할 수 없음. 금융투자회사 등은 등록의 효력정지 기간이 경과하지 아니한 자나 금융투자전문인력이 아닌 자로 하여금 금융투자전문인력의 업무를 수행하게 해서는 아니 됨
❷ 등록인력의 의무 : 금융투자전문인력은 신의성실의 원칙에 따라 업무를 수행하여

투자자를 보호하여야 하며, 전문성의 유지를 위하여 보수교육을 이수하여야 함. 또한, 금융투자전문인력은 금융투자회사의 표준윤리준칙을 준수하여야 함

(4) 징계내역에 대한 보고

금융투자회사(겸영금융투자회사를 제외)가 금융투자전문인력 또는 금융투자전문인력이 아닌 임직원(퇴직자를 포함)에게 전문인력규정 제3-13조 제1항 각 호 또는 「자율규제위원회 운영 및 제재에 관한 규정」 제9조 각 호에 해당하는 사유로 징계처분을 부과하거나 겸영금융투자회사 또는 신용평가회사가 금융투자전문인력(퇴직자를 포함)에게 전문인력규정 제3-13조 제1항 각 호에 해당하는 사유로 징계처분을 부과한 경우 「금융투자회사의 영업 및 업무에 관한 규정」 제2-74조에 따라 해당 징계내역을 협회에 보고하여야 한다.

(5) 등록의 말소

협회는 금융투자전문인력이 다음 어느 하나에 해당하는 경우 해당 금융투자전문인력의 등록을 말소할 수 있다.

❶ 금융투자전문인력이 금융투자회사 등을 퇴직한 경우
❷ 소속 금융투자회사 등이 해산하거나 영업을 폐지한 경우
❸ 금융투자회사 등이 등록말소를 신청한 경우

| 2 | 펀드관계회사인력의 등록 |

펀드관계회사인력의 등록에 관한 절차 등에는 금융투자전문인력의 등록에 관한 절차 등에 관한 규정을 준용한다.

다만, 금융투자전문인력에 대해서만 적용되는 사항(예를 들어, 등록거부사유 중 ❹)은 펀드관계회사인력의 등록에 관해서는 적용하지 아니한다.

금융투자전문인력 및 금융투자회사 등에 대한 제재

협회 자율규제위원회는 금융투자전문인력(금융투자회사의 경우 금융투자전문인력이 아닌 임직원 포함)이 일정한 위법·부당행위와 관련되거나 금융투자회사 등이 금융투자전문인력에 대한 관리·감독을 소홀히 하는 경우 해당 인력 또는 회사에 대하여 제재를 부과할 수 있다.

다만, 펀드관계회사 및 펀드관계회사인력에 대해서는 전문인력규정 중 제재에 관한 규정은 적용하지 아니한다.

1 금융투자전문인력에 대한 제재

(1) 주요 제재사유

❶ 금융투자전문인력으로서의 업무 또는 투자자문·투자일임·신탁 계약의 체결 권유와 관련하여 관련 법규(금융소비자보호법 포함)를 위반한 경우

❷ 횡령, 배임, 절도, 업무와 관련한 금품수수 등 범죄행위를 한 경우

❸ 금융투자전문인력이 아닌 자를 고용하여 투자자를 유치하거나 금융투자상품의 매매주문을 수탁한 경우

❹ 금융투자전문인력의 자격 또는 명의를 대여한 경우

❺ 다른 금융투자전문인력 또는 금융투자전문인력이 아닌 자에게 위법·부당행위를 지시하거나 공모, 묵인한 경우

❻ 정당한 사유 없이 보수교육을 이수하지 아니한 경우

❼ 협회가 실시하는 자격시험에서 부정행위를 한 경우

❽ 미공개중요정보 이용행위 금지(법 제174조), 시세조종행위 등의 금지(법 제176조), 부정거래행위 등의 금지(법 제178조), 시장질서 교란행위의 금지(법 제178조의2)를 위반한 경우

(2) 제재대상

상기 사유에 해당하는 위법·부당행위에 적극 가담한 임직원 및 퇴직자(예 : 행위자, 지

시자, 공모자 등)에 한하여 부과한다. 다만, 단순가담자 등도 소속회사에 통보하고 징계 등을 요구할 수 있다.

(3) 제재의 종류

❶ 자격취소(모든 금융투자전문인력 자격시험 합격 취소)
❷ 자격시험 응시 제한
❸ 금융투자전문인력 등록말소, 등록의 효력정지 또는 등록거부
❹ 소속 회사에 위법·부당행위 사실 통보 후 자체 규정에 따른 문책 등 요구
❺ 그 밖에 필요한 조치

(4) 부과기준 및 절차

일반적으로 해당 인력에 대한 소속 회사의 징계 수준에 연동하여 전문인력규정이 정한 제재양정기준에 따라 부과된다. 다만, 소속 회사의 징계가 유사 위법·부당행위에 대한 다른 금융투자회사의 징계에 비하여 형평성이 결여되어 있다고 인정되는 경우 소속 회사의 징계와 관계없이 제재를 부과할 수 있다.

2	금융투자회사 등에 대한 제재

협회 자율규제위원회는 금융투자전문인력에 대한 관리·감독을 소홀히 한 금융투자회사 등에 대하여 제재(6개월 이내의 금융투자전문인력 신규등록 정지, 제재금)를 부과할 수 있다.

chapter 03

금융투자회사의
약관운용에 관한 규정

1 표준약관[1] 및 수정약관

협회는 건전한 거래질서를 확립하고 불공정한 내용의 약관이 통용되는 것을 방지하기 위하여 금융투자업 영위와 관련하여 표준이 되는 약관(표준약관)을 정할 수 있다(법 제56조).

금융투자회사는 업무와 관련하여 협회가 정한 표준약관을 사용하거나, 이를 수정하여 사용할 수 있다. 그러나 모든 표준약관을 다 수정하여 사용할 수 있지는 않고 '외국 집합투자증권 매매거래에 관한 표준약관'은 표준약관 그대로 사용하여야 한다.[2]

---

1 '약관'은 그 명칭이나 형태를 불문하고 금융투자업 영위와 관련하여 금융투자회사가 다수의 고객과 계약을 체결하기 위하여 일정한 형식에 의하여 미리 작성한 계약의 내용을 말하며, 약관의 보고 접수, 신고수리 및 검토업무는 금융위원회의 업무이지만 법 시행령 제387조 제2항에 의하여 협회에 위탁하여 운용되고 있음.
2 '외국 집합투자증권 매매거래에 관한 표준약관'의 경우에도 외국환거래규정 제1-2조 제4호의 기

금융투자회사는 법 제56조 제1항 본문에 따라 금융투자업의 영위와 관련하여 약관을 제정 또는 변경하는 경우에는 약관의 제정 또는 변경 후 7일 이내에 협회에 보고하여야 한다. 다만, 법 제56조 제1항 단서[3]에 따라 사전신고에 해당되는 경우에는 약관의 제정 또는 변경 시행예정일 10영업일전까지 협회에 신고하여야 한다.

3 약관 검토

협회는 금융투자회사로부터 보고받은 약관에 다음의 사항이 포함되어 있는지 여부를 검토하여야 한다.

❶ 법 등 관계법령에 위반되는 내용
❷ 금융투자회사의 고의 또는 중대한 과실로 인한 법률상의 책임을 배제하는 내용
❸ 상당한 이유없이 금융투자회사의 손해배상범위를 제한하거나 금융투자회사가 부담하여야 할 위험을 고객에게 이전시키는 내용
❹ 고객에 대하여 부당하게 과중한 손해배상의무를 부담시키는 내용
❺ 법률의 규정에 의한 고객의 해제권 또는 해지권을 상당한 이유없이 제한하거나 그 행사를 제한하는 내용
❻ 금융투자회사에게 법률에서 정하고 있지 아니하는 해제권·해지권을 부여하거나 법률의 규정에 의한 해제권·해지권의 행사요건을 완화하여 고객에 대하여 부당하게 불이익을 줄 우려가 있는 내용
❼ 계속적인 채권·채무관계의 발생을 목적으로 하는 계약에서 그 존속 기간을 부당하게 단기 또는 장기로 하거나 묵시의 기간연장 또는 갱신이 가능하도록 정하여 고객에게 부당하게 불이익을 줄 우려가 있는 내용
❽ 법률의 규정에 의한 고객의 항변권·상계권 등의 권리를 상당한 이유 없이 배제 또는 제한하는 내용

관투자자만을 대상으로 외국 집합투자증권을 판매하는 경우에는 수정하여 사용할 수 있다.
3 투자자의 권리나 의무에 중대한 영향을 미칠 우려가 있는 경우로서 대통령령으로 정하는 경우에는 약관의 제정 또는 변경 전에 미리 금융위원회에 신고

⑨ 고객에게 부여된 기한의 이익을 상당한 이유없이 박탈하는 내용

⑩ 금융투자회사 또는 고객 의사표시의 부당한 의제를 통하여 고객에게 불이익을 줄 수 있는 내용

⑪ 고객이 계약의 거래형태 등 제반사항에 비추어 예상 또는 이해하기 어려운 내용

⑫ 계약의 목적을 달성할 수 없을 정도로 계약에 따르는 고객의 본질적 권리를 제한하는 내용

⑬ 그 밖에 고객에 대하여 부당하게 불리한 내용

4 약관내용의 검토 결과 통보 등

협회는 약관을 검토한 결과 약관내용의 변경이 필요한 경우 금융투자회사에 변경 필요 사유 등을 통보한다. 이 경우 협회는 통보받은 금융투자회사가 해당 약관의 내용을 변경하지 않은 때에는 금융위원회에 보고한다. 협회는 금융투자회사가 이미 사용하고 있는 약관이 관계법령 개정 등의 사유로 변경이 필요하다고 인정되는 경우 금융투자회사에 대하여 통보할 수 있다. 협회는 법 제56조 제1항 단서와 관련하여 사전 신고를 받은 경우 그 내용을 검토하여 법에 적합하면 신고를 수리하고 지체 없이 그 결과를 해당 금융투자회사에 통보하여야 한다.

01 **다음 중 일반투자자에 대한 투자권유에 대한 설명으로 옳은 것은?**

① 투자목적·재산상황·투자경험 등 고객정보를 파악하지 않은 일반투자자에 대하여는 투자권유를 할 수 없다.

② 투자권유 전 파악한 일반투자자의 투자성향 등 분석 결과는 서명 또는 기명날인의 방법으로만 일반투자자로부터 확인을 받을 수 있다.

③ 증권신고서를 제출한 집합투자증권의 경우 판매 시 간이투자설명서와는 별도로 반드시 투자설명서를 교부하여야 한다.

④ 투자권유를 희망하지 않는 투자자에 대해서는 파생상품을 판매하더라도 고객정보를 파악할 필요가 없다.

02 **다음 중 조사분석자료에 대한 설명으로 옳은 것은?**

① 금융투자회사는 자신이 발행한 주식을 기초자산으로 하는 주식워런트증권에 대해서는 조사분석자료를 공표할 수 없다.

② 금융투자분석사는 자신의 금융투자상품 매매내역을 분기별로 회사에 보고하면 된다.

③ 소속 회사가 발행주식 총수의 100분의 5 이상의 주식등을 보유하고 있는 법인에 대해서는 조사분석자료 공표 시 그 이해관계를 고지하여야 한다.

④ 소속 회사에서 조사분석자료를 공표하는 경우 금융투자분석사는 자신이 분석을 담당하는 업종이 아니더라도 공표일부터 7일간은 해당 종목을 매매할 수 없다.

해설

01 ② 녹취, 전자우편 등의 방법 가능 ③ 집합투자증권의 경우 간이투자설명서를 교부하거나 투자자가 원하는 경우에는 투자설명서를 교부해야 함 ④ 파생상품등을 판매하고자 하는 경우에는 반드시 고객정보를 확인하고 적정하지 않은 경우 이를 알리고 확인받아야 함

02 ② 매월 보고하여야 함 ③ 100분의 1임. 100분의 5 이상일 경우는 조사분석자료를 공표할 수 없음 ④ 자신이 담당하는 업종이 아닐 경우 매매는 할 수 있지만 공표일로부터 7일간 같은 방향으로 매매하여야 한다.

03 다음 중 금융투자회사(임직원 포함)가 업무와 관련하여 투자자 또는 거래상대방에게 재산상 이익을 제공할 때 적용되는 기준에 대한 설명으로 적절하지 않은 것은?

① 거래상대방에게 재산상이익을 제공할 때 제공목적, 제공내용 등이 기재된 문서를 준법감시인에게 보고해야 한다.

② 경제적 가치가 3만 원 이하의 물품 또는 식사의 경우에는 재산상 이익의 제공으로 보지 않는다.

③ 동일 거래상대방에게 1회당 제공할 수 있는 한도는 원칙적으로 최대 20만 원이다.

④ 집합투자증권 판매회사의 변경을 권유하면서 백화점상품권을 제공할 수 없다.

04 기업공개 시 주관회사에 대한 제한 요건에 대한 설명으로 적절하지 않은 것은?

① 발행회사 및 발행회사의 이해관계인이 주관회사의 주식등을 100분의 7을 보유하고 있는 경우 금융투자회사는 해당 회사에 대한 주관업무를 할 수 없다.

② 금융투자회사가 발행회사의 주식등을 100분의 7을 보유하고 있는 경우 해당 회사에 대한 주관업무를 할 수 없다.

③ 금융투자회사와 금융투자회사의 이해관계인이 합하여 발행회사의 주식등을 100분의 6을 보유하고 있다면 단독으로 주관업무를 수행할 수 있다.

④ 금융투자회사의 임원이 발행회사의 주식등을 100분의 2를 보유하고 있다면 해당 발행회사의 주관업무를 수행할 수 없다.

해설

03 ③ 재산상 이익의 제공 한도 규제는 폐지되었음(단, 파생상품의 경우 일부 예외 존재) ④ 판매회사 변경 또는 이동금액을 조건으로 재산상이익을 제공할 수 없음

04 ③ 이해관계인 보유분을 합하여 100분의 5 이상, 100분의 10 미만 보유시에는 다른 금융투자회사와 공동으로 주관업무를 수행하여야 함

05 다음 중 금융투자회사의 약관에 대한 설명으로 적절하지 않은 것은?

① 금융투자회사가 이미 사용하고 있는 약관이 관계법령 개정 등의 사유로 변경이 필요한 경우 협회는 금융투자회사에 대하여 통보할 수 있다.

② 금융투자회사가 별도의 개별 약관을 제정하거나 변경하는 경우 사전에 협회에 보고하여야 한다.

③ 금융투자회사는 일반투자자를 대상으로 한 외국 집합투자증권 매매거래에 관한 표준약관은 수정하여 사용할 수 없다.

④ 약관내용 중 고객의 권리 또는 의무와 관련이 없는 사항을 변경하는 경우에는 협회에 보고할 필요가 없다.

06 다음 중 금융투자전문인력의 등록 거부 사유에 해당하지 않는 것은?

① 금융투자회사(신용평가회사)의 임직원이 아닌 자를 등록신청한 경우

② 다른 회사에 금융투자전문인력으로 등록되어 있는 자를 등록신청한 경우

③ 금융투자전문인력 등록의 효력정지, 등록거부 기간이 경과하지 아니한 자를 등록신청한 경우

④ 자격 요건을 갖춘 날로부터 3년이 경과한 자를 등록신청한 경우

07 협회가 금융투자전문인력에 대하여 제재를 부과하는 사유에 해당하지 않은 것은?

① 금융투자전문인력의 업무와 관련하여 자본시장법령을 위반한 경우

② 정당한 사유 없이 개인정보 보호교육을 이수하지 않은 경우

③ 협회가 실시하는 자격시험에서 부정행위를 한 경우

④ 정당한 사유 없이 보수교육을 이수하지 않은 경우

해설

05 ④ 사후보고 사항임

06 ④ 자격 요건을 갖춘 날 또는 최근 업무 수행일 등으로부터 5년이 경과하여 전문성 강화교육이 필요한 경우 등록거부 사유에 해당된다.

07 ② 개인정보 보호교육은 금융투자전문인력의 의무 교육대상이 아님

정답 01 ① | 02 ① | 03 ④ | 04 ③ | 05 ④ | 06 ④ | 07 ②

part 03

한국거래소규정

chapter 01 거래소 파생상품시장 개요

chapter 02 회원구조

chapter 03 상장상품

chapter 04 매매거래제도

chapter 05 시장조성자

chapter 06 거래증거금

chapter 07 거래소와 회원 간 결제방법

chapter 08 거래의 수탁

certified derivatives investment advisor

chapter 01

거래소 파생상품시장 개요

거래소 및 장내파생상품 연혁

한국거래소(Korea Exchange, KRX)의 파생상품시장은 1996년 5월 코스피200선물시장을 개설하면서 시작되었으며, 1997년 7월 코스피200옵션시장과 1999년 4월 미국달러선물·옵션시장, 금선물시장, CD금리선물시장이 개설되면서 본격화되었다. 그 후 국채선물시장, 주식선물·옵션시장, 돈육선물시장, 섹터지수선물시장, 코스피200변동성지수선물시장, 미니코스피200선물·옵션시장, 해외지수선물시장(유로스톡스50선물), ETF선물시장 KRX300선물시장, 코스닥150선물·옵션시장, 엔선물시장, 유로선물시장, 위안선물시장, 미국달러플렉스선물시장 등이 추가 개설되어 거래소 파생상품시장에는 26개 상품이 거래되고 있으며, 거래량 기준으로 세계 제10위권의 파생상품거래소 위상을 유지하고 있다.

KRX 파생상품시장은 기초자산의 유형 및 거래방법 등에 따라 주식상품시장, 금리상품시장, 통화상품시장, 일반상품시장, 선물스프레드시장 및 플렉스시장으로 구성되어 있다.

❶ 주식상품시장은 개별 주식, 주가지수 및 ETF를 기초자산으로 하는 선물·옵션시장으로 코스피200선물시장, 코스피200옵션시장, 미니코스피200선물시장, 미니코스피200옵션시장, 코스닥150선물시장, 코스닥150옵션시장, KRX300선물시장, 섹터지수선물시장, 해외지수선물시장(유로스톡스50선물), 코스피200변동성지수선물시장, 국내주식선물시장, 국내주식옵션시장, ETF선물시장으로 구성되어 있다.

❷ 금리상품시장은 단기금리, 채권, 채권지수 등을 기초자산으로 하는 선물·옵션시장으로 3년국채선물시장, 5년국채선물시장, 10년국채선물시장, 3개월무위험지표금리선물시장으로 구성되어 있다.

❸ 통화상품시장은 외국통화 또는 환율을 기초자산으로 하는 선물·옵션시장으로 미국달러선물시장, 미국달러옵션시장, 유로선물시장, 엔선물시장, 위안선물시장으로 구성되어 있다.

❹ 일반상품시장은 금융상품 이외의 농축수산물, 광물 등을 기초자산으로 하는 선물·옵션시장으로 금선물시장과 돈육선물시장으로 구성되어 있다.

❺ 선물 스프레드 시장은 기초자산 및 거래승수가 같은 2개의 선물종목으로 구성된 종목 간 스프레드 거래와 기초자산이 다른 2개의 선물종목으로 구성된 상품 간 스프레드 거래로 구분할 수 있다.

❻ 플렉스선물시장은 최종거래일과 최종결제방법이 표준화된 선물거래와 별도로 거래당사자가 최종거래일과 최종결제일을 협의할 수 있도록 하는 선물시장으로 현재 미국달러플렉스선물시장이 있다.

section 03 거래소 규정 및 시스템

1 거래소 규정

한국거래소의 파생상품시장과 관련한 규정은 거래소 정관, 파생상품시장업무규정, 회원관리규정, 시장감시규정 및 분쟁조정규정이 있으며 관련 규정은 금융위원회의 승인으로 개정된다.

파생상품시장에서 가장 중요한 규정은 파생상품시장업무규정으로 장내파생상품 매매의 수탁, 매매의 유형, 시장의 개폐·정지 및 휴장, 매매에 관한 계약의 체결 및 제한, 증거금, 청산, 결제, 기타 매매 및 수탁에 필요한 사항을 규정하고 있다.

2 거래소 시스템

KRX 파생상품시장은 전산시스템에 의해 매매체결, 결제가 이루어지고 있는 전산거래소로서, 투자매매업자 또는 투자중개업자가 투자자로부터 위탁받은 주문은 거래소 주문접수시스템을 거쳐 매매체결시스템으로 전달되며, 매매체결시스템은 이렇게 전달받은 주문의 적정성 여부를 판단한 후에 주문유형별 체결원칙에 따라 처리하며, 체결결과는 청산결제시스템과 정보서비스시스템으로 전달되는 체계로 구성되어 있다.

chapter 02

회원구조

회원 종류

한국거래소의 회원은 거래소가 개설한 증권시장 또는 파생상품시장에서 누구의 계산으로 하든지 자기의 명의로 거래할 수 있는 자이며, KRX 회원 이외의 자는 거래소 시장에서 자기 명의로 거래에 참가할 수 없다. 다만, 채무증권의 매매거래와 관련하여서는 회원이 아닌 자도 채권의 매매거래에 참가할 수 있는 채무증권의 거래자격에 관한 특례를 두고 있다.

1 시장 및 금융투자상품 범위에 따른 구분

KRX의 회원은 참가할 수 있는 시장과 매매거래 가능한 금융투자상품의 범위에 따라 증권회원, 지분증권전문회원, 집합투자증권전문회원, 채무증권전문회원, 파생상품회

표 2-1 KRX 회원 구분

시장 및 투자금융상품 구분		영업범위	결제이행 책임 부담
증권시장	증권회원	증권 전체(주권, 채권, 수익증권 등)	결제회원 매매전문회원
	지분증권전문회원	지분증권(주권, 신주인수권 등)	
	집합투자증권전문회원	집합투자증권(ETF 등)	
	채무증권전문회원*	채무증권(국채, 지방채, 특수채, 사채권 등)	
파생상품시장	파생상품회원	파생상품(선물·옵션) 전체	결제회원 매매전문회원
	주권기초파생상품전문회원	주권을 기초로 한 파생상품	
	통화·금리기초파생상품 전문회원	통화 또는 채무증권을 기초로 한 파생상품	

* 채무증권전문회원은 결제회원만 가능

원, 주권기초파생상품전문회원 및 통화·금리기초파생상품전문회원 등 6가지 종류로 구분된다.

파생상품회원은 KRX 파생상품시장에서 거래되는 모든 선물거래와 옵션거래를 매매거래할 수 있는 회원이며, 주권기초파생상품전문회원은 주식관련 파생상품만을 거래할 수 있는 회원이다. 따라서 주권기초파생상품전문회원은 코스피200선물, 코스피200옵션, 미니코스피200선물, 미니코스피200옵션, 코스닥150선물, 코스닥150옵션, 섹터지수선물, 코스피200변동성지수선물, 개별주식선물과 개별주식옵션, 해외지수선물, KRX300선물 등 12개 상품만 취급할 수 있는 회원이다.

2 결제이행 책임 부담 여부에 따른 구분

KRX의 회원은 거래소에 대하여 결제이행 책임을 부담하느냐에 따라 결제회원과 매매전문회원으로 구분된다.

❶ 결제회원은 자기의 명의로 성립된 증권매매거래나 파생상품 거래 또는 매매전문회원으로부터 결제를 위탁받은 증권 또는 파생상품 거래에 대해 자기 명의로 결제를 하는 회원이다.

❷ 매매전문회원은 자기의 명의로 성립된 증권 또는 파생상품의 거래에 따른 결제를 직접 수행하지 못하고 결제회원에게 결제를 위탁하여야 하는 회원으로, 매매

체결은 직접 수행하나 결제업무는 결제회원을 통해서 수행하는 회원이다.

section 02 회원 가입

1 회원의 자격

KRX 회원은 자본시장법에 의해 금융위원회로부터 투자매매업 또는 투자중개업의 인가를 받은 자이어야 한다. 특히, 파생상품회원이 되고자 하는 자는 장내파생상품거래에 관한 투자매매업 또는 투자중개업의 허가를 받아야 한다.

2 가입요건

KRX 회원이 되고자 하는 자는 회원의 종류와 취급하고자 하는 금융투자상품의 범위에 따라 ① 적정한 재무요건을 충족하고, ② 전산설비 등의 시설이 업무를 원활하게 수행하는 데 적합하여야 하며, ③ 회원으로서의 업무를 수행함에 필요한 전문성과 건전성을 갖춘 인력을 충분히 보유하고, ④ 사회적 신용이 충분하여야 한다. 거래소 회원으로 가입하였다가 제명의 회원조치를 받아 탈퇴한 자는 탈퇴일로부터 3년이 경과한 후에 거래소 회원으로 가입할 수 있다.

3 회원가입 절차

회원이 되고자 하는 자는 금융위원회로부터 투자매매업 또는 투자중개업의 인가 또는 예비인가를 취득하였거나 인가 신청을 한 후에 거래소가 정하는 바에 따라 회원가입신청을 하여야 하며, 회원의 가입 승인 및 승인 취소는 거래소 이사회의 결의를 통하여 이루어진다.

파생상품시장의 결제

1   파생상품시장의 결제방법

거래소는 파생상품시장에서 체결된 파생상품 거래에 대하여 결제회원이 다른 결제회원에 대하여 부담하는 채무를 면책적으로 인수하고 그와 동시에 그 결제회원은 거래소가 인수한 채무와 동일한 내용의 채무를 거래소에 대하여 부담하는 방법으로 결제한다.

결제회원은 파생상품 거래의 결제를 제3자에게 위임할 수 없으나, 거래소 업무규정에서 정하는 자 및 방법에 따라 위임하는 경우에 한하여 위임이 가능하다.

2   결제위탁계약

매매전문회원은 자기의 명의로 체결된 파생상품 거래에 대해 결제업무를 수행하기위해서는 결제회원과 결제위탁계약을 체결하여 해당 결제회원(지정결제회원)에게 결제업

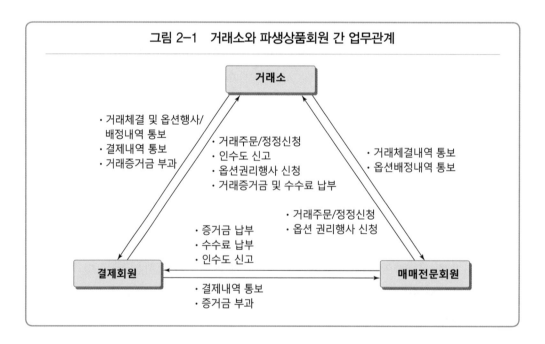

그림 2-1   거래소와 파생상품회원 간 업무관계

무를 위탁하여야 한다. 매매전문회원은 하나 이상의 결제회원과 결제위탁계약을 체결할 수 있다.

3 거래소의 위험관리수단

(1) 일일정산

파생상품 거래 중 선물거래는 계약 체결일부터 최종결제시점까지의 기간(최장 3년)이 상당히 길고, 그 기간 동안 가격 변동이 커서 최종결제일에 한꺼번에 결제하면 결제금액이 너무 커서 결제불이행 가능성이 높다. 이를 방지하기 위하여 매 거래일마다 보유하고 있는 미결제약정 및 당일에 체결된 모든 거래를 당일의 선물 종가를 기준으로 변동에 따른 손익을 평가하여 그 손익을 수수함으로써 채무불이행 위험의 크기를 제한하고 있는데 이를 일일정산이라 한다.

(2) 충분한 결제이행 재원의 확보

거래소는 특정 회원의 채무불이행이 파생상품시장 전체로 파급되는 것을 방지하고 채무불이행에 따른 손실을 보전하기 위해 증거금, 공동기금 등 다양한 재원을 확보하고 있다.

❶ 증거금 : 파생상품 거래에서 발생하는 손실은 대부분 일일정산에 따른 결제대금이며, 이 결제대금을 변제할 수 있는 이상의 금액을 매일 재평가하여 담보금 성격의 증거금을 징수하고 있다. 대부분의 외국 거래소는 하루치 가격 변동에 따른 손실을 추정하여 증거금을 징수하고 있으나 거래소는 이틀치 가격 변동에 따른 손실을 추정하여 증거금을 징수하고 있다.

❷ 공동기금 : 파생상품시장의 결제회원들은 결제회원의 결제불이행으로 인한 손해를 공동으로 배상하기 위하여 결제회원별로 거래소에 공동기금을 적립하여야 한다.

❸ 회원보증금 : 회원은 파생상품 거래와 관련하여 발생할 수 있는 채무의 이행을 보증하기 위한 재원으로 거래소에 회원보증금을 예탁하고 있다.

❹ 결제적립금 등의 거래소 재산 : 거래소는 매 사업연도의 처분 전 이익잉여금 중

일정액을 증권의 매매거래 또는 파생상품 거래의 결제에 따른 회원의 채무불이행으로 인하여 거래소가 손실을 보는 경우에 해당 손실을 보전하기 위하여 결제적립금을 적립하고 있다.

❺ 은행과의 차입약정 : 거래소는 회원의 파생거래와 관련한 채무의 이행을 원활히 하기 위하여 은행과 차입약정(당좌차월)을 체결하고 있다.

(3) 미결제약정 보유제한

파생상품시장의 안정성을 확보하고 과다한 투기거래를 방지하기 위해 투기목적의 거래에 대해서는 시장 상황에 따라 미결제약정의 보유한도를 설정할 수 있다(position limit). 현재 코스피200선물, 코스피200옵션, 미니코스피200선물, 미니코스피200옵션, 코스닥150선물, 코스닥150옵션, 섹터지수선물, 해외지수선물(유로스톡스50선물), 코스피200변동성지수선물, 주식선물, 주식옵션, ETF선물, 금선물, 돈육선물, KRX300선물에 대해서는 계좌별 미결제약정 보유한도가 설정되어 있다.

(4) 위탁증거금 사전예탁

파생상품 거래를 하고자 하는 위탁자는 위탁증거금을 투자중개업자에게 주문을 위탁하기 전에 미리 예탁하여야 한다(사전 위탁증거금제도 채택). 다만, 기관투자자의 거래편의를 제고하기 위해 회원이 재무건전성, 신용상태, 미결제약정 보유상황 또는 시장 상황에 비추어 결제이행 능력이 충분하다고 인정되는 적격기관투자자에 대해서는 장 종료 후 또는 다음 거래일 10시 이내에 위탁증거금을 예탁할 수 있는 사후 위탁증거금 제도도 인정하고 있다.

외국의 경우 대부분 거래가 체결된 다음날 증거금을 예탁하는 사후 위탁증거금 제도를 채택하고 있으나, 국내 파생상품시장의 결제안정성 확보를 위해 자본금 규모가 큰 적격기관투자자를 제외한 일반투자자에 대해서는 사전 위탁증거금제도를 유지하고 있다.

(5) 고객자금의 분리보관

금융투자업자는 고객재산을 회원의 재산과 분리하여 외부 예치기관에 예치하여야 한다. 이에 따라 해당 회사의 파산 등의 경우에도 고객재산은 안전하게 보호될 수 있다.

고객예탁금(현금)은 한국증권금융, 고객예탁증권(대용증권)은 한국예탁결제원에 각각 분리 예탁하도록 하고 있다.

(6) 위탁자에 대한 위험고지

거래소 회원은 위탁자와 파생상품 거래를 위한 계좌 설정 약정을 체결하기에 앞서 위탁자에게 파생상품 거래위험고지서를 교부하고 그 내용을 충분히 설명하여야 하며, 회원은 고객별 거래경험이나 신용상태를 파악하여 위탁자의 특성에 맞도록 투자권유 또는 투자조언을 하여야 하며 준법감시인 운영, 내부통제기준 마련 등 자체적인 내부 통제기능도 강화하고 있다.

(7) 거래증거금의 장중 추가 징수

거래소는 외부 충격 등에 의한 시황급변 또는 결제회원의 일시적 결제이행 능력 악화 시 거래시간 중에 추가(위탁) 증거금 부과를 통해 결제불이행 위험을 축소할 수 있도록 장중 추가 증거금 제도를 시행하고 있다.

chapter 03

상장상품

상품시장, 결제월, 종목 등의 구분

1 상장상품 및 시장 구분

KRX의 파생상품시장에서 상장 거래되고 있는 장내파생상품은 코스피200선물, 3년 국채선물을 비롯한 21개 선물상품과 코스피200옵션을 비롯한 5개 옵션상품이 있으며, 이들 선물 및 옵션상품은 기초자산의 성격에 따라 주식상품시장, 금리상품시장, 통화상품시장, 일반상품시장, 선물스프레드시장, 플렉스시장으로 구분된다.

주식상품시장은 주식(지분증권), 주가지수 및 ETF를 기초자산으로 하는 15개 선물·옵션상품으로 코스피200선물, 코스피200옵션, 미니코스피200선물, 미니코스피200옵션, 코스닥150선물, 코스닥150옵션, 코스피200섹터지수선물, 코스피배당지수선물, KRX-K뉴딜지수선물, 해외지수선물 (유로스톡스50), 코스피200변동성지수선물, 주식선물, 주식옵션, ETF선물, KRX300선물이 거래되고 있다.

금리상품시장은 채무증권(국채)과 단기금리를 기초자산으로 하는 4개 선물상품으로 3년국채선물, 5년국채선물, 10년국채선물, 3개월무위험지표금리선물이 거래되고 있다.

통화상품시장은 외화를 기초자산으로 하는 5개 선물·옵션상품으로 미국달러선물, 엔선물, 유로선물, 중국위안선물 및 미국 달러옵션이 거래되고 있다. 그리고 일반상품시장은 금융상품이 아닌 농축산물, 금속류 등의 일반상품을 기초자산으로 하는 2개 선물상품으로 금선물과 돈육선물이 거래되고 있다.

한국거래소는 코스피200 상품에 대한 24시간 거래환경을 구축하기 위하여 2021년 7월 26일부터 독일의 Eurex를 통해 코스피200선물과 옵션, 미니코스피200선물, 미국달러선물을 거래하고 있다.

2 종목 구분

장내파생상품시장에서 매매되는 최소의 구분 단위는 종목이다. 선물상품의 종목은 기초자산, 결제월, 최종거래일, 최종결제방법 및 거래승수 등의 구분에 따라 구분되며 옵션상품의 종목은 기초자산, 콜옵션과 풋옵션, 행사 가격, 결제월, 거래승수 및 권리행사의 유형 등에 따라 구분된다.

3 종목구분 예

(1) 선물상품(코스피200선물)

기초자산(코스피200), 거래승수(25만 원), 최종결제방법(현금 결제), 결제월별로 구분되는 것

(2) 옵션거래(코스피200옵션)

기초자산(코스피200), 거래승수(25만 원), 풋옵션/콜옵션, 권리행사의 유형, 행사 가격별로 구분

(3) 선물스프레드종목

기초자산 및 거래승수가 같은 선물거래에 대하여 최근월종목과 원월종목 간의 가격차이를 기초자산으로 하여 거래하는 종목 간 스프레드 거래와 기초자산이 다른 2개 선

종목	결제월(최종거래일)	거래승수	최종결제방법
2017년 12월 결제월종목	2017년 12월 7일	25만 원	현금 결제
2018년 3월 결제월종목	2018년 3월 8일	25만 원	현금 결제
2018년 6월 결제월종목	2018년 6월 14일	25만 원	현금 결제
2018년 9월 결제월종목	2018년 9월 13일	25만 원	현금 결제
2018년 12월 결제월종목	2018년 12월 13일	25만 원	현금 결제
2019년 6월 결제월종목	2019년 6월 13일	25만 원	현금 결제
2019년 12월 결제월종목	2019년 12월 12일	25만 원	현금 결제

* 만일 코스피200선물의 미니상품이 있는 경우에는 현행 코스피200선물의 종목 구분에서 거래승수 부문에서 상이하여 다른 종목으로 구분

물종목의 가격차이를 기초자산으로 하여 거래하는 상품 간 스프레드 거래로 구분

❶ 종목 간 스프레드 거래

ㄱ. 개념 : 기초자산, 거래단위 및 최종결제방법은 동일하나 결제월(또는 최종결제일)이 상이한 두 종목의 선물종목을 하나의 종목으로 구성하여, 한 종목을 매수(매도)하고 동시에 다른 종목을 매도(매수)하는 스프레드 종목

    a. 선물 스프레드 매수(매도) : 원월종목 매수(매도), 최근월종목 매도(매수), 다만 금리상품의 경우에는 원월종목 매도(매수), 최근월종목 매수(매도)

    b. 선물 스프레드 종목은 상장결제월종목 수보다 1종목 적음

ㄴ. 3년국채선물, 5년국채선물, 10년국채선물 : 1종목

ㄷ. 해외지수선물 : 2종목

ㄹ. ETF선물, KRX300선물, KRX K-뉴딜지수선물 : 3종목

ㅁ. 3개월무위험지표금리선물 : 3종목

ㅂ. 미니코스피200선물, 코스피200변동성지수선물, 돈육선물 : 5종목

ㅅ. 코스피200선물, 코스닥150선물, 섹터지수선물, 금선물 : 6종목

ㅇ. 엔선물, 유로선물, 위안선물 : 7종목

ㅈ. 주식선물 : 8종목

ㅊ. 미국달러선물 : 19종목

❷ 상품 간 스프레드 거래

3년국채선물과 10년국채선물 간의 스프레드로서 각 최근월종목 간 및 각 차근월종목 간 2개의 종목 상장

1 코스피200선물 및 미니코스피200선물

구분	코스피200선물	미니코스피200선물
기초자산	코스피200지수 (KRX 유가증권시장에 상장된 주권 200종목 대상으로 1990. 1. 3일의 지수 100포인트 기준으로 KRX가 산출하는 시가총액방식 지수)	
거래단위(1계약 금액)	코스피200지수×거래승수	
거래승수	250,000	50,000
결제월	분기월(3, 6, 9, 12월)	매월
상장결제월(거래기간)	3월·9월 각 1개(1년), 6월 2개(2년), 12월 3개(3년)	연속월 6개(6개월)
가격표시	지수(소수점 둘째자리까지 표시)	
호가 가격 단위	0.05포인트	0.02포인트
호가 가격 단위당 금액	12,500원(250,000×0.05)	1,000원(50,000×0.02)
가격제한폭	기준 가격(전일 정산 가격)±기준 가격×단계별 가격 제한비율(8%, 15%, 20%)	
미결제약정 보유한도	− 최종거래일이 아닌 경우 코스피200선물·옵션 및 미니코스피200선물·옵션 모든 종목에 대한 선물환산순델타포지션 기준 2만 계약(개인 1만 계약) − 최종거래일의 경우 코스피200선물·옵션 및 미니코스피200선물·옵션 모든 종목과 최종거래일에 도래한 종목 각각에 대해 선물환산순델타포지션 기준 2만 계약(개인 1만 계약)	
최종거래일	결제월 두 번째 목요일 (당일이 휴장일인 경우 순차적으로 앞당김)	
최종결제일	최종거래일의 다음 거래일	
최종결제방법	현금 결제(cash settlement) : 당일 정산 가격과 최종결제 가격 간의 차에 거래 승수와 최종 결제수량을 곱하여 산출되는 금액을 최종 결제차금으로 수수	
최종결제 가격	최종거래일의 최종 코스피200지수	

2 　코스닥150선물

구분	세부사항
기초자산	코스닥150지수 (KRX 코스닥시장에 상장된 주권 150종목 대상으로 2010.1.4일의 지수 1,000포인트 기준으로 KRX가 산출하는 시가총액방식의 주가지수)
거래단위(1계약 금액)	코스닥150지수×거래승수
거래승수	10,000
결제월	분기월(3, 6, 9, 12월)
상장결제월(거래기간)	3월, 9월 각 1개(1년), 6월 2개(2년), 12월 3개(3년)
가격표시	지수(소수점 둘째자리까지 표시)
호가 가격 단위	0.10포인트
호가 가격 단위당 금액	1,000원(10,000×0.10)
가격제한폭	기준 가격(전일 정산 가격)±기준 가격×단계별 가격 제한비율(8%, 15%, 20%)
미결제약정 보유한도	선물환산순델타포지션 20,000계약(개인 10,000계약) ☞ 상장지수 집합투자기구(코스닥150선물거래 미결제 약정을 보유하는 ETF)의 경우 10만 계약
최종거래일	결제월 두 번째 목요일 (당일이 휴장일인 경우 순차적으로 앞당김)
최종결제일	최종거래일의 다음 거래일
최종결제방법	현금 결제(cash settlement) : 당일 정산 가격과 최종결제 가격 간의 차에 거래승수와 최종 결제수량을 곱하여 산출되는 금액을 최종 결제차금으로 수수
최종결제 가격	최종거래일의 최종 코스닥150지수

구분	코스피200옵션	미니코스피200옵션	코스피200위클리옵션
기초자산	코스피200지수		
권리행사 유형	유럽식(European style)		
거래단위 (1계약 금액)	가격×거래승수		
거래승수	250,000	50,000	코스피200옵션과 동일
결제월	매월[분기월(3, 6, 9, 12월) 및 비분기월(1, 2, 4, 5, 7, 8, 10, 11월)]		
상장결제월 (거래기간)	비분기월 4개(6개월), 3월·9월 각 1개(1년), 6월 2개(2년), 12월 3개(3년)	연속월 6개(6개월)	매주 월요일(월요일부터 다음 월요일까지) 및 목요일(목요일부터 다음 목요일까지) 다만, 거래개시일이 해당 거래의 최종거래일이 되거나 최종거래일이 결제월거래의 최종거래일과 동일한 경우 제외
행사 가격	•신규 결제월 상장시 행사가격 설정방법 ① 비분기월 및 3월, 9월물 : ATM, ATM±120포인트 범위 및 5포인트 간격 ② 6월 및 12월물 : ATM, ATM±120포인트 범위 및 10포인트 간격 •지수 변동에 따라 항상 ATM 기준으로 아래 행사가격 범위 이내에서 해당 간격이 유지되도록 추가 설정 ① 최근 3개 근월물(3개월 이내) : ATM±80포인트 및 2.5포인트 간격 ② 제 4~8근월물(1년 이내) : ATM±120포인트 및 5포인트 간격 ③ 최종결제월이 가장 나중에 도래하는 3개월물(3년 이내) : ATM±120포인트 및 10포인트 간격	•신규 결제월 상장시 행사가격 설정방법 －ATM, ATM±80포인트 및 5포인트 간격 •지수 변동에 따라 항상 ATM 기준으로 아래 행사가격 범위 이내에서 해당 간격이 유지되도록 추가 설정 ① 최근 3개 근월물(3개월 이내) : ATM±80포인트 및 2.5포인트 간격 ② 제 4~6근월물(6개월 이내) : ATM±80포인트 및 5포인트 간격	•신규 결제주 상장시 행사가격 설정방법 －ATM, ATM±40포인트 및 2.5포인트 간격 •지수 변동에 따라 항상 ATM 기준으로 아래 행사가격 범위 이내에서 해당 간격이 유지되도록 추가 설정 －ATM±40포인트 및 2.5포인트 간격

호가 가격 단위	옵션 가격 10.0p 이상 : 0.05포인트 옵션 가격 10.0p 미만 : 0.01포인트	옵션 가격 10.0p 이상 : 0.05포인트 옵션 가격 3p 이상 10p 미만 : 0.02포인트 옵션 가격 3p 미만 : 0.01포인트	코스피200옵션과 동일
호가 가격 단위당 금액	옵션 가격 10.0p 이상 : 12,500원(250,000×0.05) 옵션 가격 10.0p 미만 : 2,500원(250,000×0.01)	옵션 가격 10.0p 이상 : 2,500원(50,000×0.05) 옵션 가격 3p 이상 10p 미만 : 1,000원(50,000×0.02) 옵션 가격 3p 미만 : 500원(50,000×0.01)	코스피200옵션과 동일
호가한도 가격	최고 한도 가격	Call{전일 코스피200종가지수＋같은 지수×단계별 가격 제한비율(8%, 15%, 20%)}을 적용한 이론가	
		Put{전일 코스피200종가지수－같은 지수×단계별 가격 제한비율(8%, 15%, 20%)}을 적용한 이론가	
	최저 한도 가격	Call{전일 코스피200종가지수－같은 지수×단계별 가격 제한비율(8%, 15%, 20%)}을 적용한 이론가	
		Put{전일 코스피200종가지수＋같은 지수×단계별 가격 제한비율(8%, 15%, 20%)}을 적용한 이론가	
미결제약정 보유한도	코스피200선물과 동일		
최종거래일 (권리행사일)	결제월 두 번째 목요일 (당일이 휴장일인 경우 순차적으로 앞당김)		월요일(당일이 휴장일인 경우 순연함) 및 목요일(결제월거래의 최종거래일 제외, 당일이 휴장일인 경우 순차적으로 앞당김)
최종결제일	최종거래일의 다음 거래일		
권리행사 결제방법	현금 결제 : 최종거래일의 최종 코스피200지수와 행사 가격 간의 차에 거래승수와 권리행사 결제수량을 곱하여 산출되는 금액을 권리행사 차금으로 수수		

4 섹터지수선물

구분	세부사항
기초자산	섹터지수 (다음의 요건을 충족하고 주식시장 상장주권을 대상으로 산업군별 또는 유형별로 구분하여 산출한 지수) ① 거래소 또는 지수산출전문기관이 산출할 것 ② 시가총액이 10조 원 이상일 것 ③ 구성종목이 10종목 이상일 것. 다만, 산업의 특수성 등을 고려하여 별도로 정하는 경우에는 구성종목이 5종목 이상일 것 ☞ 현재 섹터지수선물의 기초자산 코스피200 섹터지수선물 ① 코스피200 에너지/화학 섹터지수 ② 코스피200 정보기술 섹터지수 ③ 코스피200 금융 섹터지수 ④ 코스피200 경기소비재 섹터지수 ⑤ 코스피200 건설 ⑥ 코스피200 중공업 ⑦ 코스피200 헬스케어 ⑧ 코스피200 생활소비재 ⑨ 코스피200 철강/소재 ⑩ 코스피200 산업재 코스피배당지수선물 ⑪ 코스피고배당 50 ⑫ 코스피배당성장 50 KRX K-뉴딜지수선물 ⑬ KRX BBIG K-뉴딜 ⑭ KRX 2차전지 K-뉴딜 ⑮ KRX 바이오 K-뉴딜
거래단위(1계약 금액)	섹터지수×거래승수
거래승수	10,000/2,000(코스피배당지수선물)/1,000(KRX K-뉴딜지수선물)
결제월	분기월(3, 6, 9, 12월)
상장결제월(거래기간)	3월·9월 각 1개(1년), 6월 2개(2년), 12월 3개(3년)/분기월 4개(1년)(KRX K-뉴딜지수선물)
가격표시	지수(소수점 둘째자리까지 표시)
호가 가격 단위	0.20포인트/0.50포인트(코스피배당지수선물, KRX K-뉴딜지수선물)
호가 가격 단위당 금액	2,000원(1만 원×0.20)/1,000원(2천 원×0.50, 코스피배당지수선물)/500원(1천 원×0.50, KRX K-뉴딜지수선물)
가격제한폭	기준 가격(전일 정산 가격)±기준 가격×단계별 가격 제한비율(8%, 15%, 20%)
미결제약정 보유한도	순미결제약정수량 기준으로 1만 계약(개인 5천 계약)
최종거래일	결제월 두 번째 목요일 (당일이 휴장일인 경우 순차적으로 앞당김)
최종결제일	최종거래일의 다음 거래일

구분	세부사항
최종결제방법	현금 결제(cash settlement) : 당일 정산 가격과 최종결제 가격 간의 차에 거래승수와 최종 결제수량을 곱하여 산출되는 금액을 최종 결제차금으로 수수
최종결제 가격	최종거래일의 최종 섹터지수

5 해외지수선물(유로스톡스50선물)

구분	세부사항
기초자산	유로스톡스50 [유럽 12개 국가의 증권시장에 상장된 주권 중 50종목에 대하여 기준일인 1991년 12월 31일의 지수를 1,000포인트로 하여 지수산출전문기관인 스톡스(STOXX Limited)가 산출하는 시가총액방식의 주가지수]
거래단위(1계약 금액)	유로스톡스50×거래승수
거래승수	10,000
결제월	분기월(3, 6, 9, 12월)
상장결제월(거래기간)	분기월 중 8개(24개월)
가격표시	지수
호가 가격 단위	0.5포인트
호가 가격 단위당 금액	5,000원(10,000×0.5)
가격제한폭	기준 가격(전일 정산 가격)±기준 가격×15%
미결제약정 보유한도	순미결제약정 50,000계약(개인 2만 5천 계약)
최종거래일	유렉스가 상장한 유로스톡스50선물의 최종거래일 (당일이 휴장일인 경우 순차적으로 앞당김)
최종결제일	최종거래일부터 계산하여 3일째의 거래일
최종결제방법	현금 결제(cash settlement) : 당일 정산 가격과 최종결제 가격 간의 차에 거래승수와 최종 결제수량을 곱하여 산출되는 금액을 최종 결제차금으로 수수
최종결제 가격	유렉스가 상장한 유로스톡스50선물의 최종결제 가격(유렉스가 정하는 기준과 방법에 따라 산출하는 최종거래일이 동일한 결제월종목의 최종결제 가격을 말한다)

6 코스피200변동성지수선물

구분	세부사항
기초자산	코스피200변동성지수 (코스피200옵션시장에 상장된 결제월종목 등의 가격을 이용하여 거래소가 산출하는 미래 일정기간 코스피200의 변동성을 나타내는 지수)
거래단위(1계약 금액)	코스피200변동성지수×거래승수
거래승수	250,000
결제월	매월
상장결제월(거래기간)	연속월 6개(6개월)
가격표시	지수(소수점 둘째자리까지 표시)
호가 가격 단위	0.05포인트
호가 가격 단위당 금액	12,500원(25만 원×0.05)
가격제한폭	기준 가격(전일 정산 가격)±기준 가격×단계별 가격 제한비율(30%, 45%, 60%, 단, 그 수치가 5포인트보다 작은 경우에는 5포인트로 설정)
미결제약정 보유한도	순미결제약정수량 기준으로 2만 계약(개인 1만 계약)
최종거래일	결제월의 다음 달 코스피200옵션거래 최종거래일의 30일 전의 날 (휴장일인 경우에는 순차적으로 앞당김)
최종결제일	최종거래일의 다음 거래일
최종결제방법	현금 결제(cash settlement) : 당일 정산 가격과 최종결제 가격 간의 차에 거래승수와 최종 결제수량을 곱하여 산출되는 금액을 최종 결제차금으로 수수
최종결제 가격	최종거래일의 최종 코스피200변동성지수

7 주식선물

구분	세부사항
거래대상	1. 유가증권시장 기초주권(총 150개, 2023.7.31 기준) 　삼성전자, SK텔레콤, POSCO, KT, 한국전력, 현대차, 삼성증권, 신한지주, 기아, 현대모비스, 삼성SDI, 삼성전기, LG전자, 한국가스공사, 현대제철, LG, GS, KT&G, 한국조선해양, 하나금융지주, SK이노베이션, CJ, LG디스플레이, KB금융, LG화학, 미래에셋증권, HD현대인프라코어, SK하이닉스, GS건설, 이마트, 한국타이어앤테크놀로지, NAVER, 대한항공, LG유플러스, S-Oil, 고려아연, 기업은행, 대상, 포스코인터내셔널, 두산에너빌리티, 롯데쇼핑, 롯데케미칼, 삼성생명, 삼성중공업, 삼성카드, 한화에어로스페이스, 엔씨소프트, 하이트진로, 한국금융지주, 한국항공우주, 현대건설, 현대위아, 호텔신라, 강원랜드, BNK금융지주, DGB금융지주, GKL, LX인터내셔널, LG이노텍, NH투자증권, SK, SK네트웍스, 금호석유, 삼성에스디에스, 아모레퍼시픽, 제일기획, 삼성물산, 한화, 한화생명, 한화솔루션, 현대글로비스, 현대미포조선, 현대해상, 카카오, 셀트리온, LG생활건강, 아모레G, 삼성화재, 한미사이언스, 코웨이, 한미약품, 한온시스템, DB손해보험, CJ제일제당, 한샘, KCC, GS리테일, 에스원, 유한양행, 한전KPS, 현대백화점, 농심, LIG넥스원, HL만도, 신세계, 한국콜마, 영원무역, 대한유화, 코스맥스, 하나투어, 두산밥캣, 현대엘리베이, 한세실업, 넷마블, 포스코퓨처엠, PI첨단소재, 우리금융지주, HDC현대산업개발, 롯데에너지머티리얼즈, 한올바이오파마, 쌍용C&E, 팬오션, SKC, DB하이텍, 후성, DL이앤씨, 삼성바이오로직스, 삼성엔지니어링, 한화시스템, 보령, LG에너지솔루션, 카카오뱅크, 카카오페이, 크래프톤, SK바이오사이언스, HMM, SK아이이테크놀로지, 하이브, 현대중공업, SK스퀘어, SK바이오팜, F&F, HD현대, 오리온, 메리츠금융지주, BGF리테일, LS, 대우건설, 한화오션, 대한전선, 동서, 두산퓨얼셀, 롯데지주, 씨에스윈드, CJ대한통운, SD바이오센서, 한국전력기술, 한솔케미칼, 한진칼, 현대로템 2. 코스닥시장 기초주권(총 42개, 2023.7.31 기준) 　파라다이스, 서울반도체, 웹젠, 씨젠, 포스코DX, 와이지엔터테인먼트, 메디톡스, 컴투스, 씨제이이엔엠, 에스에프에이, 원익IPS, 안랩, 파트론, 에스엠, 셀트리온헬스케어, 제이와이피엔터테인먼트, RFHIC, 동진쎄미켐, 비에이치, 카카오게임즈, 에코프로비엠, 스튜디오드래곤, 천보, 콜마비앤에이치, SFA반도체, NHN한국사이버결제, 삼천당제약, 펄어비스, 엘앤에프, 위메이드, 알테오젠, 리노공업, 고영테크놀러지, 덕산네오룩스, 레고캠바이오, 에스티팜, HK이네온, 이오테크닉스, 클래시스, 티씨케이, 피엔티, 휴젤
거래단위(1계약 금액)	주식선물가격×거래승수
거래승수	10
결제월	매월[분기월(3, 6, 9, 12월) 및 비분기월(1, 2, 4, 5, 7, 8, 10, 11월)]
상장결제월(거래기간)	비분기월 2개(3개월), 3월·9월 각 1개(1년), 6월 2개(2년), 12월 3개(3년)
가격표시 방법	1기초주권당 가격

호가 가격 단위	선물가격	호가단위
	2,000원 미만	1원
	2,000원~5,000원 미만	5원
	5,000원~20,000원 미만	10원
	20,000원~50,000원 미만	50원
	50,000원~200,000원 미만	100원
	200,000원~500,000원 미만	500원
	500,000원 이상	1,000원
미결제약정 보유한도	주식선물·옵션의 동일한 기초주권별로 아래와 같이 산출되는 미결제약정수량을 기준으로 다음 계산식에 따라 산출(1천 계약 미만은 절사한다)하여 공표하는 수량 Min[5천, Max{5천, 기초주권의 보통주식 총수×1천분의 5÷Max(동일한 기초주권 종목의 거래승수)}] – 최종거래일이 아닌 경우 동일한 기초주권별 주식선물·옵션의 모든 종목에 대한 선물환산순델타포지션 기준을, 최종거래일의 경우 동일한 기초주권별 주식선물·옵션의 모든 종목 및 최종거래일이 도래한 종목 각각에 대해 선물환산순델타포지션 기준을 적용	
가격제한폭	기준 가격(전일 정산 가격)±기준 가격×단계별 가격 제한비율(10%, 20%, 30%)	
최종거래일	결제월 두 번째 목요일(휴장일인 경우 순차적으로 앞당김)	
최종결제일	최종거래일의 다음 거래일	
최종결제방법	현금 결제(cash settlement) : 당일 정산 가격과 최종결제 가격 간의 차에 거래승수(10)를 곱하여 산출되는 금액을 최종 결제차금으로 수수	
최종결제 가격	최종거래일의 기초주권 종가	

8 주식옵션

구분	세부사항
거래대상	1. 유가증권시장 기초주권(총 45개, 2023.11.27 기준) 삼성전자, SK텔레콤, POSCO, KT, 한국전력, 현대차, 신한지주, 기아, 현대모비스, 삼성SDI, 삼성전기, LG전자, 현대제철, 한국조선해양, 하나금융지주, SK이노베이션, LG디스플레이, KB금융, LG화학, 미래에셋증권, 두산인프라코어, SK하이닉스, NAVER, LG유플러스, 두산에너빌리티, 엔씨소프트, 한국항공우주, 현대건설, 호텔신라, LG이노텍, 삼성에스디에스, 아모레퍼시픽, 삼성물산, 한화솔루션, 카카오, 셀트리온, 넷마블, 포스코퓨처엠, SK바이오사이언스, 카카오페이, LG에너지솔루션, 카카오뱅크, HMM, SK아이이테크놀로지 2. 코스닥시장 기초주권(총 2개, 2023.11.27 기준) 씨젠, 웹젠

권리행사 유형	유럽식(European style)
거래단위(1계약 금액)	가격×거래승수
거래승수	10
결제월	매월 : 분기월(3, 6, 9, 12월) 및 비분기월(1, 2, 4, 5, 7, 8, 10, 11월)
상장결제월(거래기간)	비분기월 2개(3개월), 3·6·9·12월 각 1개(1년)
행사 가격	① 결제월의 거래 개시일에 결제월별 각 ATM 1개, ITM과 OTM 각각 4개 총 9개 행사 가격을 설정 ② 거래 개시일 이후 ATM 기준으로 ITM과 OTM종목이 각 4개 미만인 경우 4개 종목이 되도록 신규 설정

행사 가격 간격	행사 가격	행사 가격 단위
	5천 원 이하	100원
	5천 원 초과 1만 원 이하	200원
	1만 원 초과 2만 원 이하	500원
	2만 원 초과 5만 원 이하	1,000원
	5만 원 초과 10만 원 이하	2,000원
	10만 원 초과 20만 원 이하	5,000원
	20만 원 초과 50만 원 이하	10,000원
	50만 원 초과 100만 원 이하	20,000원
	100만 원 초과	50,000원

☞ 최종거래일이 나중에 도래하는 3개 결제월종목의 경우에는 상기 가격의 2배의 가격을 기준으로 설정

호가 가격 단위	옵션 가격	호가단위
	1천 원 미만	10원
	1천 원 이상 2천 원 미만	20원
	2천 원 이상 5천 원 미만	50원
	5천 원 이상 1만 원 미만	100원
	1만 원 이상	200원

호가한도 가격	최고 한도 가격	call{전일 기초주권 종가＋같은 가격×단계별 가격 제한비율 (10%, 20%, 30%)}을 적용한 이론 가격
		put{전일 기초주권 종가－같은 가격×단계별 가격 제한비율 (10%, 20%, 30%)}을 적용한 이론 가격
	최저 한도 가격	call{전일 기초주권 종가－같은 가격×단계별 가격 제한비율 (10%, 20%, 30%)}을 적용한 이론 가격
		put{전일 기초주권 종가＋같은 가격×단계별 가격 제한비율 (10%, 20%, 30%)}을 적용한 이론 가격

미결제약정 보유한도	주식선물과 동일
권리행사 결제일	권리행사일의 다음 거래일
최종거래일 (권리행사일)	결제월 두 번째 목요일(휴장일인 경우 순차적으로 앞당김) ☞ 최종거래일이 기초주권의 매매거래 중단기간 중에 도래하는 경우에는 주식선물과 동일하게 최종거래일을 변경
권리행사 시한	권리행사일의 장 종료 후부터 30분 이내(15:45~16:15)
권리행사 결제방법	현금 결제(cash settlement) : 최종거래일 기초주권의 종가와 행사 가격 간의 차에 거래승수와 권리행사 결제수량을 곱하여 산출되는 권리행사 차금을 수수

9   ETF선물

구분	세부사항
기초자산 (2023.9월말 기준)	• KODEX 삼성그룹 ETF • TIGER 헬스케어 ETF • ARIRANG 고배당주 ETF • TIGER 차이나 CSI300 ETF • KODEX Top5PlusTR ETF • TIGER 미국나스닥100 ETF
거래단위(1계약 금액)	ETF선물 가격×거래승수(100)
거래승수	100
결제월	분기월(3, 6, 9, 12월)
상장결제월(거래기간)	분기월 중 4개(1년)
가격표시	ETF선물 가격(원)
호가 가격 단위	5원
가격제한폭	기준 가격±기준 가격×단계별 가격 제한비율(10%, 20%, 30%)
미결제약정 보유한도	• KODEX 삼성그룹 ETF : 20,000 • TIGER 헬스케어 ETF : 5,000 • ARIRANG 고배당주 ETF : 10,000 • TIGER 차이나 CSI300 ETF : 20,000 • KODEX Top5PlusTR ETF : 10,000 • TIGER 미국나스닥100 ETF : 5,000
최종거래일	각 결제월의 두 번째 목요일(당일이 휴장일인 경우 순차적으로 앞당김)
최종결제일	최종거래일의 다음 거래일
최종결제방법	현금 결제(cash settlement)
최종결제 가격	최종거래일 기초ETF의 종가

구분	세부사항
기초자산	KRX300 (KRX 유가증권시장 및 코스닥시장에 상장된 주권 중 300종목 대상으로 2010.1.4일의 지수 1,000포인트 기준으로 KRX가 산출하는 시가총액방식의 주가지수)
거래단위(1계약 금액)	KRX300지수×거래승수
거래승수	50,000
결제월	분기월(3, 6, 9, 12월)
상장결제월(거래기간)	분기월 중 4개(1년)
가격표시	지수(소수점 둘째자리까지 표시)
호가 가격 단위	0.20포인트
호가 가격 단위당 금액	10,000원(50,000×0.2)
가격제한폭	기준 가격(전일 정산 가격)±기준 가격×단계별 가격 제한비율(8%, 15%, 20%)
미결제약정 보유한도	순미결제약정 20,000계약(개인 10,000계약)
최종거래일	결제월 두 번째 목요일(당일이 휴장일인 경우 순차적으로 앞당김)
최종결제일	최종거래일의 다음 거래일
최종결제방법	현금 결제(cash settlement) : 당일 정산 가격과 최종결제 가격 간의 차에 거래승수와 최종 결제수량을 곱하여 산출되는 금액을 최종 결제차금으로 수수
최종결제 가격	최종거래일의 최종 KRX300지수

11 코스닥150옵션

구분	세부사항
기초자산	코스닥150지수
권리행사 유형	유럽식(European style)
거래단위(1계약 금액)	가격×거래승수
거래승수	10,000
결제월	매월 [분기월(3, 6, 9, 12월) 및 비분기월(1, 2, 4, 5, 7, 8, 10, 11월)]
상장결제월(거래기간)	비분기월 2개(3개월), 분기월 4개(1년)
행사 가격	모든 결제월종목 : ATM 1개, ITM과 OTM 각각 8개(총 17개) ATM과 ATM의 행사 가격으로부터 상하로 25포인트 단위로 설정 ☞ 거래 개시일 이후 ATM 기준으로 상하 행사 가격의 수가 각 결제월종목별 행사 가격의 수보다 적은 경우에는 해당 수만큼 행사 가격이 설정되도록 추가 설정
호가 가격 단위	옵션 가격 50p 이상 : 0.5포인트 옵션 가격 50p 미만 : 0.1포인트
호가 가격 단위당 금액	옵션 가격 50p 이상 : 5,000원(10,000×0.5) 옵션 가격 50p 미만 : 1,000원(10,000×0.1)
호가 가격한도	최고 한도 가격 — Call{전일 KRX300종가지수＋같은 지수×단계별 가격 제한비율(8%, 15%, 20%)}을 적용한 이론가 / Put{전일 KRX300종가지수－같은 지수×단계별 가격 제한비율(8%, 15%, 20%)}을 적용한 이론가 최저 한도 가격 — Call{전일 KRX300종가지수－같은 지수×단계별 가격 제한비율(8%, 15%, 20%)}을 적용한 이론가 / Put{전일 KRX300종가지수＋같은 지수×단계별 가격 제한비율(8%, 15%, 20%)}을 적용한 이론가
미결제약정 보유한도	선물환산순델타포지션 20,000계약(개인 10,000계약) ☞ 상장지수집합투자기구(코스닥150옵션거래 미결제 약정을 보유하는 ETF)의 경우 10만 계약
최종거래일 (권리행사일)	결제월 두 번째 목요일 (당일이 휴장일인 경우 순차적으로 앞당김)
최종결제일	최종거래일의 다음 거래일
권리행사 결제방법	현금 결제 : 최종거래일의 최종 코스닥150지수와 행사 가격 간의 차에 거래승수와 권리행사 결제수량을 곱하여 산출되는 금액을 권리행사 차금으로 수수

section 03 금리상품거래

1 3년국채선물

구분	세부사항
거래대상	액면 100원, 만기 3년, 표면금리 연 5%, 6월 단위 이자지급방식의 국고채권 표준물
거래단위	액면가 1억 원
거래승수	100만
결제월	분기월(3, 6, 9, 12월)
상장결제월(거래기간)	2개(6개월)
가격표시	액면가 100원당 원화 표시
호가 가격 단위	0.01포인트
호가 가격 단위당 금액	10,000원(100만×0.01)
호가 한도가격	기준 가격(전일 정산 가격)±기준 가격×1.5%
미결제약정 보유한도	없음 거래소가 필요하다고 인정할 경우 설정할 수 있음
최종거래일	결제월의 세 번째 화요일(당일이 휴장일인 경우 직전 영업일로 앞당김)
최종결제일	최종거래일의 다음 거래일
최종결제방법	현금 결제(cash settlement) : 당일 정산 가격과 최종결제 가격 간의 차에 거래승수와 최종 결제수량을 곱하여 산출되는 최종 결제차금을 수수
최종결제 가격	다음 산식에 의해 산출된 가격으로 함 $$\text{최종결제 가격} = \sum_{i=1}^{6} \frac{5/2}{(1+r/2)^i} + \frac{100}{(1+r/2)^6}$$ • r은 최종 결제기준채권의 결제수익률 • 최종 결제기준채권은 거래소가 해당 결제월의 거래 개시일의 전일에 지정하는 6개월 단위 이자지급방식의 국고채권 • 결제수익률은 최종거래일에 한국금융투자협회가 10시, 10시 30분, 11시에 공시하는 수익률 중 최고치와 최저치를 제외한 수익률과 11시 30분에 공시하는 수익률을 평균한 수익률 • 결제기준채권이 복수인 경우 한국금융투자협회가 공시하는 각 시간대별 결제수익률은 최종 결제기준채권별 수익률을 평균한 후 소수점 넷째자리에서 사사오입하여 산출

2 5년국채선물

구분	세부사항
거래대상	액면 100원, 만기 5년, 표면금리 연 5%, 6월 단위 이자지급방식의 국고채권 표준물
거래단위	액면가 1억 원
거래승수	100만
결제월	분기월(3, 6, 9, 12월)
상장결제월(거래기간)	2개(6개월)
가격표시	액면가 100원당 원화 표시
호가 가격 단위	0.01포인트
호가 가격 단위당 금액	10,000원(100만×0.01)
호가한도 가격	기준 가격(전일 정산 가격)±기준 가격×1.8%
미결제약정 보유한도	없음. 다만, 거래소가 필요하다고 인정할 경우 설정할 수 있음
최종거래일	결제월의 세 번째 화요일(당일이 휴장일인 경우 직전 영업일로 앞당김)
최종결제일	최종거래일의 다음 거래일
최종결제방법	현금 결제(cash settlement) : 당일 정산 가격과 최종결제 가격 간의 차에 거래승수와 최종 결제수량을 곱하여 산출되는 최종 결제차금을 수수
최종결제 가격	다음 산식에 의해 산출된 가격으로 함 $$최종결제\ 가격 = \sum_{i=1}^{10} \frac{5/2}{(1+r/2)^i} + \frac{100}{(1+r/2)^{10}}$$ • r은 최종 결제기준채권의 결제수익률 • 최종 결제기준채권은 거래소가 해당 결제월의 거래 개시일의 전일에 지정하는 6개월 단위 이자지급방식의 국고채권 • 결제수익률은 최종거래일에 한국금융투자협회가 10시, 10시 30분, 11시에 공시하는 수익률 중 최고치와 최저치를 제외한 수익률과 11시 30분에 공시하는 수익률을 평균한 수익률 • 결제기준채권이 복수인 경우 한국금융투자협회가 공시하는 각 시간대별 결제수익률은 최종 결제기준채권별 수익률을 평균한 후 소수점 넷째자리에서 사사오입하여 산출

3   10년국채선물

구분	세부사항
거래대상	액면 100원, 만기 10년, 표면금리 연 5%, 6월 단위 이자지급방식의 국고채권 표준물
거래단위	액면가 1억 원
거래승수	100만
결제월	분기월(3, 6, 9, 12월)
상장결제월(거래기간)	2개(6개월)
가격표시 방법	액면가 100원당 원화 표시
호가 가격 단위	0.01포인트
호가 가격 단위당 금액	10,000원(100만×0.01)
호가한도 가격	기준 가격(전일 정산 가격)±기준 가격×2.7%
미결제약정 보유한도	없음. 다만, 거래소가 필요하다고 인정할 경우 설정할 수 있음
최종거래일	결제월 세.번째 화요일(당일이 휴장일인 경우 앞당김)
최종결제일	최종거래일의 다음 거래일
최종결제방법	현금 결제(cash settlement) : 당일 정산 가격과 최종결제 가격 간의 차에 거래승수와 최종 결제수량을 곱하여 산출되는 최종 결제차금을 수수
최종결제 가격	다음 산식에 의해 산출된 가격으로 함 $$\text{최종결제 가격} = \sum_{i=1}^{20} \frac{5/2}{(1 + r/2)^i} + \frac{100}{(1 + r/2)^{20}}$$ • r은 최종 결제기준채권의 결제수익률 • 최종 결제기준채권은 거래소가 해당 결제월의 거래 개시일의 전일에 지정하는 6개월 단위 이자지급방식의 국고채권 • 결제수익률은 최종거래일에 한국금융투자협회가 10시, 10시 30분, 11시에 공시하는 수익률 중 최고치와 최저치를 제외한 수익률과 11시 30분에 공시하는 수익률을 평균한 수익률 • 결제기준채권이 복수인 경우 한국금융투자협회가 공시하는 각 시간대별 결제수익률은 최종 결제기준채권별 수익률을 평균한 후 소수점 넷째자리에서 사사오입하여 산출

4   3개월무위험지표금리선물

구분	세부사항
거래대상	$100-R$ R=아래의 산식으로 계산되는 KOFR 3개월 복리 금리 $$R = \left[\frac{365}{N}\left\{\prod_{i=1}^{x}\left(1+\frac{R_i}{100}\times\frac{d_i}{365}\right)-1\right\}\right]\times 100$$ N=참조기간 일수 x=참조기간 KOFR 산출 기준일수 R_i=산출 기준일별 KOFR d_i=R_i의 적용일수($\sum_{i=1}^{x}d_i=N$)* * KOFR 미산출일에는 직전 KOFR을 이용해 단리 처리 예) 산출기준일이 일반적 금요일인 경우 $d_i=3$ 예) 금리(R)가 0.635%일 경우 가격은 $100-0.635=99.365$
거래단위	10억원
거래승수	250만원
결제월	매월
상장결제월	분기월 4개와 비분기월(연속월) 4개
호가 가격 단위	0.005포인트
호가 가격 단위당 금액	12,500원(250만원×0.005)
호가한도 가격	기준 가격(전일 정산 가격)±기준 가격×1.3%
참조기간	종목별 결제월의 3개월전 월의 세 번째 수요일(산입)부터 결제월의 세 번째 수요일(불산입)까지
미결제약정 보유한도	없음. 다만, 거래소가 필요하다고 인정할 경우 설정할 수 있음
최종거래일	결제월 세 번째 수요일의 직전 거래일
최종결제일	최종거래일부터 기산하여 세 번째 거래일(T+2)
최종결제방법	현금 결제(cash settlement)
최종결제 가격	100에서 아래 산식에 따라 산출된 KOFR 3개월 복리금리를 뺀 값으로 한다. KOFR 3개월 복리금리 계산시 참조기간(결제월 3개월 전 월의 세 번째 수요일부터 결제월의 세 번째 수요일까지를 말한다. 이 경우 초일은 산입하고 말일은 불산입 한다)에 해당하는 확정된 지표금리를 이용하고 소수점 다섯째 자리에서 반올림한다. $$\text{KOFR 3개월 복리금리} = \left[\frac{365}{N}\left\{\prod_{i=1}^{x}\left(1+\frac{R_i}{100}\times\frac{d_i}{365}\right)-1\right\}\right]\times 100$$

이 경우 "N"은 참조기간 일수, "$\prod\limits_{i=1}^{x}$"는 수열의 첫 번째 항부터 x번째 항까지의 곱, "x"는 참조기간 지표금리 산출 기준일수, "R_i"은 산출 기준일별 지표금리, "d_i"은 산출 기준일별 지표금리의 적용일수($\sum\limits_{i=1}^{x} d_i = N$)를 말한다.

section 04 **통화상품거래**

1 **미국달러선물**

구분	세부사항
거래대상	미국달러
거래단위 (1계약 금액)	US$10,000 (가격×거래승수)
거래승수	10,000
결제월	매월
상장결제월(거래기간)	분기월 12개(3년) 및 비분기월 8개(1년)
가격표시 방법	US$1당 원화
호가 가격 단위	0.1원
호가 가격 단위당 금액	1,000원(10,000×0.1원)
호가한도 가격	기준 가격(전일 정산 가격)±기준 가격×4.5%
미결제약정 보유한도	없음. 다만, 거래소가 필요하다고 인정할 경우 설정할 수 있음
최종거래일	결제월의 세 번째 월요일(당일이 휴장일인 경우 순차적으로 앞당김)
최종결제일	최종거래일부터 기산하여 3일째 거래일
최종결제방법	인수도 결제(physical delivery settlement) 최종 결제수량에 대하여 미국달러와 최종 결제대금을 수수
최종결제 가격	최종거래일의 정산 가격으로 함 • 최종 결제대금 : 최종결제 가격×거래승수×최종 결제수량 • 미국달러화 : 10,000달러×최종 결제수량

2 일본엔선물

구분	세부사항
거래대상	일본엔
거래단위 (1계약 금액)	JP¥1,000,000 (가격×거래승수)
거래승수	10,000
결제월	매월
상장결제월(거래기간)	분기월 4개(1년) 및 비분기월 4개(6개월)
가격표시 방법	JP¥100당 원화
호가 가격 단위	0.1원
호가 가격 단위당 금액	1,000원(1,000,000/100×0.1원)
호가한도 가격	기준 가격(전일 정산 가격)±기준 가격×5.25%
미결제약정 보유한도	없음. 다만, 거래소가 필요하다고 인정할 경우 설정할 수 있음
최종거래일	결제월의 세 번째 월요일(당일이 휴장일인 경우 순차적으로 앞당김)
최종결제일	최종거래일부터 기산하여 3일째 거래일
최종결제방법	인수도 결제(physical delivery settlement) 최종 결제수량에 대하여 일본엔과 최종 결제대금을 수수
최종결제 가격	최종거래일의 정산 가격으로 함 • 최종 결제대금 : 최종결제 가격×거래승수×최종 결제수량 • 일본엔화 : 1,000,000엔×최종 결제수량

3 유럽연합유로선물

구분	세부사항
거래대상	유럽연합유로
거래단위 (1계약 금액)	EU€10,000 (가격×거래승수)
거래승수	10,000
결제월	매월
상장결제월(거래기간)	분기월 4개(1년) 및 비분기월 4개(6개월)
가격표시 방법	EU€1당 원화
호가 가격 단위	0.1원
호가 가격 단위당 금액	1,000원(10,000×0.1원)
호가한도 가격	기준 가격(전일 정산 가격)±기준 가격×5.25%
미결제약정 보유한도	없음. 다만, 거래소가 필요하다고 인정할 경우 설정할 수 있음
최종거래일	결제월의 세 번째 월요일(당일이 휴장일인 경우 순차적으로 앞당김)
최종결제일	최종거래일부터 기산하여 3일째 거래일
최종결제방법	인수도 결제(physical delivery settlement) 최종 결제수량에 대하여 유로화와 최종 결제대금을 수수
최종결제 가격	최종거래일의 정산 가격으로 함 • 최종 결제대금 : 최종결제 가격×거래승수×최종 결제수량 • 유럽연합유로화 : 10,000유로×최종 결제수량

4 중국위안선물

구분	세부사항
거래대상	중국위안화
거래단위 (1계약 금액)	CNH ¥100,000 (가격×거래승수)
거래승수	100,000
결제월	매월
상장결제월(거래기간)	분기월 4개(1년), 비분기월 4개(6개월)
가격표시 방법	CNH ¥1당 원화
호가 가격 단위	0.01원
호가 가격 단위당 금액	1,000원(=100,000×0.01원)
호가한도 가격	기준 가격(전일 정산 가격)±기준 가격×4.5%
미결제약정 보유한도	없음. 다만, 거래소가 필요하다고 인정할 경우 설정할 수 있음
최종거래일	결제월의 세 번째 월요일(당일이 휴장일인 경우 순차적으로 앞당김)
최종결제일	최종거래일부터 기산하여 3일째 거래일
최종결제방법	인수도 결제(physical delivery settlement) 최종 결제수량에 대하여 위안화와 최종 결제대금을 수수
최종결제 가격	최종거래일의 정산 가격으로 함 • 최종 결제대금 : 최종결제 가격×거래승수×최종 결제수량 • 중국위안화 : 100,000위안×최종 결제수량

5 미국 달러옵션[1]

구분	세부사항		
거래대상	미국달러		
행사유형	유럽식(European style)		
거래단위 (1계약 금액)	US$10,000 (가격×거래승수)		
거래승수	10,000		
결제월	매월		
상장결제월(거래기간)	분기월 2개(6개월) 및 비분기월 2개(3개월)		
행사 가격수	• 거래 개시일에 결제월별 각 ITM 3개, ATM 1개, OTM 3개 총 7개 행사 가격 설정 • 거래 개시일 이후 ITM과 OTM이 3개 미만인 경우 각각 3개가 되도록 추가 설정		
행사 가격 간격	10원		
호가 가격 단위	0.1원		
호가 가격 단위당 금액	1,000원(10,000×0.1)		
호가한도 가격	최고 한도 가격	Call(전일 현물환율＋같은 환율×4.5%)을 적용한 이론가	
		Put(전일 현물환율－같은 환율×4.5%)을 적용한 이론가	
	최저 한도 가격	Call(전일 현물환율－같은 환율×4.5%)을 적용한 이론가	
		Put(전일 현물환율＋같은 환율×4.5%)을 적용한 이론가	
미결제약정 보유한도	없음. 다만, 거래소가 필요하다고 인정할 경우 설정할 수 있음		
최종거래일 (권리행사일)	결제월 세 번째 월요일(당일이 휴장일인 경우 순차적으로 앞당김)		
권리행사 결제일	권리행사일의 다음 거래일		
권리행사 결제방법	현금 결제 최종거래일의 최종 권리행사 결제기준 가격과 행사 가격 간의 차에 거래승수와 권리행사 결제수량을 곱하여 산출되는 금액을 권리행사 차금으로 수수		

---

1 2021년 1월부터 미국달러옵션의 신규 결제월 종목의 거래개시(상장) 중지

1 │ 금선물

구분	세부사항
거래대상	금지금(「KRX금시장 운영규정」에 따른 금지금)
거래단위 (1계약의 크기)	100g (가격×거래승수)
거래승수	100
결제월	매월
상장결제월(거래기간)	짝수월 6개(1년) 및 홀수월 1개(2개월)
가격표시	1g당 원화
호가 가격 단위	10원(1g당)
호가 가격 단위당 금액	1,000원(100g×10원)
호가한도 가격	기준 가격(전일 정산 가격)±기준 가격×10%
미결제약정 보유한도	순미결제약정수량기준으로 3,000계약
최종거래일	결제월의 세 번째 수요일
최종결제일	최종거래일의 다음 거래일
최종결제방법	현금 결제(cash settlement) : 당일의 정산 가격과 최종결제 가격의 차에 거래승수와 최종 결제수량을 곱하여 산출되는 최종 결제차금을 수수
최종결제 가격	최종거래일 KRX금시장의 금지금(중량이 1천 그램인 금지금을 말한다) 최종 가격

KRX금시장

1. 시장개요

   KRX금시장이란, 정부의 금 거래 양성화 계획에 따라 한국거래소가 금융위원회 승인을 받아 개설('14.3.24)한 금 현물시장이다.

2. KRX금시장 기본 구조

   ① 시장운영기관

   KRX가 금시장 제도·운영·청산 등 전반적인 업무를 담당하고, 한국예탁결제원이 금지금 결제 · 보관 · 인출업무를 수행하며, 한국조폐공사가 금지금에 대한 품질인증업무를 수행한다.

② 거래구조

회원인 금지금공급사업자는 KRX금시장에 금지금을 공급하고, 일반투자자 등은 회원을 통해 KRX금시장 거래에 참여한다.

③ 매매대상 금지금

KRX가 사전에 지정한 순도 99.99%인 중량 1kg 또는 100g 금지금만 거래 가능하다.

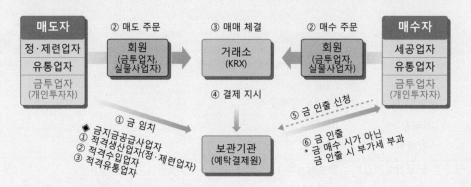

3. KRX금시장 주요 제도

① 매매제도

ㄱ. 종목은 중량 1kg종목 또는 100g종목이다.

ㄴ. 매매 · 호가수량단위는 1g, 호가 가격 단위는 10원이며, 실물 임치 및 인출단위는 각 종목별로 각각 1kg, 100g이다.

ㄴ. 호가접수시간은 오전 8시부터 오후 3시 30분까지이며, 매매거래시간은 오전 9시부터 오후 3시 30분까지이며, 가격제한폭은 기준 가격의 ±10%이다.

ㄷ. 매매체결은 시가 · 종가 · 중단 후 재개 가격 결정 시 단일 가격에 의한 개별 경쟁매매 방식으로, 그 외의 경우에는 복수 가격에 의한 개별 경쟁매매 방식으로 체결된다.

② 회원제도

자본시장법, 은행법에 의거하여 금지금 매매 관련 업무를 영위할 수 있는 금융투자업자, 은행 등 금융기관과 실물사업자(제 · 정련, 유통업자 등)로 한정한다.

③ 청산결제제도

청산업무는 KRX가, 결제업무는 예탁원이 수행하며, 실수요 목적으로 거래하는 실물사업자의 수요를 반영하여 당일결제가 적용된다.

④ 수탁제도

일반투자자는 증권회사에서 일반상품계좌를 개설, 전자통신 등 주식과 동일하게 수탁하며, 당일 결제에 따라 위탁증거금율은 100%이다.

⑤ 기타제도로는 협의대량매매제도 및 유동성 공급자제도가 있다.

2 돈육선물[2]

구분	세부사항
거래대상	돈육대표 가격 (축산물품질평가원이 공표일 직전 2일간 축산물도매시장에서 형성된 돈육도체별 경락 가격의 합계액을 도체중량 합계액으로 나누어 산출하는 돈육의 1kg당 평균가격)
거래단위 (1계약 금액)	1,000kg (가격×거래승수)
거래승수	1,000
결제월	매월
상장결제월 (거래기간)	연속월 6개(6개월)
가격표시	1kg당 원화
호가 가격 단위	5원(1kg당)
호가 가격 단위당 금액	5,000원(1,000kg×5원)
호가한도 가격	기준 가격(전일 정산 가격)±기준 가격×21%
미결제약정 보유한도	순미결제약정수량 3,000계약 다만, 최근월종목의 경우 최종거래일이 속한 월의 두 번째 목요일부터 최종거래일까지는 900계약
최종거래일	결제월의 세 번째 수요일(당일이 휴장일인 경우 앞당김. 다만, 당일에 축산물도매시장의 과반수 이상이 휴장하는 경우 다음거래일. 축산물도매시장의 과반수 이상의 휴장이 최종거래일로부터 기산하여 6일 이상 연속되는 경우 6일째의 휴장일로 최종거래일을 변경)
최종결제일	최종거래일부터 기산하여 3일째 거래일
최종결제방법	현금 결제(cash settlement) : 당일의 정산 가격과 최종결제 가격의 차에 거래승수와 최종 결제수량을 곱하여 산출되는 최종 결제차금을 수수
최종결제 가격	최종거래일 다음 거래일에 최초로 공표되는 돈육대표 가격 다만, 최종거래일이 변경된 경우 변경 전 최종거래일 이후 최초로 공표되는 돈육대표 가격으로 하며, 축산물도매시장의 과반수 이상의 휴장으로 거래가 재개되지 않는 경우에는 최종거래일 해당 선물종목의 거래량 가중평균약정 가격(의제 약정 가격은 제외하며, 최종거래일에 체결된 거래가 없는 경우 최종거래일에 공표되는 돈육대표 가격으로 함)

---

2 2021년 1월부터 돈육선물의 신규 결제월 종목의 거래개시(상장) 중지

(1) 종목 간 스프레드 거래

종목 간 스프레드 거래란 기초자산 및 거래승수가 같은 선물거래의 2개 종목 중 동일한 수량으로 한쪽 종목의 매도와 다른 쪽 종목의 매수를 동시에 성립시키기 위하여 해당 2개 종목의 가격 차이(선물스프레드)를 기초자산으로 하는 거래를 의미한다. 종목 간 스프레드거래의 종목은 기초자산 및 거래승수가 동일한 선물거래에 대해 다음에서 정하는 2개의 결제월종목 간 선물 스프레드별로 구분한다.

❶ 3년국채선물 스프레드 거래, 5년국채선물 스프레드 거래 및 10년국채선물 스프레드 거래의 경우에는 최근월종목과 원월종목 간 1개
❷ 해외지수선물 스프레드 거래의 경우에는 최근월종목과 이에 근접한 첫 번째와 두 번째 각 원월종목 간 2개
❸ KRX300선물 스프레드 거래, KRX K-뉴딜지수선물스프레드거래 및 ETF선물 스프레드 거래의 경우에는 최근월종목과 각 원월종목 간 3개
❹ 미니코스피200선물 스프레드 거래, 코스피200변동성지수선물 스프레드 거래 및 돈육선물 스프레드 거래의 경우에는 최근월종목과 각 원월종목 간 5개
❺ 코스피200선물 스프레드 거래, 코스닥150선물 스프레드 거래, 섹터지수선물 스프레드 거래(KRX K-뉴딜지수선물스프레드거래 제외) 및 금선물 스프레드 거래의 경우에는 최근월종목과 각 원월종목 간 6개
❻ 엔선물 스프레드 거래, 유로선물 스프레드 거래 및 위안선물 스프레드의 경우에는 최근월종목과 각 원월종목 간 7개
❼ 주식선물 스프레드 거래의 경우에는 최근월종목과 각 원월종목 간 8개
❽ 미국달러선물 스프레드 거래의 경우에는 최근월종목과 각 원월종목 간 19개
❾ 3개월무위험지표금리선물스프레드거래의 경우에는 최근월종목과 각 원월종목(최종거래일이 먼저 도래하는 3개로 한정) 간 3개의 종목

종목간 스프레드 거래의 가격은 원월종목의 가격에서 근월종목의 가격을 뺀 가격으로 한다. 다만, 금리상품의 경우에는 근월종목의 가격에서 원월종목의 가격을 뺀 가격

으로 한다. 종목간 스프레드 거래의 매도(매수)는 근월종목의 매수(매도) 및 원월종목의
매도(매수)를 거래로 하나, 금리상품의 경우에는 역으로 스프레드 거래의 매도(매수)는
근월종목의 매도(매수) 및 원월종목의 매수(매도)하는 거래이다.

종목간 스프레드 거래가 성립된 때에는 해당 체결된 수량과 동일한 수량이 해당 종
목간 스프레드 구성종목 각각에 대해 체결된 것으로 하며, 개별 구성종목의 가격(의제
약정 가격)은 다음 중 하나의 가격으로 한다.

❶ 최근월종목의 경우에는 해당 종목간 스프레드 거래가 성립되기 이전에 체결된
최근월종목의 직전 약정 가격

❷ 원월종목의 경우에는 최근월종목의 의제 약정 가격에 해당 종목간 스프레드 거
래의 약정 가격을 더한 가격. 다만, 금리상품의 경우에는 최근월종목의 의제 약
정 가격에서 해당 종목간 스프레드 거래의 약정 가격을 뺀 가격. 만일, 원월종목
의 의제 약정 가격이 상한가보다 높거나 하한가보다 낮은 경우에는 상한가 또는
하한가로 하고 최근월종목의 가격은 상한가 또는 하한가의 원월종목 가격에서
해당 스프레드 거래의 약정 가격을 뺀 가격(금리상품의 경우에는 더한 가격)으로 한다.

> **! 예시**
>
> 코스피200선물거래의 6월결제월 종목과 9월결제월 종목 간 선물 스프레드 거래가 6P로 체결
> 되고 6월결제월 종목의 직전 약정 가격이 198P인 경우 6월결제월 종목은 198P, 9월결제월 종
> 목은 204P(198P+6P)가 약정 가격이 된다. 그러나 9월결제월 종목의 상한가가 203P라면 약
> 정 가격 204P는 상한가를 벗어나므로 9월결제월 종목의 약정 가격은 상한가인 203P로, 6월결
> 제월 종목의 약정 가격은 197P(203P-6P)로 조정된다.

(2) 상품 간 스프레드 거래

상품간 스프레드 거래란 기초자산이 다른 선물거래의 2개 종목 중 한쪽 종목의 매도
와 다른 쪽 종목의 매수를 동시에 성립시키기 위하여 해당 2개 종목의 스프레드를 기초
자산으로 하는 거래를 의미한다. 상품간 스프레드 거래의 종목은 현재 3년국채선물과
10년국채선물 간 스프레드로서 각 최근월종목 간 및 각 차근월종목 간 2개의 종목인
국채선물상품 간 스프레드 거래가 상장되어 있다.

국채선물상품 간 스프레드 거래에서 매수는 3년국채선물 종목 3계약의 매수 및 10년
국채선물 종목 1계약의 매도를 하는 거래로 하고, 매도는 3년국채선물 종목 3계약의 매

도 및 10년국채선물 종목 1계약의 매수를 하는 거래로 한다.

국채선물상품 간 스프레드 거래의 가격은 다음의 계산식에 따라 산출되는 가격으로 한다.

(3년국채선물의 가격－3년국채선물의 기준 가격)×3년국채선물 종목 계약수÷10년 국채선물 종목 계약수－(10년국채선물의 가격－10년국채선물의 기준 가격)

국채선물상품 간 스프레드 거래의 호가가격단위는 0.01이고, 가격은 0, 양수 또는 음수로 표시한다.

국채선물상품 간 스프레드 거래가 성립된 경우 1계약당 의제약정 가격 및 수량은 3년국채선물 종목의 경우 그 기준 가격으로 3계약으로, 10년국채선물 종목의 경우 그 기준 가격에서 스프레드 거래 약정 가격을 뺀 가격으로 1계약으로 각각 설정한다.

chapter 04

매매거래제도

1 거래시간

　시장의 정규거래시간은 8시45분부터 15시45분까지이나, 기초자산의 특성, 거래수요, 거래의 편의성 등을 고려하여 시장별로 달리 정한다. 국내 대표 주가지수상품(코스피200선물·옵션, 미니코스피200선물·옵션, 코스닥150선물·옵션, KRX300선물)을 제외한 모든 선물, 옵션시장의 경우 9:00부터 15:45까지이며 돈육선물시장은 10:15부터 15:45까지이다. 선물스프레드시장의 거래시간은 선물스프레드를 구성하는 선물거래에 포함된 종목의 거래시간과 동일하다.

최종거래일이 도래한 종목의 정규거래시간은 국내 대표 주가지수상품의 경우 8시45분부터 15시20분까지, 그 외 주식상품의 경우 9시부터 15시20분까지, 금리상품 및 통화선물의 경우 9시부터 11시30분까지이다. 다만, 변동성지수선물은 9시부터 15시35분, 3개월무위험지표금리선물은 9시부터 15시45분, 통화옵션은 9시부터 15시30분, 금선물은 9시부터 15시20분, 돈육선물은 10시15분부터 15시45분, 유로스톡스50선물은 9시부터 15시45분까지이다.

정규거래의 호가(주문)접수는 거래시작 시간 15분 전(정규거래시간이 8시45분부터 개시되지 않는 시장은 30분 전)부터 거래시간 종료 시까지이다.

정규거래의 시초가, 거래 중단 후 재개 시의 최초 가격 및 종가는 특정 시간 동안 체결 없이 호가만 접수한 후 호가접수시간 종료 후 가장 많은 호가수량이 체결될 수 있는 하나의 가격(합치 가격)으로 거래를 체결하는 단일 가격에 의한 개별경쟁거래(단일가 거래)의 방법을 채택하고 있으며, 이러한 단일가 거래를 위한 호가접수시간은 시초가의 경우 정규거래시간의 개시 전 15분간(정규거래시간이 8시45분부터 개시되지 않는 시장은 30분 간), 거래 중단 후 재개 시의 최초가의 경우 거래를 재기한 때부터 10분간, 종가의 경우 정규거래시간의 종료 전 10분간이다. 단일가 거래를 위한 호가접수시간 이외에는 호가접수 후 즉시 거래를 체결하는 복수 가격에 의한 개별 경쟁거래(접속거래)로 한다. 코스피200옵션의 경우 정규거래시간 외에 EUREX에서 체결된 코스피200옵션선물의 최종 결제를 위해 7:30부터 8:30까지 장 개시 전 협의거래를 행한다.

정규거래의 호가접수 시작시간은 최종거래일에 관계없이 모두 8:30(돈육선물의 경우 9:45)이나 종료시간은 평일 15:45이며, 최종거래일은 최종결제방법에 따라 상품별로 차이가 있다. 해외지수선물거래, 통화선물거래 및 돈육선물거래의 종목을 제외한 최종거래일이 도래한 종목은 원칙적으로 종가 단일가 호가접수시간 없이 접속거래로 거래가 종료되며, 해외지수선물거래, 통화선물거래 및 돈육선물거래의 종목은 장 종료 전 10분(해외지수선물거래, 통화선물거래: 11:20~11:30, 돈육선물거래: 15:35~15:45)간 단일가 거래로 거래를 종료한다.

2 휴장일

KRX 파생상품시장은 다음 어느 하나에 해당하는 날을 휴장일로 한다.

❶ 「관공서의 공휴일에 관한 규정」에 의한 공휴일

❷ 「근로자의 날 제정에 관한 법률」에 의한 근로자의 날

❸ 토요일

❹ 12월 31일(공휴일 또는 토요일인 경우 직전 거래일)

❺ 기초자산이 주식 또는 주가지수인 경우 유가증권시장 또는 코스닥시장의 휴장일

❻ 돈육선물시장의 경우 「축산법」에 따라 설립된 축산물품질평가원이 「돈육 대표 가격 관리기준」에서 정한 축산부류도매시장 및 축산물공판장의 과반수가 휴장 하는 날

❼ 기초자산이 변동성지수인 경우 변동성지수를 산출하는 대상이 되는 옵션시장의 휴장일

❽ 그밖에 경제사정의 급격한 변동 또는 급격한 변동이 예상되거나 거래소가 시장 관리상 필요하다고 인정하는 날

3 파생상품시장의 임시 거래 정지

거래소는 천재·지변, 전시·사변, 시장에서의 화재, 경제사정의 급격한 변동이나 그 밖에 시장관리상 필요하다고 인정하는 때에는 시장의 전부 또는 일부를 임시로 정지할 수 있으며, 시장이 임시 정지된 상태에서 그 정지사유가 해소된 때에는 지체 없이 시장 을 재개한다.

section 02 호가의 종류, 방법 등

1 호가의 방법

KRX 파생상품시장에는 거래소 회원만이 호가를 제출할 수 있으며, 회원은 본점, 지

점 또는 영업소에 설치된 회원파생상품시스템 또는 회원파생상품단말기를 이용하여 다음의 호가내용 등을 거래소파생상품시스템에 입력하여 호가를 제출한다.

❶ 거래소가 회원에게 부여한 회원번호
❷ 종목코드
❸ 수량
❹ 가격이 지정되는 호가의 경우 가격
❺ 매도와 매수의 구분
❻ 위탁거래(투자매매업자의 신탁자산운용 거래 포함)와 자기거래의 구분
❼ 호가의 구분(지정가, 시장가, 조건부지정가, 최유리지정가)
❽ 호가의 조건(일부 충족조건, 전량 충족조건)
❾ 국적의 구분
❿ 투자자의 구분

회원은 호가를 거래소파생상품시스템에 입력하기 전에 호가의 적합성 등을 점검하여야 하며 해당 점검 결과 호가가 적합한 경우에 한하여 해당 호가를 회원파생상품시스템을 통하여 거래소파생상품시스템에 즉시 입력하여야 한다. 다만, 회원파생상품시스템의 장애로 회원파생상품시스템 대신 회원파생상품단말기(호가 입력 등을 위해 회원이 거래소의 승인을 얻어 거래소파생상품시스템과 연결하는 단말기)를 통해 호가를 입력하는 경우에는 일부 사항을 점검하지 않아도 된다.

거래소는 회원으로부터 접수된 호가의 순서에 따라 즉시 호가의 접수번호를 부여하고 해당 호가의 내용을 거래소파생상품시스템에 기록하며, 해당 내용을 회원에게 파생상품시스템으로 통지하며, 호가의 접수 또는 기록된 호가의 내용을 자기테이프, 자기디스크 등의 보조기억장치에 기록하여 접수일로부터 10년간 기록·유지하여야 하며, 회원은 다른 회원의 자기거래의 주문을 위탁받아 호가를 입력할 수 없으나(거래 정지 회원으로부터 위탁받은 호가는 제외), 고유재산운용업무에 한정하여 다른 회원의 자기계산에 의한 주문을 위탁받아 호가를 입력할 수 있다.

거래소는 시장에서의 공정한 경쟁을 도모하고 거래소 시스템을 효율적·안정적으로 운영하기 위하여 회원과 거래소 간 및 회원과 위탁자 간 시스템의 연결방법 등을 「회원시스템 접속 등에 관한 기준」으로 정하고 이를 제정 또는 변경 시에 지체 없이 회원에게 통보하여야 하며, 회원은 이 기준을 준수하여야 한다.

호가는 지정가, 시장가, 최유리지정가와 조건부지정가로 구분된다.

(1) 지정가호가(limit order)

종목, 수량 및 가격을 지정하는 호가로서 지정한 가격 또는 그 가격보다 유리한 가격
으로 거래를 하고자 하는 호가로 가장 일반적이고 가장 많이 사용하는 호가이다.

(2) 시장가호가(market order)

종목 및 수량만 지정하고 가격은 지정하지 않는 호가로서 호가수량이 전량 충족될
때까지 가장 빨리 집행할 수 있는 가격으로, 즉 시장에 호가된 상대편 가격으로 즉시
거래하고자 할 때 이용하는 호가이다. 호가한 수량을 신속히 체결할 수는 있으나 호가
한 종목의 유동성이 부족한 경우에는 예상보다 불리한 가격으로도 체결될 수 있는 위
험이 있다.

❶ 접속거래 시 시장가호가의 의제 약정 가격

　ㄱ. 매도시장가호가는 가장 낮은 매도호가(매도호가가 없는 경우 직전 약정 가격)의 가
　　　격에서 호가 가격 단위(1tick)를 뺀 가격과 가장 낮은 매수호가의 가격 중 낮
　　　은 가격

　ㄴ. 매수시장가호가는 가장 높은 매수호가(매수호가 없는 경우 직전 약정 가격)의 가격
　　　에서 호가 가격 단위(1tick)를 더한 가격과 가장 높은 매도호가의 가격 중 높
　　　은 가격

❷ 단일가 거래 시 시장가호가의 의제 약정 가격

　ㄱ. 매도의 시장가호가와 매수의 시장가호가만 있는 경우 시장가호가의 의제 약
　　　정 가격은 ① 매도의 합계수량과 매수의 합계수량이 동일한 경우에는 직전
　　　약정 가격(직전 약정 가격이 없는 경우 기준 가격), ② 매도의 합계수량이 많은 경우
　　　에는 직전의 약정 가격(없는 경우 기준가)에서 호가 가격 단위(1tick)를 뺀 가격(하
　　　한가보다 낮은 경우에는 하한가), ③ 매수의 합계수량이 많은 경우에는 직전의 약
　　　정 가격(없는 경우 기준가)에서 호가 가격 단위(tick)를 더한 가격(상한가보다 높은 경
　　　우에 상한가)

ㄴ. 시장가호가 이외의 호가가 있는 경우 매도의 시장가호가는 ① 가장 낮은 매도호가(시장가 제외)에서 호가 가격 단위(tick)를 뺀 가격, ② 가장 낮은 매수호가(시장가 제외)의 가격, ③ 직전 약정 가격(없는 경우 기준가) 중에서 가장 낮은 가격

ㄷ. 시장가호가 이외의 호가가 있는 경우에 매수의 시장가호가는 ① 가장 높은 매수호가(시장가 제외)의 가격에 호가 가격 단위를 더한 가격, ② 가장 높은 매도호가(시장가 제외)의 가격, ③ 직전의 약정 가격(없는 경우 기준가) 중 가장 높은 가격

(3) 최유리지정가호가(best limit order)

시장가호가처럼 호가할 때에는 가격을 지정하지 않으나 호가가 시장에 도달된 때 가장 빨리 집행될 수 있는 가격을 '지정'한 것으로 간주하는 호가로서 시장가호가와 지정가호가의 성격을 동시에 갖고 있다.

❶ 매도의 최유리지정가호가는 가장 높은 매수호가의 가격을 지정한 것으로 한다. 다만, 매수호가가 없는 경우에는 가장 낮은 매도호가의 가격에서 호가 가격 단위(tick)를 뺀 가격으로 하고 매도호가와 매수호가가 없는 경우에는 직전 약정 가격(없는 경우 기준가)으로 하며, 해당 가격이 하한가보다 낮은 때는 하한가로 한다.

❷ 매수의 최유리지정가호가는 가장 낮은 매도호가의 가격을 지정한 것으로 한다. 다만, 매도호가가 없는 경우에는 가장 높은 매수호가의 가격에서 호가 가격 단위(tick)를 더한 가격으로 하고 매도호가와 매수호가가 없는 경우에는 직전 약정 가격(없는 경우 기준가)으로 하며, 해당 가격이 상한가보다 높은 때는 상한가로 한다.

(4) 조건부지정가호가(conditional limit order)

시장에 도달된 때에는 지정가호가로 거래되지만 종가 단일가 거래 전까지 체결되지 않은 경우에는 종가 단일가 거래 시에 시장가호가로 전환되는 호가이다.

3   호가의 유효기간

거래소에 접수된 호가는 접수된 때로부터 당일의 장 종료 때까지 효력이 지속되나, 일부 충족조건 또는 전량 충족조건의 호가는 해당 조건에 따라 체결하거나 호가를 취소한 것으로 한다.

일부 충족조건은 해당 호가의 접수시점에서 호가한 수량 중 체결할 수 있는 수량에 대해서만 거래를 체결하고 체결되지 않은 호가잔량은 취소하는 조건을 말한다.

전량 충족조건은 해당 호가의 접수시점에서 호가한 수량 전량을 체결할 수 있는 경우에는 거래를 체결하고 전량 체결이 안 되는 경우에는 호가수량 전량을 취소하는 조건을 말한다.

일부 충족조건과 전량 충족조건은 접속거래 시 지정가호가, 시장가호가, 최유리지정가호가에 사용할 수 있다.

그리고 이미 접수된 호가의 가격이 실시간 가격 제한을 벗어나는 경우나 호가의 효력을 인정하는 것이 적당하지 아니하다고 인정하는 경우에는 호가의 효력이 제한될 수 있다.

 예시

▶ 호가종류 및 호가조건 예

코스피200선물거래에 대해 거래소에 접수된 호가의 상황이 다음과 같을 때 시장가호가와 최유리지정가호가, 전량 충족조건과 일부 충족조건에 따른 체결 가격 및 체결 수량의 차이를 살펴보자.

매도	가격	매수
5	250.15	
30	250.10	
20	250.05	
10	250.00	
	249.95	5
	249.90	10

❶ 매수 20계약에 대해 시장가호가와 최유리지정가호가가 제출되는 경우, 두 호가 모두 호가 제출 시에는 가격을 지정하지 않아 서로 유사하나, 시장에 호가가 도달한 때에 시장가호가는 가장 높은 매수호가의 가격에 1호가 가격 단위를 더한 가격(250.00)과 가장 높은 매도호가의 가격(250.15) 중 높은 가격(250.15)으로 호가한 것으로 의제하는 반면, 최유리지정가호가는 상대편 최우선매도호가의 가격(250.00)으로 가격을 지정한 것으로 의제된다(지정가호가의 성격). 따라서, 호가종류에 따라 약정 수량과 약정 가격에서 차이가 발생하게 된다.

ㄱ. 시장가호가 : 250.00P에 10계약, 250.05P에 10계약 체결

ㄴ. 최유리지정가호가 : 250.00P에 10계약 체결, 매수호가로 250.00p에 10계약
호가 대기

❷ 지정가호가 가격 250.00p에 매수 20계약에 대한 호가를 제출하는 경우, 호가조
건에 따라 약정 수량에 차이가 발생하게 된다.

ㄱ. 호가조건 없는 경우 : 250.00p에 10계약 체결되고, 10계약은 호가 대기

ㄴ. 일부 충족조건의 경우 : 250.00p에 10계약 체결되고, 10계약은 호가 취소
일부 충족조건은 체결 가능한 수량은 체결하고 나머지 호가수량은 취소하
는 조건이므로, 체결 가능한 수량 10계약만 체결하고 나머지 수량은 취소함

ㄷ. 전량 충족조건의 경우 : 호가 전량 취소
전량 충족조건은 해당 가격 또는 유리한 가격으로 전량 체결 가능한 경우
에만 체결하고 그렇지 않은 경우에는 호가 전량을 취소하는 조건으로, 현재 호
가장에서 250.00p에 체결 가능한 수량은 10계약뿐이므로 호가수량 전량이 취소

4 호가의 제한

거래소 회원은 다음에 해당하는 호가를 입력하여서는 아니 된다.

❶ 원월종목인 경우에는 시장가호가, 조건부지정가호가 및 최유리지정가호가. 다
만, 최근월종목의 최종거래일부터 기산하여 소급한 4거래일 간은 차근월종목(최
종거래일이 두 번째로 먼저 도래하는 결제월종목)은 제외

❷ 단일가 호가인 경우에는 최유리지정가호가. 다만, 취소호가는 허용

표 4-1   종목별 사용 가능한 호가의 유형 및 조건

호가의 유형	최근월종목	원월종목	일부/전량 충족 조건
시장가호가(market order)	○	×[1]	○[2]
지정가호가(limit order)	○	○	○[2]
최유리지정가호가(best limit order)	○	×[1]	○[2]
조건부지정가호가(conditional limit order)	○	×[1]	×

* ○ : 허용, × : 입력 불가
1) 최근월종목의 최종거래일로부터 소급하여 4일 간에는 차근월종목도 가능
2) 단일가 호가접수시간에는 사용할 수 없음

표 4-2 **거래유형별 사용 가능한 호가의 유형(최근월종목, 최종거래일 제외)**

호가의 유형	시가 단일가	접속거래	종가 단일가
시장가호가(market order)	○	○	○
지정가호가(limit order)	○	○	○
최유리지정가호가(best limit order)	×	○	×
조건부지정가호가(conditional limit order)	○	○	×
선물 스프레드 호가	×	○	×

* ○ : 허용, × : 입력 불가

❸ 종가 단일가 호가접수시간에는 조건부지정가호가. 다만, 취소호가는 허용

❹ 최종거래일이 도래한 종목(통화상품거래 및 일반상품거래의 종목을 제외)에는 조건부지정가호가

❺ 선물 스프레드 거래인 경우

ㄱ. 시장가호가, 조건부지정가호가 및 최유리지정가호가

ㄴ. 단일가 호가시간의 호가(취소는 허용)

ㄷ. 선물스프레드를 구성하는 선물거래의 2개 종목 중 거래시간이 종료된 종목이 있는 경우에 해당 선물 스프레드 거래의 호가

❻ 일부 충족조건 및 전량 충족조건인 경우

ㄱ. 조건부지정가호가

ㄴ. 단일가 호가

ㄷ. 시장조성계좌를 통한 호가

❼ 시장조성계좌를 통한 거래의 경우

ㄱ. 시장가호가, 조건부지정가호가 및 최유리지정가호가

ㄴ. 일부 충족조건 및 전량 충족조건의 호가

❽ 해외지수선물거래, 주식선물거래, 주식옵션거래, ETF선물거래, 위안선물거래 또는 돈육선물거래의 경우에는 시장가호가, 조건부지정가호가 및 최유리지정가호가

❾ 조건부지정가호가의 경우 상한가로 지정한 매수호가, 하한가로 지정한 매도호가

5 호가의 정정

　지정가호가, 조건부지정가호가 및 최유리지정가호가를 각각 동일한 종류의 호가로 정정하는 경우에는 호가한 수량의 전부 또는 일부를 다른 가격으로 변경할 수 있다.

　지정가호가, 시장가호가, 조건부지정가호가 및 최유리지정가호가를 각각 다른 종류의 호가로 정정하는 경우에는 호가한 수량의 전부 또는 일부를 다른 종류의 호가로 변경할 수 있으나, 종가 단일가 호가접수시간에 시장가호가와 조건부지정가호가 간 정정, 지정가호가와 최유리지정가호가 간 정정의 경우에 정정 전후의 호가 가격이 동일한 경우, 지정가호가 또는 조건부지정가호가로 정정하는 경우에 정정 후의 매수호가 가격이 실시간 상한가보다 높게 되거나 정정 후의 매도호가 가격이 실시간 하한가보다 낮게 되는 경우, 지정가호가 또는 최유리지정가호가를 시장가호가로 정정하는 경우에 정정 후의 시장가호가가 실시간 가격 제한에 따라 지정가호가로 전환되어 정정 전의 호가 가격과 정정 후의 호가 가격이 같게 되는 경우, 호가의 정정을 인정하는 것이 적당하지 아니하다고 거래소가 인정하는 경우에는 정정할 수 없다.

section 03 　호가의 가격 제한 및 수량 제한

1 가격 제한

　선물거래의 가격 제한은 기준 가격(전일 정산 가격 또는 선물이론 가격)에 다음의 가격 제한비율을 곱하여 산출된 수치를 더한 가격은 상한가로, 뺀 가격을 하한가로 하며 회원은 상한가와 하한가 이내에서 호가하여야 한다. 다만 변동성지수선물거래의 경우에는 기준 가격에 가격 제한비율을 곱하여 산출된 수치가 5포인트 미만인 경우에는 5포인트를 기준으로 한다.

　옵션거래의 가격 제한은 기초자산의 가격이 기준 가격에 비해 다음의 가격 제한비율

만큼 상승한 경우에 산출되는 이론 가격을 콜옵션은 상한 가격으로 풋옵션은 하한 가격으로 하고, 기준 가격 대비 가격 제한비율만큼 하락한 경우에 산출되는 이론 가격을 콜옵션은 하한 가격으로 풋옵션은 상한 가격으로 한다. 다만, 상한 가격인 콜옵션 이론 가격과 풋옵션 이론 가격이 해당 종목의 기준 가격(전일 종가)보다 낮은 경우에는 기준 가격을 상한가로 하고, 하한 가격인 콜옵션 이론 가격과 풋옵션 이론 가격이 해당 종목의 기준 가격보다 높은 경우에는 기준 가격을 하한 가격으로 한다.

특히 주식상품거래의 경우에는 주식시장의 가격제한폭 확대(15% → 30%)에 따라 단계별(1단계~3단계)로 가격 제한비율을 적용한다.

거래 구분	가격 제한비율
주가지수선물거래	1단계 : 8%, 2단계 : 15%, 3단계 : 20%
해외지수 선물거래	15%
변동성지수선물거래	1단계 : 30%, 2단계 : 45%, 3단계 : 60%
주식선물거래, ETF선물거래	1단계 : 10%, 2단계 : 20%, 3단계 : 30%
3년국채선물거래	1.5%
5년국채선물거래	1.8%
10년국채선물거래	2.7%
3개월무위험지표금리선물거래	1.3%
미국달러선물거래 및 중국위안선물거래	4.5%
엔선물거래 및 유로선물거래	5.25%
금선물거래	10%
돈육선물거래	21%
주가지수옵션거래	1단계 : 8%, 2단계 : 15%, 3단계 : 20%
주식옵션거래	1단계 : 10%, 2단계 : 20%, 3단계 : 30%
미국 달러옵션거래	4.5%

기준 가격

① 선물거래

ㄱ. 거래 개시일 : 선물 이론 가격

ㄴ. 거래 개시일부터 최초 거래 성립일까지 : 선물 이론 가격(돈육선물의 경우 직전 거래일에 공표된 돈육대표 가격, 주식선물에 배당락 등이 있는 경우에는 주식선물 조정이론가격)

ㄷ. 최초 거래 성립일 이후 : 전일 정산 가격(미국달러플렉스선물거래의 경우 선물 이론 가격)
② 옵션거래
　ㄱ. 거래 개시일 : 옵션 이론 가격
　ㄴ. 거래 개시일부터 최초 거래 성립일까지 : 옵션 이론 가격(주식옵션에 배당락 등이 있는 경우에는 주식옵션조정이론 가격)
　ㄷ. 최초의 거래 성립일의 당일 거래일 이후 : 전일 거래증거금 기준 가격(전일 종가)

2　호가의 실시간 가격 제한

복수 가격에 의한 개별 경쟁거래의 방법으로 정규거래의 약정 가격을 결정하는 경우에는 직전 약정 가격을 기준으로 매수호가의 가격은 실시간 상한가(직전 약정 가격에 가격 변동폭을 더한 가격. 다만 그 가격이 상한가보다 높은 경우에는 상한가)보다 높아서는 아니 되고, 매도호가의 가격은 실시간 하한가(직전 약정 가격에 가격 변동폭을 뺀 가격. 다만 그 가격이 하한가보다 낮은 경우에는 하한가)보다 낮아서는 아니 된다.

호가의 실시간 가격 제한은 코스피200선물거래, 코스피200옵션거래, 코스피200위클리옵션거래, 주식선물거래, 3년국채선물거래, 10년국채선물거래, 미국달러선물거래, 미니코스피200선물거래 및 코스닥150선물거래에 적용된다(종목간 스프레드 거래를 포함). 선물거래 및 옵션거래의 경우 실시간 가격제한을 적용하는 종목은 최근월종목(코스피200위클리옵션거래의 경우에는 모든 종목)이나, 해당 거래의 차근월종목은 최근월종목의 최종거래일부터 기산하여 소급한 4거래일부터 포함한다. 종목간 스프레드 거래의 경우 실시간 가격제한을 적용하는 종목은 선물거래의 최근월종목과 차근월종목간 1개의 종목으로 최근월종목의 최종거래일부터 소급한 4거래일간에 한정한다.

실시간 가격 제한의 가격 변동폭은 각 거래의 가격 변동률(예시 : 코스피200선물거래 1%, 코스피200옵션거래 2% 등)을 감안하여 일정한 산식에 따라 산출되는 수치로 한다. 선물거래의 경우에는 기준 가격에 가격 변동률을 곱하여 산출하고, 선물 스프레드 거래는 선물 스프레드 거래를 구성하는 종목 중 최근월종목의 기준 가격에 가격 변동률을 곱하여 산출하며, 옵션거래의 경우에는 급등·급락 옵션 이론 가격과 당일 옵션 이론 가격을 감안하여 산출하는 수치로 한다.

3 호가수량한도 및 누적호가수량한도

파생상품시장에서는 회원이 1회 호가할 수 있는 최대호가수량을 제한하고 있다. 선물거래의 호가수량한도는 코스피200선물거래, KRX300선물거래, 코스피200변동성지수선물거래, ETF선물거래의 경우 2,000계약, 통화선물거래의 경우 5,000계약, 미니코스피200선물거래의 경우 10,000계약, 주식선물거래의 경우 1,000계약, 2,000계약, 5,000계약, 10,000계약 중 거래소가 별도로 정하는 수량, 그외 선물거래의 경우 1,000계약으로 한다. 다만, 유동성관리상품의 선물거래인 경우에는 달리 정하고 있다.

선물스프레드거래의 호가수량한도는 코스닥150선물스프레드거래, 섹터지수선물스프레드거래, 해외지수선물스프레드거래, 3년국채선물, 10년국채선물 상품간스프레드거래의 경우 1,000계약, 코스피200선물스프레드거래, KRX300선물스프레드거래, 코스피200변동성지수선물스프레드거래, ETF선물스프레드거래, 5년국채선물스프레드거래, 10년국채선물스프레드거래, 일반상품선물스프레드거래의 경우 2,000계약, 3년국채선물스프레드거래, 3개월무위험지표금리선물거래의 경우 5,000계약, 미니코스피200선물스프레드거래, 통화선물스프레드거래의 경우 10,000계약, 주식선물스프레드거래의 경우 1,000계약, 2,000계약, 5,000계약, 10,000계약 중 거래소가 별도로 정하는 수량으로 한다.

옵션거래의 호가수량한도는 코스닥150옵션거래의 경우 1,000계약, 코스피200옵션거래의 경우 2,000계약, 통화옵션거래의 경우 5,000계약, 미니코스피200옵션거래의 경우 10,000계약, 주식옵션거래의 경우 1,000계약, 2,000계약, 5,000계약, 10,000계약 중 거래소가 별도로 정하는 수량으로 한다. 다만, 유동성관리상품의 옵션거래인 경우에는 달리 정하고 있다.

코스피200선물거래(선물스프레드거래 포함), 코스피200옵션거래, 미니코스피200선물거래(선물스프레드거래 포함) 또는 미니코스피200옵션거래를 하는 회원의 자기거래계좌와 사후위탁증거금계좌에 대해서는 누적호가수량도 제한하고 있다. 누적호가수량한도는 코스피200선물거래와 코스피200옵션거래의 경우 알고리즘거래계좌에 해당하는 경우에는 상승, 하락 방향별 15,000계약, 알고리즘거래계좌가 아닌 계좌에 해당하는 경우에는 상승, 하락 방향별 30,000계약으로 하고 있고, 미니코스피200선물거래와 미니코스피200옵션거래의 경우 알고리즘거래계좌에 해당하는 경우에는 상승, 하락 방향별 75,000

계약, 알고리즘거래계좌가 아닌 계좌에 해당하는 경우에는 상승, 하락 방향별 150,000 계약으로 하고 있다. 다만, 회원은 대량거래(알고리즘거래는 제외)의 필요성이 인정되는 경우에는 회원의 위험관리부서가 심사하여 상향 조정한 누적호가수량한도를 해당 거래에 한정하여 일시적으로 적용할 수 있다. 이 경우 회원은 위험관리부서의 심사에 관련된 서류를 10년간 기록·유지하여야 한다.

section 04 거래계약의 체결

파생상품 거래의 체결방법은 가격 – 시간 우선의 원칙에 따라 거래를 체결하는 개별 경쟁거래방법으로 하며, 개별 경쟁거래는 복수 가격에 의한 경쟁거래(접속거래)와 단일 가격에 의한 경쟁거래(단일가 거래)로 구분한다.

❶ 가격 우선원칙 : 낮은 가격의 매도호가는 높은 가격의 매도호가에 우선하고, 높은 가격의 매수호가는 낮은 가격의 매수호가에 우선
❷ 시간 우선원칙 : 가격이 동일한 호가 간에는 거래소에 먼저 접수된 호가가 나중에 접수된 호가에 우선. 다만, 상한가 및 하한가의 단일가 호가 간에는 큰 수량의 호가가 적은 수량의 호가에 우선하고, 수량이 동일한 경우에는 먼저 접수된 호가가 나중에 접수된 호가에 우선

1 복수 가격에 의한 개별 경쟁거래(접속거래)

거래소 파생상품시장에 접수된 호가에 대해 호가의 우선순위(가격, 시간)에 따라 매수호가와 매도호가의 가격이 합치하는 가격으로 즉시 연속적으로 거래를 체결하는 것을 복수 가격에 의한 개별 경쟁거래라 한다. 만일, 가장 높은 매수호가의 가격이 가장 낮은 매도호가의 가격 이상인 때에는 먼저 접수된 호가의 가격을 체결 가격으로 한다.

2 단일 가격에 의한 개별 경쟁거래(단일가 거래)

❶ 단일 가격에 의한 개별 경쟁거래방식은 접속거래와 달리 호가접수시간 동안 거래를 체결하지 않고 해당 호가접수시간 종료 시점에 가장 많은 호가가 체결될 수 있는 하나의 합치 가격으로 호가를 체결하는 거래방식이다.

단일가 거래는 다음 중 어느 하나에 해당하는 정규거래의 약정 가격을 결정하는 경우에 적용한다.

ㄱ. 최초 약정 가격(단, 단일가 호가접수시간 종료 시점에 체결 가능 수량이 없는 경우는 제외)

ㄴ. 임의적 또는 필요적 거래 중단 후 거래 재개 시의 최초 약정 가격(단, 단일가 호가접수시간 종료 시점에 체결 가능 수량이 없는 경우는 제외)

ㄷ. 최종 약정 가격

ㄹ. 기초주권이 정리매매종목(상장폐지 전에 매매거래를 정지한 후 일정기간 매매거래를 허용하는 종목)인 주식선물거래 및 주식옵션거래의 약정 가격

❷ 최종 약정 가격은 단일가 거래방식으로 결정하는 것이 원칙이나, 해외지수선물거래, 통화선물거래 및 돈육선물거래의 종목을 제외한 최종거래일이 도래한 종목의 최종 약정거래가격은 접속거래의 방법으로 결정한다.

❸ 단일가 거래의 약정 가격은 매도호가의 합계수량과 매수호가의 합계수량이 일정한 가격에서 합치하는 가격(합치 가격)을 약정 가격으로 하여 가격 – 시간의 호가 우선순위에 따라 거래를 성립시킨다. 다만, 장 중단 후 거래 재개 시 최초 약정가격 결정을 위한 단일가 호가의 접수시간 중에 주식시장의 필요적 거래 중단 시에는 거래를 중단한다. 그리고, 합치 가격이 상한가 또는 하한가로 결정되는 경우에는 상(하)한가로 제출된 단일가 호가 간에 9단계의 배분단계로 그 수량이 도달할 때까지 호가수량이 많은 호가가 적은 수량의 호가에 우선하고, 동일수량의 호가 중에는 먼저 접수된 호가가 우선한다.

❹ 합치 가격 산출방법

ㄱ. 매도호가 합계수량과 매수호가 합계수량이 일정한 가격에서 합치되는 가격(합치 가격)을 단일가 거래의 약정 가격으로 함

매수호가 합계수량과 매도호가 합계수량은 ① 합치 가격보다 높은 가격들의 매수호가의 모든 수량 및 합치 가격보다 낮은 가격들의 매도호가의 모든

수량과, ② 합치 가격의 호가에 대하여는 매도호가 또는 매수호가 중 어느 한 쪽 호가의 모든 수량과 다른 쪽 호가가 있는 경우에는 다른 쪽 호가의 거래수량 단위 이상의 수량을 매수, 매도 호가별 합계한 수량임

- ㄴ. 만일 합치 가격이 2개 이상인 경우 직전 약정 가격(없는 경우 기준 가격)에 가장 가까운 가격을 약정 가격으로 함
- ㄷ. 만일 ㄱ에 의한 합치 가격은 없으나 체결 가능 수량이 있는 경우에는 거래체결의 신속성을 위하여 합치 가격이 2개 이상인 경우와 동일한 방법으로 약정 가격을 결정함

3 협의거래

KRX 파생상품시장의 거래체결방법은 원칙적으로 개별 경쟁거래방법을 채택하고 있으나, 투자자의 거래편의를 위해 장외시장에서 이용되고 있는 거래자 간 쌍방의 협의에 의한 거래체결방법인 상대거래방식의 협의거래를 채택하고 있다.

협의거래에는 기관투자자의 결제월 간 미결제약정의 이전(roll-over)에 따른 대량거래수요를 충족하기 위한 협의대량거래(Block Trade), 금융위기 이후 중소기업의 다양한 외환 헤지수요 충족을 위해 선물상품의 유연성을 제고한 기초자산조기인수도부거래(EFP, Exchange of Futures For Physicals)와 플렉스협의거래(Flex), EUREX시장에서 체결된 코스피200옵션선물의 인수도 결제를 위한 장 개시 전 협의거래가 있다.

(1) 협의대량거래

거래소는 개별 경쟁거래 이외에 한번에 대량호가의 제출로 인한 시장 가격 급변을 방지하고 대량호가의 체결 가능성을 높이기 위하여 회원이 종목, 가격 및 수량에 대하여 당사자 간에 협의된 거래(협의대량거래)의 체결을 거래소에 신청하는 경우 거래소는 신청내용에 따라 거래소파생상품시스템에 의해 거래를 체결한다.

협의대량거래의 대상은 주식상품거래의 경우 코스피200선물거래, 코스피200옵션거래, 미니코스피200선물거래, 미니코스피200옵션거래, 코스닥150선물거래, 코스닥150옵션거래, KRX300선물거래, 섹터지수선물거래, 해외지수선물거래, 주식선물거래, 주식옵션거래, ETF선물거래이고, 금리상품선물거래의 경우 3년국채선물거래, 10년국채선물거래, 3개월무위험지표금리선물거래이며, 통화상품거래의 경우 미국달러선물거

래, 엔선물거래, 유로선물거래, 위안선물거래이고, 일반상품선물거래의 경우 금선물 거래이며, 선물스프레드거래의 경우 코스피200선물 스프레드 거래, 미니코스피200선물 스프레드 거래, 코스닥150선물 스프레드 거래, KRX300선물 스프레드 거래, 섹터지수선물 스프레드 거래, 해외지수선물 스프레드 거래, 주식선물 스프레드 거래, ETF선물 스프레드 거래, 3년국채선물 스프레드 거래, 10년국채선물 스프레드 거래, 3개월무위험지표금리선물 스프레드 거래, 미국달러선물 스프레드 거래, 엔선물 스프레드 거래, 유로선물 스프레드 거래, 위안선물 스프레드 거래이다.

주식상품거래, 3개월무위험지표금리 선물거래, 3개월무위험지표금리선물 스프레드 거래에 대한 협의가 직전거래일의 장 종료 시점 이후부터 당일 장 종료 시점까지 완료된 경우에는 당일 정규거래시간 이내에, 그 외의 파생상품 거래의 경우에는 협의가 완료된 시각으로부터 1시간 이내에 해당 협의대량거래를 거래소에 신청하여야 한다.

협의대량거래를 신청하는 경우 회원은 협의대량거래내역을 회원파생상품시스템 또는 회원파생상품단말기로 거래소파생상품시스템에 입력하는 방법으로 신청하여야 한다.

(2) 장 개시 전 협의거래

독일 파생상품거래소인 EUREX는 지난 2010년 8월 30일부터 옵션의 미결제약정을 인수도하는 방식으로 코스피200옵션에 대한 1일물 선물거래를 시작하였다. 1일물 코스피200옵션선물은 우리나라 야간시간대에 EUREX시장에서 거래를 하고 장 종료 후 잔존하는 미결제약정에 대해 국내 코스피200옵션의 미결제약정으로 인수도(이전)하게 된다.

장 개시 전 협의거래는 이러한 EUREX 코스피200옵션선물의 인수도 결제를 위해 국내 정규시장 개장 전에 코스피200옵션의 미결제약정을 인수도하기 위한 거래로, 회원이 코스피200옵션선물의 인수도 결제에 따른 코스피200옵션의 종목과 수량을 신청하여 당사자 간 협의에 의한 방식으로 거래를 체결하는 협의거래이다.

현재 장 개시 전 협의거래의 적용대상이 되는 거래는 코스피200선물, 미니코스피200선물, 코스피200옵션, 미국달러선물을 기초자산으로 하여 유렉스가 상장한 1일물 선물거래이다.

장 개시 전 협의거래의 신청시간은 오전 7:30∼오전 8:30이며, EUREX 청산기관이 위탁자가 되는 경우에는 오전 8:20∼오전 8:30으로 한다. 신청방법은 회원이 해당 내용을 회원파생상품시스템을 통해 거래소 파생상품시스템에 입력하는 방식으로 행한다. 이 경우 호가한도수량은 적용하지 않는다.

section 05 | **거래의 중단**

1 | 임의적 중단

거래소는 파생상품시스템의 장애, 현물시장의 거래 중단 등으로 거래를 계속하는 것이 곤란하다고 판단되는 다음의 경우에 관련되는 종목의 거래를 중단 또는 정지할 수 있다.

❶ 거래소파생상품시스템 또는 회원파생상품시스템 장애 시

ㄱ. 거래소파생상품시스템의 장애로 10분 이상 호가접수 및 정상적인 거래체결 등을 할 수 없는 경우 해당 종목의 거래를 중단

ㄴ. 회원파생상품시스템 장애로 호가입력 또는 거래내용의 통지를 받을 수 없는 회원들의 총 약정 수량(직전 월말 기준 직전 1년간 약정 수량 기준)이 전체 약정 수량의 75%를 초과하는 경우 해당 종목의 거래를 중단(유동성 관리상품 및 상장폐지예고상품은 제외)

ㄷ. 그 밖에 거래소파생상품시스템 또는 회원파생상품시스템의 장애로 거래소가 필요하다고 인정하는 경우

❷ 주식시장의 전산시스템 장애로 주가지수 구성종목의 매매거래 중단 시

ㄱ. 주식시장시스템에 10분 이상 장애가 발생하여 코스피200지수 구성종목 중 100종목 이상 매매거래를 할 수 없는 경우 코스피200선물, 코스피200옵션, 미니코스피200선물 및 미니코스피200옵션의 거래를 중단

ㄴ. 주식시장시스템에 10분 이상 장애가 발생하여 KRX300지수 구성종목 중 150종목 이상 매매거래를 할 수 없는 경우 KRX300선물거래는 중단

ㄷ. 코스닥시장 전산시스템에 10분 이상 장애가 발생하여 코스닥150의 구성종목 중 75종목 이상 매매거래할 수 없는 경우 코스닥150선물, 코스닥150옵션거래를 중단

ㄹ. 주식시장시스템에 10분 이상 장애가 발생하여 섹터지수별 구성종목 중 2분의 1 이상 매매거래를 할 수 없는 경우 해당 섹터지수선물의 거래를 중단

❸ 주식선물 및 주식옵션 거래의 경우 기초주권 매매거래의 중단·정지 시 해당 주식
선물 및 주식옵션의 거래를 중단

ㄱ. 주식시장의 임시 정지 또는 기초주권의 매매거래가 정지된 경우

ㄴ. 주식시장의 전산시스템 장애 또는 호가폭주로 기초주권의 호가접수 또는 매
매거래의 체결이 중단된 경우

ㄷ. 그밖에 주식선물과 주식옵션의 시장관리를 위해 필요한 경우

❹ 선물 스프레드 거래의 경우 스프레드 거래 구성종목 중 한 종목의 거래가 중단된
경우 해당 선물 스프레드 거래를 중단

❺ 돈육선물거래의 경우 축산물 품질평가원이 정한 축산물도매시장의 과반수가 거
래를 중단하는 경우 돈육선물거래를 중단

❻ 미국달러플렉스선물거래의 경우 미국달러선물거래가 중단된 경우 미국달러플렉
스선물거래를 중단

❼ 금선물거래에 있어서 KRX금시장의 매매거래가 중단되는 경우

❽ ETF선물거래에 있어서 ETF 매매거래의 중단·정지

❾ 그 밖에 거래상황에 이상이 있거나 그 우려가 있어서 거래소가 정지하는 경우

거래소는 거래를 중단한 후 그 사유가 해소된 경우에는 지체 없이 거래를 재개하며,
그 때마다 거래소가 지정하는 시간 동안 단일가 거래에 의해 거래를 재개한다.

2	주식상품거래의 필요적 거래 중단 및 종결 (CB : Circuit Breakers)

주식상품거래의 경우 기초주식시장의 가격 급변 시 현·선물 연계거래의 촉발로 인
한 시장 충격을 방지하기 위하여 다음과 같이 주식상품거래를 일시적으로 중단하거나 종
결한다.

(1) 필요적 거래 중단 및 종결 발동 요건

❶ 코스피지수 또는 코스닥지수가 직전 거래일의 종가보다 8% 이상 하락하여 1분간
지속되어 유가증권시장 또는 코스닥시장의 모든 종목의 거래가 중단되는 경우 :
20분간 중단

❷ 코스피지수 또는 코스닥지수가 직전 거래일의 종가보다 15% 이상 하락하여 1분간

지속되어 유가증권시장 또는 코스닥시장의 모든 종목의 거래가 중단되는 경우 : 20분간 중단

❸ 코스피지수 또는 코스닥지수가 직전 거래일의 종가보다 20% 이상 하락하여 1분간 지속되어 유가증권시장 또는 코스닥시장의 모든 종목의 거래가 종결되는 경우 : 당일 정규거래 종결

주식시장의 필요적 거래 중단은 14시 50분 이후에는 발동하지 않으나, 필요적 거래 종결은 14시 50분 이후에도 적용된다. 그리고 기존의 선물 가격의 급변에 따라 적용되는 필요적 거래 중단(선물 CB)은 주식시장의 CB제도 개선에 따라 폐지하였다.

(2) 필요적 거래 중단 후 거래 재개

주식파생상품의 필요적 거래 중단 후 주식시장 등의 매매거래를 재개하는 경우에는 거래소는 지체 없이 10분간 단일가 호가접수시간을 거쳐 단일가 거래로 거래를 재개한다.

section 06 거래 확인, 착오거래 정정·취소, 거래 취소, 시세 공표

1 거래내용 통지 및 확인

거래소는 거래가 성립된 때에는 다음의 거래내용을 거래소파생상품시스템을 통하여 회원파생상품시스템 또는 회원파생상품단말기에 입력하거나 그 밖의 방법으로 회원에게 통지하여야 하며, 해당 거래내용을 자기디스크, 자기테이프, 그 밖의 보조기억장치에 기록하여 거래의 성립일로부터 10년간 기록·유지하여야 한다.

❶ 거래소가 회원에게 부여한 회원번호
❷ 종목
❸ 수량

❹ 가격

❺ 매도와 매수의 구분

❻ 위탁거래와 자기거래의 구분

❼ 호가의 구분

❽ 약정연월일 및 약정시각

❾ 그 밖에 거래소가 필요하다고 인정하는 사항

회원은 거래소가 통지한 거래내용을 즉시 확인하여야 하며, 거래소가 통지한 거래내용이 회원파생상품시스템 또는 회원파생상품단말기에 도달된 때에는 회원이 이를 확인한 것으로 본다.

2 착오거래 정정

거래소는 거래의 중개업무를 함에 있어 거래소파생상품시스템의 장애(프로그램운영상의 장애 포함) 및 기타의 사유로 호가의 내용과 부합되지 않게 체결된 거래(거래소착오거래)를 정정할 수 있다. 또한 회원이 주문의 접수, 호가의 입력 등을 할 때에 착오로 주문의 내용에 부합되지 않게 체결된 거래(회원착오거래)를 정정할 수 있다.

거래소착오거래의 정정방법과 관련하여 종목, 수량, 가격, 매도와 매수, 호가의 종류 및 위탁자의 파생상품 계좌번호 등에 대한 착오거래의 경우에는 회원의 자기거래로 인수하게 하고, 위탁거래와 자기거래의 구분 및 투자자의 구분에 대한 착오거래는 그 구분에 부합되도록 정정한다. 회원착오거래의 정정방법과 관련하여 종목, 수량, 가격, 매도와 매수, 호가의 종류 등에 대한 착오거래의 경우에는 회원의 자기거래로 인수하게 하고, 위탁자의 파생상품계좌번호에 대한 착오거래의 경우에는 회원의 자기거래로 인수하게 하거나 착오거래가 성립된 상품거래계좌를 개설한 위탁자의 동의를 얻어 파생상품계좌번호를 정정하며, 위탁거래와 자기거래의 구분, 최종투자자 구분코드 및 투자자의 구분에 대한 착오거래의 경우에는 그 구분에 부합하도록 정정하고, 수량 및 위탁자의 파생상품계좌번호에 대한 동시착오거래의 경우에는 주문의 내용에 부합하는 수량은 착오거래가 성립된 파생상품계좌를 개설한 위탁자의 동의를 얻어 파생상품계좌번호를 정정하고 그 외의 수량은 회원의 자기거래로 인수하게 한다. 다만, 기초자산인 수도부거래는 착오거래에 따른 정정을 할 수 없다.

회원착오거래의 정정은 착오거래가 발생한 날의 장 종료 후 30분 이내에 회원이 착오거래의 정정을 신청한 경우에만 할 수 있다.

거래소착오거래를 회원이 자기거래로 인수한 경우에는 지체 없이 단일가 호가(미국달러플렉스선물거래의 경우 플렉스협의거래)로 반대거래를 하여야 하며, 이에 따라 발생하는 손익에 대해서는 회원과 거래소 간에 정산하여 반대거래를 한 날의 다음 거래일이 속하는 월의 마지막 거래일에 수수한다. 다만, 정산손익의 규모 등을 감안하여 거래소는 정산시기를 달리 정할 수 있다.

거래소는 착오거래의 정정과 관련된 서류를 10년간 기록·유지하여야 한다.

3 대량 투자자 착오거래의 취소

거래소는 회원 또는 위탁자의 착오로 인하여 본래의 의사와 다르게 성립된 거래 중 대량 투자자 착오거래(결제가 곤란하고 시장에 혼란을 줄 우려가 있다고 인정하는 거래)에 대하여 회원의 신청이 있는 경우에는 이를 구제할 수 있다.

대량 투자자 착오거래의 구제요건은 파생상품 계좌별로 다음의 요건을 모두 충족하여야 한다.

❶ 약정 가격과 착오거래 구제기준 가격과의 차이에 해당 거래의 약정 수량 및 거래 승수를 곱하여 산출되는 수치를 합산한 금액이 상품시장별로 100억 원 이상일 것. 다만, 선물스프레드시장(국채선물상품간 스프레드시장은 제외)의 경우에는 기초자산 및 거래승수가 동일한 선물시장에 해당 금액을 포함하여 계산한다.

❷ 약정 가격이 착오거래 구제제한 범위를 벗어날 것

❸ 착오거래가 동일한 착오에 의하여 연속적으로 체결될 것

❹ 착오자가 대량 투자자 착오거래 구제 제도를 악용하지 않을 것

❺ 그 밖에 안정적이고 원활한 결제를 위하여 해당 착오거래를 구제할 필요가 있을 것

대량 투자자 착오거래의 구제신청은 착오거래가 발생한 때부터 30분 이내에 하여야 한다. 다만 거래소는 착오거래가 지속되거나 회원파생상품시스템의 장애 발생 등으로 불가피하다고 인정하는 경우에는 신청시한을 연장할 수 있다. 거래소는 대량 투자자

착오거래에 해당하는 경우 착오거래의 가격을 착오거래 구제제한 범위의 상단 가격 또는 하단 가격으로 의제하는 방식으로 해당 거래를 구제한다.

4 거래의 취소

거래소는 천재·지변, 전시·사변 및 이에 준하는 부득이한 사유로 거래소파생상품시스템의 거래기록이 멸실되고 거래기록을 복구하는 것이 곤란하다고 인정하는 경우에는 거래소가 정하는 거래를 취소할 수 있다. 거래가 취소되는 경우 해당 거래는 처음부터 성립되지 아니한 것으로 간주되며, 거래소는 인터넷 홈페이지 등 거래소가 운영하는 전자전달매체나 회원 또는 정보통신서비스제공자의 단말기 등을 통하여 해당 사실을 지체 없이 공표한다.

5 시세 공표

거래소는 파생상품 거래의 종목별로 다음에 해당하는 시세 등을 인터넷 홈페이지 등 거래소가 운영하는 전자전달매체나 회원 또는 정보통신서비스제공자의 단말기 등을 통하여 공표한다.

① 현재·최초·최고·최저 및 최종의 약정 가격
② 약정 수량 및 약정금액
③ 미결제약정수량
④ 직전 정규거래의 최종의 약정 가격 또는 기준 가격
⑤ 단일가 호가시간을 제외한 호가접수시간의 경우에는 매도와 매수별 최우선호가의 가격을 포함하는 5개(주식선물거래, 주식옵션거래 및 ETF선물거래의 경우 10개)의 우선호가의 가격·그 가격의 호가수량·호가건수 및 매도와 매수별 총호가수량·호가건수
⑥ 단일가 호가시간의 경우에는 예상 체결 가격 및 매도와 매수별 총호가수량·호가건수

chapter 05

시장조성자

section 01 **시장조성자란?**

시장조성자는 시장에 유동성을 공급하기 위하여 거래소와 시장조성계약을 체결하여 시장조성상품 및 종목에 대한 매수호가와 매도호가를 동시에 집행하여 시장을 조성하는 자를 말한다.

section 02 | 시장조성자 요건

시장조성자는 금융위원회로부터 승인받은 투자매매업자이면서 거래소 파생상품회원이어야 하며, 소속 임직원 중에서 시장조성담당자를 2인 이상 지정하여야 하고, 시장조성 과정에서 위험회피거래를 목적으로 차입공매도호가를 제출하는 경우 차입한 상장증권이 있는 때에만 차입공매도호가를 제출할 수 있도록 하는 내부통제장치도 갖추어야 한다. 한편 시장조성의무 미이행 등으로 벌점을 부과 받아 시장조성계약이 해지된 경우 또는 시장조성업무 수행시 자본시장 관계법규 및 거래소 업무관련규정 위반으로 형사제재나 과징금, 영업정지, 거래정지, 회원제재금 이상의 조치를 받은 경우에는 해당하게 된 날부터 1년 이상 경과하여야 시장조성자가 될 수 있다. 시장조성자가 되고자 하는 자는 사전에 거래소와 시장조성계약을 체결하여야 한다. 시장조성자가 되고자 하는 자는 사전에 거래소와 시장조성계약을 체결하여야 한다.

section 03 | 시장조성자 의무

시장조성종목은 유동성 공급이 필요한 상품 중 거래소 파생상품 시장운영지침(「주식·주가지수 파생상품 시장조성 운영지침」, 「금리·통화·일반파생상품 시장조성 운영지침」)에 따라 선정한 상품으로 하고, 시장조성호가를 제출할 수 있는 종목은 시장조성상품의 모든 종목을 대상으로 한다. 다만 시장조성계약에서 시장조성호가를 의무적으로 제출하도록 정한 종목(시장조성 의무종목)에 대하여는 시장조성호가를 제출하여야 한다.

시장조성자는 시장조성계좌를 개설·변경 또는 폐쇄하려면 그 계좌에 관한 사항을 5거래일 전에 회원파생상품단말기 또는 회원파생상품시스템으로 거래소파생상품시스템에 입력하거나 문서로 거래소에 신고하여야 한다.

시장조성자 혜택

시장조성자는 시장조성계좌를 이용하여야 하며, 거래소는 시장조성자에게 시장조성기간 동안 시장조성상품의 수수료(거래수수료 및 청산·결제수수료)의 범위에서 시장조성상품의 거래실적에 따라 대가(시장조성대가)를 차등하여 지급할 수 있다. 또한 거래소는 시장조성자에게 시장조성기간 동안 시장조성자가 연계상품(시장조성상품과 관련성이 높은 상품으로 시장조성계약에서 정하는 상품)의 자기거래를 위하여 거래소에 납부한 수수료의 범위에서 시장조성대가를 별도로 지급할 수 있다.

주가지수선물·옵션이나 주식선물·옵션 시장조성자의 경우에는 시장조성자 헤지비용을 경감하여 시장 활성화를 도모하기 위하여 주가지수선물·옵션이나 주식선물·옵션의 미결제약정의 위험을 회피하기 위한 목적으로 거래하는 주식에 대한 증권거래세를 면제하고 있다.

시장기여자

KRX는 시장조성자 이외에 시장 활성화에 기여한 자(시장기여자)에 대하여 시장기여자가 납부한 수수료의 범위에서 시장기여자의 거래실적에 따라 대가를 지급할 수 있다. 시장기여자가 시장기여에 따른 대가를 지급받기 위해서는 다음 각 호의 요건을 갖추어야 한다.

❶ 시장기여 전용계좌를 거래소에 신고할 것
❷ 거래소와 시장기여자 간 대가지급에 관한 계약이 사전에 체결되어 있을 것

chapter 06

거래증거금

section 01 거래증거금 개요

거래증거금(exchange margin)은 결제회원이 자신의 명의로 결제하는 거래(매매전문회원 및 위탁거래 포함)에 대하여 성실한 계약이행을 보증하기 위하여 파생상품 계좌별로 기초자산의 가격(수치)과 옵션 변동성이 일정 수준으로 변동할 경우에 발생할 수 있는 최대순손실 상당액(이하 '순위험거래증거금액')과 해당 순위험거래증거금액이 신용 위험한도를 초과하는 경우에 발생할 수 있는 신용위험 손실(이하 '신용위험거래증거금액')을 합한 금액 이상의 금액으로 거래소에 예치하는 금액이다.

KRX 거래증거금 산출방식은 파생상품 계좌 내에서 거래되는 모든 선물·옵션의 포지션 집합체를 하나의 포트폴리오로 간주하고 계좌 내에서 발생할 수 있는 최대 예상손실을 상품 간 손익의 연관관계를 종합적으로 고려하여 산출하는 포트폴리오 위험기준 방식으로 사전증거금과 사후증거금의 혼합방식인 COMS(Composite Optimized Margin System)방식이다.

거래증거금 예탁수단

회원은 거래증거금 전액을 현금, 대용증권, 외화 또는 외화증권으로 회원의 재산과 회원이 아닌 자의 재산으로 구분하여 산출일의 다음 거래일 12시까지 예탁하여야 한다.

거래증거금(매매전문회원증거금)으로 예탁할 수 있는 외화는 다음과 같으며, 외화의 평가 가격은 기준 시세(외환시장에 지정·고시되는 날의 매매기준율)에 사정비율을 곱하여 산출한 가격으로 한다.

❶ 미국 달러화
❷ 일본 엔화
❸ 유럽연합 유로화
❹ 영국 파운드화
❺ 홍콩 달러화
❻ 호주 달러화
❼ 싱가포르 달러화
❽ 스위스 프랑화
❾ 캐나다 달러화
❿ 중국위안화

거래증거금(매매전문회원증거금)으로 예탁할 수 있는 외화증권은 다음과 같으며, 외화증권의 평가 가격은 기준 시세(외환시장에 지정·고시되는 날의 매매기준율)에 사정비율을 곱하여 산출한 가격으로 하며,

❶ 미국 단기 재무부 국채(US Treasury Bill)
❷ 미국 중기 재무부 국채(US Treasury Note)
❸ 미국 장기 재무부 국채(US Treasury Bond)
❹ 그 밖에 거래소가 인정하는 외화증권

외화증권 종류별 사정비율은 수시로 조정된다. 거래증거금(매매전문회원증거금)으로 예탁할 수 있는 대용증권은 유가증권시장 업무규정, 코스닥시장 업무규정 및 코넥스시장 업무규정에 따라 대용증권으로 지정된 증권으로 하고 있다. 대용증권의 가격의 산출방법과 산출시기, 대용증권의 기준시세와 사정비율, 그 밖에 대용증권의 관리 및 제한에 관하여 필요한 사항은 해당 규정에서 정하는 바에 따르되, 유동성, 신용평가등급 및 수익률 등이 거래소가 정하는 수준에 미달하는 대용증권에 대하여는 대용증권의 가격을

조정하거나 대용증권으로서의 효력을 인정하지 않을 수 있고 회원이 예탁할 수 있는 대용증권의 종류별 및 종목별 금액의 한도를 제한할 수 있다.

회원은 자기가 발행한 증권을 거래증거금 또는 매매전문회원증거금으로 예탁할 수 없으며(단, 위탁자로부터 예탁받은 증권이 자기가 발행한 증권인 경우는 제외), 결제회원은 자신을 지정결제회원으로 하는 매매전문회원이 매매전문회원증거금의 예탁을 위하여 사용할 수 있는 대용증권의 종류에 대하여 필요한 제한을 할 수 있다.

지정결제회원은 매매전문회원증거금으로 예탁받은 현금, 대용증권, 외화 또는 외화 증권를 해당 매매전문회원 이외의 자를 위하여 사용할 수 없다.

section 03	거래증거금 산출

1 거래증거금 산출 개요

결제회원이 거래소에 예탁하는 거래증거금의 산출은 파생상품 계좌별로 산출하며, 동일인의 파생상품 계좌별로 산출하며, 동일인이 파생상품 계좌를 2개 이상 개설한 경우에도 각 계좌별로 산출한다. 이들 파생상품 계좌는 거래증거금할인계좌(차익거래 또는 헤지거래를 위한 회원 또는 시후 위탁증기금 적용 적격투자지의 계좌)와 거래증거금일반계좌(기래증 거금할인계좌 이외의 계좌)로 구분한다.

2 순위험거래증거금 산출

매 거래일 장 종료시점을 기준으로 상품군별로 기초자산의 가격, 수치, 변동성 등이 일정한 수준으로 변동하는 경우에 미결제약정수량, 최종결제수량 및 권리행사결제수량에 대하여 발생할 수 있는 최대순손실상당액을 산출하여 상품군 순위험거래증거금액으로 하고 파생상품 계좌 내의 모든 상품군 순위험거래증거금액을 합산한 금액을 순위험거래증거금액(0보다 적은 경우 0으로 하며 10원 미만은 절사)으로 한다.

> 순위험거래증거금액 = Max(Σ상품군 순위험거래증거금액, 0)

❶ 상품군 구분 : 기초자산이 동일하거나 기초자산별 가격 변동이 유사한 선물상품 또는 옵션상품 간에는 매도·매수 미결제약정에 따라 손실과 이익이 서로 상쇄될 수 있어, 개별적으로 산출하는 것에 비해 실제 손익이 적을 수 있으므로 이들 미결제약정의 손익 변동을 동시에 고려하여 최대 손실금액을 산출하기 위하여 상품군(Product Group)을 구성한다. 상품군이 다른 선물·옵션상품군 간에는 기초자산의 가격 변동에 따른 손익의 상쇄효과가 없으므로 각각 증거금을 산출하여 단순 합산한다. 그리고 상품군별로 선물상품과 옵션상품 간에 계약가치의 크기와 가격 변동의 크기가 다르므로 이를 조정하기 위해 상대적 규모비율과 가격 상관율(offset ratio)을 적용하게 된다.

　상품군, 상품군을 구성하는 기초자산간의 상대적 규모비율 및 가격상관율은 기초자산간 연관성 등을 고려하여 거래소가 별도로 정하여 공표한다.

　실제 상품군 순위험거래증거금액 산출 시에는 기초자산이 동일한 선물·옵션을 하나의 기초자산군(class group)으로 우선 분류하여 거래증거금구간수치별 선물손익과 옵션손익을 단순 합산하여 거래증거금구간수치 내 최대의 합계금액을 구하고, 이들 동일 기초자산군 내의 최대 합계금액들을 합산한 후, 기초자산이 다른 선물·옵션 포지션에 대해 상대적 규모비율과 가격 상쇄율을 적용하여 산출한 거래증거금감면액을 차감하여 산출하게 된다(상품군의 가격 변동 거래증거금액=Σ기초자산별 가격 변동 거래증거금액−거래증거금감면액).

❷ 상품군 순위험거래증거금액 : 동일한 상품군에 속한 선물 및 옵션 종목의 거래에 대하여 산출되는 다음 4가지 금액(가격 변동 거래증거금액(ㄱ), 선물 스프레드 거래증거금액(ㄴ), 인수도거래증거금액(ㄷ), 최종결제 가격 확정 전 거래증거금액(ㄹ))의 합계액과 최소 순위험거래증거금액(ㅁ) 중 큰 금액에 옵션 가격 거래증거금액(ㅂ)을 합산하여 산출한다.

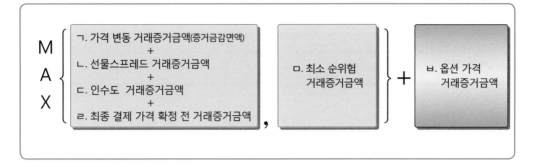

ㄱ. 가격 변동 거래증거금액

   a. 기초자산의 가격이 거래증거금률만큼 변동하면서 옵션 변동성이 기준변
동성 대비 상승·하락비율만큼 변동할 경우에 미결제약정수량에 대하여
발생하는 손실 상당액

   b. 파생상품 거래의 미결제약정수량에 대하여 동일한 순위의 증거금 구간 수
치별 선물 가격 변동 증거금과 옵션 가격 변동 증거금의 합계액이 가장 큰 금액

ㄴ. 선물 스프레드 거래증거금액

   a. 계약당 선물 스프레드 거래증거금액은 기초자산 기준 가격과 거래승수 및
선물 스프레드 거래증거금률을 곱하여 산출

   b. 가격 변동 거래증거금액 산출 시 선물거래의 경우 근월물, 원월물 구분 없
이 모든 종목이 기초자산 기준 가격의 변동폭(|기초자산기준−증거금 구간 수치|)
만큼 손익이 발생하는 것으로 가정하여 산출하나, 실제 근월종목과 원월
종목 간 가격 변동의 차이가 발생하므로 결제월종목 간 스프레드 차이를
반영하기 위한 증거금

ㄷ. 인수도 거래 증거금액(실물 인수도 상품에만 적용)

   a. 기초자산의 가격이 변동할 경우에 기초자산을 수수하는 거래의 최종 결제
수량 및 권리행사 결제수량에 대하여 발생하는 손실 상당액

   b. 인수도 결제방식으로 최종 결제되는 종목에 한하여 최종거래일로부터 산
출일의 다음 거래일 12시(최종결제일 12시)까지만 적용

   c. 인수도 가격 거래증거금액과 인수도 가격 변동거래증거금액을 합산하
여 산출

ㄹ. 최종결제 가격 확정 전 거래증거금액(돈육선물에만 적용)

   a. 최종거래일부터 기산하여 3일째의 거래일 이후에 최종 결제차금을 수수하

표 6-1 상품별 증거금률(2023.10월 기준)			
상품명	거래증거금률	위탁증거금률	유지증거금률
코스피200선물 코스피200옵션 코스피200위클리옵션(월·목) 미니코스피200선물 미니코스피200옵션	5.20%	7.80%	5.20%
코스닥150선물 코스닥150옵션	9.40%	14.10%	9.40%
KRX300선물	5.20%	7.80%	5.20%
유로스톡스50선물	6.00%	9.000%	6.00%
변동성지수선물	32.900%	49.350%	32.900%
3년국채선물	0.54%	0.810%	0.54%
5년국채선물	0.88%	1.320%	0.88%
10년국채선물	1.77%	2.655%	1.77%
3개월무위험지표금리선물	0.04%	0.060%	0.04%
미국 달러선물	2.59%	3.885%	2.59%
엔선물	3.26%	4.890%	3.26%
유로선물	2.75%	4.125%	2.75%
위안선물	2.17%	3.255%	2.17%
금선물	4.10%	6.150%	4.10%

는 거래의 최종 결제수량에 대하여 발생하는 손실 상당액

    b. 최종거래일의 장 종료 후부터 산출일의 다음 거래일 12시(최종결제일의 12시) 까지 적용하며, 기초자산별 최종결제 가격 확정 전 거래증거금액을 합산 하여 산출

ㅁ. 최소 순위험 거래증거금액 : 미결제약정수량, 최종 결제수량, 권리행사 결제 수량에 계약당 최소 거래증거금액을 곱하여 산출

ㅂ. 옵션 가격 거래증거금액

    a. 거래소(담보권자)가 당일 종가로 반대매매 시 소요되는 비용

    b. 옵션종목별 매도미결제약정에 대한 환매대금에서 매수미결제약정에 대한 전매대금을 차감하여 산출

표 6-2	상품별 계약당 최소 거래증거금액	

구분		증거금액
선물 거래	3년국채선물거래, 5년국채선물거래, 10년국채선물거래	5만 원
	코스피200선물거래, 코스피200변동성지수선물거래, 3개월무위험지표금리선물거래	2만 5천 원
	해외지수선물거래, KRX300선물거래	2만 원
	코스닥150선물거래, 섹터지수선물거래(코스피고배당50선물거래 및 코스피배당성장 50선물거래는 제외한다), 미국달러선물거래, 엔선물거래, 유로선물거래, 위안선물거래, 돈육선물거래, 미국달 러플렉스 선물거래, 금선물거래	1만 원
	미니코스피200선물거래	5천 원
	코스피고배당50선물거래, 코스피배당성장50선물거래	2천 원
	주식선물거래, ETF선물거래	당일의 기초자산기준 가 격이 10만 원 미만인 경 우에는 1천 원, 10만 원 이상인 경우에는 1만 원
옵션 거래	코스피200옵션거래	2만 5천 원
	주식옵션거래, 통화옵션거래, 코스닥150옵션거래	1만 원
	미니코스피200옵션거래	5천 원

❸ 계좌별 순위험 거래증거금액 : 계좌별 순위험 거래증거금액(순위험 거래증거금액)은 상품군별 순위험 거래증거금액을 단순 합산한 금액이며, 상품군별 순위험 거래증거금액은 동일 상품군 내에 속한 기초자산군(class group)에 속한 개별 종목들에 대해 산출된 ① 가격 변동 거래증거금액, ② 선물 스프레드 거래증거금액, ③ 인수도 거래증거금액, ④ 최종결제 가격 확정 전 거래증거금액의 합계금액과 ⑤ 최소 순위험 거래증거금액 중 큰 금액에 옵션 가격 거래증거금액을 합산한 금액으로 한다(거래증거금일반계좌 기준).

☞ 순위험거래증거금액＝① 주가지수상품군 순위험 거래증거금액＋② 국채상품군 순위험 거래증거금액＋③ 통화상품군 순위험 거래증거금액＋④ 금상품군 순위험 거래증거금액＋⑤ 통신업종군 순위험 거래증거금액＋⑥ 금융·지주업종군 순위험 거래증거금액＋⑦ 자동차제조업종군 순위험 거래증거금액＋⑧ 전자제조업 동일계열군 순위험 거래증거금액＋⑨ 운수업종군 순위험거래금액＋철강업종군 순위험거래증거금＋돈육선물 순위험거래증거금＋……

그림 6-1 파생상품 계좌별 순위험거래증거금액 산출방식

순위험거래증거금액 = Max{[(a)+(b)+(c)+(d)+(e)+…], 0}

(a) 주가지수순위험
거래증거금액 +
(Max{A, B}+C)

(b) 국채상품순위험
거래증거금액 +
(Max{A, B}+C)

(c) 통화상품순위험
거래증거금액 +
(Max{A, B}+C)

(d) 금상품순위험
거래증거금액 + …
(Max{A, B}+C)

A
① 가격 변동거래증거금액
(-거래증거금감면액)
+
② 선물 스프레드
거래증거금액
+
③ 인수도 거래증거금액
+
④ 최종 결제 가격
확정 전 거래증거금액

B 최소 순위험거래증거금액

C 옵션 가격 거래증거금액

거래증거금할인계좌에 대한 순위험 거래증거금액은 거래증거금일반계좌에 대한 거래증거금액 산출 시와 동일한 방법으로 산출하되, 옵션 가격 거래증거금액, 가격 변동 거래증거금액과 선물 스프레드 거래증거금액은 각각 할인율(80%)을 곱하여 산출된 금액으로 한다.

3 신용위험거래증거금액 산출

신용위험거래증거금액은 매 거래일 장 종료 시점을 기준으로 파생상품계좌별로 산출한 순위험거래증거금액을 합한 금액에서 신용위험한도액을 차감한 금액으로 한다.

신용위험한도액은 은행 외의 결제회원의 경우에는 매 분기말 현재 순자본의 3배, 은행인 결제회원의 경우에는 매분기말 현재 자기자본의 2배에 해당하는 금액에 결제회원이 결제은행으로부터 지급보증을 받은 금액을 합산한 금액을 의미한다.

4   장중추가증거금 부과

거래소는 정규거래시간 개시 후 1분이 되는 시점 및 정규거래시간 개시 후 1시간(장 종료 직전의 시점은 제외)마다 각 시점을 기준으로 ① 코스피200의 가격변동률이 코스피200선물의 거래증거금률의 80% 이상이고 ② 회원별로 산출한 장중거래증거금이 예탁총액의 120% 이상인 경우에는 해당 결제회원에게 장중추가증거금을 부과한다. 여기서 가격변동률은 장중거래증거금 산출시점의 기초자산 가격과 전일의 기초자산 기준 가격의 차이를 전일의 기초자산 기준 가격으로 나눈 수치의 절대값을 의미한다.

chapter 07

거래소와 회원 간 결제방법

section 01 개요

1 거래소의 결제상대방(CCP)

파생상품시장의 결제는 매도(매수) 결제회원이 매수(매도) 결제회원에 대하여 부담하는 채무를 거래소가 면책적으로 인수하고, 그와 동시에 매도(매수) 결제회원은 거래소가 인수하는 채무와 동일한 내용의 채무를 거래소에 대하여 부담하는 방법으로 결제를 행하여, 거래소가 모든 거래의 결제상대방(Central Counter Party, CCP)이 되어 파생상품시장의 결제이행을 보증한다. 따라서, 파생상품시장에서 거래소는 결제회원이 결제불이행하더라도 다른 결제회원에 대해서는 거래소의 책임하에 결제를 이행하게 된다(결제이행 보증기능).

① 청산(clearing) : 거래소와 결제회원 간 파생상품 거래에 따른 순채권·채무를 확정하는 과정으로, 거래체결 이후 거래내역 확인, 거래정정, 권리행사 배정, 미결제약정 관리, 일일정산, 결제금액·증거금 산출 등 일련의 채권·채무를 확정하는 과정을 말한다.
② 결제(settlement) : 청산과정에서 확정된 결제금액 또는 인수도 대상 물건을 수수함으로써 채권·채무관계를 종결시키는 행위를 말하며, 일반적으로 광의의 결제개념은 청산을 포함한다.

2 결제과정의 이원화

파생상품시장의 결제과정은 거래소와 결제회원 간 결제(결제회원과 매매전문회원 간 결제 포함), 위탁자와 회원 간 결제로 이원화되어 수행된다.

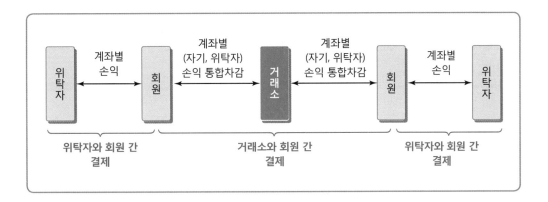

3 결제시한

거래소와 결제회원 간 각 결제금액의 결제시한은 다음과 같으며, 매매전문회원과 결제회원 간의 결제시한은 결제위탁계약에서 정한 바에 따라 거래소와 결제회원 간 결제시한 이내에서 결제회원이 지정한 시간으로 한다.

❶ 정산 차금(당일 차금, 갱신 차금), 최종 결제 차금, 옵션대금, 권리행사 차금 : 다음
거래일 16시
❷ 미국달러선물, 엔선물과 유로선물, 위안선물에 대한 최종 결제대금과 외화금
액 : 최종거래일로부터 3일째 날(T+2)의 12시
❸ 결제회원은 모든 선물·옵션에 대해 결제일 및 결제시한이 동일한 결제금액을
서로 합산, 차감하여 결제를 행한다.

회원(결제회원, 매매전문회원)과 위탁자 간 결제시한은 다음 거래일 12시이며, 통화상품
인수도 결제의 시한은 거래소와 결제회원의 결제시한 이내에서 회원이 정하는 시간이다.

section 02 **선물거래의 결제방법**

선물거래의 결제금액은 일일정산차금과 최종 결제차금 또는 최종 결제대금으로 구
분된다.

1   일일정산

거래소와 결제회원, 지정결제회원과 매매전문회원은 선물거래의 각 종목에 대하여
거래일마다 정산 가격으로 정산하여야 한다. 일일정산에 따른 차금은 당일 차금과 갱
신 차금으로 구성된다.

❶ 당일 차금 : 당일의 약정 가격과 당일의 정산 가격의 차에 당일 약정 수량과 거래
승수를 곱하여 산출
ㄱ. 당일 매수거래=당일 매수수량×(당일 정산 가격−당일 약정 가격)×거래승수
ㄴ. 당일 매도거래=당일 매도수량×(당일 약정 가격−당일 정산 가격)×거래승수
❷ 갱신 차금 : 전일의 정산 가격과 당일의 정산 가격의 차에 전일의 미결제약정수
량과 거래승수를 곱하여 산출

다만, 주식선물거래의 거래승수 또는 미결제약정수량이 조정되는 날의 갱신차금은 [(조정된 전일의 정산 가격−당일의 정산 가격)×당일의 거래승수]×전일의 미결제약정수량(또는 조정된 전일의 미결제약정수량)

ㄱ. 매수 미결제약정＝전일 매수미결제약정수량×(당일 정산 가격−전일 정산 가격)×거래승수

ㄴ. 매도 미결제약정＝전일 매도미결제약정수량×(전일 정산 가격−당일 정산 가격)×거래승수

2 정산 가격

일일정산의 기준이 되는 정산 가격은 다음의 순서에 의하여 거래소가 결정한다.

❶ 당일 정규거래시간 중 성립된 약정 가격(의제 약정 가격 및 협의거래의 약정 가격 제외)이 있는 경우에는 가장 나중에 성립된 약정 가격

❷ 당일 정규거래시간 중 성립된 거래가 없거나 다음의 괴리조건에 해당(최종거래일 도래종목은 제외)하는 경우 정산기준 가격

ㄱ. 정산기준 가격

　　a. 최종거래일 도래 종목이 있는 선물거래의 경우

　　　• 최근월종목 : 당일 선물거래의 기준 가격(전일 정산 가격 또는 이론 가격). 다만, 돈육선물거래는 장 종료 시점의 실시간 돈육대표 가격

　　　• 차근월종목 : 선물이론정산 가격

　　　• 차근월종목을 제외한 원월종목 : 해당 원월종목의 선물이론정산 가격에서 차근월종목의 선물이론정산 가격을 뺀 수치를 차근월종목의 정산 가격에 더한 가격. 다만, 차근월종목의 정산 가격이 없는 경우 선물이론정산 가격으로 함

　　b. 최종거래일 도래 종목이 없는 선물거래의 경우

　　　• 최근월종목 : 선물이론정산 가격(미국달러플렉스선물거래의 최종거래일 도래 종목은 최종결제 가격을, 돈육선물거래는 장 종료 시점의 실시간 돈육대표 가격을 말함)

　　　• 원월종목 : 해당 원월종목의 선물이론정산 가격에서 최근월종목의 선물이론정산 가격을 뺀 수치를 최근월물의 정산 가격에 더한 가격. 다만,

최근월종목의 정산 가격이 없는 경우 선물이론 정산 가격으로 함

ㄴ. 괴리조건(주식상품거래 및 금리상품거래에는 미적용)

    a. 통화선물거래의 원월종목(최근월종목의 최종거래일부터 기산하여 소급한 4거래일 간은 차근월종목 제외) : 당일 종가에서 정산기준 가격을 뺀 수치의 절대값이 0.3원 이상인 경우

    b. a의 선물거래 이외의 선물거래(최종거래일 도래 종목은 제외)의 경우에는 당일 종가에서 정산기준 가격을 뺀 수치의 절댓값을 정산기준 가격으로 나눈 수치(소수점 여섯째자리에서 반올림한다)가 다음의 정산 가격 괴리수치 이상인 경우

거래 구분	괴리수치
미국달러선물거래의 최근월종목(최근월종목의 최종거래일부터 소급한 4거래일 간은 차근월종목을 포함)	0.2%
엔선물거래, 유로선물거래, 위안선물거래의 최근월종목(최근월종목의 최종거래일부터 기산하여 소급한 4거래일 간은 차근월종목을 포함)	0.1%
돈육선물거래	10%
금선물거래	2%

3 최종 결제

선물거래의 최종거래일이 도래한 종목에 대해 반대매매되지 않고 남아 있는 미결제약정수량(최종 결제수량)에 대하여 현금 결제 또는 인수도 결제 방법으로 최종결제일에 결제한다.

(1) 현금 결제(Cash Settlement)

최종거래일의 정산 가격과 최종결제 가격의 차에 의해 산출되는 최종 결제차금을 최종결제일에 수수하여 선물거래를 종결하는 방법이다. 현금 결제 시에는 강제적인 현 · 선물 가격 수렴을 위하여 최종결제 가격을 기초자산의 가격으로 한다.

❶ 최종 결제 차금 산출식

ㄱ. 매도 미결제약정 : (당일 정산 가격 − 최종결제 가격) × 매도 최종 결제수량 × 거래승수

ㄴ. 매수 미결제약정 : (최종결제 가격 − 당일 정산 가격) × 매수 최종 결제수량 × 거래승수

❷ 최종결제 가격

ㄱ. 코스피200선물, 코스닥150선물, 섹터지수선물, 주식선물, 금선물의 최종결제 가격은 최종거래일의 기초자산 종가(지수)이며, 유로스톡스50선물의 최종결제 가격은 유렉스가 상장한 유로스톡스50선물의 최종결제 가격이며, 돈육선물의 최종결제 가격은 최종거래일의 다음 날 최초로 공표되는 돈육 대표 가격임

ㄴ. 3년국채선물, 5년국채선물과 10년국채선물은 각 선물거래의 기초자산에 대하여 한국금융투자협회가 최종거래일 10:00, 10:30, 11:00에 공표하는 수익률 중 최고치와 최저치를 제외한 수익률과 11:30에 공표하는 수익률의 평균 수익률(r)을 최종결제 가격 산출산식에 의해 환산한 가격

(2) 인수도 결제

인수도 결제는 최종 결제수량에 대하여 매도자는 매수자에게 인도물품을 인도하고 그 대가로 최종결제 가격 기준으로 산출한 최종 결제대금을 수수하는 방법으로 최종 결제한다.

인수도 결제 시 최종결제 가격은 선물시장의 가격으로 하며, 최종거래일의 선물거래는 현물시장의 거래와 동일하게 되어 시장에서 자율적으로 현·선물 가격 간의 수렴이 이루어진다.

통화선물의 인수도 결제는 다음과 같다.

❶ 최종 결제대금(인수도 금액) = 최종 결제수량 × 거래승수 × 최종결제 가격
❷ 외화금액 = 최종 결제수량 × 거래단위
❸ 인수도 결제시한 : 최종결제일의 12시

section 03 | 옵션거래의 결제방법

1 옵션대금

결제회원은 당일 중에 거래가 성립된 옵션거래에 대하여 약정 가격에 약정 수량 및 거래승수를 곱하여 산출되는 금액(옵션대금)을 거래소와 수수하여야 한다. 지정결제회원은 옵션대금을 매매전문회원과 수수한다.

2 권리행사

결제회원은 옵션의 권리행사를 위해서 최종거래일(권리행사일)의 장 종료 시점부터 장 종료 후 30분(15:45~16:15) 이내에 권리행사 수량을 파생상품 계좌별 옵션 종목별로 신고하여야 한다.

현금 결제방식에 의해 최종 결제되는 옵션거래의 경우에는 손실종목에 대하여 권리행사를 신고할 수 없다.

❶ 콜옵션의 권리행사 불가 종목 : 행사 가격 ≥ 권리행사 결제기준 가격
❷ 풋옵션의 권리행사 불가 종목 : 행사 가격 ≤ 권리행사 결제기준 가격

권리행사로 이익이 발생하는 종목에 대해서는 회원이 권리행사를 신고하지 않아도 권리행사를 신청한 것으로 본다(권리행사 신고의제).

권리행사 신고 의제(자동 권리행사) 기준은 다음과 같다.

❶ 코스피200옵션 및 미니코스피200옵션 : 권리행사 결제기준 가격은 권리행사일의 코스피200 최종 지수
　ㄱ. 콜옵션 : 권리행사 결제기준 가격 − 행사 가격 ≥ 0.01
　ㄴ. 풋옵션 : 행사 가격 − 권리행사 결제기준 가격 ≥ 0.01
❷ 주식옵션 : 권리행사 결제기준 가격은 권리행사일의 기초주권의 종가

ㄱ. 콜옵션 : 권리행사 결제기준 가격 – 행사 가격 ≧ 5원

ㄴ. 풋옵션 : 행사 가격 – 권리행사 결제기준 가격 ≧ 5원

☞ 권리락 등에 의해 행사 가격이 조정된 종목은 5원 대신 0원

❸ 미국 달러옵션 : 권리행사 결제기준 가격은 권리행사일의 서울외국환중개㈜에서 공표하는 매매기준율

ㄱ. 콜옵션 : 권리행사 결제기준 가격 – 행사 가격 ≧ 0.1원(호가 가격 단위)

ㄴ. 풋옵션 : 행사 가격 – 권리행사 결제기준 가격 ≧ 0.1원(호가 가격 단위)

옵션거래의 권리행사에 의한 결제방식은 행사 가격과 권리행사 결제기준 가격 간의 차이에 권리행사 결제수량과 거래승수를 곱하여 산출되는 권리행사 차금을 수수하는 현금 결제방식과 권리행사 결제수량에 해당하는 물품과 해당 물품의 대가(행사 가격에 권리행사 결제수량과 거래승수를 곱하여 산출되는 권리행사 결제대금)를 수수하는 인수도 결제방식이 있다. 장내파생상품시장에서 인수도 결제방식이었던 미국 달러옵션이 투자자 거래 편의를 위하여 현금 결제방식으로 변경되어 현재 인수도 결제방식의 옵션상품은 없다.

3 현금 결제방식

❶ 코스피200옵션의 권리행사 차금

ㄱ. 콜옵션 : 권리행사(배정)수량 × (권리행사 결제 가격 – 행사 가격) × 거래승수

ㄴ. 풋옵션 : 권리행사(배정)수량 × (행사 가격 – 권리행사 결제 가격) × 거래승수

☞ 권리행사 결제기준 가격 : 최종거래일의 최종 코스피200지수

❷ 주식옵션의 권리행사 차금

ㄱ. 콜옵션 : 권리행사(배정)수량 × (권리행사 결제 가격 – 행사 가격) × 거래승수

ㄴ. 풋옵션 : 권리행사(배정)수량 × (행사 가격 – 권리행사 결제 가격) × 거래승수

☞ 권리행사 결제기준 가격 : 최종거래일의 기초자산 종가

❸ 미국 달러옵션의 권리행사 차금

ㄱ. 콜옵션 : 권리행사(배정)수량 × (권리행사 결제 가격 – 행사 가격) × 거래승수

ㄴ. 풋옵션 : 권리행사(배정)수량 × (행사 가격 – 권리행사 결제 가격) × 거래승수

section 04 | 차감결제 및 결제시한

1 | 차감결제

거래소와 결제회원은 현금의 경우 결제일 및 결제시한이 동일한 당일 차금, 갱신 차금, 옵션대금, 최종 결제 차금, 최종 결제대금, 권리행사 차금 및 권리행사 결제대금의 총지급액과 총수령액을 차감하여 결제한다(차감결제).

인수도 결제에 의해 수수하는 기초자산의 경우도 거래소와 결제회원 간에는 결제일 및 결제시한이 동일한 각 기초자산별로 지급할 기초자산과 수령할 기초자산을 차감한 수량만 수수한다.

2 | 결제시한

거래소와 결제회원 간 현금 또는 기초자산을 수수하는 결제시한은 다음과 같다.

❶ 당일 차금 및 갱신 차금 : 해당 차금이 발생한 날의 다음 거래일의 16시
❷ 옵션대금 : 옵션거래가 성립한 날의 다음 거래일의 16시
❸ 최종 결제 차금, 권리행사 차금(현금 결제방식에 의해 최종 결제되는 상품) : 최종 결제일 또는 권리행사 결제일의 16시
❹ 최종 결제대금, 권리행사 결제대금(인수도 결제방식에 의해 최종 결제되는 상품) : 미국달러선물, 엔선물, 유로선물, 위안선물, 미국달러플렉스선물 : 최종결제일의 12시

결제회원이 결제시한까지 결제현금을 납부하지 않은 경우 거래소는 결제적립금, 은행의 신용한도, 공동기금, 회원보증금 등의 거래소 결제이행 재원으로 유동성을 공급하여 결제를 수행한다. 이 경우 해당 결제회원은 결제지연에 따른 결제지연손해금(지연금의 0.02%와 1만원 중에서 큰 금액)을 거래소에 납부해야 한다.

인수도 결제에 의해 기초자산(현물)을 수수하는 경우 거래소는 기초자산의 인도자인 결제회원이 거래소에 대하여 기초자산의 인도하지 않은 경우 지체 없이 기초자산을 매

입하여 기초자산의 인수자인 결제회원에게 인도하여야 한다. 다만, 기초자산의 시장공급 부족, 그 밖의 불가피한 사유로 기초자산을 매입하여 인도할 수 없는 경우에는 상품별로 최종결제일 또는 권리행사 결제일에 형성되는 기초자산에 상당하는 금액을 지급하여 최종 결제를 수행할 수 있다. 만일, 기초자산에 상당하는 금액이 최종 결제대금보다 적은 경우에 거래소는 최종 결제대금에 해당하는 금액을 지급한다.

section 05 회원의 결제불이행 시 조치

1 결제회원의 결제불이행 시 조치

거래소는 결제회원이 결제 또는 거래증거금, 장중추가증거금의 예탁을 이행하지 않거나 그 우려가 있다고 인정하는 경우에는 거래의 전부 또는 미결제약정수량을 증가시키는 거래 등의 일부 정지하거나, 결제금액(현금, 기초자산), 거래증거금 등 해당 결제회원이 수령할 금전, 증권 등의 전부 또는 일부 지급을 정지할 수 있다.

거래소가 결제회원에 대한 차감결제 현금 및 차감결제 기초자산의 지급을 정지하는 경우 해당 차감결제 현금, 차감결제 기초자산 또는 해당 회원이 예탁한 거래증거금 등을 채권회수에 충당하거나 결제회원이 납부해아 하는 현금, 기초자산과 상계할 수 있으며 이 경우 결제회원은 채권 · 채무 기한의 이익을 상실한 것으로 본다.

또한, 거래소는 거래정지 회원에게 자신이 보유하고 있는 미결제약정을 해소하게 하거나 해당 회원이 직접 해소하기 어려운 경우에는 다른 회원에게 거래정지 회원의 자기분과 위탁자분 미결제약정을 인계하게 할 수 있으며, 인계하고자 하는 미결제약정과 동일한 수량을 거래가 정지된 회원과 거래소가 지정하는 회원 간에 거래에 관한 계약을 체결하는 방법으로 한다.

2   매매전문회원의 결제불이행 시 조치

매매전문회원이 결제 또는 매매전문회원증거금을 예탁하지 않거나 그 우려가 있다고 인정하는 경우 결제회원은 매매전문회원에 대하여 다음 중 어느 하나에 해당하는 조치를 할 수 있으며, 거래소는 지정결제회원의 매매전문회원에 대한 거래정지의 요청이 있는 경우에 해당 매매전문회원에 대하여 일정한 기간을 정하여 거래를 정지할 수 있다.

❶ 차감결제 현금, 차감결제 기초자산 및 증거금 등 매매전문회원이 결제회원으로부터 수령할 현금, 증권, 기초자산의 전부 또는 일부의 지급 정지
❷ 결제위탁수량의 제한
❸ 그 밖에 결제위탁계약에서 정하는 조치

chapter 08

거래의 수탁

파생상품 계좌 설정

1 파생상품 계좌 개설

회원은 위탁자와 파생상품 계좌를 설정하려면 다음의 사항이 기재된 서면(「전자서명법」에 따른 공인전자서명이 있는 전자문서 포함)으로 파생상품 계좌 설정 계약을 체결하여야 하며, 위탁자의 파생상품 거래 경험, 재산 등의 특성을 감안하여 위탁자가 거래를 하는 것이 적합하지 아니하다고 인정하는 경우에는 해당 위탁자와 파생상품 계좌 설정 계약을 체결하지 말아야 한다.

❶ 회원과 위탁자는 거래를 위하여 파생상품 계좌를 설정한다는 사항

❷ 위탁자는 거래의 수탁과 관련하여 회원이 사전에 정한 계약의 내용(파생상품 거래약관)을 승인한다는 사항

파생상품 계좌를 이미 개설한 위탁자가 추가로 파생상품 계좌를 개설하는 경우에는 파생상품 거래약관 및 파생상품 거래위험고지서의 교부·설명, 파생상품 거래위험고지서교부확인서의 징구, 위탁자 관련 사항의 확인 등을 생략할 수 있다. 만일 약관 및 위험고지서 등에 내용 등의 변경이 있는 경우에는 설명 등의 절차를 생략할 수 없다.

회원은 파생상품 계좌 설정 계약서, 파생상품 거래위험고지서 교부확인서 및 위탁자 관련 사항에 관한 서면을 10년 동안 기록·유지하여야 한다.

2 파생상품 거래약관

회원은 파생상품 거래에 관한 법령과 그 법령에 따른 명령, 거래소의 회원관리규정·시장감시규정·파생상품시장업무규정 등 파생상품 관계법규에 위반되지 아니하는 범위 내에서 다음의 사항을 파생상품 거래약관에 기재하고 파생상품 계좌 설정 시에 위탁자에게 중요내용을 설명하고 파생상품 거래약관을 교부하여야 한다.

❶ 파생상품 관계법규 및 파생상품 관계법규에 따른 조치의 준수에 관한 사항
❷ 수탁의 거부에 관한 사항
❸ 지정결제회원에 관한 사항
❹ 기본예탁금의 예탁에 관한 사항
❺ 위탁증거금의 예탁에 관한 사항
❻ 대용증권 및 외화증권의 이용제한에 관한 사항
❼ 위탁증거금의 추가 예탁 또는 결제를 불이행하거나 사후 위탁증거금의 예탁시한까지 사후 위탁증거금을 예탁하지 않을 경우의 조치에 관한 사항
❽ 위탁수수료의 징수에 관한 사항 등

회원은 위탁자와 파생상품 계좌를 설정하기 전에 위탁증거금 이상의 손실발생 가능성, 위탁증거금의 추가 예탁 가능성 등 다음의 사항이 기재된 서면(파생상품 거래위험고지서)을 위탁자에게 교부하고 그 내용을 충분히 설명하여야 하며, "파생상품 거래위험고지서를 충분히 숙지한 후, 자신의 판단과 책임으로 거래를 한다"는 취지가 기재된 서면(파생상품 거래위험고지서 교부확인서)에 위탁자의 기명날인 또는 서명(「전자서명법」에 따른 공인전자서명을 포함)을 받고 이를 위탁자로부터 징구하여야 한다.

❶ 위탁증거금 이상의 손실 발생 가능성
❷ 위탁증거금의 추가 예탁 가능성
❸ 위탁증거금의 추가 예탁, 사후 위탁증거금의 예탁, 결제를 이행하지 아니하는 경우에 회원에 의한 미결제약정의 해소 및 위탁증거금으로 예탁된 대용증권 또는 외화의 처분 가능성
❹ 시장의 상황에 따른 위탁증거금의 인상 가능성
❺ 시장의 상황 및 거래소의 시장조치 등에 따른 거래의 체결 및 미결제약정의 해소 곤란성
❻ 그 밖에 위탁자의 보호를 위하여 금융위원회가 정하는 사항

거래소 회원이 위탁자와 파생상품 계좌 설정 계약을 체결하는 경우 위탁자로부터 다음의 사항을 서면으로 확인받아 기록·유지하여야 한다.

❶ 성명(법인인 경우 명칭), 주민등록번호(법인인 경우 법인등록번호·납세번호 또는 사업자등록번호, 외국인인 경우 외국인투자등록고유번호·사업자등록번호 또는 신분증에 기재된 번호 등 동일인을 인식할 수 있는 번호) 및 비밀번호
❷ 주소(법인인 경우 사무소의 소재지) 및 전화번호
❸ 개인, 기관투자자, 일반법인, 그 밖의 위탁자의 구분

④ 위탁자의 투자목적

⑤ 위탁자의 투자경험

⑥ 위탁자의 자산 및 소득 수준

⑦ 위탁자의 신용상태

⑧ 투자자의 구분(은행, 보험, 개인 등)

⑨ 적격기관투자자의 인정 여부. 이 경우 해당 기관이 증권선물위원회로부터 불공정거래행위로 인하여 고발조치 받은 적이 있는지 여부를 포함한다.

⑩ 일반개인투자자의 경우에는 파생상품 교육과정(한국금융투자협회가 개설하여 운영하는 파생상품 관련 교육, 최소 1시간 이상, 이수시간 투자자별 차등적용 가능) 및 모의거래과정(거래소가 개설하여 운영하는 파생상품 모의거래과정, 최소 3시간 이상, 이수시간 투자자별 차등적용 가능)의 이수 여부

section 02 기본예탁금

회원이 미결제약정이 없는 위탁자(파생상품 계좌별 위탁자)로부터 거래의 위탁을 받는 때에는 사전에 위탁자의 재무건전성 및 신용상태 등을 감안하여 다음 중 어느 하나에 해당하는 금액(기본예탁금액) 이상의 현금, 대용증권, 외화 또는 외화증권을 기본예탁금으로 예탁받아야 한다. 기본예탁금액은 다음 어느 하나에 해당하는 금액의 범위에서 위탁자 파악사항 등을 감안하여 위탁자별로 구분하여 정하는 금액으로 한다. 다만, 돈육선물 또는 금선물만을 거래하기 위한 전용계좌를 개설한 위탁자에 대해서는 회원이 50만 원 이상의 금액에서 정할 수 있다.

❶ 코스피200변동성지수선물거래를 제외한 선물거래 및 옵션매수거래를 하려는 위탁자의 경우: 1천만 원 이상

❷ 모든 파생상품거래를 하려는 위탁자의 경우: 2천만 원 이상

미결제약정을 소멸시키게 되는 매도·매수 또는 최종거래일의 도래로 해당 미결제약정이 소멸된 후에도 결제시한(T+1, 12시)이 도래하기 전에는 미결제약정이 있는 것으로 보

며, 사후 위탁증거금을 예탁하는 파생상품 계좌 및 예탁자산에 대한 헤지거래만을 하는 파생상품 계좌인 헤지 전용계좌에 대해서는 기본예탁금을 예탁 받지 아니할 수 있다.

회원은 미결제약정의 전량이 소멸된 후에 위탁한 주문이 1계약도 체결되지 아니하고 그 소멸된 미결제약정의 결제시한이 도래한 위탁자에 대하여는 기본예탁금을 예탁 받거나 그 주문의 전량을 취소하여야 한다.

section 03 **주문의 수탁**

1 주문수탁방법

회원은 주문의 수탁방법 및 처리방법, 그에 따른 이용조건 및 비용 등 다음의 사항을 정하여야 하고 이를 정하거나 변경하는 경우에는 사전에 회원 인터넷 홈페이지 등에 이를 공표하여야 한다. 이 경우 회원은 합리적인 이유 없이 이용조건을 제한하거나 비용을 차등 부과하여서는 아니 된다.

❶ 주문생성주체, 주문생성위치, 주문입력매체, 주문전달매체, 주문접수매체 등 주문의 수탁방법에 관한 사항
❷ 호가의 적합성을 점검하는 방법 및 호가점검시스템의 지리적 위치, '회원시스템 접속 등에 관한 지침'에서 정하는 프로세스의 유형 등 주문의 처리방법에 관한 사항, 이에 대한 유형별 이용조건 및 비용, 각 주문의 수탁방법 등의 차이점을 설명하기 위하여 필요하다고 인정하는 사항 등

2 주문입력 및 거래내용의 통지

위탁자로부터 주문위탁을 받은 경우 회원은 주문내용을 확인해야 하며, 문서에 의한 방법의 경우에는 주문표에, 전화 등에 의한 방법의 경우에는 주문표 또는 전산주문표

에, 전자통신방법의 경우에는 회원파생상품시스템에 그 접수시간을 기재하여야 한다. 그리고 문서에 의한 방법 또는 전화 등에 의한 방법으로 거래의 위탁을 받는 경우 주문 접수한 시간의 순서에 따라 주문내용을 회원파생상품시스템 또는 회원파생상품단말기를 통하여 거래소파생상품시스템으로 입력하여야 한다.

위탁자의 주문에 대해 거래가 체결된 경우 회원은 해당 거래내용을 지체 없이 해당 위탁자에게 체결 내용을 통지하여야 하며, 이를 통지한 자는 그 통지내용을 주문표나 전산주문표에 기록한 후 기명날인 또는 서명하여야 한다(전자통신방법으로 통지한 경우에는 제외).

3 주문수탁의 거부

회원은 공익과 투자자 보호 또는 시장에서의 거래질서의 안정을 위하여 필요하다고 인정하는 경우나 위탁자의 신용상태 및 재산상태 등을 감안하여 거래의 수탁이 부적절하다고 인정하는 경우에는 거래의 수탁을 거부할 수 있으며 다음 경우에는 반드시 주문의 수탁을 거부하여야 한다. 회원이 주문의 수탁을 거부하는 경우에는 그 이유를 주문표, 전산주문표, 그밖에 주문내용을 기록한 문서에 기재하고 그 사실을 즉시 위탁자에게 통지하여야 한다.

❶ 기본예탁금을 예탁하지 아니한 위탁자로부터 거래의 위탁을 받는 경우
❷ 위탁증거금의 추가 예탁 또는 결제를 이행하지 아니하거나 사후 위탁증거금을 사후 위탁증거금 예탁시한까지 예탁하지 아니한 위탁자로부터 위탁증거금이나 현금 예탁 필요액(위탁증거금액 중 현금으로 예탁해야 하는 금액)을 증가시키는 거래(거래가 체결되는 경우 위탁증거금액이 증가하는 거래)의 위탁을 받는 경우. 다만, 다음 중 어느 하나에 해당하는 경우에는 주문의 체결 가능성 등을 감안하여 회원은 주문의 수탁은 거부하지 아니할 수 있다.
　ㄱ. 동시에 또는 이에 준하여 연속적으로 위탁을 받는 다수의 주문이 체결될 경우에 위탁증거금을 증가시키지 아니하는 반대거래
　ㄴ. 예탁현금은 충분하나 예탁총액(현금, 대용증권의 대용가액, 외화 및 외화증권의 평가가액의 합계액)만 부족한 경우에는 위탁증거금을 증가시키지 않고 예탁현금 이내에서 현금예탁필요액만 증가시키는 반대거래

ㄷ. 예탁총액은 충분하나 예탁현금만 부족한 경우에는 현금예탁필요액을 증가시
키지 않고 예탁총액 이내에서 위탁증거금만 증가시키는 반대거래

ㄹ. 사후 위탁증거금의 예탁시한 경과 후 사후 위탁증거금을 예탁한 위탁자로부
터 거래의 위탁을 받는 경우

ㅁ. 해외 외국환은행의 공휴일로 인해 사후 위탁증거금의 예탁 또는 결제를 이행
하지 아니한 해외 적격기관투자자로부터 거래의 위탁을 받는 경우

ㅂ. 사후 위탁증거금의 예탁 또는 결제를 위하여 국내 외국환은행에 전송한 지급
지시서 사본을 회원에게 제출한 해외 적격기관투자자로부터 거래의 위탁을
받는 경우

❸ 미결제약정수량의 제한수량을 초과하게 되는 거래의 위탁을 받는 경우.

❹ 주문 가격이 가격제한폭을 벗어나는 등 규정 등에 위반하는 거래의 위탁을 받는
경우

❺ 사전 위탁증거금 또는 사후 위탁증거금(일반, 할인) 적용 등 파생상품 계좌의 구분
에 부합하지 아니하는 거래의 위탁을 받는 경우

❻ 차익거래 또는 헤지거래에 대한 증빙서류를 제출하지 아니하고 사후 위탁증거금
일반계좌에 적용되는 수준의 위탁증거금도 예탁하지 아니한 사후 위탁증거금할
인계좌로부터 거래의 위탁을 받는 경우

❼ 글로벌거래의 수탁에 관한 계약을 사전에 체결하지 아니한 위탁자로부터 글로벌
거래의 위탁을 받은 경우

❽ 장개시전협의거래의 파생상품계좌식별번호에 오류가 발생한 경우

❾ 파생상품 교육과정 및 모의거래과정을 이수하지 아니한 일반개인투자자로부터
신규거래의 위탁을 받는 경우

❿ 위탁자가 파생상품계좌를 개설한 날부터 회원이 거래의 위탁을 받은 날까지 회
원별로 산출한 미결제약정을 10거래일 이상 보유한 경험이 없는 일반개인투자자
로부터 코스피200변동성지수선물거래 또는 옵션 매도의 신규거래의 위탁을 받
은 경우

⓫ 투자일임계좌에서 투자일임계약을 체결한 투자일임업자 이외의 자로부터 신규
거래의 위탁을 받는 경우

⓬ 하위 최종투자자의 매수 또는 매도의 의사표시를 직접 받은 외국인 통합계좌 개
설자로부터 해당 거래의 위탁을 받는 경우

⑬ 외국인 통합계좌를 개설하기 위한 요건을 갖추지 못한 외국 금융투자업자의 외국인 통합계좌로부터 신규거래의 위탁을 받은 경우

⑭ 미결제약정 제한수량을 초과한 하위 최종투자자의 배분 최종투자자가 매수 또는 매도의 의사표시를 제출한 외국인 통합계좌 개설자로부터 해당 거래의 위탁을 받은 경우

⑮ 헤지전용계좌의 위탁자로부터 헤지연계주권계좌에 예탁한 예탁자산의 평가금액을 초과하는 헤지 목적의 파생상품거래의 위탁을 받은 경우

⑯ 코스닥150선물거래, 코스닥150옵션거래, 주식선물거래 및 주식옵션거래에 대하여 동일한 기초자산별로 미결제약정수량의 보유한도를 초과하여 수탁을 거부해야 하는 거래의 위탁을 받은 경우

⑰ 다른 회원의 주문을 위탁받은 회원이 거래소에 신고한 타회원 주문 위탁 관련 신고내용과 다른 거래를 다른 회원으로부터 위탁받은 경우

section 04 위탁증거금

1 위탁증거금의 개요

위탁증거금은 위탁자가 회원에게 예탁하는 증거금으로, 증거금 수준에 따라 (개시)위탁증거금과 유지위탁증거금으로 구분된다. 또한 위탁증거금의 납부 시점에 따라 사전 위탁증거금과 사후 위탁증거금으로 구분되며, 위탁증거금 중 반드시 현금으로 예탁하여야 하는 증거금액을 현금 예탁 필요액이라 한다.

사전 위탁증거금은 위탁자가 주문을 제출하기 전에 개시 위탁증거금 수준으로 현금 등으로 예탁하여야 하는 위탁증거금으로 가장 일반적인 형태의 증거금이다. 거래체결 후 일일정산에 의한 손실 발생 및 위탁증거금의 증가 등으로 인해 유지위탁증거금 수준 이하로 예탁총액이 내려갈 경우에는 다시 개시 위탁증거금 수준까지 예탁총액이 보전되도록 위탁증거금을 추가 예탁하여야 한다.

사후 위탁증거금은 기관투자자 중에서 회원이 재무건전성, 신용상태, 미결제약정의 보유상황 및 시장 상황 등에 비추어 결제이행 능력이 충분하다고 인정하는 위탁자(자산총액 5천 억 이상 또는 운용자산 1조 원 이상의 기관투자자)에 한하여 거래가 체결된 후 다음 거래일의 10시 또는 회원이 정하는 시간 이내에서 예탁하도록 하는 증거금이다. 사전 위탁증거금과 달리 주문분에 대한 증거금은 없다. 회원은 사후 위탁증거금 계좌별로 예탁총액의 5배 이내에서 장중 최대 위험노출액을 설정할 수 있다. 회원은 위탁자가 위험노출액한도를 초과하는 경우에는 지체 없이 수탁을 거부하여야 한다. 다만, 회원은 위험노출액한도를 초과한 위탁자로부터 위험노출액을 감소시키는 반대거래의 수탁을 받은 경우에는 그 수탁을 거부하지 않을 수 있다.

사후 위탁증거금은 미결제약정분(체결분 증거금)에 결제예정금액만 고려하면 되므로 거래증거금과 유사하며, 사전 위탁증거금의 경우 미결제약정분(체결분) 외에 주문분에 대한 주문증거금과 결제예정금액을 고려하여야 한다.

회원은 거래소가 정한 위탁증거금액을 최소 수준으로 위탁자의 신용상태, 투자목적, 시장 상황 등을 감안하여 위탁증거금률, 계약당 위탁증거금액 및 위탁증거금 부과방식 등을 회원별·고객별 차등징수가 가능하다.

2 위탁증거금의 예탁

회원은 위탁자의 파생상품 계좌별로 사전 위탁증거금과 사후 위탁증거금으로 구분하여 위탁증거금을 예탁받아야 하며, 위탁증거금은 원칙적으로 현금으로 예탁받아야 하나, 반드시 현금으로 예탁하여야 하는 현금 예탁 필요액을 제외한 위탁증거금은 현금에 갈음하여 대용증권, 외화 또는 외화증권으로 예탁 받을 수 있다.

위탁증거금으로 예탁 가능한 외화, 외화증권 및 대용증권의 종류, 외화, 외화증권 및 대용증권의 평가 가격 등은 거래증거금의 예탁수단, 평가 가격 등과 동일하다.

회원은 장 종료 시점을 기준으로 사전위탁증거금을 적용받는 위탁자의 예탁총액이 유지위탁증거금액보다 적거나 예탁현금이 유지현금예탁필요액보다 적은 경우에는 위탁증거금을 추가로 예탁받아야 한다. 또한 회원은 유가증권시장 정규거래시간 개시(9시) 후 1분이 되는 시점 및 유가증권시장 정규거래시간 개시 후 1시간마다의 각 시점(장 종료 직전의 시점은 제외)을 기준으로 코스피200의 수치가 전일의 최종 코스피200 수치대비 코스피200선물거래의 유지위탁증거금률의 80% 이상 변동하는 경우에는 예탁총액이 장중 유지위탁증거금액보다 적은 위탁자로부터 정규거래시간 중에 위탁증거금을 추가로 예탁받아야 한다.

3 위탁증거금 미예탁 시 조치

회원은 위탁자가 위탁증거금을 추가로 예탁하지 아니하거나 사후 위탁증거금을 예탁하지 아니하는 경우에는 선량한 관리자의 주의로써 해당 위탁자의 미결제약정을 소멸시키게 되는 매도 또는 매수를 하거나 위탁증거금으로 예탁받은 대용증권, 외화 또는 외화증권을 매도할 수 있으며, 미결제약정의 반대거래 또는 대용증권·외화·외화증권의 매도 후에도 부족액이 발생하는 경우에는 해당 위탁자에 대하여 그 부족액의 납부를 청구할 수 있다.

회원이 위탁자의 미결제약정을 반대거래하는 경우에는 다음에 해당하는 가격의 지정가호가 또는 조건부지정가호가로 입력하여야 한다. 다만, 단일가 거래에 참여하는 경우, 접속거래시간 중에 호가가 없는 경우에는 다음의 가격 이외의 지정가호가로 입력할 수 있으며, 위탁자의 동의 또는 요구가 있는 경우에는 시장가호가로 입력할 수 있다.

❶ 매도호가 : 직전 약정 가격 또는 최우선매수호가의 가격(최우선매수호가의 가격이 없는 경우 최우선매도호가의 가격) 및 그 각각의 가격에서 호가 가격 단위를 순차적으로 뺀 9개의 가격

❷ 매수호가 : 직전 약정 가격 또는 최우선매도호가의 가격(최우선매도호가의 가격이 없는 경우 최우선매수호가의 가격) 및 그 각각의 가격에 호가 가격 단위를 순차적으로 더한 9개의 가격

section 05 | 회원과 위탁자 간 결제

1 개요

회원과 위탁자 간에 수수하는 현금과 기초자산은 각각 차감한 현금과 기초자산을 기준으로 수수한다. 당일 차금, 갱신 차금, 옵션대금, 최종 결제차금, 최종 결제대금, 권리행사 차금 및 권리행사 결제대금은 회원과 거래소 간에 산출하는 금액과 동일한 방법으로 산출한다.

회원은 두 개 이상의 파생상품 계좌를 개설한 위탁자와 결제를 함에 있어서 수수일 및 수수시한이 동일한 파생상품 계좌 간에 현금을 차감하거나 기초자산을 차감하여 수수한다. 회원과 위탁자 간의 차감결제현금 및 차감결제기초자산의 수수시한은 수수일의 12시까지로 한다.

2 위탁자 결제불이행 시 조치

회원은 위탁자가 차감결제현금 또는 차감결제기초자산을 납부하지 아니하는 경우에는 선량한 관리자의 주의로써 위탁증거금 미예탁 시와 동일한 방법으로 해당 위탁자의 미결제약정을 소멸시키게 되는 매도 또는 매수를 하거나 위탁증거금으로 예탁받은 대용증권, 외화 또는 외화증권을 매도할 수 있으며, 반대거래 후에도 부족액이 발생하는 경우에는 해당 위탁자에 대하여 그 부족액을 징수할 수 있다.

회원은 또한 위탁자가 납부하지 아니한 결제금액 등에 대하여 연체기간 동안의 연체료를 징수할 수 있으며, 결제불이행 위탁자에게 결제의 불이행으로 인하여 회원이 부담한 손실 및 제반비용을 징수할 수 있다.

미결제약정수량의 제한 등

---

1 **미결제약정수량의 제한**

(1) 개요

파생상품시장의 안정성을 확보하고 과다한 투기거래를 방지하기 위해 투기목적의 거래에 대해서는 시장 상황에 따라 투자자가 보유할 수 있는 미결제약정수량을 제한할 수 있다(position limit).

KRX파생상품시장에서는 코스피200선물, 코스피200옵션, 코스피200위클리옵션, 미니코스피200선물, 미니코스피200옵션, 코스닥150선물, 코스닥150옵션, 섹터지수선물, 해외지수선물, 코스피200변동성지수선물, ETF선물, 주식선물, 주식옵션, 금선물, 돈육선물, KRX300선물에 대해서는 위탁자별 미결제약정수량의 보유한도가 설정되어 있으며, 타상품에 대해서도 시장 상황에 따라 필요시 언제든지 미결제약정수량의 보유한도를 설정할 수 있는 근거를 마련해 두고 있다.

(2) 상품별 미결제약정 보유한도

거래소 회원은 거래소가 설정한 미결제약정 보유제한수량(시장조성계좌에 보유하고 있는 수량은 제외)을 초과하여 자기거래 또는 동일인 위탁자로부터 수탁을 받을 수 없다(파생상품 계좌 기준이 아니라 투자자 기준으로 제한).

❶ 코스피200선물, 코스피200옵션, 코스피200위클리옵션, 미니코스피200선물 및 미니코스피200옵션 : 코스피200을 기초자산으로 하는 모든 종목을 합하여 선물환산순델타포지션 기준으로 2만 계약. 다만 개인투자자의 경우 1만 계약

❷ 코스피200변동성지수선물 : 순미결제약정수량을 기준으로 2만 계약. 다만 개인투자자의 경우 1만 계약

❸ KRX300선물 : 순미결제약정수량기준 2만 계약. 다만 개인투자자의 경우 1만 계약

❹ 코스닥150선물, 코스닥150옵션 : 코스닥150을 기초자산으로 하는 모든 종목을

합하여 선물환산순델타포지션 기준으로 2만 계약. 다만 개인투자자의 경우 1만 계약(상장지수집합투자기구의 경우 10만 계약)

⑤ 섹터지수선물 : 각 기초자산별로 순미결제약정수량을 기준으로 1만 계약. 다만 개인투자자의 경우 5천 계약

⑥ 해외지수선물 : 순미결제약정수량을 기준으로 5만 계약. 다만 개인투자자의 경우 2만 5천 계약

⑦ 주식선물 및 주식옵션 : 동일한 기초주권별로 선물환산순델타포지션 기준으로 다음 계산식에 따라 산출(1천 계약 미만은 절사한다)하여 공표하는 수량

ㄱ. 산식 : Max{5천, 기초주권의 보통주식 총수×1천 분의 5÷Max(동일한 기초주권 종목의 거래승수)}

ㄴ. 매년 첫 번째 거래일에 인터넷 홈페이지 등 거래소가 운영하는 전자전달매체 등을 통하여 제한수량을 공표하며, 제한수량 공표일부터 기산하여 7거래일 후부터 적용한다. 다만, 기초주권의 배당락 등으로 보통주식총수가 10% 이상 변경되는 경우에는 그 때마다 제한수량을 변경하여 공표한다.

⑧ ETF선물거래 : 각 기초자산별로 상이(5천~2만 계약)

⑨ 돈육선물거래 : 순미결제약정수량을 기준으로 3천 계약. 최근월종목의 경우 최종거래일이 속하는 월의 두 번째 목요일부터는 미결제약정수량을 기준으로 9백 계약

⑩ 금선물거래 : 순미결제약정수량을 기준으로 3,000계약

2 미결제약정의 타회원 인계방법

매매전문회원은 결제위탁계약을 체결한 지정결제회원에 있는 미결제약정을 다른 지정결제회원에게 인계할 수 있으며, 위탁자도 파생상품 계좌 설정 계약을 체결한 회원에 있는 미결제약정을 다른 회원에게 인계할 수 있다.

3 위탁수수료의 징수

회원은 위탁자로부터 위탁받은 주문에 대하여 거래의 성립, 최종 결제 또는 권리행

사·배정 등이 있는 경우에는 해당 위탁자로부터 위탁수수료를 징수하여야 한다.

　회원은 위탁수수료의 징수율 또는 징수금액, 징수방법 및 징수시기 등 위탁수수료징수기준을 정하고 위탁수수료징수기준을 정하거나 변경하는 경우 사전에 이를 공표하여야 한다.

01 다음 중 주권기초파생상품전문회원이 거래할 수 없는 상품은?

① 3년국채선물　　　　　　　　② 코스피200선물

③ 주식선물　　　　　　　　　　④ 주식옵션

02 ○○년 9월의 달력이 아래와 같을 때 다음 중 최종거래일 또는 최종결제일이 다른 것은?

일	월	화	수	목	금	토
	1	2	3	4	5	6
7	8	9	10	11	12	13(추석)
14(추석)	15(추석)	16	17	18	19	20
21	22	23	24	25	26	27
28	29	30				

① 코스피200옵션 ○○년 9월 결제월종목의 최종결제일

② 3년국채선물 ○○년 9월 결제월종목의 최종거래일

③ 삼성전자 주식옵션 ○○년 9월 결제월종목의 최종결제일

④ 미국달러선물 ○○년 9월 결제월종목의 최종거래일

해설

01 ① 주권기초파생상품전문회원은 주식 및 주가지수 관련 선물거래와 옵션거래만 취급할 수 있다.

02 ② 코스피옵션과 삼성전자 주식옵션의 최종결제일은 두 번째 목요일의 다음날인 12일이며, 미국달러선물의 최종거래일은 세 번째 월요일 15일이나 이 날이 휴일임에 따라 직전 거래일인 12일이 최종거래일이 된다. 3년국채선물의 최종거래일은 세 번째 화요일인 16일이다.

03 다음 중 한국거래소에 상장된 파생상품 거래에 대한 설명으로 옳은 것은?

① 코스피200선물과 3년국채선물 중 호가 가격 단위당 금액은 3년국채선물이 크다.

② 코스닥150선물, 금선물과 미국달러선물 중 상장 결제월종목수는 코스닥150선물이 가장 많다.

③ 코스피200옵션, 엔선물과 5년국채선물 중 최종거래일의 거래시간은 코스피200옵션이 가장 길다.

④ 미국달러선물, 엔선물, 유로선물, 미국 달러옵션은 최종거래일에 실물 인수도 되는 상품들이다.

04 다음 중 선물 스프레드 거래에 대한 설명으로 적절하지 않은 것은?

① 10년국채선물의 종목간 스프레드 거래종목은 1종목이다.

② 선물 스프레드 거래는 시장가호가, 조건부지정가호가 및 최유리지정가호가를 입력할 수 없다.

③ 선물 스프레드 거래는 기초자산이 동일한 선물거래에 대해서 구성될 뿐만 아니라 기초자산이 다른 경우에도 구성된다.

④ 금리상품의 경우 매수 선물 스프레드 거래는 원월물종목을 매수하고 근월물종목을 매도하는 스프레드 거래이다.

해설

03 ③ 호가 가격 단위당 금액은 코스피200선물 12,500원, 3년국채선물 1만 원으로 코스피200선물이 가장 크며, 결제월종목 수는 코스닥150선물 7종목, 금선물 7종목, 미국달러선물 20종목으로 미국달러선물이 가장 많으며, 최종거래일의 거래시간은 코스피200옵션 8:45~15:20, 엔선물과 5년국채선물 9:00~11:30으로 코스피200옵션이 가장 길다. 권리행사는 최종거래일에만 가능하며 미국 달러옵션은 '13년 실물 인수도 상품에서 현금결제상품으로 바뀌었다.

04 ④ 금리상품을 제외한 여타 선물상품의 경우 매수 선물 스프레드 거래는 원월물을 매수하고 근월물을 매도하는 거래이나, 금리상품의 경우 매수 선물 스프레드 거래는 근월물을 매수하고 원월물을 매도하는 거래이다.

05 다음 중 코스피200선물의 거래 중단과 관련된 설명으로 적절하지 않은 것은?

① 필요적 거래 중단 후 거래를 재개하는 경우에는 10분 간 단일가 호가접수시간을 갖은 후 단일가 거래로 거래를 개시한다.

② 개장 5분 이후 전일 코스피200선물의 거래량이 가장 많은 종목의 약정 가격이 기준 가격보다 5% 이상 높은(낮은) 상태가 1분 이상 지속하고 선물이론 가격보다 5% 이상 높은(낮은) 상태가 1분 이상 지속하는 경우 10분간 거래를 중단한다.

③ 주식상품거래의 필요적 중단은 코스피지수(코스닥지수)가 8%이상 하락하고 1분간 지속되는 경우 20분간 거래를 중단한다.

④ 10분 이상 거래소 파생상품시스템의 장애발생으로 정상적인 거래를 수행할 수 없는 경우 또는 10분 이상 주식시장 전산시스템 장애발생으로 코스피200의 구성종목 중 100종목 이상을 거래할 수 없는 경우에 코스피200선물과 코스피200옵션의 거래를 중단한다.

06 다음 중 3년국채선물에 관한 설명으로 적절하지 않은 것은?

① 최종결제방법은 현금 결제방식에 의한다.

② 거래대상은 만기 3년, 표면금리 5%의 6개월 단위 이자지급방식의 액면가 1억원의 국고채권표준물이다.

③ 결제월 수는 6개월 이내의 분기월 2개이며 최종거래일 도래종목의 거래시간은 9시부터 11시 30분까지이다.

④ 최종 결제기준채권의 결제수익률은 최종거래일에 한국금융투자협회가 공시하는 11시의 수익률과 11시 30분에 공시된 수익률을 평균한 수익률이다.

---

07   다음 중 주식옵션에 관한 설명으로 적절하지 않은 것은?

① 권리행사에 의한 결제방식은 현금 결제방식이다.

② 결제월 수는 거래기간 3년의 분기월 7개이다

③ 주식옵션의 경우 콜옵션에 있어서 권리행사 결제기준가격에서 행사가격을 뺀 수치가 5원 이상인 경우에는 회원의 권리행사 신고가 없더라도 권리행사를 신고한 것으로 본다.

④ 결제월종목 신규 상장 시에 행사 가격은 ATM 1개와 ITM 4개, OTM 4개씩 총 9개의 행사 가격이 설정된다.

08   다음 중 거래증거금에 관한 설명으로 적절하지 않은 것은?

① 거래증거금은 현금으로 예탁하여야 하나, 외화, 외화증권 또는 대용증권으로 전액 예탁할 수 있다.

② 거래소는 장 종료 시점뿐만 아니라 정규거래시간 중에도 거래증거금을 산출할 수 있다.

③ 순위험 거래증거금액은 가격 변동 거래증거금액, 선물 스프레드 거래증거금액, 인수도 거래증거금액과 최종결제 가격 확정 전 거래증거금액의 합계액과 최소 순위험 거래증거금액 중 큰 금액에 옵션 가격 거래증거금액을 합산하여 산출된다.

④ 거래증거금으로 예탁할 수 있는 외화와 통화선물거래의 기초자산이 되는 외화는 동일하다.

해설

07   ② 주식옵션의 결제월 수는 분기월 4개와 비분기월 2개로 총 6개이고 거래기간은 3개월, 1년이다.

08   ④ 거래증거금으로 예탁할 수 있는 외화는 미국달러, 엔, 유로, 파운드, 홍콩달러, 호주달러, 싱가포르 달러, 스위스프랑, 캐나다달러, 위안이고, 통화선물거래의 기초자산은 미국달러, 엔, 유로, 위안이다.

09 다음은 단일가 거래에 관한 설명이다. 적절하지 않은 것은?

① 해외지수선물거래, 통화선물거래 및 돈육선물거래의 종목의 최종약정거래가격은 단일가 거래의 방법으로 결정한다.

② 종가 단일가 호가접수시간에는 예상 체결 가격이 공표되지 않고 매수·매도별 총호가수량이 공표된다.

③ 시가 단일가 호가접수시간에는 예상 체결 가격이 실시간으로 공표된다.

④ 종가 단일가 호가접수시간은 정규거래시간의 종료 전 10분간이다.

10 다음 중 결제제도에 관한 설명으로 적절하지 않은 것은?

① 10년국채선물의 최종 결제차금의 결제시한은 최종결제일의 16시이다.

② 미국 달러선물의 최종결제방법은 인수도 결제방식에 의한 결제이며, 인수도 결제시한은 최종거래일로부터 3일째 날(T+2)의 12시이다.

③ 주식선물의 최종결제방법은 실물인수도에 의한 결제이며, 최종 결제대금의 결제시한은 최종거래일로부터 3일째 날의 15시이다.

④ 돈육선물의 최종 결제는 최종거래일 다음 거래일에 공표되는 돈육대표 가격으로 현금 결제방식에 의한다.

해설

09 ② 종가 단일가 호가접수시간에도 예상 체결 가격이 실시간으로 공표된다.

10 ③ 주식선물의 최종결제방법은 현금 결제에 의한 결제이며, 최종 결제차금은 다음 거래일 16시에 거래소와 회원 간에 수수한다.

11 다음은 호가집계장을 나타낸 것이다. 다음의 상황에서 일부 충족조건의 지정가 254.95p에 25계약의 매도주문이 집행될 경우 체결될 거래의 가격 및 수량, 주문 취소수량은 각각 얼마인가? (단, 호가 가격 단위는 0.05 가정)

매도	가격	매수
20	255.15P	
15	255.10P	
10	255.05P	
5	255.00P	
	254.95P	15
	254.90P	5

① 0계약 체결, 취소 15계약

② 254.95P 15계약 체결, 취소 10계약

③ 254.95P 15계약, 114.90P 5계약 체결, 주문 취소 5계약

④ 255.00P 5계약 체결, 취소 20계약

12 파생상품회원이 코스피200선물거래에 대해 보유할 수 있는 미결제약정 보유한도수량(선물환산순델타수량 기준)은?

① 선물델타환산수량 5,000계약   ② 선물델타환산수량 7,500계약

③ 선물델타환산수량 8,000계약   ④ 선물델타환산수량 20,000계약

해설

11 ② 254.95p에 매수호가의 수량이 15계약이고, 일부 충족조건은 체결 가능한 수량은 모두 체결하고 미체결 수량은 모두 취소하는 조건이므로, 254.95p에 15계약만 체결되고 10계약은 취소된다.

12 ④ 코스피200선물의 미결제약정의 보유한도수량은 선물델타환산수량 기준으로 20,000계약이다.

13 다음은 접속거래시간의 3년국채선물에 대한 호가집계장을 나타낸 것이다. 이러한 상황에서 최유리지정가호가로 10계약 매도주문을 입력하였을 경우 체결 가격과 체결 수량은 각각 얼마인가?

매도	가격	매수
20	108.80p	
15	108.70p	
7	108.65p	
	108.60p	
	108.55p	3
	108.50p	5

① 108.65P 7계약, 108.70P 3계약

② 108.55P 3계약, 108.50P 5계약

③ 108.55P, 3계약

④ 108.65P, 7계약

14 오늘은 코스피200옵션의 최종거래일이다. 당일 코스피200 최종 지수가 257.10P일 때, 다음 중 권리행사신고가 의제되는 종목은?

① 콜옵션 행사 가격 257.50P

② 콜옵션 행사 가격 257.25P

③ 풋옵션 행사 가격 257.25P

④ 풋옵션 행사 가격 257.00P

15 금일 미국 달러선물의 기초자산 기준 가격이 1150원이다. 이 경우 미국 달러선물의 거래증거금 산정을 위한 가장 낮은 증거금 구간수치와 가장 높은 증거금 구간수치는 다음 중 어느 것인가?(단, 거래증거금률 3% 가정)

① 1115.5~1184.5

② 1098.25~1201.75

③ 1035~1265

④ 977.5~1322.5

16 다음 주문 중 사전 위탁증거금을 적용받는 위탁자가 위탁증거금 전액을 대용증권으로 예탁할 수 있는 것은?(단, 보유 미결제약정 없음)

① 코스피200선물 매수 2계약(지정가 195p)

② 코스피200옵션 매수 1계약(지정가 0.7p)

③ 코스닥150선물 매수 5계약(시장가)

④ 삼성전자주식옵션 매도 5계약(시장가)

17 다음 중 거래소 회원이 위탁자와 파생상품 계좌 설정 계약을 체결하기 전에 반드시 위탁자에게 교부하고 그 내용을 충분히 설명하여야 하며 위탁자의 서명 또는 기명날인된 교부확인서를 징구해야 하는 것은?

① 파생상품 거래약관

② 파생상품 거래설명서

③ 파생상품 거래위험고지서

④ 파생상품 계좌 설정 계약서

해설

15 ① 미국 달러선물의 거래증거금률은 3%이다. 따라서 증거금 구간은 기초자산 기준 가격±3%이다. 가장 낮은 구간수치 : 1150−(1150×3%)=1115.5 가장 높은 구간수치 : 1150+(1150×3%)=1184.5

16 ④ 신규 주문 시 선물거래의 경우 위탁증거금액의 1/2은 현금 예탁 필요액이며, 코스피200옵션과 주식옵션의 매수 주문의 경우 프리미엄 전액이 현금 예탁 필요액이며, 옵션 매도는 현금증거금의 적용을 받지 않음

17 ③ 거래소 회원은 파생상품 계좌 설정 계약을 체결하기 전에 파생상품 거래위험고지서를 위탁자에게 교부하고 그 내용을 충분히 설명하여야 한다.

18 다음 선물·옵션거래 중 최종거래일의 거래시간 종료 전 10분간 종가 결정을 위한 단일 가격 경쟁거래를 위한 호가접수시간이 있는 거래는?

① 미국 달러선물　　　　　　　② 3년국채선물

③ 코스피200옵션　　　　　　　④ 코스닥150선물

19 다음 중 가격 제한에 대한 설명으로 옳지 않은 것은?

① 주식옵션의 가격제한폭은 기초주권의 15% 가격 변동을 적용하여 산출한 이론 가격 중 가장 높은 가격과 가장 낮은 가격으로 한다.

② 미국 달러선물의 가격제한폭은 전일 기준 가격±전일 기준 가격×4.5%이다.

③ 코스피200선물의 가격제한폭은 전일 기준 가격±기준 가격×단계별 가격 제한 비율(8%, 15%, 20%)이다.

④ 3년국채선물의 가격제한폭은 전일 기준 가격±전일 기준 가격×1.5%이다.

20 다음 중 호가에 관한 설명으로 옳지 않은 것은?

① 최유리지정가호가는 호가의 조건을 사용할 수 있다.

② 호가의 조건은 최근월물의 경우 조건부지정가호가에만 사용할 수 없다.

③ 원월종목에 대해서는 지정가호가만 사용할 수 있다.

④ 일부 충족조건은 호가가 입력되는 즉시 호가수량 전부가 체결되지 않으며 호가 전량을 취소하는 호가조건이다.

---

18 ① 통화상품(미국달러선물, 미국 달러옵션, 엔선물, 유로선물), 해외지수선물 및 돈육선물은 최종거래일 장 종료 전 10분간 종가 결정을 위한 단일가 주문 접수시간을 두고 있으며, 이들을 제외한 상품은 최종거래일에 종가 단일가 거래를 실시하지 않는다.

19 ① 주식옵션의 호가 가격제한폭은 기주권 가격의 10%(1단계), 20%(2단계), 30%(3단계) 변동을 적용 하여 산출한 최대의 이론 가격과 최소의 이 가격으로 한다.

20 ④ 전량 충족조건에 대한 설명이다.

정답 01① | 02② | 03③ | 04④ | 05② | 06④ | 07② | 08④ | 09② | 10③ | 11② | 12④ | 13① |
14③ | 15① | 16④ | 17③ | 18① | 19① | 20④

part 04

금융소비자
보호법

chapter 01   금융소비자보호법 제정 배경

chapter 02   금융소비자보호법 개관

chapter 03   금융소비자보호법 주요내용

certified derivatives investment advisor

chapter 01

금융소비자보호법 제정 배경

section 01 **제정 배경**

　한국은 2008년 국내외 금융위기 등을 겪으면서 금융소비자의 권익을 신장함과 동시에 금융산업에 대한 국민적 신뢰 제고를 위한 통합적이고 집약적인 금융규제체계를 마련하고자 적극적인 모색을 추진하였다. 특히, 키코사태, 파워인컴펀드사태, DLF·라임 사모펀드 사태 등이 연달아 발생하여 금융소비자보호 강화 필요성에 대한 국민적 관심이 더욱 고조되었다고 할 것이다.

　외국의 사례를 보더라도 금융소비자를 우선적으로 보호하려는 경향으로 금융정책의 패러다임이 금융소비자보호 중심으로 변화·발전하는 것은 사실이다. 영국과 일본 등 주요국은 이미 각 업권 통합법 성격의 금융소비자보호 법체계를 이미 마련해 놓았고 미국, 영국 등은 별도의 금융소비자보호기구를 설치해 운영 중에 있는 것이 그 반증일 것이다.

「금융소비자보호에 관한 법률(이하 '금융소비자보호법')」은 2020년 3월 5일 본회를 통과한 후 1년이 경과한 2021년 3월 25일부로 시행되었다. 다만, 금융상품자문업 관련 규정 및 금융회사의 내부통제기준 마련 등 일부사항은 6개월 추가 유예되어 2021년 9월 25일 시행되었다.

금융소비자보호법 제정 과정을 살펴보면, 우선 최초 발의는 2008년 금융위기가 촉발의 계기가되었다고 해도 과언은 아니다. 당시 금융투자로 손해를 본 금융소비자를 두텁게 그리고 세심하게 보호하자는 논의에 불을 붙였고 마침내 2011년 처음 법안(박선숙 의원 대표발의)이 국회에 발의되었다.

이후 정부안을 포함해 총 14개의 제정법안이 발의되어 논의를 이어갔으나 난항을 겪다가 2019년 발생한 DLF 및 라임사모펀드 사태를 계기로 금융소비자보호법에 대한 제정 논의가 본격적으로 진행되었고, 이러한 논의 끝에 2019년 말 5개 금융소비자보호법 제정안과 「자본시장 및 금융투자업에 관한 법률(이하 '자본시장법')」 등 6개 관련 법안을 통합하여 국회 정무위원장이 대안을 발의하였고 이 법안으로 국회를 최종 통과하게 되었다.

chapter 02

금융소비자보호법 개관

금융소비자보호법 시행 후 주요 제도 변화

표 2-1   금융소비자보호법 시행 전후 비교

구분		시행 전	시행 후
사전 규제	6大 판매규제	자본시장법 등 일부 금융업법	원칙적으로 모든 금융상품
	소비자보호 내부통제기준	법령상 규율 없음	기준 마련 의무 부과
사후 제재	금전적 제재	과태료 최대 5천만 원	징벌적 과징금 신설 과태료 최대 1억 원
	형벌	3년 이하 징역, 1억 원 이하 벌금	5년 이하 징역, 2억 원 이하 벌금
신설된 소비자 권리	청약철회권	투자자문업·보험 有	일부 상품에 한정 (단위형 고난도펀드 등)
	위법계약해지권	없음	일부 상품에 한정 (계속적 계약+해지시 재산상 불이익 발생)
	자료열람요구권	금융투자업 有 (금융투자업규정)	소송, 분쟁조정 시 자료 열람 요구 가능
사후 구제	소액분쟁 시 금융회사의 분쟁조정 이탈 금지	없음	신설
	분쟁조정 중 소 제기 시 법원의 소송중지		
	손해배상 입증책임 전환		설명의무 위반 시 고의· 과실 존부 입증에 적용
	판매제한명령권		재산상 현저한 피해 우려가 명백한 경우 발동

금융소비자보호법 구성

금융소비자보호법의 구성은 우선 법률은 총 8개 장(章), 69개 조항으로 구성되어 있다. 동법 시행령은 법률에서 정한 장(章) 구분을 그대로 따라 51개 조항으로 마련되어 있으며 마지막으로 「금융소비자보호에 관한 감독규정(이하 '감독규정')」은 총 35개 조항으로 마련되어 있다.

표 2-2 **금융소비자보호법 구성 및 요약**

1장. 총칙(§1~§6)	• 금융상품 · 전문금융소비자의 정의(§2) • 금융상품의 유형(§3) 및 금융회사 등의 업종 구분(§4)
2장. 기본 권리 · 책무 (§7~§10)	• 금융소비자의 기본권(§7), 금융소비자 · 국가 · 금융상품판매업자 등의 책무(§8 · 9 · 10)
3장. 등록요건 (§11 · 12)	• 법상 등록되지 않은 자의 금융상품 판매 · 자문 금지(§11) • 상품별 · 업종별 등록요건(§12, 독립자문업자 등록요건 법제화)
4장. 영업행위 준수사항 (§13~§28)	• 내부통제기준 마련 의무 부과(§16) • 방문판매 및 전화권유판매 시 준수사항(§16의2) • 금융상품 유형별 영업행위 준수사항(§17~§22, 6大 판매규제 등) • 업종별 준수사항(§24~§28, 대리중개업자 · 자문업자 영업행위 준칙, 소비자 자료요구권 등)
5장. 금융소비자 보호 (§29~§47)	• 금융교육(§30 · 31) · 금융상품 비교공시 · 소비자보호실태평가(§32) • 분쟁조정 제도(§33~§43, 위원회 구성 · 법원 소송중지 · 조정이탈금지 제도 등) • 손해배상책임(§44 · 45) · 청약철회권(§46) · 위법계약해지권(§47)
6장. 감독 및 처분 (§48~§64)	• 판매제한명령제 운영에 관한 사항(§49) • 징벌적 과징금(§57~§64) 부과 기준 및 절차
7장. 보칙(§65 · 66) 8장. 벌칙(§67~§69)	• 업무위탁에 관한 사항, 과태료, 양벌규정 등

section 03 | 금융소비자보호법의 내용상 주요 체계

◇ '동일기능 – 동일규제' 원칙이 적용될 수 있도록 금융상품 및 판매업 등의 유형을 재 분류

1 | 금융상품

금융소비자보호법은 금융업과 관련한 각종 현행 법률 등에 규정된 모든 금융상품과 서비스를 '투자성 상품', '예금성 상품', '보장성 상품' 및 '대출성 상품'으로 다시 분류 하였다. 구분방법은 다음과 같다.

표 2-3 | 금융상품 구분

구분	개념	대상
투자성	자본시장법상 금융투자상품 및 이와 유사한 것으로서 대통령령으로 정하는 것	펀드 등 금융투자상품, 신탁계약, 투자일임계약
예금성	은행법상 예금 및 이와 유사한 것으로서 대통령령으로 정하는 것	예·적금 등
보장성	보험업법상 보험상품 및 이와 유사한 것으로서 대통령령으로 정하는 것	보험상품 등
대출성	은행법상 대출 및 이와 유사한 것으로서 대통령령으로 정하는 것	대출상품, 신용카드 등

2 | 금융상품판매업자등

금융상품을 판매하는 자는 '금융상품직접판매업자(금융회사)', '금융상품판매대리·중 개업자' 그리고 '금융상품자문업자"로 그 유형을 재분류하였다.

'투자성 상품' 판매를 취급하는 금융상품직접판매업자와 관련하여 특히 주의해야 할 사항은 자본시장법상 집합투자업자도 직접판매업을 영위하는 경우에는 금융상품직접 판매업자에 해당한다는 점이다.

이는 금융소비자보호법을 보면 금융관계 현행법상 금융상품판매업에 해당하는 업무에 대하여 인가, 허가 또는 등록한 경우 외에도 해당 금융관계 현행법상 인허가를 받거나 등록하지 아니한 경우라도 해당 판매업을 영위하도록 규정한 경우에는 "금융상품판매업자"에 해당된다고 규정하고 있기 때문이다(법 §2.3호).

특히 '금융상품판매업'에서 적용제외하는 근거가 대통령령에 있으나 "자본시장법 제7조 제6항 제3호에 따른 일반 사모집합투자업자가 자신이 운용하는 사모집합투자기구의 집합투자증권을 판매하는 경우"에는 적용제외 사유로 들지 않고 있기 때문에 일반 사모집합투자업자는 금융상품판매업자에 해당되고 현재 자본시장법상 집합투자업자는 모두 일반 사모집합투자업자에 해당되기 때문에 원칙적으로 모든 집합투자업자가 금융상품직접판매에 해당된다 할 것이다.

표 2-4 금융상품판매업자등 구분

구분	개념	대상(예시)
직접 판매업자	자신이 직접 계약의 상대방으로서 금융상품에 관한 계약체결을 영업으로 하는 자 ※ 투자성 상품의 경우 자본시장법에 따른 '투자중개업자'를 포함	− 금융투자업자(증권회사 · 선물회사 등) 및 겸영금융투자업자 − 은행, 보험, 저축은행 등 − 신협중앙회 공제사업부문, P2P사업자, 대부업자, 증권금융 등* − 신용협동조합 등**
판매대리 · 중개업자	금융회사와 금융소비자의 중간에서 금융상품 판매를 중개하거나 금융회사의 위탁을 받아 판매를 대리하는 자	투자권유대행인, 보험설계 · 중개사, 보험대리점, 카드 · 대출모집인 등
자문업자	금융소비자가 본인에게 적합한 상품을 구매할 수 있도록 자문을 제공	− 투자자문업자(자본시장법) − 독립자문업자(금소법)

* 금융소비자법 시행령에서 규정
** 금융소비자보호에 관한 감독규정에서 규정

section 04 금융소비자보호법의 위치

금융투자회사와 그 임직원은 업무수행과 관련하여 금융소비자보호법을 확인함에 있어 자본시장과 금융투자업을 규율하는 기존의 자본시장법과의 적용상 순위에 대하여

혼란을 가질 수 있을 것이다. 그 내용을 보면 우선 금융소비자보호법은 금융소비자를 대상으로 하는 금융상품 판매와 금융소비자 보호에 관한 일반법적 효력을 가진다고 할 것이다. 다시 말해 금융소비자 보호에 관해 다른 법률에서 특별히 정한 경우를 제외하면 금융소비자보호법이 적용된다.

예를 들어, 투자성 상품의 판매와 관련된 사항이 일부 자본시장법에서 정해진 내용이 있다면 자본시장법상 해당 내용에 한해 금융소비자보호법과 관해서는 특별법 지위에 있다고 할 것이다. 즉 자본시장법 내용이 우선 적용될 것이다.

section 05 금융소비자보호법의 적용예외

금융소비자보호법도 금융관계 현행법 중 법 취지 및 규제 실질에 따라 법적용이 어려운 사항이 있다. 이러한 점을 감안하여 「부동산투자회사법」, 「선박투자회사법」, 「문화산업진흥 기본법」, 「산업발전법」, 「벤처투자 촉진에 관한 법률」, 「여신전문금융업법」 등 개별 법률에 따라 사모의 방법으로 금전 등을 모아 운용·배분하는 상품에 대해서는 금융소비자보호법을 적용을 하지 않는다는 것을 규정함으로써 예외사항을 입법적으로 해결하였다.

section 06 전문금융소비자 분류

금융소비자보호법은 현행 자본시장법상 전문투자자 범위를 기본 토대로 전문금융소비자 범위를 정하되 투자성·보장성·대출성·예금성 상품의 개별 특성을 감안하여 각각 전문금융소비자 범위를 보완하는 방법으로 규정하였다.
• 투자성 상품 중 장외파생상품 거래의 경우 주권상장법인, 해외 증권시장에 상장된 주권을 발행한 국내법인, 개인전문투자자 등은 일반금융소비자로 대우 받다가 자

신이 전문금융소비자와 같은 대우를 받겠다는 의사를 서면으로 표시한 주권상장법인에 한하여 전문금융소비자로 취급할 수 있다(☞자본시장법을 그대로 계수함).

- 대출성 상품의 경우 상시근로자 5인 이상의 법인·조합·단체, 겸영여신업자 그리고 자산의 취득 또는 자금의 조달 등 특정목적을 위해 설립된 법인(PFV 등 SPC)도 전문금융소비자로 포함된다.
- 판매대리·중개업자의 경우 예금성 상품을 제외하고 각각 상품별로 전문금융소비자로 포함되었다.
- 대부업자의 경우에는 예금성 상품을 제외하고 투자성 상품, 보장성 상품, 대출성 상품에서 모두 전문금융소비자로 신규 포함된 사실에 유의할 필요가 있다.

표 2-5   전문금융소비자 유형

투자성 상품	보장성 상품	대출성 상품	예금성 상품
국가 / 한국은행 / 금융회사 / 주권상장법인			
지방자치단체			
금감원, 신보, 기보, 수출입은행, 한국투자공사, 거래소, 금융공공기관			
신협·농협·수협·산림조합·새마을금고 각 중앙회, 신협 단위조합, 금융권 협회			
금융지주회사, 집합투자업자, 집합투자기구, 증권금융회사, 단기금융회사, 자금중개회사, P2P업자			
법률상 기금 관리·운용 공공기관, 법률상 공제사업 영위 법인·조합·단체			
외국정부, 국제기구, 외국 중앙은행, 외국에 상장된 국내법인			
투자성 상품 판매대리중개업자	보장성 상품 판매대리중개업자	대출성 상품 판매대리중개업자	–
적격투자 단체 및 개인	보험요율 산출기관	상시근로자 5인 이상의 법인·조합·단체	법인 등 단체
	보험 관계 단체	겸영여신업자	성년 (제외 : 피성년후견인 / 피한정후견인 / 65세 이상의 고령자)
	단체보험·기업성보험·퇴직연금 가입자	자산취득 또는 자금의 조달 등 특정목적을 위해 설립된 법인	
대부업자	대부업자	대부업자	–

금융소비자의 권리와 책무 등

1   금융소비자의 권리와 책무

금융소비자보호법은 투자정보 등에서 약자에 해당되는 금융소비자의 권익 보호를 위해 금융소비자의 기본적 권리를 규정하는 한편, 금융소비자 스스로 역량 강화를 위해 기본적 책무도 아울러 규정하고 있다.

- **(권리)** ① 금융상품판매업자등의 위법한 영업으로 인한 재산상 손해로부터 보호받고 신속·공정한 절차에 따라 적절한 보상을 받을 권리, ② 금융상품의 선택·소비에 필요한 정보제공, 금융교육을 받을 권리, ③ 소비생활 관련 국가·지자체의 정책에 의견 반영 권리 등
- **(책무)** ① 금융시장의 구성 주체로서 금융상품의 올바른 선택, 금융소비자의 권리를 정당하게 행사할 책무, ② 금융소비자 스스로 필요한 지식·정보를 습득하도록 노력할 책무

2   국가 및 금융상품판매업자등의 책무

금융소비자보호법은 금융소비자의 기본적 권리가 실현될 수 있도록 국가와 금융상품판매업자등의 책무를 규정하고 있다.

- **(국가)** ① 금융소비자의 권익 증진에 필요한 시책을 수립·실시할 책무, ② 관련 법령을 제·개정 및 폐지할 책무, ③ 필요한 행정조직을 정비·운영 개선할 책무
- **(금융상품판매업자등)** ① 국가의 금융소비자 권익 증진 시책에 적극 협력할 책무, ② 금융소비자의 합리적 선택·이익을 침해할 우려가 있는 거래조건·거래방법을 사용하지 않을 책무, ③ 금융소비자에게 금융상품 정보를 성실·정확하게 제공할 책무, ④ 금융소비자의 개인정보를 성실하게 취급할 책무

◇ 기능별 규제체계를 기반으로 일부 상품에만 적용 중인 판매행위 원칙을 원칙적으로 全금융상품에 확대 적용함
① 적합성 원칙, ② 적정성 원칙, ③ 설명의무, ④ 불공정영업행위, ⑤ 부당권유금지, ⑥ 광고규제

1 적합성 원칙

판매업자등은 일반금융소비자의 재산상황, 금융상품 취득·처분 경험 등에 비추어 부적합한 금융상품 계약체결의 권유를 할 수 없다(법 §17).

과거 금융투자상품 및 변액보험에만 도입되어 있었으나, 이러한 규제를 대출성 상품, 대통령령으로 정하는 보장성 상품 등으로 적용을 확대하였다.

2 적정성 원칙

판매업자등은 일반금융소비자가 자발적으로 구매하려는 금융상품이 소비자의 재산 등*에 비추어 부적정할 경우 이를 고지·확인하여야 한다(법 §18).

* 재산상황, 투자경험(투자성 상품), 신용 및 변제계획(대출성 상품) 등

과거 자본시장법상 파생상품, 파생결합증권 등에 대해서만 도입되어 있었으나 대출성 상품과 일부 보장성 상품으로 확대되었다.

3 설명의무

판매업자등은 금융상품 계약 체결을 권유하거나 일반금융소비자가 설명을 요청시 상품의 중요한 사항을 설명하여야 한다(법 §18).

금융상품 유형별로 필수 설명사항을 세부적으로 규율하고, 이를 일반금융소비자가

이해할 수 있도록 설명을 의무화하였다.

즉, 자본시장법·은행법·보험업법·여전법 등 현행 주요 금융업법에 도입되어 있는 설명의무를 금융소비자보호법으로 통합·이관하였다고 볼 수 있다.

4   불공정영업행위 금지

판매업자등이 금융상품 판매 시 우월적 지위를 이용하여 금융소비자의 권익을 침해하는 행위가 금지된다(법 §20).

불공정영업행위 유형

① 대출과 관련하여 다른 금융상품 계약을 강요하는 행위
② 대출과 관련하여 부당한 담보를 요구하는 행위
③ 대출과 관련하여 제3자의 연대보증을 요구하는 행위
④ 업무와 관련하여 편익을 요구하는 행위
⑤ 연계·제휴서비스를 부당하게 축소·변경하는 행위 등

특히, 대출성 상품과 관련하여 대출 실행 후 3년 경과 시 중도상환수수료를 부과하는 것도 금지사항으로 포함되었다. 은행·보험 등 업권에서는 일부내용을 규정하고 있었으나, 동 금지사항을 정비하여 全판매채널(직접판매, 대리·중개, 자문)에 적용하도록 하였다.

5   부당권유행위 금지

판매업자등이 금융상품 계약 체결의 권유 시 금융소비자가 오인할 수 있는 허위 사실 등을 알리는 행위가 금지된다(법 §21).

부당권유행위 유형

① 불확실한 사항에 대한 단정적 판단을 제공하는 행위
② 금융상품의 내용을 사실과 다르게 알리는 행위

---

③ 금융상품의 가치에 중대한 영향을 미치는 사항을 알리지 않는 행위

④ 객관적 근거 없이 금융상품을 비교하는 행위

⑤ 내부통제기준에 따른 직무수행 교육을 받지 않은 자로 하여금 계약체결 권유와 관련된 업무를 하게 하는 행위 등

금융투자 또는 보험 등 업권에서 일부내용을 규정하고 있었으나, 동 금지사항을 정비하여 全판매채널에 적용하도록 하였다.

| **6** | **광고규제** |

판매업자등이 금융상품 또는 판매업자등의 업무에 관한 광고 시 필수적으로 포함해야 하는 사항과 금지행위 등을 금융소비자보호법에 규정하였다(법 §22).

기존 자본시장법·은행법·보험업법·여전법 등에서 개별적으로 규정하거나, 별도 광고규제가 없었던 것을 금융소비자보호법으로 통합·이관하여 규정한데 의미가 있다.

광고규제 관련 필수 포함사항 및 금지행위

• 필수 포함사항

① 금융상품 설명서 및 약관을 읽어볼 것을 권유하는 내용

② 금융상품판매업자등의 명칭, 금융상품의 내용

③ 보장성 상품 : 보험료 인상 및 보장내용 변경 가능 여부

④ 투자성 상품 : 운용실적이 미래수익률을 보장하지 않는다는 사항 등

• 금지행위

① 보장성 상품 : 보장한도, 면책사항 등을 누락하거나 충분히 고지하지 않는 행위

② 투자성 상품 : 손실보전 또는 이익보장이 되는 것으로 오인하게 하는 행위

③ 대출성 상품 : 대출이자를 일단위로 표시하여 저렴한 것으로 오인하게 하는 행위

chapter 03

금융소비자보호법 주요내용

◇ 금융소비자보호법은 개별 금융 관련법에 산재되어 있던 금융상품 판매에 관한 사항을 일률적으로 규율하는 법인바, 이하에서는 자본시장에 관한 '투자성 상품' 관련 내용을 중심으로 기술함

section 01 투자성 상품 및 대출성 상품

1 투자성 상품

금융소비자보호법은 투자성 상품으로 ① 자본시장법에 따른 금융투자상품, ② 투자일임계약, ③ 신탁계약(관리형 신탁 및 투자성 없는 신탁은 제외)으로 분류하고 있고 있다.

다만, 금융소비자보호법상 투자성 상품으로 나열된 "연계투자"는 「온라인투자연계금융업 및 이용자보호에 관한 법률」 제2조 제1호에 따른 연계투자로 금융투자업자의 상품판매와 관련해서는 해당사항이 없음을 유의하여야 한다.

참고로 "연계투자"란 온라인플랫폼을 통하여 특정 차입자에게 자금을 제공할 목적으로 투자한 투자자의 자금을 투자자가 지정한 해당 차입자에게 대출 등의 방법으로 자금을 공급하고 그에 따른 원리금수취권을 투자자에게 제공하는 것을 말하며 시중에서는 P2P투자로 알려져 있다.

2 대출성 상품

금융소비자보호법상 대출성 상품으로는 대표적으로 은행의 신용대출이나, 주택담보대출이 있으나, 금융투자업자에 해당하는 판매업자등과 관련해서는 자본시장법령 및 금융투자업규정에서 규정하고 있는 ① 신용거래융자·신용대주, ② 증권담보대출, ③ 청약자금대출 등 신용공여 상품이 대표적이다.

이외에도 금융투자업자가 금융소비자에게 어음할인·매출채권매입(각각 금융소비자에게 금전의 상환을 청구할 수 있는 계약에 한정)·대출·지급보증 또는 이와 유사한 것으로 금전 또는 그 밖의 재산적 가치가 있는 것을 제공하고 장래에 금전등 및 그에 따른 이자 등의 대가를 받기로 하는 계약은 모두 대출성 상품에 포섭할 수 있도록 광범위하게 규정하였다.

다만, 6대 판매원칙 중 하나인 적정성 원칙과 관련하여 대출성 상품도 적용대상으로 규정되었는데 모든 대출성 상품이 적용되는 것은 아니고 증권 등 재산을 담보로 계약을 체결하는 대출성 상품만 적정성 원칙을 적용하는 것으로 규정된 점을 유의하여야 한다.

1   적합성 원칙

1) 개요

금융상품판매업자등은 투자권유 또는 자문업무를 하는 경우 먼저 해당 금융소비자가 일반금융소비자인지 전문금융소비자인지 확인해야 한다.

그 다음으로 임직원은 면담, 질문 등을 통하여 일반금융소비자의 금융상품 취득 또는 처분의 목적, 재산상황, 취득 또는 처분 경험 등의 정보를 고려한 투자성향을 파악하고 투자성향에 적합하지 아니하다고 인정되는 때에는 계약체결을 권유해서는 안 된다.

이때, 파악된 정보 등은 일반금융소비자의 확인을 받아 유지·관리하며, 확인받은 내용을 일반금융소비자에게 지체없이 제공하여야 한다.

표 3-1   금융상품별 파악해야 하는 일반금융소비자 정보 내용

투자성 상품	대출성 상품

1) 금융상품 취득·처분 목적
2) 재산상황
   (부채를 포함한 자산 및 소득에 관한 사항)
3) 금융상품의 취득·처분 경험
4) 소비자의 연령
5) 금융상품에 대한 이해도
6) 기대이익(손실) 등을 고려한 위험에 대한 태도
	1) 재산상황
	   (부채를 포함한 자산 및 소득에 관한 사항)
	2) 신용* 및 변제계획
	3) 소비자의 연령
	4) 계약체결의 목적(대출 限)

* 신용정보법에 따른 신용정보 또는 자본시장법에 따른 신용등급으로 한정

금융상품판매업자등이 일반금융소비자에게 해당 상품이 적합한지 여부를 판단할 때에는 금융상품 유형별 적합성 판단 기준에 따라야 한다.

다만, 분양된 주택의 계약 또는 주택조합 조합원의 추가 부담금 발생에 따른 중도금 지급 목적 대출, 주택 재건축·재개발에 따른 이주비 확보 목적 대출, 환매조건부채권 등 원금손실 위험이 현저히 낮은 투자성 상품은 금융상품판매업자등의 자체 기준에 따라 평가가 가능하다.

표 3-2	금융상품별 적합성 판단기준
구분	**판단 기준**
투자성 상품	일반금융소비자의 정보를 파악한 결과 손실에 대한 감수능력이 적정한 수준일 것
대출성 상품	일반금융소비자의 정보를 파악한 결과 상환능력이 적정한 수준일 것

2) 적용대상

자본시장법상 온라인소액투자중개대상증권, 「온라인투자연계금융업 및 이용자보호에 관한 법률」 상 연계투자계약 등을 제외한 투자성 상품이 모두 적용되는 것이 원칙이다.

《참 고》

• 모든 대출성 상품과 보장성 상품 중 변액보험과 보험료 또는 공제료 일부를 자본 시장법에 따른 금융투자상품 취득·처분 또는 그 밖의 방법으로 운용할 수 있도록 하는 보험 또는 공제는 적합성 원칙이 적용

  – 예금성 상품은 금융소비자보호법상 근거는 있으나 동법 시행령으로 구체적인 적용대상을 정하지 않았으므로 적용되는 구체적인 예금성 상품은 없다고 할 것임

3) 적용특례

판매업자등이 자본시장법상 일반 사모펀드 판매 시에는 원칙적으로 적합성 원칙 적용이 면제되지만 자본시장법상 적격투자자 중 일반금융소비자가 요청할 경우에는 적합성 원칙을 적용하도록 되어 있다.

이때, 일반금융소비자는 ① 서면 교부, ② 우편 또는 전자우편, ③ 전화 또는 팩스, ④ 휴대전화 문자서비스 또는 이에 준하는 전자적 의사표시 방법으로 금융상품판매업자등에게 적합성 원칙을 적용해 줄 것을 요청해야 한다.

금융투자판매업자등도 일반금융소비자에게 적합성 원칙을 적용받을 수 있다는 사실을 계약체결의 권유를 하기 전에 위와 같이 서면 교부, 전자우편 등의 방법으로 미리 알려야 한다는 점을 유의하여야 한다.

2   적정성 원칙

1) 개요

금융상품판매업자등은 위험성의 정도가 높은 투자성 상품 또는 대출성 상품에 대해서는 계약체결의 권유가 없는 경우에도 해당 일반금융소비자에게 적정한지를 살펴보고 적정성 여부를 해당 일반금융소비자에게 알리도록 하여 일반금융소비자 보호를 강화하였다.

앞서 살펴본 적합성 원칙은 금융상품판매업자등의 계약체결의 권유가 있는 경우에만 적용되는 반면에 적정성 원칙은 소비자가 자발적으로 계약체결 의사를 밝힌 경우에도 적용되는 것이 차이다.

적정성 원칙을 적용하는 방법으로 금융상품판매업자등은 면담, 질문 등을 통하여 일반금융소비자의 금융상품 취득 또는 처분의 목적, 재산상황, 취득 또는 처분 경험 등의 정보를 고려한 투자성향을 파악하고 적정성 판단기준에 따라 해당 상품이 해당 일반금융소비자에게 적정하지 않다고 판단되는 경우 이를 해당 일반금융소비자에게 알리고 이를 확인을 받아야 한다. 이때 금융상품판매업자등은 적정성 판단결과와 그 이유를 기재한 서류 및 해당 상품의 설명서를 함께 제공하도록 되어 있다.

2) 적용대상

적정성 원칙이 적용되는 상품은 아래와 같다. 다만 유의해야 할 점은 대출성 상품의 경우 금융소비자보호법 시행령에 따르면 증권, 지식재산권 등의 재산을 담보로 계약을 체결하는 대출성 상품에 한해 적정성 원칙을 적용하도록 되어 있기 때문에 금융투자업계의 경우 앞서 설명한 ① 신용거래융자·신용대주, ② 증권담보대출, ③ 청약자금대출 등 신용공여 상품이 주로 적용될 것이다.

다만, 증권시장에서 매도계약이 체결된 증권을 담보로 계약을 체결하는 대출성 상품(대표적으로 매도주식담보대출)은 담보의 안정성을 감안하여 적정성 원칙을 적용하지 않는다.

표 3-3 적정성 원칙 대상상품

구분	대상상품
투자성 상품	① 파생상품 : 장내파생상품 및 장외파생상품(금소법 시행령 제12조 제1항 제2호 가목) ② 파생결합증권(단, 금적립 계좌등은 제외)(금소법 시행령 제12조 제1항 제2호 가목) ③ 사채(社債) 중 일정한 사유가 발생하는 경우 주식으로 전환되거나 원리금을 상환해야 할 의무가 감면될 수 있는 사채(「상법」 제469조 제2항, 제513조 또는 제516조의2에 따른 사채는 제외)(조건부 자본증권)(금소법 시행령 제12조 제1항 제2호 나목) ④ 고난도금융투자상품, 고난도금전신탁계약, 고난도투자일임계약(금소법 시행령 제12조 제1항 제2호 다목) ⑤ 파생형 집합투자증권(레버리지 · 인버스 ETF 포함). 다만, 금소법 감독규정 제11조 제1항 단서에 해당되는 인덱스 펀드는 제외(금융소비자보호 감독규정 제11조 제1항 제1호) ⑥ 집합투자재산의 50%를 초과하여 파생결합증권에 운용하는 집합투자기구의 집합투자증권(금융소비자보호 감독규정 제11조 제1항 제2호) ⑦ 위 적정성 원칙 대상상품 중 어느 하나를 취득 · 처분하는 금전신탁계약의 수익증권(이와 유사한 것으로서 신탁계약에 따른 수익권이 표시된 것도 포함)(금융소비자보호 감독규정 제11조 제1항 제3호)
대출성 상품	자본시장법 제72조에 따른 신용공여(신용거래융자, 신용거래대주, 증권담보융자 등) 등 대출성 상품, 다만 증권시장에서 매도계약이 체결된 증권을 담보로 계약을 체결하는 대출성 상품은 제외

3) 적용특례

적정성 원칙도 자본시장법상 일반 사모펀드 판매 시에는 원칙적으로 적용되지 않지만 자본시장법상 적격투자자 중 일반금융소비자가 이를 요청할 경우에는 적정성 원칙을 적용하도록 하고 있다.

이때, 일반금융소비자는 ① 서면 교부, ② 우편 또는 전자우편, ③ 전화 또는 팩스, ④ 휴대전화 문자서비스 또는 이에 준하는 전자적 의사표시 방법으로 금융상품판매업자등에 적정성 원칙 적용을 요청해야 하며, 반대로 금융투자판매업자등도 일반금융소비자에게 적정성 원칙을 적용받을 수 있다는 사실을 계약체결의 권유를 하기 전에 서면 교부, 전자우편 등의 방법으로 미리 알려야 한다.

3 설명의무

1) 개요

금융상품판매업자등은 일반금융소비자에게 계약체결을 권유하거나 일반금융소비자가 설명을 요청하는 경우에는 금융상품에 관한 중요한 사항(일반금융소비자가 특정 사항에 대한 설명만을 원하는 경우 해당 사항에 한정)을 이해할 수 있도록 설명해야 한다.

다만, 종전 자본시장법과 동일하게 위험감수능력과 관련지식을 갖춘 것으로 보는 전문금융소비자에 대해서는 설명의무가 면제된다.

실무적인 쟁점사항으로 본인이 아닌 대리인에게 설명하는 경우, 전문금융소비자 여부는 본인 기준으로 판단하고 설명의무 이행 여부는 대리인을 기준으로 판단하는 것이 합리적인 것으로 판단된다.

2) 설명사항

금융상품판매업자등이 설명해야 하는 중요한 사항은 다음과 같다.

금융소비자보호법은 일반금융소비자가 원하는 경우 중요 사항 중 특정 사항만을 설명할 수 있는 것으로 규정하고, 이에 따라 금융소비자보호법 제19조 제1항에서 중요 사항을 정하고 있고 이러한 사항에 대해서는 모두 설명의무를 이행*하도록 해 금융소비자보호 공백을 최소화하고 있다.

  * 금융상품 설명의무의 합리적 이행을 위한 가이드라인(금융위 · 금감원 2021.7.14)

3) 설명서

설명서에는 금융소비자보호법 제19조 제1항 각 호의 구분에 따른 사항이 포함되어야하며 중요한 내용은 부호, 색채 등으로 명확하게 표시하는 등 일반금융소비자가 쉽게 이해할 수 있도록 작성되어야 한다.

다만, 자본시장법 제123조 제1항에 따른 투자설명서 또는 간이투자설명서를 제공하는 경우에는 해당내용에 대해서는 제외가 가능하다.

아울러, 금융소비자보호법은 설명한 사람이 설명한 내용과 실제 설명서 내용이 같다

표 3-4 금융상품에 관한 중요한 사항

구분	중요한 사항

투자성 상품	① 투자성 상품의 내용
	② 투자에 따르는 위험
	③ 투자성 상품의 위험등급(금융상품판매업자가 정함)
	④ 금융소비자가 부담해야 하는 수수료, 계약의 해지 · 해제
	⑤ 증권의 환매 및 매매
	⑥ 금융소비자보호 감독규정(별표 3)에서 정하는 사항
	  1) 계약기간
	  2) 금융상품의 구조
	  3) 기대수익(객관적 · 합리적인 근거가 있는 경우에 한정). 이 경우 객관적 · 합리적인 근거를 포함하여 설명해야 한다.
	  4) 손실이 발생할 수 있는 상황(최대 손실이 발생할 수 있는 상황을 포함) 및 그에 따른 손실 추정액. 이 경우, 객관적 · 합리적인 근거를 포함하여 설명해야 한다.
	  5) 위험등급에 관한 다음의 사항
	    가) 해당 위험등급으로 정해진 이유
	    나) 해당 위험등급의 의미 및 유의사항
	  6) 계약상 만기에 이르기 전에 일정 요건이 충족되어 계약이 종료되는 금융상품의 경우 그 요건에 관한 사항

대출성 상품	① 금리 및 변동 여부, 중도상환수수료(금융소비자가 대출만기일이 도래하기 전 대출금의 전부 또는 일부를 상환하는 경우에 부과하는 수수료를 의미한다.) 부과 여부 · 기간 및 수수료율 등 대출성 상품의 내용 ② 상환방법에 따른 상환금액 · 이자율 · 시기 ③ 담보권 설정에 관한 사항, 담보권 실행사유 및 담보권 실행에 따른 담보목적물의 소유권 상실 등 권리변동에 관한 사항 ④ 대출원리금, 수수료 등 금융소비자가 대출계약을 체결하는 경우 부담하여야 하는 금액의 총액 ⑤ 그밖에 금소법 시행령 및 금융소비자보호 감독규정에서 정한 사항

공통사항	① 각 금융상품과 연계되거나 제휴된 금융상품 또는 서비스 등이 있는 경우
	  1) 연계 · 제휴서비스등의 내용
	  2) 연계 · 제휴서비스등의 이행책임에 관한 사항
	② 청약철회의 기한, 행사방법, 효과에 관한 사항
	③ 그 밖에 금소법 시행령 및 금융소비자보호 감독규정에서 정한 사항

는 사실을 서명 등을 통해 확인해야 하는 의무를 규정했고 설명서 교부 방법도 서면, 우편 또는 전자우편 외에 휴대전화 문자메시지 또는 이에 준하는 전자적 의사표시를 추가하여 온라인매체를 많이 사용하는 최근 시대현상을 반영하였다.

　설명서 교부와 관련하여 특히 유의해야 할 사항은 금융소비자보호법은 금융상품판매업자등에게 금융소비자의 의사와 관계없이 설명서 교부 의무를 부과하고 있다는 점이다.

그러나, 자본시장법에서는 공모 집합투자증권의 투자설명서 또는 간이설명서, 사모 집합투자증권의 핵심상품설명서 및 고난도 금융투자상품·고난도 투자일임계약·고난도 금전신탁계약에 대한 요약설명서의 경우는 투자자가 원하지 않을 경우에는 해당 설명서를 교부하지 않을 수 있는 것으로 되어 있는 점은 유의해야 한다(자본시장법 시행령 제68조 제5항 제2의 3호 나목, 같은법 시행령 제132조 제2호).

금융소비자보호법에서 설명서를 교부하지 않아도 되는 일부 예외 사항을 두고 있는데 ① 기존 계약과 동일한 내용으로 계약을 갱신하는 경우, ② 기본계약을 체결하고 그 계약내용에 따라 계속적·반복적으로 거래를 하는 경우 등이 있으며 계속적·반복적 거래의 경우로는 주식 등에 대한 매매거래계좌를 설정하는 등 금융투자상품을 거래하기 위한 기본계약을 체결하고 그 계약내용에 따라 계속적·반복적으로 거래하는 것을 들 수 있다.

투자성 상품과 관련한 설명서는 다음과 같다.

표 3-5 투자성 상품에 대한 각종 설명서 내역

구 분		설 명 서		고난도금융투자상품
공모	집합투자 증권 外	투자설명서 (금소법 시행령 §14①, 자본시장법 §123①)	금소법상 설명서[1]	요약설명서 (자본시장법 시행령 §68⑤2의3)[2]
	집합투자 증권	투자설명서 또는 간이투자설명서 (금소법 시행령 §14①, 자본시장법 §123①)		
기타	사모펀드	사모펀드 핵심상품설명서 (자본시장법 §249의4②~④)	금소법상 설명서	
	일임, 신탁	금소법상 설명서 (금소법 시행령 §14①)		고난도 상품에 대한 요약설명서

1) 자본시장법상 투자설명서 또는 간이투자설명서에 기재된 내용은 금소법상 설명서에서 제외 가능
2) 공모펀드의 경우 간이투자설명서 교부 시, 사모펀드의 경우에는 핵심상품설명서 제공 시에는 고난도 상품 요약설명서 교부의무 면제

1) 개요

금융상품판매업자등이 금융상품 판매 시 우월적 지위를 이용하여 부당한 금융상품 거래를 유발시키는 등 금융소비자의 권익침해를 제한하는 것이 목적으로 주로 대출성 상품과 관련한 규제로 인식된다.

적용대상은 금융소비자, 즉 일반금융소비자 및 전문금융소비자도 모두 해당된다는 점을 유의해야 한다.

2) 불공정영업행위 유형

금융소비자보호법이 규정하고 있는 불공정영업행위는 다음과 같다.

❶ 대출성 상품에 관한 계약체결과 관련하여 금융소비자의 의사에 반하여 다른 금융상품의 체결을 강요하는 행위(일명 "꺾기 규제")

❷ 대출성 상품에 관한 계약체결과 관련하여 부당하게 담보를 요구하거나 보증을 요구하는 행위

❸ 금융상품판매업자등 또는 그 임직원이 업무와 관련하여 편익을 요구하거나 보증을 요구하는 행위

❹ 대출성 상품과 관련하여,

  – 자기 또는 제3자의 이익을 위하여 금융소비자에게 특정 대출 상환방식을 강요하는 행위

  – 대출계약 성립일로부터 3년 이내 상환, 타 법령상에 중도상환수수료 부과를 허용하는 등의 경우를 제외하고 수수료·위탁금·중도상환수수료를 부과하는 행위

  – 개인에 대한 대출과 관련하여 제3자의 연대보증을 요구하는 경우(금융소비자보호법 시행령 등에서 정한 예외사항은 제외)

❺ 연계·제휴서비스등이 있는 경우 연계·제휴서비스등을 부당하게 축소하거나 변경하는 행위. 다만, 연계·제휴서비스등을 불가피하게 축소하거나 변경하더라도

금융소비자에게 그에 상응하는 다른 연계·제휴서비스등을 제공하는 경우와 금융상품판매업자등의 휴업·파산·경영상의 위기 등에 따른 불가피한 경우에는 제외

- 시행령 등에서 정하는 세부적인 행위유형은 다음과 같음
  - 다음 방법 중 2개 이상의 방법으로 연계·제휴서비스등을 축소·변경한다는 사실을 축소·변경하기 6개월 전부터 매월 고지하지 않은 경우

    〈고지방법〉
    1. 서면교부
    2. 우편 또는 전자우편
    3. 전화 또는 팩스
    4. 휴대전화 문자메시지 또는 이에 준하는 전자적 의사표시

  - 연계·제휴서비스등을 정당한 이유 없이 금융소비자에게 불리하게 축소하거나 변경하는 행위. 다만, 연계·제휴서비스등이 3년 이상 제공된 후 그 연계·제휴서비스등으로 인해 해당 금융상품의 수익성이 현저히 낮아진 경우는 제외

3) 투자성 상품관련 유의해야 하는 불공정영업행위 유형

금융상품판매업자등은 특히, 대출성 상품 계약을 빌미로 중소기업 등에게 투자성 상품 등을 끼워 판매하는 "꺾기 규제"를 유의해야 한다. 그 유형은 다음과 같다.

❶ 금융소비자에게 제3자의 명의를 사용하여 다름 금융상품(투자성 상품, 보장성 상품 등)의 계약을 체결할 것을 강요하는 행위

❷ 금융소비자에게 다른 금융상품직접판매업자를 통해 다른 금융상품에 관한 계약을 체결할 것을 강요하는 행위

❸ 금융소비자가 「중소기업기본법」에 따른 중소기업인 경우 그 대표자 또는 관계인 [중소기업의 대표자·임원·직원 및 그 가족(민법상 배우자 및 직계혈족)]에게 다른 금융상품의 계약체결을 강요하는 행위

❹ 대출성 상품에 관한 계약을 체결하고 최초로 이행된 전·후 1개월 내에 다음의 구분에 따른 다른 금융상품에 대한 계약체결을 하는 행위(꺾기 규제)

– 투자성 상품의 경우 판매한도 1%는 금융상품직접판매업자에게 지급되는 "월 지급액"을 기준으로 계산함(※ 예 : 1억 2천만원 대출시 매월 적립식 펀드매수금액이 100만원을 초과시 불공정영업행위에 해당될 수 있음)

표 3-6 금융상품 꺾기 규제 요약

판매제한 금융상품	취약차주*	그 밖의 차주** (투자성 상품의 경우 개인에 한정)
일부 투자성 상품 (펀드, 금전신탁, 일임계약에 한정)	금지	1% 초과 금지
보장성 상품	금지	1% 초과 금지
예금성 상품	1% 초과 금지	규제 없음

* (취약차주) 중소기업 및 그 기업의 대표자, 개인신용평점이 하위 10%에 해당하는 사람, 피성년후견인 또는 피한정후견인
** (그 밖의 차주) 취약차주에 해당되지 않는 차주

– 유의할 점을 자본시장법 제72조 제1항에 따른 신용공여는 주식담보대출의 특성상 금융투자회사가 차주에 비해 우월적 지위에 있지 않다는 점을 감안해 꺾기 규제와 관련한 대출성 상품의 종류에는 포함되지 않음. 따라서 금융투자회사가 취급하는 신용거래융자 등과 관련하여 다른 금융상품과 꺾기 규제는 별도로 없음(감독규정 §14⑤ 제1호 라목)

4) 기타 유의해야 할 불공정영업행위 유형

❶ 금융상품판매업자 또는 그 임원·직원이 업무와 관련하여 직·간접적으로 금융소비자 또는 이해관계자로부터 금전, 물품 또는 편익 등을 부당하게 요구하거나 제공받는 행위
❷ 금융소비자가 계약해지를 요구하는 경우에 계약해지를 막기 위해 재산상 이익의 제공, 다른 금융상품으로의 대체권유 또는 해지 시 불이익에 대한 과장된 설명을 하는 행위
❸ 금융소비자가 청약을 철회하겠다는 이유로 금융상품에 관한 계약에 불이익을 부과하는 행위. 다만, 같은 금융상품직접판매업자에 같은 유형의 금융상품에 관한 계약에 대하여 1개월 내 2번 이상 청약의 철회의사를 표시한 경우는 제외함

1) 개요

금융상품판매업자등이 금융상품 계약의 체결을 권유할 때 금융소비자가 오인할 우려가 있는 허위의 사실, 단정적인 판단 등을 제공하여 금융소비자의 올바른 판단 형성에 방해가 없도록 하여야 한다.

이때, 적용 대상은 금융소비자로 일반금융소비자 및 전문금융소비자 모두 보호하도록 되어 있다.

2) 부당권유행위 유형

금융소비자보호법이 규정하고 있는 부당권유행위의 유형은 다음과 같다.

❶ 불확실한 사항에 대하여 단정적 판단을 제공하거나 확실하다고 오인하게 할 소지가 있는 내용을 알리는 행위

❷ 금융상품의 내용을 사실과 다르게 알리는 행위

❸ 금융상품의 가치에 중대한 영향을 미치는 사항을 미리 알고 있으면서 금융소비자에게 알리지 아니하는 행위

❹ 금융상품 내용의 일부에 대하여 비교대상 및 기준을 밝히지 아니하거나 객관적인 근거 없이 다른 금융상품과 비교하여 해당 금융상품이 우수하거나 유리하다고 알리는 행위

3) 투자성 상품관련 유의해야 하는 부당권유행위 유형

❶ 투자성 상품의 경우 금융소비자로부터 계약의 체결권유를 해줄 것을 요청받지 아니하고 방문·전화 등 실시간 대화의 방법을 이용하는 행위(일명 불초청 권유 금지). 다만, 금융소비자 보호 및 건전한 거래질서를 해칠 우려가 없는 행위로 투자권유 전에 금융소비자의 개인정보 취득경로, 권유하려는 금융상품의 종류·내용 등을 금융소비자에게 미리 안내하고, 해당 금융소비자가 투자권유를 받을 의사를 표시한 경우에는 아래의 상품을 제외하고는 투자권유를 할 수 있다(금융소비자

보호법 시행령 제16조 제1항 제1호).

　ㄱ. 일반금융소비자의 경우 : 고난도금융투자상품, 고난도투자일임계약, 고난도
　　금전신탁계약, 사모펀드, 장내파생상품, 장외파생상품
　ㄴ. 전문금융소비자의 경우 : 장외파생상품
❷ 투자성 상품의 경우 계약의 체결권유를 받은 금융소비자가 이를 거부하는 취지
의 의사를 표시하였는데도 계약의 체결권유를 계속하는 행위(일명 재권유 금지)
－ 다음과 같은 경우에는 재권유 금지 예외를 적용함
　1. 투자성 상품에 대한 계약의 체결권유를 받은 금융소비자가 이를 거부하는
　　취지의 의사를 표시한 후 1개월이 지난 경우에는 해당 상품을 재권유할 수
　　있음
　2. 다른 유형의 투자성 상품은 재권유 금지대상이 아니며 투자성 상품의 유형
　　은 다음과 같이 구분함
　　1) 자본시장법에 따른 금융투자상품
　　　가. 수익증권
　　　나. 장내파생상품
　　　다. 장외파생상품
　　　라. 증권예탁증권
　　　마. 지분증권
　　　바. 채무증권
　　　사. 투자계약증권
　　　아. 파생결합증권
　　2) 자본시장법에 따른 신탁계약
　　　가. 자본시장법 제103조 제1항 제1호의 신탁재산에 대한 신탁계약
　　　나. 자본시장법 제103조 제1항 제2호부터 제7호까지의 신탁재산에 대
　　　　한 신탁계약
　　3) 자본시장법에 따른 투자자문계약 또는 투자일임계약
　　　가. 자본시장법에 따른 장내파생상품에 관한 계약
　　　나. 자본시장법에 따른 장외파생상품에 관한 계약
　　　다. 자본시장법에 따른 증권에 관한 계약
　　4) 장외파생상품의 경우 기초자산 및 구조가 다른 경우 다른 유형으로 구

분함

　　가. (기초자산) 금리, 통화, 지수 등

　　나. (구조) 선도, 스왑, 옵션 등

❸ 투자성 상품에 관한 계약의 체결을 권유하면서 일반금융소비자가 요청하지 않은 다른 대출성 상품을 안내하거나 관련 정보를 제공하는 행위

　－ 예를 들면 금융상품판매업자등이 주식 위탁매매를 권유하면서 일반금융소비 자에게 먼저 신용거래융자 이용을 권유할 수 없음. 이때 적용대상은 일반금융 소비자에 한정되므로 전문금융소비자에 대해서는 신용공여 관련사항을 먼저 안내할 수 있음

❹ 투자성 상품의 가치에 중대한 영향을 미치는 사항을 알면서 그 사실을 금융소비 자에 알리지 않고 그 금융상품의 매수 또는 매도를 권유하는 행위

❺ 자기 또는 제3자가 소유한 투자성 상품의 가치를 높이기 위해 금융소비자에게 해당 투자성 상품의 취득을 권유하는 행위

❻ 금융소비자가 자본시장법 제174조(미공개중요정보 이용행위), 제176조(시세조종행위 등) 또는 제178조(부정거래행위 등)에 위반되는 매매, 그 밖의 거래를 하고자 한다는 사 실을 알고 그 매매, 그 밖의 거래를 권유하는 행위

4) 기타 유의해야 하는 부당권유행위 유형

금융소비자보호법에 특별히 신설된 부당권유행위에 대해서 주의할 필요가 있는데 그 유형은 다음과 같다.

❶ 적합성 원칙을 적용함에 있어서 일반금융소비자의 금융상품 취득 또는 처분목 적, 재산상황 또는 취득 또는 처분 경험 등의 투자성향 정보를 조작하여 권유하 는 행위

❷ 금융상품판매업자등이 적합성 원칙(법§17)을 적용받지 않고 권유하기 위해 일반 금융소비자로부터 계약 체결의 권유를 원하지 않는다는 의사를 서면 등으로 받 는 행위

❸ 내부통제기준에 따른 직무수행 교육을 받지 않은 자로 하여금 계약체결 권유와 관련된 업무를 하게 하는 행위

　－ 금융상품판매업자등의 내부통제기준에 금융상품에 대한 계약체결의 권유를

담당하는 임직원에 대한 직무윤리, 상품지식 등을 함양하는 직무교육체계(자체교육 또는 전문교육기관 이용 등)를 수립하고 해당 교육을 이수한 임직원에 대해서만 판매업무를 수행하도록 해 판매임직원 역량 강화 및 소비자보호 환경 마련

6 광고규제

1) 개요

금융소비자보호법은 금융상품 또는 금융상품판매업자등의 업무에 관한 광고 시 필수 포함사항 및 금지행위 등을 규정하고 광고주체를 제한하는 등의 규제로 허위·과장광고로부터 금융소비자 보호하고자 한다.

유의할 것은 광고의 대상은 금융상품 뿐 아니라 금융상품판매업자등의 수행하는 업무로서 금융상품판매업자등이 제공하는 각종 서비스가 될 수 있다.

2) 광고주체

금융소비자보호법은 광고주체로 원칙적으로 금융상품직접판매업자, 금융상품판매대리·중개업자, 금융상품자문업자, 금융상품판매업자등을 자회사·손자회사로 하는 금융지주회사, 자본시장법에 따른 증권의 발행인 또는 매출인(해당 증권에 관한 광고에 한정), 각 금융협회 그리고 집합투자업자 등이 해당된다.

유의할 점은 집합투자업자도 집합투자증권을 제조하는 등 자본시장법상 광고주체로 기능을 해왔던 내용이 금융소비자보호법에도 그대로 계수되었다는 점이다.

3) 광고주체 제한

금융소비자보호법상 광고규제의 특징적인 점은 광고주체를 제한하는 것인데 특히 투자성 상품의 경우 금융상품판매대리·중개업자는 금융상품뿐 아니라 금융상품판매업자등의 업무에 관한 광고도 수행할 수 없다.

투자성 상품과 관련된 금융상품판매대리·중개업자는 자본시장법상 투자권유대행인에 해당되는데 이들은 금융상품직접판매업자에 1사 전속으로 소속되어 활동하는 개인

이므로 별다른 투자광고의 필요성이 없었을 뿐 아니라, 만약 허용하더라도 개인이 활동하는 업무특성상 광고규제가 원활하게 작동되지 않는 등의 문제점을 감안한 조치로 자본시장법상 특성이 그대로 계수되었다고 볼 수 있다.

4) 광고방법 및 절차

- **(광고방법)** 광고주체는 글자의 색깔·크기 또는 음성의 속도 등이 금융소비자(일반 또는 전문)가 금융상품의 내용을 오해하지 않도록 명확하고 공정하게 전달하며 금융상품으로 인해 얻는 이익과 불이익을 균형 있게 전달해야 한다.
  - 또한 광고주체가 금융상품 등에 대한 광고를 하는 경우에는 「금융회사의 지배구조에 관한 법률」 제25조 제1항에 따른 준법감시인(준법감시인이 없는 경우에는 감사)의 심의를 받아야 한다.
- **(광고 포함사항)** 다음의 내용을 광고에 포함하여야 한다.
  - 금융상품에 관한 계약을 체결하기 전에 금융상품 설명서 및 약관을 읽어 볼 것을 권유하는 내용
  - 투자성 상품의 경우 금융상품의 명칭, 수수료, 투자에 따른 위험(원금손실발생 가능성, 원금손실에 대한 소비자의 책임), 과거 운용실적을 포함하여 광고하는 경우에는 그 운용실적이 미래의 수익률을 보장하는 것이 아니라는 사항, 금융상품의 이자, 수익 지급시기 및 지급제한 사유 등
- **(금지사항)** 특히, 투자성 상품에 관한 광고 시 다음의 행위를 하여서는 안 된다.
  - 손실보전 또는 이익보장이 되는 것으로 오인하게 하는 행위
  - 수익률이나 운용실적을 표시하는 경우 수익률이나 운용실적이 좋은 기간의 수익률이나 운용실적만을 표시하는 경우

5) 광고심사

협회는 금융상품판매업자등의 광고규제 준수 여부를 확인하고 그 결과에 대한 의견을 해당 금융상품판매업자등에게 통보할 수 있다.

투자성 상품의 경우 한국금융투자협회가 이를 수행하고 있으며 앞서 설명한 바와 같이 금융상품 판매·대리업자는 광고행위를 할 수 없으며 이에 따라 협회도 관련하여 광고심사를 하지 않고 있다.

금융상품판매대리·중개업자에 대한 영업행위규제

1 개요

금융소비자보호법은 같은 법 또는 관련법률에 따른 금융상품판매대리·중개업자가 아닌 자에게 금융상품에 대한 권유 또는 계약의 대리·중개를 하지 못하도록 하고 금지행위를 정함으로써 금융소비자를 보다 두텁게 보호하고 있다(금융소비자보호법 제24조~제26조, 금융소비자보호법 시행령 제23조~제24조).

2 금지행위

투자성 상품과 관련하여 금융상품판매대리·중개업자(투자권유대행인)에 대한 주요한 금지행위는 다음과 같다.

- 금융소비자로부터 투자금 등 계약의 이행으로서 급부를 받는 행위
- 금융상품판매대리·중개업자가 대리·중개하는 업무를 제3자에게 하게 하거나 그러한 행위에 관하여 수수료·보수나 그 밖의 대가를 지급하는 행위
- 금융상품직접판매업자로부터 정해진 수수료 외의 금품, 그 밖의 재산상 이익을 요구하거나 받는 행위
- 금융상품직접판매업자를 대신하여 계약을 체결하는 행위
- 자본시장법에 따른 투자일임재산이나 같은 법에 따른 신탁재산을 각각의 금융소비자별 또는 재산별로 운용하지 않고 모아서 운용하는 것처럼 투자일임계약이나 신탁계약의 계약체결등(계약의 체결 또는 계약 체결의 권유를 하거나 청약을 받는 것)을 대리·중개하거나 광고하는 행위
- 금융소비자로부터 금융투자상품을 매매할 수 있는 권한을 위임받는 행위
- 투자성 상품에 관한 계약의 체결과 관련하여 제3자가 금융소비자에 금전을 대여하도록 대리·중개하는 행위

투자성 상품과 관련하여 금융상품판매대리·중개업자(투자권유대행인)가 금융소비자에게 알려야 하는 고지의무 등은 다음과 같다.

- 금융상품판매대리·중개업자가 대리·중개하는 금융상품직접판매업자의 명칭 및 업무 내용
- 하나의 금융상품직접판매업자만을 대리하거나 중개하는 금융상품판매대리·중개업자인지 여부
- 금융상품판매대리·중개업자 자신에게 금융상품계약을 체결할 권한이 없다는 사실
- 금융소비자보호법 제44조와 제45조에 따른 손해배상책임에 관한 사항
- 금융소비자의 금융상품 매매를 대신할 수 없다는 사실
- 자신이 금융상품판매대리·중개업자라는 사실을 나타내는 표지를 게시하거나 증표를 금융소비자에게 보여 줄 것

section 04   방문(전화권유)판매 규제

1   개요

방문판매란 방문판매(방문판매 등에 관한 법률 제2조 제1호에 따른 것) 및 전화권유판매(방문판매 등에 관한 법률 제2조 제3호에 따른 것) 방식으로 금융상품을 판매하는 것을 말하고 이 법에서는 금융상품판매업자 등과 그 임직원이 이러한 방식으로 금융상품을 판매하는 경우에 적용되는 규제를 말한다.

1) 방문전화권유)판매 시 불초청권유금지

법상 원칙적으로는 금융상품판매업자 등이 금융소비자로부터 계약의 체결을 해줄 것을 요청받지 아니하고 방문·전화 등 실시간 대화의 방법을 이용하는 행위를 부당권유행위로 규정하고 있다.

그러나, 현재 시장의 거래실질을 감안하여 투자권유를 하기 전에 금융소비자의 개인정보 취득경로, 권유하려는 금융상품의 종류·내용 등을 금융소비자에게 미리 안내(사전안내)하고, 해당 금융소비자가 투자권유를 받을 의사를 표시한 경우에는 초청을 받은 권유로 보도록 하였다.

다만, 상품의 위험정도와 금융소비자의 유형을 감안하여 사전안내가 불가한 투자성 상품과 금융소비자 유형을 아래와 같이 분류하고 있다.

❶ 일반금융소비자의 경우 : 고난도금융투자상품, 고난도투자일임계약, 고난도금전신탁계약, 사모펀드, 장내파생상품, 장외파생상품
❷ 전문금융소비자의 경우 : 장외파생상품

2) 방문판매원등에 대한 명부작성 등

금융상품판매업자 등은 방문판매 및 전화권유판매 방식으로 영업을 하려는 경우 방문판매 및 전화권유판매를 하려는 임직원(이하 "방문판매원등"이라 한다)의 명부를 작성해야 한다. 명부에는 방문판매원 등의 성명·소속 전화번호가 포함되어야 한다.

또한, 홈페이지를 운영하는 경우 금융소비자가 그 홈페이지를 통하여 특정 방문판매원 등이 그 금융상품판매업자 등에게 소속되어 있음을 쉽게 확인할 수 있도록 하여야 한다.

3) 방문전화권유)판매 관련 준수사항

• 금융상품판매업자 등은 금융소비자가 요청하면 언제든지 금융소비자로 하여금 방문판매 및 전화권유판매를 하려는 임직원의 신원을 확인할 수 있도록 하여야 한

다. 또한 방문판매 및 전화권유판매로 금융상품을 판매하려는 경우에는 금융소비자에게 미리 해당 방문 또는 전화가 판매를 권유하기 위한 것이라는 점과 방문판매 및 전화권유판매를 하려는 임직원의 성명 또는 명칭, 판매하는 금융상품의 종류 및 내용을 밝혀야 한다.

• 금융상품판매업자 등은 일반금융소비자에게 자신에게 연락금지요구권이 있음과 행사방법 및 절차를 알려야 한다. 만약 방문판매원등이 그 내용을 구두로만 알린 경우에는 알린 날로부터 1개월 이내에 그 내용을 서면, 전자우편, 휴대전화 문자메시지 및 그 밖에 금융위원회가 정하는 방법으로 추가로 알려야 한다. 금융상품판매업자 등은 일반금융소비자가 이 권리를 행사하면 즉시 따라야 하며, 이때 개인인 금융소비자가 연락금지요구에 따라 발생하는 금전적 비용이 부담하지 않도록 조치해야 한다.

• 금융상품판매업자 등은 야간(오후 9시부터 다음날 오전 8시까지)에 금융상품을 소개하거나 계약체결을 권유할 목적으로 연락하거나 방문하여서는 아니 된다. 다만 금융소비자가 요청한 경우에는 예외로 한다.

4) 방문·전화권유)판매 관련 전속관할

• 방문판매 및 유선·무선·화상통신·컴퓨터 등 정보통신기술을 활용한 비대면 방식을 통한 금융상품 계약과 관련된 소(訴)는 제소 당시 금융소비자 주소를, 주소가 없는 경우에는 거소를 관할하는 지방법원의 전속관할로 한다. 다만, 제소 당시 금융소비자의 주소 또는 거소가 분명하지 아니한 경우에는 「민사소송법」의 관계 규정을 준용한다.

5) 방문·전화권유)판매규제 위반 시 벌칙

• (벌금) 금융상품판매업자 등과 그 방문판매원등의 성명 또는 명칭, 판매하려는 금융상품의 종류 및 내용 등을 거짓으로 밝힌 자는 1천만 원 이하의 벌금에 처한다.
• (과태료) 아래의 경우에는 1천만 원 이하의 과태료를 부과한다.
  – 연락금지를 요구한 일반금융소비자에게 금융상품을 소개하거나 계약체결을 권유할 목적으로 연락한 자
  – 야간(오후 9시 이후부터 다음 날 오전 8시까지)에 금융상품을 소개하거나 계약체결을

권유할 목적으로 금융소비자를 방문하거나 연락한 자

- **(과태료)** 아래의 경우에는 5백만 원 이하의 과태료를 부과한다.
  - 금융상품판매업자 등이 명부를 작성하지 않거나 신원확인에 응하지 않아 방문판매원등의 신원을 확인 할 수 없도록 한 경우 또는 방문판매원등의 성명 등을 밝히지 아니한 경우에는 500만 원 이하의 과태료를 부과한다.

section 05 **금융소비자 권익강화 제도**

1 계약서류 제공의무

1) 개요

금융상품직접판매업자 및 금융상품자문업자는 금융소비자(일반 또는 전문)와 금융상품 또는 금융상품자문에 관한 계약을 체결하는 경우 금융소비자에게 계약서류를 지체없이 교부하도록 하여 금융소비자 권익을 보장하고 있다(금융소비자보호법 제23조).

- **(계약서류)** 금융소비자보호법에서 정하는 계약서류의 종류에는 ① 금융상품 계약서, ② 금융상품의 약관, ③ 금융상품 설명서(금융상품판매업자만 해당)
- **(계약서류 제공의무 예외)** 자본시장법에 따른 온라인소액투자중개업자로서 같은 법에 따라 계약서류가 제공된 경우에는 금융소비자보호법상 계약서류 제공의무 면제
  - 아울러, 금융소비자 보호에 관한 감독규정에 따라 아래와 같은 경우 계약서류 제공의무 면제
    1. 기본계약을 체결하고 그 계약내용에 따라 계속적·반복적으로 거래하는 경우
    2. 기존계약과 동일한 내용으로 계약을 갱신하는 경우
    3. 법인인 전문금융소비자와 계약을 체결하는 경우(설명서에 한하여 제공의무 면제)

2) 계약서류 제공방법

금융상품직접판매업자 및 금융상품자문업자가 계약서류를 제공하는 때에는 다음 각 호의 방법으로 제공하여야 한다. 다만, 금융소비자가 다음 각 호의 방법 중 특정 방법으로 제공해 줄 것을 요청하는 경우에는 그 방법으로 제공해야 한다.

〈교부방법〉
1. 서면교부
2. 우편 또는 전자우편
3. 휴대전화 문자메시지 또는 이에 준하는 전자적 의사표시

아울러, 판매업자등이 유의해야 할 점은 계약서류가 법령 및 내부통제기준에 따른 절차를 거쳐 제공된다는 사실을 해당 계약서류에 포함하여 교부해야 한다는 사실이다.

3) 계약서류 제공사실 증명

판매업자등은 계약서류의 제공 사실에 관하여 금융소비자와 다툼이 있는 경우에는 금융상품직접판매업자 및 금융상품자문업자가 이를 증명해야 한다.

2 자료의 기록 및 유지·관리 등

1) 개요

금융상품판매업자등은 금융상품판매업등의 업무와 관련한 자료를 기록하고 유지·관리하며 금융소비자(일반 또는 전문)의 요구에 응해 열람하게 함으로써 금융소비자의 권리구제 등을 지원하여야 한다.
특히, 금융상품판매업자등은 자료의 기록, 유지 및 관리를 위해 적절한 대책을 수립·시행하여야 한다.

2) 자료의 종류

금융상품판매업자등이 유지·관리해야 하는 자료는 다음과 같다.

1. 계약체결에 관한 자료

2. 계약의 이행에 관한 자료

3. 금융상품등에 관한 광고 자료

4. 금융소비자의 권리행사에 관한 다음 각 목의 자료

   가. 금융소비자의 자료 열람 연기·제한 및 거절에 관한 자료

   나. 청약의 철회에 관한 자료

   다. 위법계약의 해지에 관한 자료

5. 내부통제기준의 제정 및 운영 등에 관한 자료

6. 업무 위탁에 관한 자료

7. 제1호부터 제6호까지의 자료에 준하는 것으로서 금융위원회가 정하여 고시하는 자료

3) 유지·관리 기간

금융상품판매업자등은 원칙적으로 10년 간 유지·관리하되 내부통제기준의 제정 및 운영 등에 관한 자료는 5년으로 한다.

4) 열람요구

금융소비자는 분쟁조정 또는 소송의 수행 등 권리구제를 위한 목적으로 금융상품판매업자 등이 기록 및 유지·관리하는 자료의 열람(사본의 제공 또는 청취를 포함한다)을 요구할 수 있다.

금융상품판매업자 등은 금융소비자로부터 열람을 요구받았을 때에는 해당 자료의 유형에 따라 요구받은 날부터 6영업일 이내에 해당 자료를 열람할 수 있도록 하여야 한다. 이 경우 해당 기간 내에 열람할 수 없는 정당한 사유가 있을 때에는 금융소비자에게 그 사유를 알리고 열람을 연기할 수 있으며, 그 사유가 소멸하면 지체 없이 열람하게 하여야 한다.

특히, 법은 위와 같은 금융소비자의 열람요구권에 반하는 특약으로 일반금융소비자에게 불리한 것은 무효로 규정하고 있다.

5) 열람제공

금융상품판매업자등은 금융소비자로부터 자료열람의 요구를 받은 날로부터 8일 이내에 금융소비자가 해당 자료를 열람하도록 해야 한다.

그러나, 해당 기간 내에 열람할 수 없을 때에는 정당한 사유를 금융소비자에게 알리고 열람을 연기할 수 있으며 그 사유가 해소되면 지체 없이 열람하게 해야 한다.

이때, 금융상품판매업자등은 실비를 기준으로 수수료 또는 우송료를 금융소비자에게 청구할 수 있도록 규정되어 있다.

6) 열람제한

금융소비자보호법은 열람을 제한하거나 거절할 수 있는 요건으로 다음의 5가지 사례를 들고 있다. 이때 금융상품판매업자등은 금융소비자에게 그 사유를 알리고 열람을 제한하거나 거절할 수 있다.

1. 법령에 따라 열람을 제한하거나 거절할 수 있는 경우
2. 다른 사람의 생명·신체를 해칠 우려가 있거나 다른 사람의 재산과 그 밖의 이익을 부당하게 침해할 우려가 있는 경우
3. 해당 금융회사의 영업비밀(「부정경쟁방지 및 영업비밀보호에 관한 법률」 제2조 제2호에 따른 영업비밀)이 현저히 침해될 우려가 있는 경우
4. 개인정보의 공개로 인해 사생활의 비밀 또는 자유를 부당하게 침해할 우려가 있는 경우
5. 열람하려는 자료가 열람목적과 관련이 없다는 사실이 명백한 경우

3   청약의 철회

1) 개요

청약철회권은 일반금융소비자가 금융상품 등 계약의 청약을 한 후 일정기간 내에 청약과정 등에 하자가 없음에도 불구하고 일반금융소비자에게 청약철회권을 부여하는 제도이다(금융소비자보호법 제46조, 금융소비자보호법 시행령 제37조).

따라서, 일반금융소비자가 청약철회로 인한 불이익이 없이 해당 계약에서 탈퇴할 수 있는 기회를 제공함으로써 일반금융소비자의 권익향상에 기여하고자 한다.

2) 청약의 철회

❶ 투자성 상품 : 일반금융소비자는 투자성 상품 중 청약철회가 가능한 상품에 한하여 다음의 어느 하나에 해당되는 날로부터 7일(금융상품판매업자등과 일반금융소비자 간에 해당기간 보다 긴 기간으로 약정한 경우에는 그 기간) 내에 청약의 철회를 할 수 있음

1. 계약서류를 제공 받은 날
2. 계약 체결일

- (청약철회의 효력 발생) 일반금융소비자가 금융상품판매업자등에게 청약철회의 의사를 서면, 전자우편, 휴대전화 문자메시지 등의 방법으로 발송한 때 청약철회의 효력이 발생하며, 일반금융소비자가 서면 등을 발송한 때에는 지체없이 그 발송사실을 해당 금융상품판매업자등에게 알려야 함
- (청약철회권 배제) 투자성 상품에 관한 계약의 경우 일반금융소비자가 예탁한 금전등(금전 또는 그 밖의 재산적 가치가 있는 것을 포함)을 지체 없이 운용하는 데 동의한 경우에는 청약철회권을 행사하지 못함

  ☞ 실무상 유의사항으로 금융상품판매업자등은 해당 일반금융소비자에게 "투자자가 지체 없이 운용하는 데 동의하는 경우 7일 간 청약철회권 행사를 할 수 없다"는 사실 등을 설명하고 투자자가 직접 서명, 기명날인, 녹취 등의 방법으로 동의(확인)하는 회사와 투자자 간 개별약정 방식으로 진행해야 함(약관·계약서·집합투자규약 등에 "투자자가 지체 없이 운용하는데 동의(확인)합니다" 등의 문구를 미리 넣어 작성해 놓고 이를 투자자에게 교부하는 방식으로 투자자의 동의 의사를 확인할 경우 약관규제법 위반 소지)

- (금전등의 반환) 금융상품판매업자등은 청약의 철회를 접수한 날로부터 3영업일 이내에 이미 받은 금전·재화 및 해당 상품과 관련하여 수취한 보수·수수료 등을 반환
- 청약철회가 가능한 투자성 상품
  1. 고난도금융투자상품(일정 기간에만 금융소비자를 모집하고 그 기간이 종료된 후에 금융

소비자가 지급한 금전등으로 자본시장법에 따른 집합투자를 실시하는 것만 해당)

2. 고난도투자일임계약, 고난도금전신탁계약

3. 비금전신탁

❷ 대출성 상품 : 금융투자회사와 관련해서는 자본시장법 제72조 제1항에 따른 신용공여가 대표적인 청약철회의 대상이며 일반금융소비자는 다음의 어느 하나에 해당되는 날로부터 14일(금융상품판매업자등과 일반금융소비자 간에 해당기간보다 긴 기간으로 약정한 경우에는 그 기간) 내에 청약의 철회를 할 수 있음

1. 계약서류를 제공 받은 날

2. 계약 체결일

☞ 실무적으로는 금융투자회사와 관련된 대출성 상품은 자본시장법 제72조 제1항에 따른 신용공여이며 그 중에 일반금융소비자와 관련해서는 신용거래(신용거래융자 또는 신용거래대주)가 주로 청약철회권의 대상이 될 것임

이때, 신용거래(신용거래융자 또는 신용거래대주)시 청약철회권 행사기간(14일)을 기산하는 시점은 금융투자회사와 일반금융소비자 간에 신용거래의 계약체결일 또는 신용거래 계약서류를 제공 받은 날임(계약체결일 이후 신용거래융자 또는 신용거래대주가 실행된 날이 아님)

금융위 신속처리반 회신

신용거래*는 계약체결 후 금전지급일이 소비자의 선택에 따라 달라지는 특성이 있어 금소법 제46조 제1항 제3호 각 목 외 부분의 "금전 등의 지급이 늦게 이루어진 경우"가 적용되기 어렵습니다.

* 자본시장법 제72조 제1항에 따른 신용공여

- (청약철회권 배제) 다만, 담보로 제공한 증권이 자본시장법에 따라 처분된 경우에는 청약철회권을 행사할 수 없음
- (청약철회의 효력 발생) 일반금융소비자가 금융상품판매업자등에게 청약철회의 의사를 서면, 전자우편, 휴대전화 문자메시지 등의 방법으로 발송하고, 금융상품판매업자등에게 이미 공급받은 금전등을 회사에 반환한 때에 비로소 청약철회의 효력이 발생하는 점을 유의. 또한 일반금융소비자가 서면 등을 발송한 때에는 지체 없이 그 발송사실을 해당 금융상품판매업자등에게 알려

야 함

- (금전등의 반환) 금융상품판매업자등은 일반금융소비자로부터 금전등을 반환받은 날로부터 3영업일 이내에 신용공여와 관련하여 투자자로부터 받은 수수료를 포함하여 이미 받은 금전등을 반환하고, 반환이 늦어진 기간에 대해서는 해당 금융상품의 계약에서 정해진 연체이자율을 금전·재화·용역의 대금에 곱한 금액을 일 단위로 계산하여 지급하여야 함

  ☞ 실무적으로는 금융투자회사는 고객으로부터 받은 수수료(증권 매매수수료 등은 제외) 등을 고객에게 반환하며, 반대로 고객은 금융투자회사에 대출원금, 이자, 인지대 등을 반환해야 함

3) 청약철회권 관련 추가적인 소비자 보호 장치

금융상품판매업자등은 청약이 철회된 경우 투자자에 대하여 청약의 철회에 따른 손해배상 또는 위약금 등 금전 지급을 청구할 수 없으며, 청약의 철회에 대한 특약으로서 투자자에게 불리한 것은 무효로 금융소비자보호법은 규정하고 있다.

또한, 금융상품판매업자등은 청약이 철회된 경우 투자자에 대하여 청약의 철회에 따라 금전(이자 및 수수료를 포함)을 반환하는 경우에는 투자자가 지정하는 입금계좌로 입금해야 한다.

4 금융분쟁의 조정

1) 개요

금융소비자 및 그 밖의 이해관계인은 금융과 관련하여 분쟁이 있을 때에는 금융감독원장에게 분쟁조정을 신청할 수 있으며, 분쟁의 당사자가 조정안에 대해 수락할 경우 재판상 화해와 동일한 효과를 볼 수 있다(금융소비자보호법 제33조~제43조, 금융소비자보호법 시행령 제32조~제34조).

2) 시효중단 효과

금융소비자보호법에 따라 분쟁조정이 신청된 경우 시효중단의 효력이 있음을 유의

해야 한다. 다만, 합의권고를 하지 아니하거나 조정위원회에 회부하지 아니할 때에는 시효중단 효력은 없으나, 이때에도 1개월 이내에 재판상의 청구, 파산절차참가, 압류 또는 가압류, 가처분을 한 때에는 시효는 최초의 분쟁조정의 신청으로 인하여 중단된 것으로 본다.

3) 분쟁조정 관련 주요 신규제도

금융소비자보호법에 따른 분쟁조정 신청 시 아래와 같은 제도가 신규로 도입되어 금융소비자 권익이 한층 강화되었다.

❶ 소송중지제도 : 분쟁조정 신청 전·후에 소가 제기되면, 법원은 조정이 있을 때까지 소송절차를 중지할 수 있고, 법원이 소송절차를 중지하지 않으면 조정위원회가 조정절차를 중지해야 함
- 조정위원회가 조정이 신청된 사건과 동일 원인으로 다수인이 관련되는 동종·유사 사건 소송이 진행중일 경우, 조정절차를 중지할 수 있음
❷ 소액사건 조정이탈금지제도 : 금융회사는 일반금융소비자가 신청한 소액(권리가액 2천만원 이내) 분쟁 사건에 대하여 조정안 제시 전까지 소 제기 불가
❸ 분쟁조정위원회 객관성 확보 : 분쟁조정위원회 회의시 구성위원은 위원장이 회의마다 지명하는데, 이때 분쟁조정위원회의 객관성·공정성 확보를 위해 소비자단체와 금융업권 추천 위원은 동수(同數)로 지명

5	손해배상책임

1) 개요

금융소비자보호법은 금융상품판매업자등의 손해배상책임을 규정하면서 금융소비자의 입증책임을 완화하고 금융상품판매대리·대리업자와 관련된 손해에 대하여 금융상품직접판매업자에게도 손해배상책임을 부과함으로써 금융소비자 보호에 대한 실효성을 더욱 제고하였다(금융소비자보호법 제44조~제45조).

2) 입증책임 전환

금융소비자보호법은 설명의무를 위반하여 금융소비자(일반 또는 전문)에게 손해를 입힌 경우에 금융상품판매업자등에게 손해배상책임을 부과하고 있다.

이때, 금융소비자는 금융상품판매업자등의 설명의무 위반사실, 손해발생 등의 요건만 입증하면 되고, 반면에 금융상품판매업자등은 자신에게 고의 또는 과실이 없음을 입증하지 못하면 손해배상책임을 면할 수 없다.

☞ 민법상 손해배상청구시 가해자의 ① 고의·과실, ② 위법성, ③ 손해, ④ 위법성과 손해와의 인과관계 등을 입증하여야 하나, 설명의무 위반에 한정하여 입증책임을 전환함으로써 소비자 피해구제를 강화(신용정보법·공정거래법 등 입법례를 감안하여 '고의·과실' 요건에 한정)

3) 금융상품직접판매업자의 사용자책임

금융소비자보호법은 금융상품판매대리·중개업자등이 판매과정에서 소비자에 손해를 발생시킨 경우, 금융상품직접판매업자에게도 손해배상책임을 부과하고 있다.

다만, 금융상품직접판매업자가 손해배상책임을 면하기 위해서는 금융상품판매대리·중개업자에 대한 선임과 업무 감독에 대해 적절한 주의를 하고 손해 방지를 위한 노력을 한 사실을 입증하여야 한다.

section 06 판매원칙 위반시 제재 강화

1 위법계약 해지권

1) 개요

위법계약해지권이란 금융소비자(일반 또는 전문)는 판매규제를 위반한 계약에 대해 일정기간 내에 해당 계약을 해지할 수 있는 권리를 말한다.

금융소비자에게 해지 수수료·위약금 등 불이익 없이 위법한 계약으로부터 탈퇴할 수 있는 기회를 제공함으로써 금융상품판매업자등의 위법행위를 억제하고 금융소비자의 권익도 강화하고자 하는 취지에서 신규로 도입되었다(금융소비자보호법 제47조, 금융소비자보호법 시행령 제38조).

2) 행사요건

금융소비자는 금융상품판매업자등이 ① 5대 판매규제를 위반하여 ② 금융상품 계약을 체결한 경우 ③ 일정 기간 내에 계약해지 요구 가능하다. 자세히 살펴보면 다음과 같다.

❶ 판매규제 위반 : 적합성원칙, 적정성원칙, 설명의무, 불공정영업행위금지, 부당권유행위금지를 위반한 경우(광고규제 위반은 제외)
❷ 적용상품 : 계속적 거래가 이루어지고 금융소비자가 해지 시 재산상 불이익이 발생하는 금융상품으로 투자일임계약, 금전신탁계약, 금융상품자문계약 등이 해당됨
  − 또한, 금융소비자보호법은 "계약의 체결로 자본시장법 제9조 제22항에 따른 집합투자규약이 적용되는 경우에는 그 적용기간을 포함한다"라고 규정하여 수익증권, 즉 펀드를 계속적 계약에 포함하고 있음
❸ 적용제외상품 : ① P2P업자와 체결하는 계약, ② 자본시장법상 원화표시 양도성 예금증서, ③자본시장법상 표지어음
❹ 해지요구 기간 : 계약체결일로부터 5년 이내 범위의 기간 내에 해지요구가 가능하되, 금융소비자가 위법사실을 인지한 경우에는 위법사실을 안 날로부터 1년 이내의 기간

3) 행사방법

금융소비자는 금융상품직접판매업자 또는 자문업자에게 ① 금융상품 명칭과 ② 법 위반사실이 기재된 계약해지요구서를 제출함으로써 신청할 수 있다.

4) 수락통지 등

금융상품판매업자등은 10일 이내 금융소비자의 해지요구에 대한 수락여부를 통지하여야 하며 금융상품판매업자등이 해지요구를 거절할 경우 거절사유도 함께 통지하여야 한다.

이때, 금융상품판매업자등이 정당한 사유 없이 해지 요구를 따르지 않는 경우 금융소비자가 일방적으로 해지하는 것도 가능하도록 되어 있다.

〈정당한 사유〉

1. 금융소비자가 위반사실에 대한 근거자료를 제시하지 않거나 거짓으로 제시한 경우
2. 계약체결 당시에는 위반사항이 없었으나 계약 후에 발생한 사정변경을 이유로 위반사항을 주장하는 경우
3. 금융소비자의 동의를 받아 위반사항을 시정한 경우
4. 금융상품판매업자등이 계약의 해지 요구를 받은 날부터 10일 이내에 법 위반사실이 없음을 확인하는 데 필요한 객관적·합리적인 근거자료를 금융소비자에 제시한 경우
   - 다만, 10일 이내에 금융소비자에 제시하기 어려운 경우에는 다음 각 목의 구분에 따름
     가. 계약의 해지를 요구한 금융소비자의 연락처나 소재지를 확인할 수 없거나 이와 유사한 사유로 법 제47조 제1항 후단에 따른 통지기간 내 연락이 곤란한 경우 : 해당 사유가 해소된 후 지체 없이 알릴 것
     나. 법 위반사실 관련 자료 확인을 이유로 금융소비자의 동의를 받아 법 제47조 제1항 후단에 따른 통지기한을 연장한 경우 : 연장된 기한까지 알릴 것
5. 금융소비자가 금융상품판매업자등의 행위에 법 위반사실이 있다는 사실을 계약을 체결하기 전에 알았다고 볼 수 있는 명백한 사유가 있는 경우

5) 위법계약해지의 효력

금융상품판매업자등이 금융소비자의 해지요구를 수락하거나 금융소비자가 금융소비자보호법에 따라 해지하는 경우, 해당 계약은 장래에 대하여 효력이 상실된다는 점을 유의하여야 한다. 따라서 금융상품판매업자등의 원상회복 의무는 없다.

금융소비자의 해지요구권 등에 따라 해당 계약이 종료된 경우 금융상품판매업자등은 금융소비자에 대해 해지 관련 비용(수수료, 위약금 등)을 요구할 수 없다.

2 판매제한명령

1) 개요

금융상품의 판매과정에서 소비자 피해가 가시화되거나 확대되는 것을 미연에 방지하여 소비자 피해를 최소화하기 위해 금융위원회에 해당 금융상품에 대해 판매제한 또는 금지를 명하는 제도를 도입하였다(금융소비자보호법 제49조, 금융소비자보호법 시행령 제40조).

2) 명령권 발동요건

금융소비자보호법 및 동법 시행령은 다양한 유사사태에 유연하게 대처할 수 있도록 명령권 발동요건을 포괄적으로 규정한 것이 특징이다.

금융소비자보호법 제49조(금융위원회의 명령권)
② 금융위원회는 금융상품으로 인하여 금융소비자의 <u>재산상 현저한 피해가 발생할 우려가 있다고 명백히 인정되는 경우</u>로서 대통령령으로 정하는 경우에는 그 금융상품을 판매하는 금융상품판매업자에 대하여 해당 금융상품 계약 체결의 권유 금지 또는 계약 체결의 제한·금지를 명할 수 있다.

금융소비자보호법 시행령 제49조(금융위원회의 명령권)
② 법 제49조 제2항에서 "대통령령으로 정하는 경우"란 투자성 상품, 보장성 상품 또는 대출성 상품에 관한 계약 체결 및 그 이행으로 인해 <u>금융소비자의 재산상 현저한 피해가 발생할 우려가 있다고 명백히 인정되는 경우</u>를 말한다.

---

3) 명령권 행사절차

❶ 사전고지 : 금융위원회는 명령대상자에게 명령의 필요성 및 판단근거, 명령 절차 및 예상시기, 의견제출 방법을 사전 고지할 것

❷ 의견제출 : 금융위원회는 명령 발동 전 명령대상자에 금융위의 명령에 대해 의견을 제출할 수 있는 충분한 기간을 보장할 것

❸ 대외공시 : 금융위원회는 금융소비자 보호 차원에서 명령 발동 후 지체없이 그 내용을 홈페이지에 게시할 것

〈공시사항〉

1. 해당 금융상품 및 그 금융상품의 과거 판매기간
2. 관련 금융상품의 명칭
3. 판매제한명령권의 내용·유효기간 및 사유(법령 위반 관련성)
4. 판매제한명령권 발동시점 이전에 체결된 계약의 효력에 영향을 미치지 않는다는 사실
5. 판매제한명령 이후 이행현황을 주기적으로 확인한다는 사실
6. 기타 금융소비자보호에 관한 사항, 공시로 인한 불이익 등

4) 판매제한·금지명령 중단

금융위원회는 이미 금융소비자의 재산상 피해발생 우려를 제거하거나 신규 판매행위를 중단한 경우, 판매제한명령권 필요성 및 대상자가 입는 불이익을 고려하여 판매제한명령권 행사를 중단할 수 있다.

이때, 금융위원회는 판매제한·금지명령을 한 사실을 지체 없이 홈페이지에 게시해야 한다.

---

3   징벌적 과징금

1) 개요

징벌적 과징금 제도의 신규도입 목적은 위법행위로 인해 발생한 수입의 환수 등을 통해 위법행위 의욕을 사전에 제거하는 등 규제의 실효성을 확보하기 위함이다.

징벌적 과징금은 금융상품직접판매업자 또는 금융상품자문업자가 주요 판매원칙을 위반할 경우 위반행위로 인한 수입 등의 50%까지 부과될 수 있다(금융소비자보호법 제57조).

2) 적용되는 위반행위

징벌적 과징금이 부과되는 위법행위로는 설명의무 위반, 불공정영업행위, 부당권유행위, 광고규제 등이 적용된다.

따라서, 적합성 원칙·적정성 원칙 위반은 징벌적 과징금 대상이 아님을 유의해야 한다.

3) 부과대상

금융상품직접판매업자 또는 금융상품자문업자가 부과대상이다.

유의할 점은 1사 전속 금융상품판매대리·중개업자 또는 금융상품직접판매업자에서 근무하는 임직원의 위반행위에 대해서는 그 금융상품직접판매업자에 대하여 과징금을 부과할 수 있다. 다만, 이 경우에도 금융상품직접판매업자가 적절한 주의와 감독을 게을리 하지 아니한 사정이 입증되는 경우에는 그 금액을 감경하거나 면제될 수 있다.

4) 부과방법

부과방법은 상품 유형별로 다음과 같다.

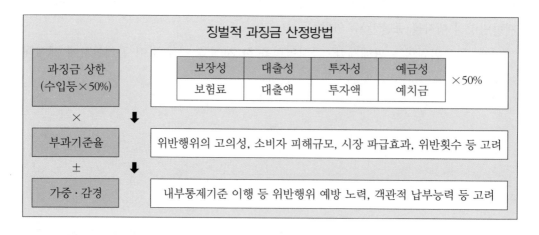

징벌적 과징금 산정방법

과징금 상한 (수입등×50%)	보장성	대출성	투자성	예금성	×50%
	보험료	대출액	투자액	예치금	

과징금 상한 (수입등×50%)
× 부과기준율 : 위반행위의 고의성, 소비자 피해규모, 시장 파급효과, 위반횟수 등 고려
± 가중·감경 : 내부통제기준 이행 등 위반행위 예방 노력, 객관적 납부능력 등 고려

- 투자성 상품은 투자액, 대출성 상품은 대출금 등으로 규정하여 거래규모가 클수록 제재강도가 높아지도록 규정
- 다만 수입금액이 없거나 산정이 곤란한 경우에는 10억원 이내 범위에서 과징금 부과 가능

4   과태료

1) 개요

금융소비자보호법은 금융상품판매업자등의 위반행위 유형별로 과태료 상한액을 규정하고 개별 위반행위의 과태료 기준금액을 시행령으로 구체화하였다(금융소비자보호법 제69조, 금융소비자보호법 시행령 제51조).

2) 부과사유

6대 판매원칙 위반, 내부통제기준 미수립, 계약서류 제공의무 위반 등을 과태료 부과 사유로 규정하였다. 특히, 적합성·적정성 원칙 위반행위에 대해 과거 자본시장법 등과 달리 과태료(3천만원) 부과 규정을 신설한 점을 유의하여야 한다.

3) 부과대상

과태료 부과대상을 '위반한 자'로 규정하여, 과징금과 달리 금융상품대리·중개업자에게도 직접 부과가 가능하다. 특히, 관리책임이 있는 금융상품대리·중개업자(재위탁이 허용된 경우) 또는 금융상품직접판매업자에 대한 과태료 부과도 가능한 점을 유의해야 한다.

☞ 실무적으로는 금융투자업의 경우 금융상품대리·중개업자(투자권유대행인)이 다른 금융상품대리·중개업자에게 재위탁하는 경우는 없기 때문에 관리책임이 있는 금융상품대리·중개업자에 대한 과태료 부과 사례는 없음

| 표 4-1 | 금융소비자보호법상 과징금과 과태료 비교 |

구분	과징금		과태료	
부과 목적	• 부당이득 환수로 징벌적 목적		• 의무위반에 부과(행정처분)	

부과
대상
	• 금융상품직접판매업자
	  (원칙적으로 소속 임직원, 대리·중개업자
	  위반행위시에도 책임)
	• 금융상품자문업자
			• 규정 위반자
			  (부과대상에 제한없음)	

부과 사유	① 설명의무 위반 ② 불공정영업행위금지 위반 ③ 부당권유금지 위반 ④ 광고규제 위반		1억 원	① 내부통제기준 미수립 ② 설명의무 위반 ③ 불공정영업행위금지 위반 ④ 부당권유금지 위반 ⑤ 광고규제 위반 ⑥ 계약서류제공의무 위반 ⑦ 자문업자 영업행위준칙 위반 ⑧ 자료유지의무 위반 ⑨ 검사거부·방해·기피
법정 한도액		업무정지처분에 갈음 한 과징금의 경우 → 업무정기기간(6월내) 동안 얻을 이익	3천만 원	① 적합성·적정성 원칙 위반 ② 판매대리·중개업자 금지의무 및 고지의무 위반
			1천만 원	① 변동보고의무 위반

※ 음영(　　)은 6대 판매원칙 위반 부분

01 금융소비자보호법에서 규정하고 있는 소비자보호장치가 아닌 것은?
  ① 위법계약해지권   ② 소액사건 분쟁조정이탈금지
  ③ 징벌적과징금   ④ 손해배상금액 추정

02 투자성 상품의 경우 청약철회권이 적용되지 않는 상품은 무엇인가?
  ① 파생결합증권   ② 고난도 투자일임계약
  ③ 고난도 금전신탁계약   ④ 부동산신탁계약

03 금융소비자보호법에 따른 전문금융소비자의 내용과 다른 것은?
  ① 국가, 한국은행, 금융회사를 제외한 주권상장법인 등은 장외파생상품 거래시
     전문금융소비자와 같은 대우를 받겠다는 의사를 회사에 서면통지한 경우에 전
     문금융소비자 대우를 받는다.
  ② 투자권유대행인은 투자성 상품과 관련하여 전문금융소비자이다.
  ③ 대출성 상품의 경우 상시근로자 10인 이상 법인도 전문금융소비자이다.
  ④ 대부업자는 대출성 상품에는 전문금융소비자이지만 투자성 상품에는 일반금융
     소비자이다.

해설

01 ④ 손해배상금액 추정 조항은 자본시장법에 규정되어 있고 금융소비자보호에 관한 법률에는 설명의무
     위반에 대하여 고의 또는 과실이 없음을 금융상품판매업자등에게 지우는 입증책임전환 조항이 신설되
     어 있음

02 ① 금융소비자보호에 관한 법률상 청약철회권 적용대상 상품은 고난도 투자일임계약, 고난도 금전신
     탁계약, 非금전신탁계약 그리고 일정기간에만 모집하고 그 기간이 종료된 후에 집합투자를 실시하는
     고난도 금융투자상품(단위형 펀드 : ELF, DLF 등)이므로 파생결합증권은 해당되지 않음

03 ④ 금융소비자보호법상 대부업자는 대출성 상품, 투자성 상품, 보장성 상품에 대하여 전문금융소비자
     로 분류됨

04 금융소비자보호법에서 정하고 있는 부당권유행위 금지와 관련한 내용이 틀린 것은?

① 증권에 대해서도 금융소비자부터 요청받지 아니하고 방문 또는 전화 등 실시간 대화의 방법으로 계약의 권유를 할 수 없다.

② 보호받을 수 있는 대상은 일반금융소비자와 전문금융소비자이다.

③ 적합성 원칙을 적용받지 않고 권유하기 위해 일반금융소비자로부터 투자권유 불원 의사를 서면 등으로 받는 행위를 하여서는 아니 된다.

④ 투자성 상품에 관한 계약체결을 권유하면서 일반금융소비자가 요청하지 않은 다른 대출성 상품을 안내하거나 관련정보를 제공해서는 아니 된다.

05 금융소비자보호법에서 정하고 있는 내용과 상이한 것은?

① 청약철회에 대한 특약으로 투자자에게 불리한 것은 무효이다.

② 위법계약해지의 효력은 소급하여 무효이다.

③ 금융소비자의 자료열람요구에도 법령이 정한 경우 또는 다른 사람의 생명·신체를 해칠 우려가 있는 등의 사유가 있을 때는 제한할 수 있다.

④ 금융감독원 분쟁조정위원회 회의 시 구성위원은 소비자 단체와 금융업권 추천 위원이 각각 동수(同數)로 지명된다.

해설

04 ① 금융소비자보호법에도 과거 자본시장법과 동일하게 증권 또는 장내파생상품은 불초청권유금지 조항에 대하여 적용 예외됨(불초청권유 : 금융소비자로부터 계약의 체결권유를 해줄 것을 요청받지 아니하고 방문·전화 등 실시간 대화의 방법으로 권유하는 행위)

05 ② 금융소비자보호법상 위법계약해지권의 도입취지는 해지수수료 등의 불이익이 없이 위법한 계약으로부터 신속하게 탈퇴할 수 있는 기회를 부여하고 이후에 손해배상 등의 책임을 물을 수 있기 때문에 위법계약해지는 장래에 대해서만 효력이 있음

정답 01 ④ | 02 ① | 03 ④ | 04 ① | 05 ②

part 05

파생상품 세제

chapter 01 세제 일반

chapter 02 파생상품 세제

certified derivatives investment advisor

chapter 01

세제 일반

국세기본법

1 조세의 의의와 분류

1) 조세의 정의

우리나라의 현행 세법에서는 조세의 일반적 정의를 규정하고 있지 않으며, 학계 내지 실무에서는 '조세란 국가 또는 지방자치단체가 재정수요에 충당하기 위하여 필요한 재원을 조달할 목적으로 법률적 작용에 의하여 법률에 규정된 과세요건을 충족한 모든 자로부터 특정한 개별적 보상 없이 강제적으로 부과 및 징수하는 금전급부'라는 개념이 일반적으로 받아들여지고 있다.

2) 조세의 분류

표 1-1   조세의 분류

분류기준	분류
과세주체	국세 : 과세권자가 국가인 조세 지방세 : 과세권자가 지방자치단체인 조세
조세의 전가성	직접세 : 조세부담의 전가가 예상되지 않는 조세 간접세 : 조세부담의 전가가 예상되는 조세
지출의 목적성	보통세 : 세수의 용도가 불특정한 조세(일반적인 지출 충당) 목적세 : 세수의 용도가 특정된 조세(특정 목적 지출 충당)
과세표준 단위	종가세 : 가격을 과세표준으로 하는 조세 종량세 : 양(量)을 과세표준으로 하는 조세
세율의 구조	비례세 : 과세표준과 관계없이 일정률의 세율이 적용되는 조세 누진세 : 과세표준의 크기에 따라 세율의 차이가 있는 조세

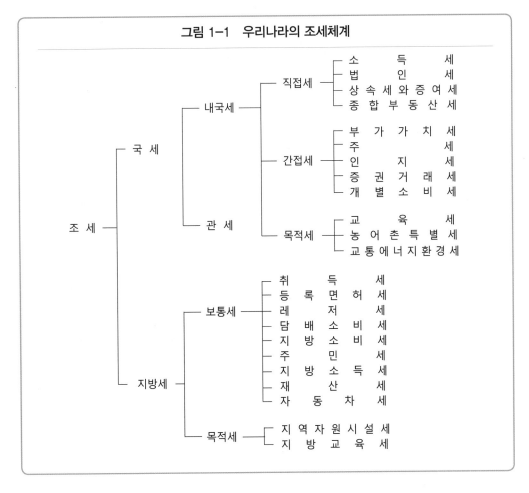

그림 1-1   우리나라의 조세체계

1) 기간과 기한

기간은 어느 시점에서 어느 시점까지의 계속된 시간을 뜻하며, 기한은 법률행위의 효력발생·소멸·채무의 이행 등을 위하여 정한 일정 시점을 뜻한다.

세법의 기간계산은 원칙적으로 민법의 일반원칙에 따르나 기한에 대하여 다음과 같은 특례규정을 두고 있다.

❶ 세법에 규정하는 기한이 공휴일·토요일이거나 「근로자의 날 제정에 관한 법률」에 따른 근로자의 날에 해당하는 때에는 그 다음날을 기한으로 한다.

❷ 우편으로 서류를 제출하는 경우에는 통신날짜 도장이 찍힌 날에 신고된 것으로 본다.

❸ 국세정보 통신망이 장애로 가동이 정지된 경우 그 장애가 복구되어 신고 또는 납부할 수 있게 된 날의 다음날을 기한으로 한다.

2) 서류의 송달

정부가 납세의무자에게 송달하는 서류는 단순한 내용을 통지하는 경우도 있으나, 국세의 부과·징수에 관한 정부의 처분 내용을 통지하는 경우에는 서류의 송달이 각종 처분의 효과를 완성시키거나, 기간의 진행·중단 등 중요한 의미를 갖는다. 따라서 국세기본법은 세법에 규정하는 서류는 그 명의인의 주소, 거소, 영업소, 또는 사무소에 아래의 방법으로 송달할 것을 규정한다.

❶ 교부송달 : 당해 행정기관의 소속 공무원이 송달할 장소에서 송달받아야 할 자에게 서류를 교부

❷ 우편송달 : 서류의 송달을 우편으로 할 때에는 등기우편으로 하여야 한다.

❸ 전자송달 : 정보통신망을 이용한 송달은 서류의 송달을 받아야 할 자가 신청하는 경우에 한하여 행한다.

❹ 공시송달 : 다음의 경우에는 서류의 주요 내용을 공고한 날부터 14일이 경과함으로써 서류가 송달된 것으로 본다.

ㄱ. 송달 장소가 국외에 있고 송달이 곤란한 경우

ㄴ. 송달 장소가 분명하지 아니한 경우

ㄷ. 등기송달 또는 2회 이상 교부송달 하였으나 수취인 부재로 확인되어 납부기
한 내에 송달이 곤란한 경우

3 납세의무

1) 납세의무의 성립 〈법 제21조〉

납세의무는 각 세법이 규정하고 있는 과세요건이 충족될 때 성립하는데, 국세기본법
에서는 각 세목별로 납세의무의 그 성립시기를 다음과 같이 규정하고 있다.

❶ 소득세, 법인세, 부가가치세, 금융·보험업자의 수익금액에 부과되는 교육세 : 과세
기간이 끝나는 때

❷ 상속세 : 상속이 개시되는 때

❸ 증여세 : 증여에 의하여 재산을 취득하는 때

❹ 인지세 : 과세문서를 작성한 때

❺ 증권거래세 : 해당 매매거래가 확정되는 때

❻ 종합부동산세 : 과세기준일

❼ 원천징수하는 소득세, 법인세 : 소득금액 또는 수입금액을 지급하는 때

2) 납세의무의 확정 〈법 제22조〉

과세요건의 충족으로 성립한 추상적 납세의무를 납세의무자 또는 정부가 일정한 행
위나 절차를 거쳐 구체적 납세의무(현실적 금전채무)로 확정하는 절차로 신고확정·부과
확정·자동확정이 있다.

❶ 신고확정 : 소득세, 법인세, 부가가치세, 증권거래세, 교육세, 개별소비세 등은
납세의무자가 과세표준과 세액을 정부에 신고함으로써 확정된다.

❷ 부과확정 : 상속세, 증여세 등은 정부가 과세표준과 세액을 결정함으로써 확정
된다.

❸ 자동확정 : 인지세, 원천징수하는 소득세 또는 법인세, 납세조합이 징수하는 소득세, 중간예납하는 법인세는 납세의무가 성립하는 때에 특별한 절차 없이 확정된다.

3) 납부의무의 소멸 〈법 제26조, 제26조의2, 제27조, 제28조〉

국세 및 강제징수비를 납부할 의무는 다음의 경우에 소멸한다.

❶ 납부·충당(국세환급금을 납부할 국세 등과 상계시키는 것) 되거나 부과가 취소된 때
❷ 국세 부과의 제척기간(除斥期間)이 끝난 때
❸ 국세징수권의 소멸시효(消滅時效)가 완성된 때

(1) 국세의 부과제척기간

국세의 부과제척기간은 국가가 납세의무자에게 국세를 부과할 수 있는 법정기간으로 그 기간이 끝난 날 후에는 국세부과권의 소멸로 인하여 납세의무도 소멸한다.

(2) 국세징수권의 소멸시효 〈법 제27조〉

소멸시효는 권리자가 권리를 행사할 수 있음에도 일정기간 권리를 행사하지 않는 경우 그 권리가 소멸하는 것으로 국세징수권은 국가가 권리를 행사할 수 있는 때로부터 5년(5억 원 이상의 국세채권은 10년), 행사하지 아니하면 소멸시효가 완성하고 이로 인하여

표 1-2 국세의 부과제척기간

구분	일반조세	상속·증여세
사기 등 부정행위로 국세를 포탈 또는 환급받는 경우	10년	15년
법정신고기한까지 과세표준신고서를 제출하지 아니한 경우	7년 (역외거래의 경우 10년)	
역외거래가 수반되는 부정행위	15년	
법정신고기한까지 상속·증여세 과세표준신고서를 제출하였으나 허위, 누락 신고한 경우	–	
부정행위로 상속·증여세를 포탈한 경우로서 상속인이 명의이전 없이 취득하는 경우	–	안 날부터 1년 (재산가액 50억 초과)
기타의 경우	5년	10년

* 부담부증여로 인한 양도소득세 부과제척기간은 증여세와 같음

납세의무도 소멸한다. 다만, 납부고지·독촉 또는 교부청구·압류의 경우에는 이미 경과한 시효기간의 효력이 중단된다.

4) 납세의무의 승계 〈법 제23조, 제24조〉

❶ 합병법인의 승계 : 법인이 합병한 경우 합병법인은 피합병법인에게 부과되거나 납부할 국세 및 강제징수비를 납부할 의무를 진다.

❷ 상속인의 승계 : 상속이 개시된 때에 상속인은 피상속인에게 부과되거나 납부할 국세 및 강제징수비를 상속받은 재산을 한도로 납부할 의무를 진다.

5) 제2차 납세의무자 〈법 제38조, 제39조, 제40조, 제41조〉

납세의무자의 재산으로 체납처분을 하여도 체납세액에 미달하는 경우 납세의무자와 법정관계에 있는 자가 그 부족을 부담케 하는 세법상의 고유한 이행책임을 제2차 납세의무라 하며, 국세기본법은 다음 4가지 유형을 규정하고 있다.

❶ 청산인 등 : 청산인 또는 잔여재산을 분배받은 자는 그 해산법인의 국세 등에 대하여 제2차 납세의무를 진다.

❷ 출자자 : 법인(증권시장에 주권이 상장된 법인은 제외)의 재산으로 국세 등을 충당하고 부족한 금액은 납세의무 성립일 현재의 무한책임사원(합명회사의 사원, 합자회사의 무한책임사원)과 과점주주가 제2차 납세의무를 진다.

❸ 법인 : 국세의 납부기간 만료일 현재 법인의 무한책임사원과 과점주주가 당사자의 재산으로 국세 등을 충당한 후에도 부족한 금액은 당해 법인이 제2차 납세의무를 진다.

❹ 사업양수인 : 양도양수한 사업과 관련하여 양도일 이전에 양도인의 납세의무가 확정된 국세 등은 사업양수인이 제2차 납세의무를 진다.

※ 과점주주의 범위 : 과점주주란 주주 또는 유한책임사원 1명과 그의 특수관계인으로 대통령령에서 정하는 자로서 그들의 소유주식 합계 또는 출자액 합계가 해당 법인의 발행주식 총수 또는 출자총액의 50%를 초과하면서 그 법인의 경영에 지배적인 영향력을 행사하는 자들을 말한다.

소득세법

1 납세의무자와 과세소득의 범위

소득세는 자연인인 개인을 납세의무자로 한다. 다만, 법인격 없는 단체 중 국세기본법에 따라 법인으로 보는 단체가 아닌 단체(예 : 동창회, 종중 등)는 세법상 개인으로 보아 소득세의 납세의무자가 된다.

소득세법은 납세의무자인 개인을 거주자와 비거주자로 구분하여 과세소득의 범위와 과세방법을 달리하고 있다.

거주자는 국내에 주소를 두거나 183일 이상 거소를 둔 개인으로 국내·외의 모든 소득에 대해서 납세의무가 있는 반면, 거주자가 아닌 개인인 비거주자는 국내 원천소득에 대해서만 납세의무가 있다.

2 소득의 구분과 과세방법

1) 소득의 구분 〈법 제4조〉

소득세제는 개인의 모든 소득을 하나의 계산구조에 의해 소득세를 계산하여 과세하는 종합소득과세 방식과 소득의 원천에 따라 구별하여 별도의 계산구조에 의해 각각 소득세를 계산하여 과세하는 분류소득과세 방식으로 구별된다. 현행 소득세법은 거주자의 소득을 당해 연도에 발생하는 이자소득, 배당소득, 사업소득, 근로소득, 연금소득 및 기타소득을 합산하는 종합소득과 퇴직으로 인하여 발생하는 퇴직소득과 자산의 양도로 인하여 발생하는 양도소득으로 각각 구분한다. 이는 종합소득은 매년 종합소득과세 방식으로 과세하고, 퇴직소득과 양도소득은 발생 시에 분류소득과세 방식으로 과세하기 위함이다.

한편, 비거주자는 거주자와 과세소득의 범위와 과세방법이 다르기 때문에 소득세법 제119조의 규정에 따라 소득의 구분을 다음과 같이 달리하고 있다.

소득의 구분

1호 이자소득	8호 퇴직소득
2호 배당소득	9호 연금소득
3호 부동산소득	10호 토지·건물 등의 양도소득
4호 선박, 항공기 임대소득	11호 사용료소득
5호 국내사업소득	12호 유가증권 양도소득
6호 인적용역소득	13호 기타소득
7호 근로소득	

2) 소득별 과세방법

(1) 거주자의 과세방법

거주자의 모든 소득을 종합하여 과세하는 것을 원칙으로 하나 일부 소득은 분류과세 또는 분리과세하고 있다.

❶ 종합과세 : 개인의 소득 중 해마다 발생하는 경상소득을 개인별로 합산하여 종합소득세율에 의해 신고·납부과세하는 것으로, 현행 소득세법은 이자소득, 배당소득, 사업소득, 근로소득, 연금소득 그리고 기타소득 등 6가지 소득을 종합과세대상 소득으로 한다.

❷ 분류과세 : 종합과세소득에 포함되지 아니하는 퇴직소득, 양도소득은 그 소득이 장기간에 걸쳐 발생되거나 비경상적으로 발생된 것이므로, 종합소득과 구분하여 각 소득별로 별도의 절차와 방법에 따라 소득세를 신고·납부하는데, 이 제도를 분류과세라 한다.

❸ 분리과세 : 소득의 유형이 종합소득에 속하는 소득이나 법정률(원천징수세율)만을 원천징수함으로써 종합소득세의 납세의무가 종료되어 종합소득과세표준에 합산하지 아니하는 제도를 분리과세라 한다. 거주자의 이자소득, 배당소득, 기타소득, 연금소득 중 특정 소득 또는 일정 기준액 이하의 소득은 분리과세한다.

❹ 비과세소득 : 과세소득에 속하는 소득 중 그 소득의 성질이나 국가의 정책에 따라 과세에서 제외되는 소득을 비과세소득이라 한다.

(2) 비거주자의 과세방법

비거주자가 국내 사업장이나 부동산소득이 있는지 여부에 따라 과세방법이 달라진다.

❶ 종합과세 : 국내 사업장이나 부동산 임대소득 등이 있는 비거주자는 국내 원천소득(퇴직소득, 양도소득 제외)을 종합과세한다.

❷ 분리과세 : 국내 사업장이나 부동산 임대소득 등이 없는 비거주자는 국내 원천소득을 분리과세한다.

❸ 분류과세 : 퇴직소득·양도소득의 국내 원천소득이 있는 비거주자는 당해 소득별로 분류과세한다.

---

3 신고와 납부

소득세는 신고확정 세목으로 납세자가 정부에 신고함으로써 과세표준과 세액이 확정된다. 따라서 소득 내용에 따른 증빙서류와 기장된 장부에 의하여 소득금액과 세액을 계산하여 다음 연도 5월 1일부터 31일까지 주소지 관할세무서에 신고 및 납부하여야 한다.

다만, 다음에 해당하는 거주자는 신고를 하지 않아도 된다.

❶ 근로소득만 있는 거주자
❷ 퇴직소득만 있는 거주자
❸ 공적연금소득만 있는 자 공적
❹ 원천징수 연말정산하는 사업소득만 있는 자
❹의 2. 원천징수되는 기타소득으로 종교인소득만 있는 자
❺ 위 ❶, ❷ 소득만 있는 자
❻ 위 ❷, ❸ 소득만이 있는 자
❼ 위 ❷, ❹ 소득만이 있는 자
❼의 2. 위 ❷, ❹의 2 소득만 있는 자
❽ 분리과세 이자·배당·연금·기타 소득만 있는 자
❾ 위 ❶~❼의 2에 해당하는 자로서 분리과세 이자·배당·연금·기타 소득이 있는 자

1   상속세

상속세는 자연인의 사망을 원인으로 무상이전되는 재산을 과세대상으로 하여 그 재산의 취득자(상속인)에게 과세하는 조세이다. 피상속인의 유산총액을 기준하여 과세하는 유산세 방식과 상속인 각 인이 취득하는 상속재산을 기준하여 과세하는 유산취득세 방식이 있는데, 우리나라는 유산세 방식을 원칙으로 한다.

1) 납세의무자 〈법 제3조의2〉

상속세 과세가액에 포함되는 재산을 취득하는 상속인(민법상의 상속인으로 특별연고자와 상속포기자를 포함) 및 유증(遺贈)을 받는 자(수유자)는 각자가 취득하는 재산의 비율에 따라 상속세 납세의무를 갖는다.

상속인 및 수유자는 물론 단기증여재산의 수증자 등 상속세가 과세되는 재산을 취득하는 자는 각자가 납부하여야 할 세액은 상속세 총액을 각자가 받은 상속재산비율로 안분한 금액으로 하며, 납세의무자들은 상속세를 각자가 받았거나 받을 재산을 한도로 연대하여 납부할 의무를 갖는다. 다만, 특별연고자 또는 수유자가 영리법인인 경우에는 법인세로 납부하기 때문에 당해 영리법인이 납부할 상속세를 면제한다.

2) 상속재산

상속세의 과세대상인 상속재산은 일반적으로 환가성과 이전성이 있는 재산으로 상속의 대상이 되는 민법상의 상속재산·유증재산·사인증여재산·특별연고자분여재산을 뜻하나, 상속세법은 의제 상속재산인 보험금·신탁재산 그리고 퇴직금 등을 상속재산에 포함하고 있다.

표 1-3 상속재산의 개념

구분	개념
상속	사람의 사망 또는 실종선고자의 법률상의 지위를 포괄적으로 승계하는 것
유증	유언에 의하여 재산을 무상증여하는 것
사인증여	증여자의 사망으로 효력이 발생하는 증여
특별연고자분여	특별연고자에 대한 상속재산분여
보험금	피상속인의 사망으로 지급받는 보험금 중 피상속인이 계약자이거나 보험료를 지불한 것
신탁재산	피상속인이 신탁한 재산
퇴직금	퇴직금, 연금 등으로서 피상속인에게 지급될 것이 피상속인의 사망으로 지급되는 것

$$\text{상속재산} = \begin{bmatrix} \text{민법상 상속재산} \\ \text{유증재산} \\ \text{사인증여재산} \\ \text{특별연고분여재산} \end{bmatrix} + \begin{bmatrix} \text{보험금} \\ \text{신탁재산} \\ \text{퇴직금} \end{bmatrix}$$

3) 상속세과세가액 〈법 제13조, 제14조, 제15조〉

상속세는 상속재산의 가액을 과세가액으로 한다. 그러나 현행 상속세법은 간주상속 규정을 두어 피상속인의 생전 증여재산 및 생전 처분재산 그리고 생전 부채부담액을 상속 재산가액에 포함하고 있다.

따라서 피상속인이 거주자인 경우 상속세과세가액은 상속재산가액에 생전 증여재산 가액과 생전 재산처분 및 부채부담액을 가산하고 법정 공제액을 공제한 금액으로 한다.

$$\text{상속세과세가액} = \begin{bmatrix} \text{상속재산가액} \\ \text{생전 증여재산가액} \\ \text{생전 재산처분가액} \end{bmatrix} - \begin{bmatrix} \text{공과금} \\ \text{장례비} \\ \text{채\quad무} \end{bmatrix}$$

(1) 상속재산가액

상속재산을 상속세법의 규정에 의하여 평가한 가액

(2) 생전 증여재산가액

❶ 상속개시일 전 10년 이내에 피상속인이 상속인에게 증여한 재산가액
❷ 상속개시일 전 5년 이내에 피상속인이 상속인이 아닌 자에게 증여한 재산가액

(3) 생전 재산처분 및 부채부담액

피상속인이 재산을 처분하였거나 채무를 부담한 다음의 어느 하나에 해당하는 경우 상속받은 것으로 추정함

❶ 피상속인이 재산을 처분하여 받거나 피상속인의 재산에서 인출한 금액이 상속개 시일 전 1년 이내에 재산종류별로 계산하여 2억 원 이상인 경우와 2년 이내에 재 산종류별로 5억 원 이상인 경우로서 그 용도가 명백하지 아니한 것
❷ 피상속인이 부담한 채무의 합계액이 상속개시일 전 1년 이내에 2억 원 이상인 경우와 2년 이내에 5억 원 이상인 경우로써 그 용도가 명백하지 아니한 것

(4) 법정공제액

❶ 공과금(피상속인이 납부의무 있는 조세·공공요금·기타공과금)
❷ 장례비용(500만 원을 기초로 하고, 1,000만 원을 한도로 함)과 봉안시설 또는 자연장지의 사용에 소요된 500만 원 이내의 금액을 합한 금액
❸ 채무(상속개시일 전 10년 이내에 피상속인이 상속인에게 진 증여채무와 상속 개시일 전 5년 이내에 피상속인이 상속인이 아닌 자에게 진 증여채무를 제외)

4) 과세가액 불산입

(1) 비과세 〈법 제12조〉

❶ 국가·지방자치단체 또는 공공단체에 유증한 재산
❷ 문화재보호법의 규정에 의한 국가지정문화재 및 시·도 지정문화재 및 보호구역

안의 토지

③ 민법 제1008조의 3에 따른 제사를 주재하는 자가 승계한 금양임야와 묘토(2억 원 한도), 족보와 제구

④ 정당법의 규정에 따라 정당에 유증한 재산

⑤ 근로복지기금법의 규정에 의한 사내근로복지기금에 유증한 금품재산

⑥ 사회통념상 인정되는 이재구호금품, 치료비, 기타 이와 유사한 것

⑦ 상속인이 상속세 신고기한 이내에 국가 · 지방자치단체 또는 공공단체에 증여한 재산

(2) 공익목적 출연재산의 과세가액 불산입 〈법 제16조〉

① 공익법인 등의 출연재산의 과세가액 불산입 : 피상속인이나 상속인이 상속세 신고기한 이내에 공익법인 등에 출연한 재산의 가액은 상속세과세가액에 산입하지 아니한다.

다만, 공익법인 등의 출연재산이 주식인 경우 공익법인의 기(旣)보유주식과 출연하는 주식의 합이 당해 법인의 의결권 있는 주식의 10%('독점규제 및 공정거래에 관한 법률'에 따른 상호출자제한 기업집단과 특수관계에 있는 공익법인 등과 자기내부거래 등 사후관리 위반시는 5%)를 초과하는 경우 그 초과분은 상속세과세가액에 산입한다.

② 공익신탁재산의 과세가액불산입 : 피상속인이나 상속인이 공익신탁을 통하여 공익법인에 출연한 재산은 상속세과세가액에 산입하지 아니한다.

5) 과세표준

상속세의 과세표준은 상속세과세가액에서 기초공제, 인적공제 및 물적공제를 한 금액으로 한다. 다만, 과세표준이 50만 원 미만인 때에는 상속세를 부과하지 아니한다.

```
                                          ┌ 기초공제
                                          │ 인적공제
과세표준 = 상속세과세가액 - 상속공제액     │ 물적공제
                                          └ 감정평가수수료
```

6) 세율과 세액공제

(1) 세율 〈법 제26조〉

표 1-4 세율

과세표준	세율
1억 원 이하	과세표준의 100분의 10
1억 원 초과 5억 원 이하	1천만 원＋1억 원을 초과하는 금액의 100분의 20
5억 원 초과 10억 원 이하	9천만 원＋5억 원을 초과하는 금액의 100분의 30
10억 원 초과 30억 원 이하	2억 4천만 원＋10억 원을 초과하는 금액의 100분의 40
30억 원 초과	10억 4천만 원＋30억 원을 초과하는 금액의 100분의 50

세대를 건너뛴 상속(민법 제1001조에 따른 대습상속 제외)에 대하여 산출세액의 30%(40%) 가산

주) 대습상속이란 선순위상속인이 사망하거나 결격이 있어 후순위상속인에게 상속되는 제도를 대습상속이라 한다. 그러나 선순위상속자가 상속권을 포기하여 후순위상속인이 상속을 받는 경우(세대를 건너뛴 상속)에는 상속세산출세액의 30%(상속재산의 가액이 20억 원을 초과하여 미성년자에게 세대를 건너뛴 상속을 하는 경우 40%)를 가산한다.

(2) 세액공제 〈법 제28조, 제29조, 제30조, 제69조〉

❶ 증여세액공제 : 상속재산에 가산한 단기증여재산에 대하여 당초 증여 시 과세한 증여세액은 상속세산출세액에서 공제한다.

❷ 외국납부세액공제 : 거주자의 사망으로 외국 소재재산에 대하여 외국에서 부과된 상속세액은 상속세산출세액에서 공제한다.

❸ 단기재상속세액공제 : 상속개시 후 10년 이내에 상속인 또는 수유자의 사망으로 다시 상속이 개시된 경우, 최초 상속 시 상속세가 부과된 상속재산 중 다시 상속된 재산에 대한 최초의 상속세 상당액에 대하여 최초 상속일부터 다시 상속된 기간 1년마다 10%씩을 차감한 금액을 상속세산출세액에서 공제한다.

❹ 신고세액공제 : 상속세 신고기한까지 과세표준 신고를 한 경우 상속세산출세액(세대할증과세액 포함)에서 문화재자료 등에 대한 징수유예 및 공제·감면세액을 차감한 금액의 3%를 상속세산출세액에서 공제한다.

2 증여세

증여세는 증여에 의하여 수증되는 재산을 과세대상으로 수증자에게 과세하는 조세로 상속세가 피상속인의 유산 즉, 사후이전(死後移轉) 재산에 과세함에 반하여 증여세는 생전이전(生前移轉) 재산에 과세하는 차이를 갖는다.

1) 납세의무자

증여세의 납세의무자는 재산을 증여 받은 자, 즉 수증자이다. 수증자가 거주자인 경우에는 증여로 취득한 재산의 소재가 국내인지 국외인지 불문하고 취득재산 전부에 대하여 납세의무가 있다. 수증자가 비거주자인 경우에는 국내에 있는 수증재산에 대하여만 증여세를 납부할 의무가 있다. 그러나 거주자가 비거주자에게 국외에 있는 재산을 증여(사인증여, 유증은 제외)하는 경우에는 증여자가 납세의무를 가지며, 수증자에게 증여재산에 대하여 법인세, 소득세가 부과되는 때에는 증여세는 부과하지 아니한다.

그리고 아래의 경우로서 수증자가 증여세를 납부할 능력이 없고 강제징수를 하여도 증여세에 대한 조세채권을 확보하기 곤란한 경우에는 그에 상당하는 증여세를 면제한다.

① 저가 양수 또는 고가 양도에 따른 이익의 증여(법 제35조)
② 채무면제 등에 따른 증여(법 제36조)
③ 부동산 무상사용에 따른 이익의 증여(법 제37조)
④ 금전 무상대출 등에 따른 이익의 증여(법 제41조의4)

수증자가 비거주자이거나, 수증자의 주소·거소가 불분명한 경우로 증여세에 대한 조세채권을 확보하기 곤란한 경우 또는 수증자가 담세력이 없는 경우로서 강제징수를 하여도 증여세에 대한 조세채권을 확보하기 곤란한 경우에는 증여자는 수증자가 납부할 증여세에 대하여 연대납세의무를 진다. 다만, 아래의 경우에는 연대납세의무에서 제외된다.

① 현저히 낮거나 높은 대가로 재산·이익 이전, 재산 취득 후 가치 증가 등(법 제4조 제1항 제2호 및 제3호)

❷ 저가 양수 또는 고가 양도에 따른 이익의 증여(법 제35조)

❸ 채무면제 등에 따른 증여(법 제36조)

❹ 부동산 무상사용에 따른 이익의 증여(법 제37조)

❺ 합병에 따른 이익의 증여(법 제38조)

❻ 증자에 따른 이익의 증여(법 제39조)

❼ 감자에 따른 이익의 증여(법 제39조의2)

❽ 현물출자에 따른 이익의 증여(법 제39조의3)

❾ 전환사채 등의 주식전환 등에 따른 이익의 증여(법 제40조)

❿ 초과배당에 따른 이익의 증여(법 제41조의2)

⓫ 주식 등의 상장 등에 따른 이익의 증여(법 제41조의3)

⓬ 금전 무상대출 등에 따른 이익의 증여(법 제41조의4)

⓭ 합병에 따른 상장 등 이익의 증여(법 제41조의5)

⓮ 재산사용 및 용역제공 등에 따른 이익의 증여(법 제42조)

⓯ 법인의 조직 변경 등에 따른 이익의 증여(법 제42조의2)

⓰ 재산 취득 후 재산가치 증가에 따른 이익의 증여(법 제42조의3)

⓱ 재산 취득 자금의 증여 추정(법 제45조)

⓲ 특수관계법인과의 거래를 통한 이익의 증여 의제(법 제45조의3)

⓳ 특수관계법인으로부터 제공받은 사업기회로 발생한 이익의 증여 의제(법 제45조의4)

⓴ 특정 법인과의 거래를 통한 이익의 증여 의제(법 제45조의5)

㉑ 공익법인 등이 출연받은 재산에 대한 과세가액 불산입 등(법 제48조): 시행령 제3조의3 제2항에서 정한 요건을 충족한 경우에 한함.

2) 증여세 과세대상 〈법 제4조, 제4조의2〉

증여세는 타인의 증여에 의하여 취득하는 모든 증여재산을 과세대상으로 한다. 따라서 민법상의 증여재산 외에도 증여의제재산이나 증여추정재산도 증여세과세대상인 증여재산에 포함한다(증여세 완전포괄주의 원칙).

다만, 수증자가 비거주자인 경우에는 증여받은 재산 중 국내에 있는 모든 재산이 과세대상이 되며, 증여재산에 대하여 수증자에게 법인세 또는 소득세가 부과되는 때에는 증여세는 부과하지 아니한다.

3) 과세가액·과세표준과 세율

(1) 과세가액 〈법 제47조〉

증여세과세가액은 증여재산가액에 동일인으로부터(증여자가 직계존속인 경우 그 배우자 포함) 10년 이내에 받은 1천만 원 이상의 증여재산을 포함한 금액에서 증여재산이 담보된 채무 중 수증인이 인수한 채무를 공제한 금액으로 한다. 다만, 배우자 또는 직계존비속 간 증여의 경우에는 인수한 채무가 객관적으로 입증되는 것만 공제한다.

$$증여세과세가액 = \begin{cases} 증여재산가액 \\ (+)동일인\ 10년\ 내\ 1천만\ 원\ 이상\ 수증액 \\ (-)인수채무 \end{cases}$$

(2) 과세표준 〈법 제55조〉

증여세 과세표준은 증여재산의 종류에 따라 아래 구분과 같이 산출한 금액으로 한다. 다만 과세표준이 50만 원 미만인 때에는 증여세를 부과하지 아니한다.

구분	과세표준
명의신탁증여의제	명의신탁재산금액 − 감정평가수수료
특수관계법인과의 거래 또는 제공받은 사업기회로 발생한 이익의 증여의제	증여의제이익 − 감정평가수수료
합산배제증여재산 (특수관계법인증여의제 제외)	증여재산가액 − 3천만 원 − 감정평가수수료
상기 외의 경우	증여세과세가액 − 증여재산공제 − 재해손실공제 − 감정평가수수료

(3) 세율

상속세 세율과 같다.

1) 신고 · 납부기한 〈법 제67조, 제68조〉

상속세 및 증여세는 상속 또는 증여개시일이 속하는 달의 말일을 기준으로 아래에 정한 기간 내에 신고 및 납부를 하여야 한다.

구분	신고기한
상속세	국내 거주 : 6개월 국외 거주 : 9개월
증여세	3개월

2) 세액공제 · 가산세 〈법 제69조 등〉

상속세 및 증여세를 법정신고기간 내에 신고한 경우에는 산출세액에서 징수유예, 공제감면 금액을 제외한 금액의 3%를 공제하고, 법정신고기간 내에 신고를 하지 아니하거나 신고할 과세표준에 미달하게 신고한 경우와 법정기간 내에 세금을 납부하지 아니한 경우에는 아래의 가산세가 부과된다.

표 1-5 **상속 · 증여세 공제 · 가산세율**

구분	공제 · 가산율	비고
신고세액공제	산출세액×3%	법정신고기간 내에 신고한 경우
과소신고가산세	과소신고 시 • 일반 : 10% • 부정행위 : 40% • 국제거래가 수반되는 부정행위 : 60% 무신고 시 • 일반 : 20% • 부정행위 : 40% • 국제거래가 수반되는 부정행위 : 60%	법정신고기간 내에 무신고 · 과소신고의 경우
미납부가산세	미납세액×일수×3/10,000	법정기간 내에 미납부한 경우

3) 물납과 연부연납

(1) 물납 〈법 제73조〉

상속세는 다음의 요건을 모두 갖춘 경우에는 납세지 관할 세무서장의 허가를 받아 물납할 수 있다(증여세의 경우 2016년부터 물납이 허용되지 않음).

❶ 상속재산 중 부동산과 유가증권의 가액이 해당 상속재산가액의 1/2을 초과할 것
❷ 상속세 납부세액이 2천만 원을 초과할 것
❸ 상속세 납부세액이 상속재산가액 중 금융재산가액을 초과할 것

(2) 분납 〈법 제70조〉

상속세 또는 증여세액이 1천만 원을 초과하는 경우로 다음의 금액을 납부기한 경과일로부터 2개월 이내에 분납할 수 있다. 다만, 연부연납 허가를 받은 경우에는 분납할 수 없다.

구 분	분납액
납부세액이 1천만 원 초과 2천만 원 이하일 때	1천만 원 초과액
납부세액이 2천만 원 초과하는 때	50% 이하 금액

(3) 연부연납 〈법 제71조〉

상속세 또는 증여세액이 2천만 원을 초과하는 경우에는 세무서의 허가를 얻어 연부연납할 수 있다.

01 다음 중 납세의무가 소멸되는 경우가 아닌 것은?

① 부과취소가 있는 경우

② 국세의 부과제척기간이 만료된 때

③ 상속인이 승계한 경우

④ 국세징수권의 소멸시효가 완성된 경우

02 우리나라 조세체계상 직접세로 옳지 않은 것은?

① 소득세   ② 법인세

③ 증권거래세   ④ 종합부동산세

03 국세기본법상 납세의무의 성립시기가 같은 것끼리 올바르게 모두 고른 것은?

㉠ 소득세	㉡ 법인세
㉢ 부가가치세	㉣ 증권거래세

① ㉠㉡   ② ㉠㉡㉢

③ ㉠㉢㉣   ④ ㉡㉢㉣

04 소득세법상 거주자의 소득구분 중 종합소득에 해당하지 않는 것은?

① 이자소득   ② 배당소득

③ 근로소득   ④ 퇴직소득

해설

01   ③ 상속인이 승계 시 납세의무가 소멸하지 않는다.

02   ③ 증권거래세는 조세부담이 전가되는 간접세에 해당한다.

03   ② 증권거래세는 매매거래가 확정되는 때에 납세의무가 성립한다.

04   ④ 퇴직소득은 별도로 분류과세된다.

05 **소득세법상 거주자가 종합소득 확정신고를 하여야 하는 경우로 가장 옳은 것은?**

① 근로소득만 있는 거주자

② 근로소득과 퇴직소득만 있는자

③ 근로소득과 사업소득만 있는 자

④ 퇴직소득과 연말정산하는 사업소득만 있는 자

06 **상속세 및 증여세법상 상속세가 비과세되는 항목으로 옳지 않은 것은 ?**

① 신탁재산

② 공공단체에 유증한 재산

③ 정당법의 규정에 따라 정당에 유증한 재산

④ 사회통념상 인정되는 이재구호금품

07 **다음 중 상속재산에 포함되는 것 중 적절하지 않은 것은?**

① 유증재산   ② 공과금

③ 보험금   ④ 퇴직금

해설

05 ③ 근로소득과 사업소득이 있는 거주자는 확정신고 대상에 해당한다.

06 ① 신탁재산은 상속재산에 포함된다.

07 ② 공과금은 상속세과세가액 계산시 공제되는 항목에 해당한다.

정답 01 ③ | 02 ③ | 03 ② | 04 ④ | 05 ③ | 06 ① | 07 ②

chapter 02

파생상품 세제

세무관리 업무

1 원천징수란?

소득금액 지급 시 지급자(원천징수의무자)가 지급받는 자의 부담세액을 국가를 대신하여 미리 징수하는 것

☞ 원천징수의무자 : 이자배당소득지급자(금융기관, 법인 등), 대리 · 위임을 받은 자

2 이자소득의 범위

❶ 국가 · 지방자치단체 · 내국법인 · 외국법인 · 외국법인의 국내 지점 또는 국내 영

업소에서 발행한 채권 또는 증권의 이자와 할인액

❷ 국내에서 받는 예금의 이자와 할인액(고객이 예탁한 증거금 초과분의 예탁금에 대해 각사가 정해놓은 이율에 따라 지급)

❸ 상호저축은행법에 의한 신용계 또는 신용부금으로 인한 이익

❹ 국외에서 받는 예금의 이자

❺ 채권 또는 증권의 환매조건부매매차익

❻ 저축성 보험의 보험차익(다만, 세법에서 정하는 일정 요건을 갖춘 보험 또는 종신형 연금보험은 제외)

보험계약에 따라 만기 또는 보험의 계약기간 중에 받는 보험금·공제금 또는 계약기간 중도에 해당 보험계약이 해지됨에 따라 받는 환급금(피보험자의 사망, 질병, 부상 그 밖의 신체상의 상해로 인하여 받거나 자산의 멸실 또는 손괴로 인하여 받는 보험금이 아닌 것으로 한정)에서 납입보험료(또는 납입공제료)를 뺀 금액으로 한다. 다만, 다음 어느 하나에 해당하는 보험의 보험차익은 이자소득에서 제외한다.

ㄱ. 최초로 보험료를 납입한 날부터 만기일 또는 중도해지일까지의 기간이 10년 이상으로서 계약자 1명당 납입할 보험료 합계액이 1억원 이하 이하(2017.3.31 까지는 2억 원)인 저축성보험계약(최초 납입일부터 만기일 또는 중도해지일까지의 기간은 10년 이상이지만 최초 납입일부터 10년이 경과하기 전에 납입한 보험료를 확정된 기간 동안 연금형태로 분할하여 지급받는 경우를 제외)

ㄴ. 최초로 보험료를 납입한 날부터 만기일 또는 중도해지일까지의 기간이 10년 이상으로서 다음의 요건을 모두 갖춘 월적립식 저축성보험계약

   a. 최초 납입일로부터 납입기간이 5년 이상인 월 적립식 계약일 것

   b. 최초 납입일부터 매월 납입하는 기본보험료가 균등(최초 계약한 기본보험료의 1배 이내로 기본보험료를 증액하는 경우 포함)하고, 기본보험료의 선납기간이 6개월 이내일 것

   c. 계약자 1명이 납입하는 월 보험료가 150만 원 이하일 것(2017.4.1부터)

ㄷ. 다음 요건을 모두 충족하는 종신형 연금보험계약

   a. 계약자가 보험료 납입 계약기간 만료 후 55세 이후부터 사망 시까지 보험금·수익 등을 연금으로 지급받는 계약일 것

   b. 연금 외의 형태로 보험금·수익 등을 지급하지 아니할 것

   c. 사망 시 보험계약 및 연금재원이 소멸할 것

d. 계약자와 피보험자 및 수익자가 동일한 계약으로서 최초 연금 지급 개시
　　　이후 사망일 전에 계약을 중도해지할 수 없을 것

　　e. 매년 수령하는 연금액이 일정 수준을 초과하지 않을 것

❼ 직장공제회 초과반환금

❽ 비영업대금의 이익

❾ 위 ❶~❽의 소득과 유사한 소득으로서 금전의 사용에 따른 대가의 성격이 있는 것

❿ 파생결합상품의 이익(이자소득상품과 파생상품이 법정요건에 따라 결합 시 파생상품의 이익을 이자소득으로 과세)

3　배당소득의 범위

❶ 내국법인으로부터 받는 이익이나 잉여금의 배당 또는 분배금

❷ 법인으로 보는 단체로부터 받는 배당 또는 배당금

❸ 의제배당

❹ 법인세법에 의하여 배당으로 처분된 금액(인정배당)

❺ －1 국내 또는 국외에서 받는 대통령령으로 정하는 집합투자기구로부터의 이익

　　－2 파생결합증권 또는 파생결합사채로부터의 이익

❻ 외국법인으로부터 받는 이익이나 잉여금의 배당 또는 분배금

❼ 특정 외국법인의 유보소득에 대한 간주배당

❽ 출자 공동사업자의 손익분배금

❾ 위의 소득과 유사한 소득으로서 수익 분배의 성격이 있는 것

❿ 파생결합상품의 이익(배당소득상품과 파생상품이 법정요건에 따라 결합된 경우 해당 파생상품의 거래 또는 행위로부터의 이익)

4   이자배당소득등의 수입시기와 지급시기

❶ 지급시기는 실제 소득을 지급하는 날을 말하며, 원천징수되는 소득세의 납세
의무가 성립·확정되는 시기임

    원천징수의무자는 소득의 지급 시에 소득세를 원천징수하여 소득 지급일의 익
월 10일까지 원천징수의무자의 관할세무서에 납부하도록 규정하고 있음

❷ 수입시기는 수입금액과 필요경비가 귀속되는 연도를 파악하여 연도별로 소득을
산정하는 기준을 말한다.

5   원천징수 세율(소득세법 제156조)

❶ 거주자에게 이자소득을 지급하는 경우 : 이자배당소득금액의 14%(지방소득세 : 이
자소득세의 10% – 개인만 해당)

❷ 비거주자에게 이자소득을 지급하는 경우

    ㄱ. 조세조약이 체결된 국가의 거주자인 경우 : 조세조약상 제한세율적용(조세조약
상 제한세율은 10~15% 정도임)

    ㄴ. 정부산하기관은 비과세

    ㄷ. 조세조약이 체결되지 않는 국가의 거주자인 경우 : 20%(단, 국가·지방자치단체
및 내국법인의 발행하는 채권에서 발생하는 이자소득은 14%)

비거주자 및 외국법인에 대한 원천징수

① 납세의무

    ㄱ. 비거주자 : 국내 원천소득에 대해서만 소득세 납세의무가 있다.

    ㄴ. 외국법인 : 국내 원천소득에 대해서만 납세의무가 있다.

② 거주자와 비거주자의 구분

    ㄱ. 거주자 : 국내에 주소를 두거나 183일 이상 거소를 둔 개인으로서 직업, 재산, 가족관계상
183일 이상 국내에 체류가능성이 있는 개인

    ㄴ. 비거주자 : 거주자가 아닌 자로 국내 원천소득이 있는 개인

③ 제한세율의 적용 : 국내 원천소득에 대해 우리나라에서 적용되는 최고한도의 세율

　ㄱ. 외국인 개인의 거주성 판단

　ㄴ. 비거주자로 판명되면 국내 세법과 조세협약(우선 적용)을 고려하여 원천징수

　ㄷ. 국내 고정사업장이 없는 외국법인은 비거주자와 같이 원천징수

6　예탁금 이용료의 회계처리

❶ 개인 : 위탁자예탁금이자비용 / 제세금예수금 – 이자소득

　　　　　　　　　　　제세금예수금 – 이자지방소득세

❷ 일반법인 : 위탁자예탁금이자비용 / 제세금예수금 – 법인세

　　　　　　　　　　제세금예수금 – 법인지방소득세

❸ 비거주 법인 : 위탁자예탁금이자비용 / 제세금예수금 – 법인세

　　　　　　　　　　제세금예수금 – 법인지방소득세

※ 채권에 대한 이자는 대용관리를 하는 예탁결제원이 원천징수 의무자

section 02　양도소득

1　양도소득의 범위

　양도소득이란 재고자산 이외의 자산 중 토지·건물·부동산의 권리 및 주식, 파생상품 등 소득세법이 정한 자산의 양도로 인하여 발생하는 소득을 말한다.

　따라서 부동산 매매업이나 주택건설업자가 양도하는 토지·건물 등의 양도차익은 사업소득으로 종합소득세가 과세되고, 사업목적이 아니고 개인이 소유하던 부동산 등을 양도함으로써 발생하는 소득만이 양도소득에 해당한다.

그리고 양도라 함은 자산의 등기·등록에 관계없이 매도·교환·법인의 현물출자 등을 이유로 자산이 사실상 유상으로 이전되는 것을 말한다.

2 과세대상

양도소득세의 과세대상 자산은 〈표 2-1〉과 같다.

표 2-1 양도소득세 과세대상

구분	종류	범위
부동산	토지	지적법상 지적공부에 등록하여야 할 지목에 해당하는 것
	건물	건물에 부속된 시설물과 구축물 포함
부동산의 권리	부동산 이용권	지상권·전세권·등기된 임차권
	부동산 취득권	향후 부동산을 취득할 수 있는 권리
기타자산	특정 주식	다음의 요건을 모두 갖춘 법인의 주식 ㉠ 부동산 및 그 권리의 비율이 자산총액의 50% 이상인 법인 ㉡ 주주 1인과 특수관계자 소유주식이 발행주식의 50% 이상인 법인 ㉢ 주주 1인과 특수관계자가 발행주식의 50% 이상 양도하는 주식(3년 합산)
	특정 시설물 이용권 주식	특정 법인의 주식을 소유하는 것만으로 특정 시설물을 배타적으로 이용하거나 일반 이용자에 비하여 유리한 조건으로 시설물 이용권을 부여받게 되는 경우 당해 주식
	부동산 과다 보유 주식	다음의 요건을 모두 갖춘 법인의 주식 ㉠ 부동산 및 그 권리의 비율이 자산총액의 80% ㉡ 당해 법인이 체육시설업, 휴양시설업, 부동산업, 부동산개발업을 영위할 것
	영업권	사업용 자산과 함께 양도하는 것에 한함
비상장주식		양도일 현재 주권비상장법인 주식으로서 기타자산으로 과세되는 특정 주식, 특정 시설물 이용권 부여 주식, 부동산 과다 보유 주식에 해당하지 아니하는 주식 또는 출자지분
상장주식	대주주 소유 주식	주주 1인과 그와 특수관계에 있는 자가 발행주식의 1%(코스닥 2%, 코넥스상장법인·벤처기업은 4%) 이상을 소유하거나, 시가총액 10억 원 이상을 보유한 주주의 소유주식
	소액주주 장외 거래주식	대주주 이외의 주주가 거래소 외에서 양도하는 주식
파생상품		주가지수 관련 파생상품과 해외시장에서 거래되는 장내파생상품, 주가지수 관련 장외파생상품, 주식 관련 차액결제거래(CFD), 주가지수 관련 ELW

(1) 대주주범위 기준 판단 시

❶ 소유주식비율은 직전 사업연도 종료일을 기준으로 하되 직전 사업연도 종료일에는 1%, 2% 또는 4% 미만이였으나 주식 취득으로 1%, 2% 또는 4% 이상을 소유하게 된 때에는 그 취득일 이후는 대주주로 본다.

❷ 시가총액은 양도일이 속하는 사업연도의 직전 사업연도 종료일 현재의 최종시세 가액에 의한다. 다만, 사업연도 종료일의 최종시세 가액이 없는 경우에는 직전거래일의 최종시세 가액에 의한다.

(2) 파생상품 양도소득세 부과는 2016. 1. 1 시행

---

3   과세표준의 계산

양도소득세의 과세표준은 자산의 양도가액에서 필요경비를 차감한 금액에서 장기보유 특별공제(토지·건물만 해당)와 양도소득 기본공제를 한 금액으로 한다.

❶ 양도차익＝양도금액－필요경비[취득가액, 기타필요경비(자본적지출, 양도비, 증권거래세 등)]
❷ 양도소득금액＝양도차익－장기보유 특별공제
❸ 양도소득 과세표준＝양도소득금액－양도소득 기본공제

(1) 양도가액·취득가액의 적용기준

양도차익은 당해 자산의 양도가액과 취득가액을 실지거래가액에 의하여 계산함을 원칙으로 하나, 실지거래가액이 확인되지 아니하는 경우에는 기준시가에 의하여 양도차익을 계산한다.

(2) 실지거래가액의 특례

실지거래가액에 의하여 양도소득 과세표준 확정신고를 하여야 할 자가 신고를 하지 아니한 경우로서 아래에 해당하는 경우에는 등기부에 기재된 가액을 실지거래가액으로 한다.

❶ 등기부 기재가액을 실지거래가액으로 하여 계산한 양도소득세액이 50만 원 미만

인 경우

❷ 등기부 기재가액을 실지거래가액으로 하여 계산한 양도소득세액이 50만 원 이상인 경우로서, 세무서장 등기부기재가액을 실지거래가액으로 하여 양도소득세를 결정할 것을 통보하였으나, 30일 이내에 기한 후 신고를 하지 아니한 경우

(3) 기준시가

소득세법이 정한 자산별 기준시가는 〈표 2-2〉와 같다.

표 2-2 양도소득세 자산별 기준시가

구분	기준시가
토지	• 일반지역 = 개별 공시지가 • 지정지역 = 개별 공시지가 × 배율
건물	• 국세청장이 고시한 가액
공동주택	• 국세청장이 고시한 가액
주택	• 개별 주택 가격
지상권 · 전세권 · 임차권	• 상속세 및 증여세법의 평가액
부동산 취득권	• 납입한 금액과 프리미엄을 합한 금액
부동산 과다주식	• 주권상장 · 주권비상장 등 해당 법인 평가방법 준용
특정 시설물 이용권 주식	• 국세청장 고시가액
영업권	• $\sum_{n}^{5}$ (3년간 평균이익 × 1/2 - 자기자본 10%) = $(1+10\%)^n$
비상장주식 특정 주식	• 일반법인 : 1주당 평가액 = (A×3+B×2)÷5 $\quad$A(1주당 순이익가치) = $\dfrac{\text{최근 3년간의 순손익의 가중평균액}^{1)}}{10\%}$ $\quad$B(1주당 순자산가치가액) = $\dfrac{\text{당해 법인의 순자산가액}}{\text{발행주식수}}$ • 부동산 과다보유 법인 : 1주당 평가액 = (A×2+B×3)÷5 주 1) 순손익 가중평균액 $\left\{\begin{array}{l}\text{상속개시 전 1년이} \\ \text{되는 사업연도의} \\ \text{1주당 순손익액}\end{array}\times 3 + \begin{array}{l}\text{상속개시 전 2년이} \\ \text{되는 사업연도의} \\ \text{1주당 순손익액}\end{array}\times 2 + \begin{array}{l}\text{상속개시 전 3년이} \\ \text{되는 사업연도의} \\ \text{1주당 순손익액}\end{array}\right\} \div 6$ 주 2) 부동산 과다보유 법인 : 토지, 건물, 부동산상의 권리가 총자산액의 50% 이상인 법인 • 단, 평가액이 1주당 순자산가치의 80%보다 낮은 경우에는 1주당 순자산가치의 80%
상장주식	• 기준일 이전 1월간의 거래소 최종시세 가액의 평균액

* 수용 등에 따른 보상금액 또는 경매 · 공매가액이 위의 기준시가보다 낮은 경우, 보상금액 · 경매가액 · 공매가액을 기준시가로 한다.

(4) 장기보유 특별공제와 양도소득 기본공제

❶ 장기보유 특별공제 : 장기보유 특별공제는 토지 · 건물(1세대 1주택 이외의 주택과 미등기 양도자산 · 비사용사업용토지 및 주식 등은 제외)로서 보유기간이 3년 이상인 경우 자산의 양도차익에서 〈표 2-3〉의 율(1세대 1주택의 경우는 괄호 안의 공제율 적용)에 의하여 계산한 금액을 공제한다.

표 2-3	장기보유 특별공제율(소득세법 제95조)
보유기간	공제율
3년 이상 ~ 4년 미만	100분의 6(24)
4년 이상 ~ 5년 미만	100분의 8(32)
5년 이상 ~ 6년 미만	100분의 10(40)
6년 이상 ~ 7년 미만	100분의 12(48)
7년 이상 ~ 8년 미만	100분의 14(56)
8년 이상 ~ 9년 미만	100분의 16(64)
9년 이상 ~ 10년 미만	100분의 18(72)
10년 이상 ~ 11년 미만	100분의 20(80)
11년 이상 ~ 12년 미만	100분의 22(80)
12년 이상 ~ 13년 미만	100분의 24(80)
13년 이상 ~ 14년 미만	100분의 26(80)
14년 이상 ~ 15년 미만	100분의 28(80)
15년 이상 ~	100분의 30(80)

* ( ) 안은 1세대 1주택에 대한 공제율

❷ 양도소득 기본공제 : 양도소득이 있는 거주자에 대하여는 당해연도의 양도소득금액에서 다음 각 호의 소득별로 각각 연 250만 원을 공제한다.

ㄱ. 제1호 : 토지 · 건물 및 부동산에 관한 권리, 기타자산(미등기 양도자산 제외)

ㄴ. 제2호 : 주식 및 출자지분

ㄷ. 제3호 : 파생상품 등

양도소득금액에 소득세법, 조세특례제한법이나 그 밖의 법률에 따른 감면소득금액이 있는 경우에는 그 감면소득금액 외의 양도소득금액에서 먼저 공제하고, 감면소득금액 외의 양도소득금액 중에서는 해당 과세기간에 먼저 양도한 자산의 양도소득금액에서부터 순서대로 공제한다.

(5) 파생상품 양도소득세 과세(소득세법 §94, §99, §102, §103, §104, §105, §118조의2, §118조의5, §118조의7, §118조의8, §174조의2)

구분	주요 내용
과세대상	주가지수 관련 파생상품과 해외시장에서 거래되는 장내파생상품, 주가지수 관련 장외파생상품, 주가지수관련 ELW, 주식관련 CFD
세율	10%(현재 탄력세율 적용, 기본세율은 20%)
기본공제	연간 250만 원
신고방법	연 1회 투자자가 직접 신고·납부(금융투자업자–거래발생일이 속하는 분기의 종료일의 다음달 말일까지 양도소득세부과에 필요한 자료를 제출하여야 함)
타 소득과의 통산여부	파생상품 양도차익 별도 계산(타 소득과 통산불가)

4 세율

표 2-4 세율

구분		세율
일반자산(토지, 건물, 부동산에 관한 권리, 영업권, 회원권, 부동산 과다법인 주권 중 아래 외의 것)		종합소득세율과 동일하게 적용
미등기자산		70%
중소기업 발행주식	대주주	20%(과표 3억 초과분은 25%, 단 중소기업 대주주 주식은 2019년부터 적용)
	대주주가 아닌 자	10%
대기업 발행 주식	대주주 1년 미만 보유 주식	30%
	기타 주주	20%(단, 대주주의 과표 3억 원 초과분은 25%)
파생상품		10% 탄력세율 적용(기본세율 20%)

5 신고와 납부

(1) 예정신고 납부

양도소득세 과세대상 자산 중 주권상장법인주식·주권비상장주식을 양도한 경우에는 양도일이 속하는 반기의 말일부터 2월 이내에 상기 외 자산의 경우에는 양도일이 속하는 달의 말일부터 2월 이내에 예정신고 납부하여야 한다.

또한 파생상품을 양도한 경우에는 예정신고가 면제된다.

(2) 확정신고 납부

양도소득과세표준을 양도한 해의 다음 연도 5.1~5.31까지 신고 납부하여야 한다.

01 원천징수의무자가 소득 지급 시 소득세를 원천징수하여 납부하는 기한으로 옳은 것은?

① 다음달 10일
② 지급일의 말일
③ 지급일의 말일로부터 2월 이내
④ 지급일의 분기말

02 거주자에게 예탁금이용료를 지급하는 경우에 적용되는 이자소득세율은?

① 15%
② 20%
③ 14%
④ 25%

03 비거주자에게 예탁금이용료 이자소득을 지급하는 경우 조세조약이 체결되지 않은 국가의 거주자에게 적용되는 이자소득세율은?

① 15%
② 20%
③ 14%
④ 25%

04 비상장 주식을 2××1년 11월 11일 양도한 경우 양도소득세 예정신고기한으로 옳은 것은?

① 2××1년 12월 31일
② 2××2년 1월 10일
③ 2××2년 1월 31일
④ 2××2년 2월 28일

해설

01 ①

02 ③

03 ② 조세조약 미체결국가의 거주자에게는 이자소득세 20%(채권이자 14%)를 적용

04 ④ 주식 양도 시 양도일이 속하는 반기의 말일부터 2월 이내에 예정신고를 하여야 한다.

정답 01 ① | 02 ③ | 03 ② | 04 ④

금융투자전문인력 표준교재
파생상품투자권유자문인력 4

2024년판 발행 2024년 2월 15일

편저   금융투자교육원
발행처   한국금융투자협회
          서울시 영등포구 의사당대로 143 전화(02)2003-9000 FAX(02)780-3483
발행인   서유석
제작 및 총판대행 (주)**박영사**
          서울특별시 금천구 가산디지털2로 53, 210호(가산동, 한라시그마밸리) 전화(02)733-6771 FAX(02)736-4818
등록   1959. 3. 11. 제300-1959-1호(倫)
홈페이지 한국금융투자협회 자격시험접수센터(https://license.kofia.or.kr)

정가 20,000원

ISBN 978-89-6050-728-9   14320
      978-89-6050-724-1(세트)